NOUVEAU PROGRAMME 2020

W0226462

B1

¡Lánzate!

Espagnol

Direction pédagogique :

Edouard CLEMENTE
Inspecteur Pédagogique Régional honoraire

Monique LAFFITE
Inspectrice Pédagogique Régionale honoraire

Luis ARANDA-AYENSA
Professeur agrégé honoraire

Pascale AVET
Professeur honoraire

Alexia BARBE
Professeure certifiée
Ensemble scolaire Saint Joseph de Tivoli, Bordeaux

Marie-Ange BAULT
Professeure certifiée
Lycée agro-viticole de Libourne-Montagne, Montagne

Antoine CALA
Professeur agrégé
Lycée de la Plaine de l'Ain, Ambérieu-en-Bugey

Aude CAPERA
Professeure certifiée
Lycée polyvalent Cantau, Anglet

Caroline GIROT GONÇALVES
Professeure certifiée
Lycée Sainte Marie Grand Lebrun, Bordeaux
Formatrice ISFEC

Valérie LAGRANGE
Professeure agrégée
Lycée général et technologique Bertran de Born, Périgueux

Gloria MARINE
Professeure agrégée
Maison d'Education de la Légion d'honneur, Saint-Denis

María Isabel MUÑOZ
Professeure certifiée
Lycée général Antoine de Saint-Exupéry, Parentis-en-Born

Catalina REBIÈRE-BAEZA
Professeure certifiée
Lycée Sainte Marie Grand Lebrun, Bordeaux

Laurent VERNAUZOU
Professeur certifié
Lycée général et technologique Arnaut Daniel, Ribérac
Formateur, Académie de Bordeaux

Nathan

Bienvenue dans *¡Lánzate!* Term !

En Terminale, tu vas passer une troisième et dernière série d'épreuves communes de contrôle continu au 3e trimestre. Ton objectif va être d'atteindre le niveau B2 si tu es en LVA et B1 si tu es en LVB. Du point de vue culturel, les programmes de Terminale s'organisent autour de la même thématique qu'en première : « Gestes fondateurs et mondes en mouvement ». Elle est déclinée en 8 axes :

1. Identités et échanges
2. Espace privé et espace public
3. Art et pouvoir
4. Citoyenneté et mondes virtuels
5. Fictions et réalités
6. Innovations scientifiques et responsabilité
7. Diversité et inclusion
8. Territoire et mémoire

	B1	B2
Écouter	• Je peux comprendre les points essentiels quand un langage clair et standard est utilisé et s'il s'agit de sujets familiers concernant le travail, l'école, les loisirs, etc. • Je peux comprendre l'essentiel de nombreuses émissions de radio ou de télévision sur l'actualité ou sur des sujets qui m'intéressent à titre personnel ou professionnel si l'on parle d'une façon relativement lente et distincte.	• Je peux comprendre des conférences et des discours assez longs et même suivre une argumentation complexe si le sujet m'en est relativement familier. • Je peux comprendre la plupart des émissions de télévision sur l'actualité et les informations. Je peux comprendre la plupart des films en langue standard.
Lire	• Je peux comprendre des textes rédigés essentiellement dans une langue courante ou relative à mon travail. • Je peux comprendre la description d'événements, l'expression de sentiments et de souhaits dans des lettres personnelles.	• Je peux lire des articles et des rapports sur des questions contemporaines dans lesquels les auteurs adoptent une attitude particulière ou un certain point de vue. • Je peux comprendre un texte littéraire contemporain en prose.
Interagir à l'oral	• Je peux faire face à la majorité des situations que l'on peut rencontrer au cours d'un voyage dans une région où la langue est parlée. • Je peux prendre part sans préparation à une conversation sur des sujets familiers ou d'intérêt personnel ou qui concernent la vie quotidienne (par exemple famille, loisirs, travail, voyage et actualité).	• Je peux communiquer avec un degré de spontanéité et d'aisance qui permet une interaction normale avec un locuteur compétent dans la langue cible. • Je peux participer activement à une conversation dans des situations familières, présenter et défendre mes opinions.
Interagir à l'écrit	• Je peux interagir à propos d'expériences, d'événements, d'impressions et d'émotions à condition de pouvoir préparer. • Je peux demander ou donner des éclaircissements simples et répondre aux commentaires et aux questions en donnant quelques détails. • Je peux participer à un projet avec un groupe de travail, à condition qu'il y ait des aides visuelles, comme des images, des statistiques et des graphiques pour clarifier les notions compliquées.	• Je peux interagir avec plusieurs personnes, relier mes contributions aux leurs et gérer les malentendus ou les désagréments, à condition que les autres évitent un langage compliqué, me laissent du temps et soient coopératifs. • Je peux mettre en valeur la signification de faits, d'événements et d'expériences, justifier des idées et coopérer efficacement..
Parler en continu	• Je peux m'exprimer de manière simple afin de raconter des expériences et des événements, mes rêves, mes espoirs ou mes buts. • Je peux brièvement donner les raisons et explications de mes opinions ou projets. Je peux raconter une histoire ou l'intrigue d'un livre ou d'un film et exprimer mes réactions.	• Je peux faire des descriptions claires et détaillées sur une grande gamme de sujets relatifs à mes centres d'intérêt. • Je peux développer un point de vue sur un sujet d'actualité et expliquer les avantages et les inconvénients de différentes possibilités.
Écrire	• Je peux écrire un texte simple et cohérent sur des sujets familiers ou qui m'intéressent personnellement.	• Je peux écrire des textes clairs et détaillés sur une grande gamme de sujets relatifs à mes intérêts. • Je peux écrire un essai ou un rapport en transmettant une information ou en exposant des raisons pour ou contre une opinion donnée.
Médiation (MÉDIATION)	• Je peux transmettre les informations données dans des textes informatifs clairs et bien structurés, sur des sujets familiers ou d'ordre personnel. Je peux aider à définir une tâche en termes simples et demander aux participants d'apporter leur expertise. • Je peux inviter les gens à parler, à expliquer leurs points de vue ou à préciser certains points qu'ils ont évoqués. • Je peux poser des questions appropriées pour vérifier la compréhension de notions et je peux répéter en partie ce qui a été dit pour confirmer une compréhension mutuelle. • Je peux aider à la création d'une culture commune en présentant les gens, en échangeant des informations sur les priorités et poser de simples questions pour avoir une confirmation et/ou une clarification. • Je peux donner l'essentiel de ce qui est dit si les interlocuteurs parlent clairement et m'accordent des pauses pour réfléchir à la façon de présenter les choses.	• Je peux transmettre de façon fiable des informations détaillées et des arguments, par ex. les points importants de textes complexes mais bien structurés, dans mes domaines d'intérêt professionnel, académique et personnel. • Je peux encourager la participation et poser des questions qui invitent les participants à réagir aux idées des uns et des autres ou demander aux gens de développer leur pensée et de préciser leurs opinions. • Je peux développer les idées des autres et les relier à un raisonnement cohérent, en considérant les deux côtés d'un problème. • Je peux contribuer à la création d'une culture communicative commune en adaptant ma façon de procéder, apprécier différentes idées, impressions et points de vue, et inviter les participants à réagir aux idées des uns et des autres. • Je peux donner la signification de propos et de points de vue importants sur des sujets de mon domaine d'intérêt, à condition que les participants clarifient si besoin est.

Volume complémentaire avec de nouveaux descripteurs du CECRL, février 2018

¡Lánzate! Term

va te permettre d'approfondir ta connaissance du monde hispanique et de progresser en espagnol grâce à **des supports authentiques** et des **outils innovants** tels que live!.

Apprends en agissant avec ¡Lánzate! Term

La première partie de ton manuel est constituée de 16 unités ancrées dans la thématique centrale du programme de terminale : **« Gestes fondateurs et mondes en mouvement ».**

Chaque unité est construite autour d'une **problématique adossée à l'un des 8 axes du programme** et affichée sur la double page d'ouverture. Tu verras parfois un second axe signalé : il s'agit d'un axe « mineur » qui pourra être abordé à travers certains documents ou pages spécifiques.

Grâce à des **documents variés et porteurs de sens** (vidéo, audio, textes littéraires et journalistiques, supports iconographiques, etc.) et à des **activités progressives**, tu construiras les compétences culturelles et linguistiques nécessaires à la réalisation du projet final.

Apprends en te cultivant avec ¡Lánzate! Term

Les 16 unités du manuel te permettront de diversifier tes connaissances culturelles sur le monde hispanophone en explorant la diversité et en mettant en exergue les convergences comme les divergences.

Les pages ***Talleres multimedia*** te permettront de diversifier tes connaissances culturelles à travers des activités plus ludiques et mettant à l'épreuve ta maîtrise des outils informatiques.

Apprends en variant les outils avec ¡Lánzate! Term

Nous avons eu à cœur de proposer une palette d'outils diversifiés afin de s'adresser à tout type d'élève.

Ainsi, des **parcours différenciés** sont proposés pour l'étude de certains documents.

Tu pourras aussi développer tes compétences linguistiques et langagières :

- Pour la phonologie, des **activités interactives d'écoute** et des **quiz** te sont proposés dans chaque unité via live! QUIZ.
- Pour la grammaire, des **infographies et des vidéos** t'aideront à maîtriser les outils linguistiques nécessaires pour bien comprendre et t'exprimer. Elles sont complétées par un **précis grammatical** en fin de manuel.
- Pour le vocabulaire, tu auras à disposition des **activités de manipulation** dans chaque unité (disponibles en version interactive via EXO Lexiquiz et en fin de manuel, tu trouveras des ***Mapas de léxico*** pour chaque axe du programme).
- Enfin, des rubriques dédiées à la méthodologie, conçues de manière très visuelle, t'accompagneront dans la réalisation des tâches : ***¡Tú puedes!*** en lien au ***Proyecto final*** et les pages ***Con método*** à la fin de ton manuel.

Entraîne-toi pour les épreuves du baccalauréat avec ¡Lánzate! Term

Afin de t'accompagner pas à pas vers la réussite des épreuves communes de contrôle continu, ton manuel contient des pages pour...

... t'informer : le guide du lycéen te dit tout sur le calendrier et le détail des épreuves que tu vas passer.

... t'entraîner et progresser : au sein des dossiers, des encadrés Prepara el BAC t'inviteront à réfléchir au lien entre les documents et l'axe d'étude. À la fin de chaque ***Unidad Exprés***, une double page te propose un focus sur l'une des parties des épreuves avec un accompagnement méthodologique précis. Enfin, pour l'épreuve orale, tu auras à ta disposition une double page dédiée pour chaque axe culturel.

... t'évaluer : à la fin de chaque *Unidad*, tu trouveras un sujet de bac assorti d'une fiche d'auto-évaluation pour chaque partie de l'épreuve.

Spécialise-toi avec ¡Lánzate! Term

Si tu as choisi la spécialité Langues, littératures et cultures étrangères en espagnol, ***¡Lánzate!*** a pensé à toi ! Quatre ***Unidades Avanzadas***, quatre pages ***Con Método*** et trois sujets de bac sont dédiés à cet enseignement.

Nous avons voulu te proposer des chemins vers la réussite et te souhaitons un voyage culturel et linguistique enthousiasmant avec ¡Lánzate! Term.

Edouard Clemente et Monique Laffite

À la découverte de ton manuel

Les pictos de ton manuel

- Compréhension orale
- Compréhension écrite
- Expression orale en continu
- Expression orale en interaction
- Expression écrite
- Expression écrite en interaction
- MÉDIATION Médiation écrite ou orale
- Vidéo / MP3 : Document vidéo ou audio disponible
- La gramática en vídeo : Vidéo de grammaire
- Lexiquiz : Activités de lexique et de phonologie
- Fiche de compréhension : Fichier de l'élève téléchargeable
- WEB : Lien vers un document sur Internet (vidéo, audio ou texte)
- → Con método : Renvoi aux pages de méthodologie en fin de manuel
- PRÉCIS GRAMMATICAL : Renvoi au précis grammatical en fin de manuel

Pour découvrir et comprendre

Dans ton manuel, chaque chapitre comporte plusieurs pages de documents pour découvrir les différents aspects de la thématique culturelle.

À quoi sert la double page d'ouverture ?

- Elle te permet de découvrir la problématique de l'unité à travers des **documents courts textuels** et des **visuels**.

Comment fonctionnent les autres pages de documents ?

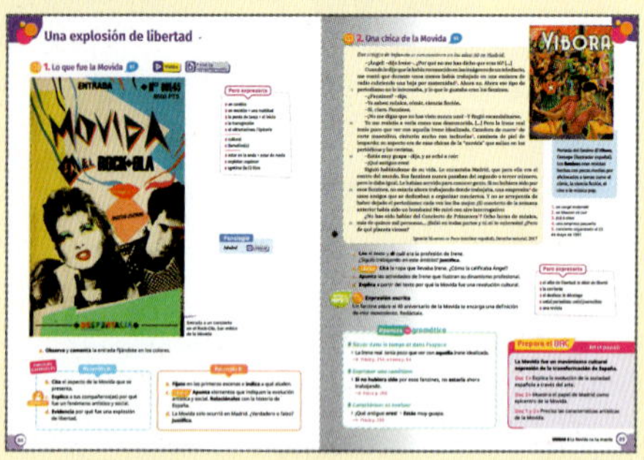

- Chaque page ou double page traite d'un des aspects de la problématique de départ à travers **plusieurs documents authentiques**. Elle propose des **activités de réception, de production et de médiation**.
- Le picto Fiche de compréhension t'indique les documents qui font l'objet de parcours de compréhension dans ton **fichier de l'élève**.
- Des boîtes ***Para expresarte*** sont là pour t'aider à t'exprimer sur les documents. Et pour **améliorer** ta prononciation, les boîtes ***Fonología*** t'accompagnent régulièrement.
- La rubrique ***Prepara el proyecto*** te propose une tâche à réaliser à l'issue de chaque double page. Elle est une **étape de préparation au projet final**.

Comment fonctionnent les *Unidades exprés* ?

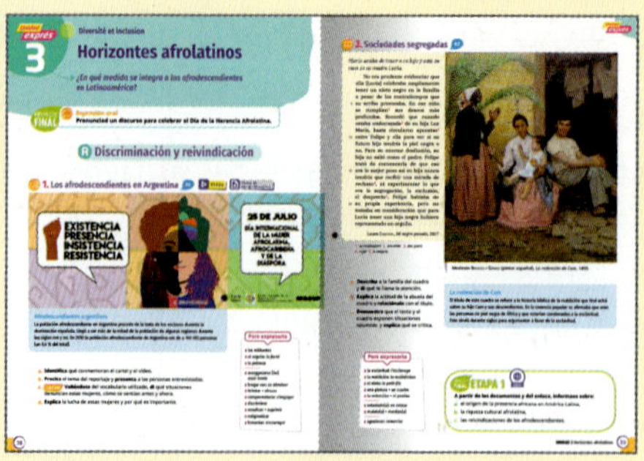

- Ces chapitres **plus courts** te feront découvrir une thématique culturelle à travers une suite de documents et une **tâche à réaliser au fur et à mesure de l'étude des documents**.

Quels outils sont à ta disposition pour progresser ?

Pour maîtriser la langue et préparer le projet final

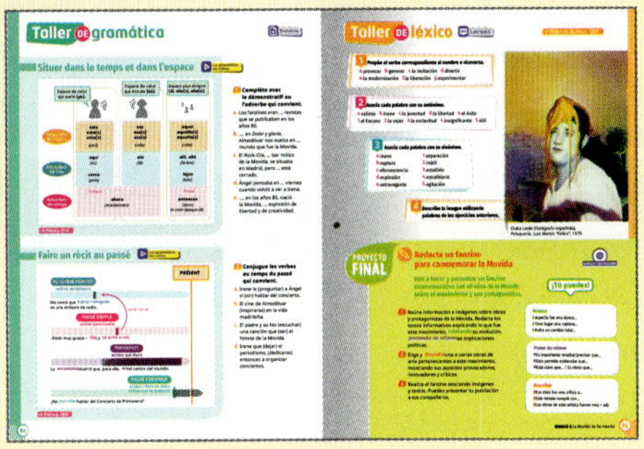

- Tu disposes de plusieurs outils pour consolider ta maîtrise de la grammaire espagnole :

  – dans les unités, des **infographies et des vidéos** de grammaire t'aideront à maîtriser les outils grammaticaux utiles à la tâche finale ;

  – en complément, le **précis grammatical** te fournira des explications plus détaillées (p. 250-279).

- Le lexique de chaque unité n'aura plus de secret pour toi grâce aux **activités de manipulation** du manuel (disponibles également sur EXO Lexiquiz) et aux ***Mapas de léxico*** en fin de manuel.

Pour progresser et t'évaluer

À quoi servent les pages *Bac Metodología* ?

- Ces pages ont été conçues afin de t'entraîner aux différentes parties de l'épreuve en contexte. L'**accompagnement méthodologique** te permettra d'**apprendre à analyser et à rendre compte de documents** selon les attendus de l'examen.

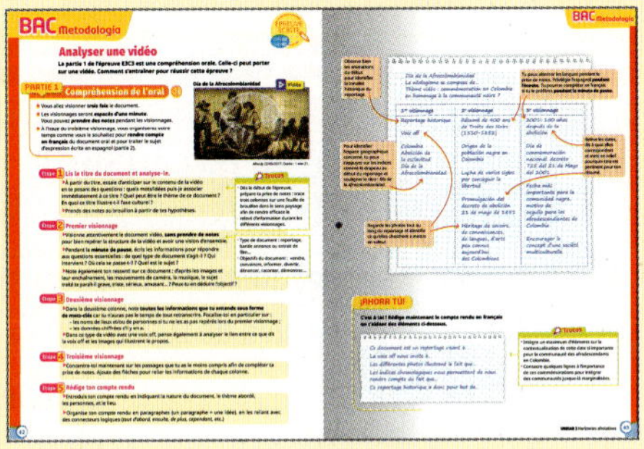

À quoi sert la rubrique *Proyecto final* ?

- La tâche finale est l'aboutissement de ton travail sur l'unité. Elle te permettra de **montrer que tu as assimilé les éléments culturels et linguistiques**.

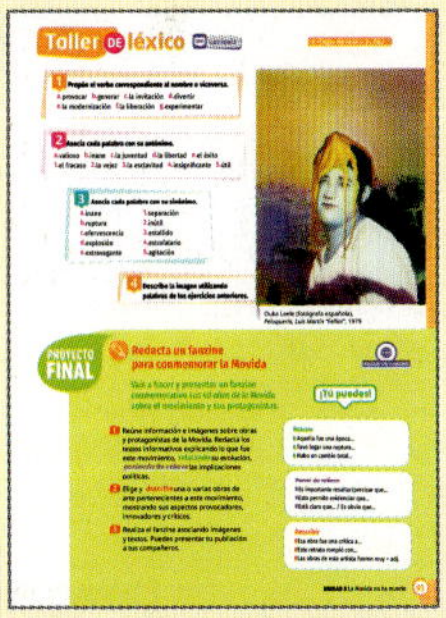

Comment fonctionnent les pages *Bac Oral* ?

- Placées à la suite des unités de ton manuel, ces pages te permettront de prendre de la hauteur sur ce que tu as étudié grâce à des cartes mentales récapitulatives sur l'axe. Tu y trouveras également des **sujets types** afin de **t'entraîner en vue de l'épreuve orale**.

Comment utiliser les pages *Bac Evaluación* ?

- Ces pages te proposent des **sujets d'épreuve écrite** afin que tu puisses **t'entraîner dans les conditions de l'examen**. Pour chaque partie de l'épreuve, tu disposes d'une **grille d'auto-évaluation téléchargeable** afin de pouvoir identifier tes forces comme tes marges de progrès.

Comment fonctionnent les *Unidades Avanzadas* ?

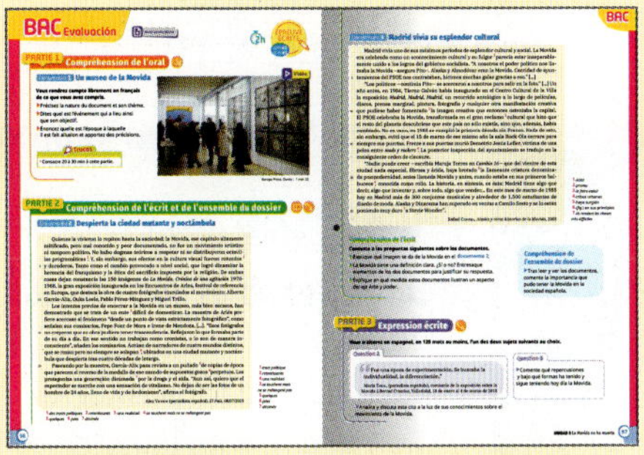

- Chaque dossier te plongera dans l'une des thématiques du programme. Des documents variés, dont **de nombreux textes littéraires**, te permettront d'**approfondir tes connaissances** et de te préparer aux épreuves de cette spécialité. Des pages ***Con método Avanzado*** te fournissent par ailleurs des outils méthodologiques pour préparer les épreuves de spécialité.

Sommaire

ciencia,
hay futuro
CSIC

Sommaire

Sommaire

spécialité LLCE espagnol

RÉPARTITION DES CHAPITRES PAR AXE DU PROGRAMME

LA TERMINALE VERS LE BAC

Vos disciplines

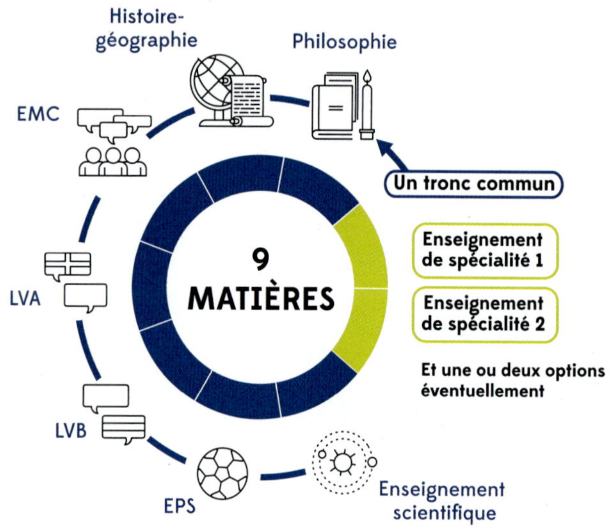

Votre calendrier*

- **Fin Mars** : Deux épreuves écrites de spécialités
- **3e trimestre** (*Dates au choix de votre lycée*) : Les évaluations communes
- **Juin** : Épreuve écrite de Philosophie et « Grand Oral »

* Informations mises à jour en mars 2020

Toutes importantes, les disciplines seront évaluées et compteront dans votre note du Bac*

Le bulletin
10 % DE LA NOTE

Vos bulletins pour valoriser votre travail régulier de première et terminale

Coefficient 10

Les évaluations communes
30 % DE LA NOTE

Dont épreuve de spécialité arrêtée en première

Coefficient 5

Histoire-Géographie et Enseignement scientifique
Épreuves écrites
Coefficient 5
pour chaque matière y compris E3C de première

LVA et LVB
Épreuves écrites et orales
Coefficient 5
pour chaque langue y compris E3C de première

EPS
Évaluation tout au long de l'année
Coefficient 5

Les épreuves terminales
60 % DE LA NOTE

Dont notes des Épreuves anticipées de français passées en première

Coefficient 10

Une épreuve écrite de 3 ou 4 heures pour **vos deux enseignements de spécialité**

+ Numérique et Sciences Informatiques, Physique-Chimie Biologie et écologie et SVT
Une épreuve pratique de 1 heure

+ Arts, Langues littérature et cultures étrangères et régionales
Une épreuve orale

Coefficient 16
pour chaque enseignement de spécialité

Philosophie
Épreuve écrite de 4 heures
Coefficient 8

Le « Grand Oral »
20 minutes de préparation + 20 minutes d'épreuve

› Sur une question adossée à l'une de vos spécialités
› Échange sur votre projet d'orientation

Coefficient 10

Total des coefficients 100

* Informations mises à jour en mars 2020

... PUIS VERS LE SUPÉRIEUR

Les grands itinéraires de l'Enseignement supérieur

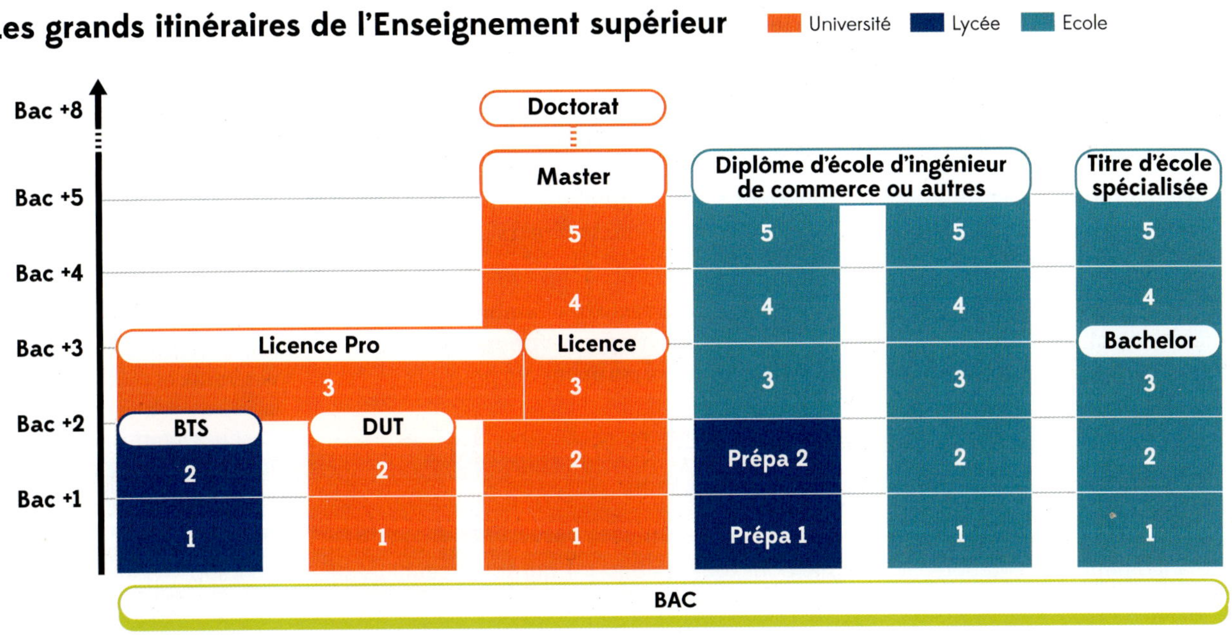

Ils témoignent de leur première année après le Bac

THÉO,
Première année de licence de Sciences de la Vie

« J'ai choisi l'Université car elle offre plusieurs parcours d'études et des matières nouvelles pour moi. Même si nous sommes plus encadrés que je ne l'imaginais, il faut travailler en autonomie et bien s'organiser entre les cours théoriques et les TP. J'espère partir en échange à l'étranger dès la L3. »

ZINEB
Première année de Prépa économique et commerciale

« Je voulais faire une école de commerce. Je craignais la prépa, j'en ai discuté avec des profs pendant les Portes ouvertes qui m'ont convaincue que je pouvais y arriver. Chaque semaine, 31 heures de cours, des colles orales, des devoirs sur table, et beaucoup de boulot à la maison pour assimiler des contenus volumineux très vite. Mais je ne regrette pas ! Il y a beaucoup de solidarité dans la classe. C'est stimulant. »

MAELLE,
IUT Info-Comm

« Grâce à mon dossier, j'ai pu entrer en IUT : un cursus court à l'Université, bien encadré avec la possibilité de poursuivre mes études. Je découvre des disciplines théoriques (marketing, droit...) et pratiques (graphisme, infographie...). C'est passionnant. J'ai hâte de débuter mon premier stage ! »

DIMITRI,
IFSI

« J'ai toujours voulu être infirmier en bloc opératoire. Mon dossier était un peu juste mais ma motivation et mes activités associatives m'ont permis de réussir l'entretien d'entrée. On alterne les cours théoriques et cliniques à la Fac ou dans l'IFSI et on a beaucoup de travail. J'ai effectué un premier stage et je suis encore plus motivé ! »

SARAH,
École d'ingénieur

« J'aimais les sciences et les TP au lycée, je voulais devenir ingénieure sans savoir dans quel domaine. J'ai réussi à intégrer une école généraliste qui me permettra de me spécialiser plus tard. Dans l'école, j'apprécie les projets en groupe, l'accès permanent à un matériel de pointe et la vie associative. »

Un lien ONISEP utile pour votre orientation **+** *Ma première année en...*

PARCOURSUP, QU'EST-CE QUE C'EST ?

C'est la plateforme nationale de préinscription à l'enseignement supérieur pour tous les élèves de terminale. En 2019, 97% des bacheliers généraux ont reçu au moins une proposition.

1 UN LARGE CHOIX DE VŒUX NON HIÉRARCHISÉS ET DES INFORMATIONS

Quasiment toutes les formations du supérieur sont sur Parcoursup (15.000 formations !) avec de très **nombreuses informations** et des possibilités de contacts directs pour **poser vos questions** sur les contenus, les critères d'examen des vœux, les débouchés.

Vous disposez de **10 vœux (et 20 sous-vœux)** : soyez **réaliste** et **ambitieux** (tentez des filières sélectives !). Tous les candidats, comme vous, déposent de nombreuses candidatures : les établissements vont très loin dans leurs classements pour proposer une admission

Les attendus nationaux et locaux sont là pour vous motiver (pas pour vous inquiéter), tout comme les questionnaires d'auto-évaluation.

Enfin, vous avez **le droit à l'erreur** : il existe de nombreuses passerelles en cours de formation et un changement d'orientation est possible pour tous les Bac + 1 qui sont accueillis sur Parcoursup.

Astuce

Pas besoin de hiérarchiser vos vœux et l'établissement de la formation que vous demandez n'est pas informé de vos autres vœux.

2 UNE PROCÉDURE AVEC UN CALENDRIER PRÉCIS ET DES OBLIGATIONS

Calendrier et check-list

Un calendrier
Ce calendrier vous laisse du temps de réflexion, coordonné avec le Bac et adapté à votre intégration dans le Supérieur.

Des modalités d'inscription

- Pour constituer votre dossier personnel à partir de votre INE, vous fournissez :
  - des informations sur votre état civil,
  - vos coordonnées, celles de vos représentants légaux (si vous êtes mineurs),
  - des informations sur votre scolarité passée en complément de celles fournies par votre lycée (bulletins de 1ère et Term, Fiche Avenir avec les appréciations de vos enseignants et l'avis du chef d'établissement).
  - Vous rédigez un **Projet de formation motivé** personnalisé adapté à chaque formation.
  - Vous remplissez soigneusement la rubrique « **Mes activités et centres d'intérêt** » qui peut renforcer vos candidatures.
- Vous envoyez les documents complémentaires que demandent parfois certaines formations.

À savoir

Le respect de la procédure par tous les élèves et les établissements est la condition de son bon fonctionnement.

3 DES ENSEIGNANTS QUI ÉTUDIENT VOTRE DOSSIER ET VOUS RÉPONDENT

Parcoursup n'est pas un robot ni un algorithme qui déciderait de votre orientation !
Toutes les formations vous répondront mais pas forcément en même temps : **surveillez les réponses** (sms, mail...) et votre compte Parcoursup.

N'oubliez pas de répondre à chaque proposition dans les délais indiqués. Si plusieurs propositions vous sont faites il vous faudra choisir puis valider votre choix final et **vous inscrire définitivement**.

VOUS INFORMER SUR LES FORMATIONS

UNE DÉMARCHE À ANTICIPER

Votre démarche d'orientation ne doit évidemment pas attendre l'ouverture de Parcoursup. Peut-être ne savez-vous pas vraiment ce que vous voulez faire, ou vous avez plusieurs idées, ou encore vous avez une idée assez nette de ce que vous voulez faire. Dans tous les cas, **vous devrez vous informer sur les formations, leurs contenus, leurs modalités** (durée, sélective/non sélective, privée/publique, possibilité d'alternance ou de poursuite d'études, proximité…) et **leurs débouchés**.

S'INFORMER AVEC L'ONISEP

L'ONISEP (**Office national d'information sur les enseignements et les professions**) vous fournit toute l'info sur les métiers et les formations :

- Le site onisep.fr, notamment la rubrique *Ma première année en…*
- monorientationenligne.fr vous met en contact avec un conseiller par téléphone, mail ou par tchat.
- Le site *Terminales* à retrouver sur orientation-lycees.fr
- Des revues, des guides, des Salons…
- Vous disposez de beaucoup de sources d'informations potentielles : contacts sur Parcoursup, Journées Portes Ouvertes, salons, forums, sites, Semaines de l'orientation et bien entendu vos enseignants, et les conseillers près de chez vous…

Notez bien que vos motivations pour une formation ou des débouchés ainsi que vos démarches d'orientation vous seront aussi utiles lors du Grand Oral.

VOTRE CALENDRIER PARCOURSUP

- **Novembre** – **Janvier** : Recherche des informations sur Parcoursup
- **Janvier** – **Février** : Inscription sur Parcoursup (voir votre check-list ci-contre)
- **Février** – **Avril** : Constitution de votre dossier complet, saisie et confirmation de vos vœux
- **Mai** – **Juillet** : Propositions des établissements : vous devez y répondre !
- **Juillet** – **Septembre** : Éventuellement, phase complémentaire

Pensez à vous inscrire dans votre futur établissement !

VOTRE CHECK-LIST POUR VOUS INSCRIRE SUR PARCOURSUP

- **Une adresse électronique** que vous utiliserez jusqu'à la fin de la procédure.
- **Votre numéro INE** : il est composé de 11 caractères (1 ou 2 lettres, 10 ou 9 chiffres). Vous le trouverez sur vos bulletins scolaires. Si besoin, demandez-le à votre établissement.
- **Votre relevé de notes** aux épreuves anticipées du baccalauréat.
- **Le dernier avis d'imposition** de votre (vos) parents(s) ou tuteur(s) si vous demandez une classe préparatoire avec internat ou si vous souhaitez simuler une attribution de bourse.
- **Vos bulletins** de première et terminale.
- **Votre Projet de formation** motivé en 1 500 caractères, pour chaque formation.

PENSEZ AUSSI À :

- **Remplir les questionnaires d'auto-évaluation** demandés par certaines formations universitaires. Ils sont anonymes et vos résultats ne sont pas communiqués.
- **Remplir la rubrique « Mes activités et centres d'intérêts »**
- **Fournir dans les temps les documents complémentaires** que certaines filières peuvent vous demander (CV, lettres de motivation…).

onisep Nathan

PREMIER TEMPS : L'ÉPREUVE ÉCRITE

1 h 30

- La compréhension de l'oral est évaluée à partir d'un document audio ou vidéo d'une durée maximale d'1 minute 30.
- Tu écouteras le document trois fois, les écoutes étant espacées d'une minute. Pendant que tu écoutes, tu pourras prendre des notes.
- À l'issue de la troisième écoute, tu devras rendre compte en **français et à l'écrit** de ce que tu as compris. Tu auras parfois des indications pour te guider, mais pas toujours.

- La compréhension de l'écrit est évaluée à partir d'un ou deux textes, d'une longueur cumulée de 2 500 à 4 500 signes.
- À l'issue de la lecture du ou des textes, tu devras rendre compte de ce que tu as compris **en espagnol**. Pour te guider, tu pourras t'appuyer sur des questions qui porteront sur la compréhension des textes et sur la compréhension de l'ensemble du dossier constitué par les documents supports de l'évaluation de la compréhension de l'oral et de l'écrit.

- L'expression écrite est évaluée à partir d'une ou deux questions au choix, en lien avec la thématique générale du dossier constitué par les documents du dossier de la partie 1 (sujet d'argumentation ou sujet d'invention). Les questions peuvent s'appuyer sur un document iconographique.
- Tu devras donc traiter au moins l'un des deux sujets en rédigeant ton texte en espagnol.

SECOND TEMPS : L'ÉPREUVE ORALE (10 min)

VOIE GÉNÉRALE (LVA ET LVB) ET VOIE TECHNOLOGIQUE (LVB)

EXPRESSION ORALE EN CONTINU ET EN INTERACTION

- Au début de l'épreuve, l'examinateur te proposera de choisir entre trois axes culturels du programme.

- En tenant compte de ton choix, l'examinateur te proposera des supports de discussion : deux documents iconographiques, ou deux citations, ou un document iconographique et une citation. Tu auras alors 5 minutes pour expliquer quel document ou quelle citation illustre le mieux l'axe que tu as choisi et pourquoi.

- L'examinateur te posera ensuite des questions plus générales, portant par exemple sur le travail réalisé au cours du cycle Terminal sur l'axe choisi.

- Jury : un enseignant d'espagnol
- Note sur 10 points
- Niveaux attendus :
LVA > B2
LVB > B1

Critères d'évaluation

- Expression orale (organisation, pertinence et fluidité du discours)
- Interaction orale (capacité à argumenter et à relancer une discussion)
- Correction de la langue orale (correction de la prononciation et de l'accentuation)
- Richesse de la langue (variété et niveau de précision du lexique et des structures employés)

VOIE TECHNOLOGIQUE (LVA)

ÉVALUATION DE L'ENSEIGNEMENT TECHNIQUE EN LANGUE VIVANTE (ETLV)

- Si tu es en voie technologique, tu passeras cette épreuve orale dans ta LVA, qui est la langue dans laquelle tu as suivi l'ETLV.

- Dans un premier temps, tu disposeras de 5 minutes pour présenter au jury :

STL, STI2D et ST2A un projet technologique ou scientifique mené dans ton enseignement de spécialité ;

STHR une situation technologique du secteur de l'hôtellerie et de la restauration ;

STMG une organisation (entreprise, administration ou association) ;

ST2S un fait social touchant à la santé ou au bien-être des populations.

Tu pourras apporter des ressources pour soutenir ta prise de parole.

- Dans un second temps, le jury te posera des questions sur ta présentation, afin d'approfondir certains points et faire le lien avec l'axe du programme de langue vivante.

- Jury : un enseignant d'espagnol et un enseignant de la spécialité sur laquelle porte l'ETLV
- Note sur 10 points
- Niveau attendu : B2

Critères d'évaluation

- Expression orale (organisation, pertinence et fluidité du discours)
- Interaction orale (capacité à argumenter et à relancer une discussion)
- Correction de la langue orale (correction de la prononciation et de l'accentuation)
- Richesse de la langue (variété et niveau de précision du lexique et des structures employés)

ORGANISER SES RÉVISIONS

Pour réussir ces épreuves, il faut t'organiser à l'avance et commencer tôt les révisions ! En effet, réviser son bac ne se prépare pas à la dernière minute, c'est un travail qui débute dès les premières semaines de septembre. Voici quelques pistes qui pourront t'aider.

1 TRAVAILLER RÉGULIÈREMENT ET AVEC RIGUEUR, EN CLASSE COMME À LA MAISON

Dès le début de l'année, tu dois veiller à :
- être attentif et concentré en classe ;
- participer et poser des questions ;
- prendre la parole régulièrement pour t'entraîner au Grand oral de Terminale.

Les avantages de cette méthode

- Ton implication permettra d'éviter le stress de dernière minute.
- Travailler régulièrement allège ton travail de révision.

2 ORGANISER UN PLANNING DE RÉVISION

Commence par lister tous les chapitres ou thèmes à revoir dans chaque matière, puis, dans un tableau hebdomadaire, place les révisions qu'il faudra effectuer.

La première série d'épreuves a lieu fin mars, il faut donc commencer à réviser dès le début de l'année scolaire !

Sois réaliste, n'envisage pas de longues ou de nombreuses séances de révisions si tu sais que ton planning ou ta capacité à travailler ne le permettra pas.

Chaque jour, mixe les matières que tu révises. Cela te permettra de moins te lasser et d'avoir moins de pression.

Lors des vacances scolaires ou le week-end, augmente le volume de tes séances de révision, car tu as plus de temps. Les quelques semaines avant les épreuves, le volume horaire des révisions devra être plus important : passe de 4 à 6 séances de travail par jour au moins.

Conseil

Coche au fur et à mesure sur ton planning le travail effectué. Cela te permettra de réaliser l'avancée de tes révisions, ce qui est plutôt encourageant, et de planifier à nouveau le travail non fait.

3 CRÉER DE BONNES CONDITIONS DE TRAVAIL

Réviser en équipe est un moyen efficace pour se motiver.
Créez des fiches de révision en groupe, interrogez-vous mutuellement, organisez des séances de révision à plusieurs, mutualisez vos cours et vos outils de révisions et profitez ainsi des compétences de chacun.

Détends-toi !
Des pauses sont nécessaires pendant les périodes de révision : il faut s'aérer le corps et l'esprit et penser à autre chose. Fais du sport, regarde un film ou une série, sors avec tes amis, fais des exercices de relaxation ou de respiration… **Pense à le faire quotidiennement**.

Les avantages de cette méthode

À plusieurs, il est plus facile de se motiver. Vous appréhenderez moins vos séances de révision.

Les avantages de cette méthode

Un esprit sain dans un corps sain est le meilleur moyen d'affronter sereinement les épreuves du bac : mange bien et accorde-toi un temps de sommeil suffisant.

PRENDRE LA PAROLE EN PUBLIC

Prendre la parole, ça s'apprend ! Suis ces conseils et entraîne-toi régulièrement, c'est le secret de la réussite.

ADOPTE UNE POSTURE SEREINE ET DES GESTES EXPRESSIFS

Fais simple : reste le plus naturel possible.

✅ **Ancre-toi dans le sol**, les pieds bien droits et légèrement écartés, la tête haute tournée vers le jury. Conserve cette posture, évite de te balancer et ne bouge pas trop.

✅ **Sois naturel** avec tes mains, tu n'es ni une personnalité politique en campagne ni un mime ! Évite de croiser les bras, ne garde pas tes mains jointes, utilise-les plutôt **pour appuyer ce que tu dis.**

✅ **Sourie régulièrement**, c'est un ingrédient important d'une intervention orale réussie.

PRÊTE ATTENTION À TA VOIX

La voix est le premier instrument de l'orateur. Ses différentes composantes sont mêlées mais tu peux en travailler les différents éléments.

✅ **Le volume**
Entraîne-toi à parler de manière **suffisamment audible**.

✅ **Le débit (vitesse / rythme)**
▸ Le rythme de ta prise de parole influera sur la qualité de sa réception.
▸ Tu attirereras et garderas l'attention en **variant ton débit** en fonction de tes propos. Par exemple, en parlant plus vite quand tu racontes une anecdote, moins vite quand tu arrives en fin d'une sous-partie ou que tu veux insister sur un point.
▸ Si tu as l'habitude de parler vite, ce sera difficile à modifier. Dans ce cas, évite les phrases trop longues et surtout, fais des pauses !

✅ **L'intonation**
C'est le ton que tu prends pour t'adresser à ton auditoire en accord avec le texte. Entraîne-toi à bien l'adapter à différents contenus et surtout à le varier pour **éviter la monotonie**.

> **Conseil**
> Ne commence pas à parler dès qu'on te donne la parole. Silence, d'abord. Tu attirereras l'attention et tu en profiteras pour respirer un grand coup. Les pauses te permettent de marquer le début ou la fin d'une sous-partie, de réfléchir avant de répondre, et d'attirer l'attention sur ce que tu vas dire ensuite.

SOIGNE TON VOCABULAIRE

Même si tu n'en n'as pas toujours conscience, il se peut que tu utilises un langage trop familier, trop quotidien..

✅ **Élimine** tous les termes qui te paraissent **relever d'un langage trop familier**. Même si ce n'est pas toujours facile, essaie de bannir tes tics de langage.

✅ **Emploie des termes précis** : tu dois connaître les définitions de toutes les notions que tu emploies.

✅ **Tu peux nuancer ta réponse** en utilisant des modalisateurs.

> **Conseil**
> Entraînez-vous à plusieurs : un élève présente son exposé, les autres relèvent les mots issus d'un langage trop familier. Cherchez ensemble des synonymes ou des expressions plus adaptés.

Unidad exprés

1

Espace privé et espace public

Una cultura de chismosos

¿En qué medida se confunden la vida pública y la privada en España?

PROYECTO FINAL — **Expresión escrita**
Cread un test: "¿Eres chismoso(a)?"

A La peluquería, el templo del cotilleo

1. Gente en la peluquería B2

VIDÉO — Fiche de compréhension

Raquel Córcoles (ilustradora española), *Gente maja en la peluquería versus yo*, 2018

a. **Describe** las dos situaciones que evoca este dibujo.
b. **Fíjate** en los globos y las onomatopeyas, **explica** la diferencia en la actitud de las dos clientas.
c. **Ve** el vídeo y **di** qué están haciendo la peluquera y las clientas.
d. **Describe** la reacción de los dueños de la peluquería y **explica** lo que deciden hacer.
e. **Aclara** si ha funcionado su estrategia. **Justifica**.

1. *(fam.) femme aigrie*

2. Una peluquería se alimenta de cotilleos

B1 Texte lu

Jared trabaja en la tienda de alfombras de Sonia. Está hablando con Román, dueño de una peluquería.

–Bien, bien. Este es el trato[1]: yo te afeito y te hago un buen corte de pelo para que no asustes[2] a los clientes de Sonia y tú mantienes los ojos y las orejas abiertas y me consigues información.

–¡Información! –exclamó Jared con los ojos abiertos como platos[3]. ¡Ese viejo estaba loco!

–Sí, información. [...] Cuando vayas de arriba abajo por la calle te cruzarás con grupitos de señoras, mantén las orejas alertas. En los portales los porteros[4] te preguntarán adónde vas y, de paso, seguro te cuentan algún cotilleo. Quiero saber todos y cada uno de los chismes[5] que circulan por la calle –finalizó el viejo con una mirada soñadora.

–¿Para qué?

–¡Para qué! Pero, muchacho, es obvio. Pensé que eras inteligente [...]. Una peluquería se alimenta de cotilleos. Llevo toda la vida siendo adicto a ellos, pero ahora con la maldita crisis cada vez menos hombres vienen a afeitarse. [...] Cierto es que todavía acuden a mí para cortarse el pelo –divagó con una sonrisa– pero cada vez lo hacen menos a menudo, y van siempre con tanta prisa que apenas me cuentan nada –suspiró apesadumbrado[6].

Jared asintió con la cabeza, estupefacto. [...]

–Si quieres que te sea sincero, no me hace falta mantener el negocio [...], pero... me aburro en casa. Me aburro muchísimo. [...] Lo único que necesito para que mi vida sea tan perfecta como era antes son los cotilleos. Y ese va a ser tu trabajo, conseguirme información.

Noelia Amarillo (escritora española), *Quédate a mi lado*, 2012

1. *le marché* 2. des miedo 3. *les yeux grands ouverts* 4. *les concierges* 5. *commérages* 6. afligido

Fachada de una peluquería en el barrio de Lavapiés, Madrid

a. **Identifica** a los protagonistas y el lugar de la escena.

b. **Di** qué trato propone Román y cómo reacciona Jared.

c. **Describe** la estrategia de Román para conseguir información.

d. **Explica** la relación de Román con los cotilleos.

Para expresarte

- la privacidad: *la vie privée*

- amable
- frío(a)
- serio(a) ≠ sonriente

- afeitar: *raser*
- cotillear = chismorrear: *faire des commérages*
- despellejar = (*fam.*) criticar con crueldad
- encantar ≠ odiar: *adorer ≠ détester*

PROYECTO FINAL ETAPA 1

A partir de los documentos:

a. explicad por qué a los españoles les gustan tanto los cotilleos;

b. apuntad algunos temas de cotilleo.

Unidad exprés 1

B Cotilleos de la calle

1. La portera

B1+ Vidéo Fiche de compréhension

Fotograma de *Hable con ella*, Pedro Almodóvar, 2002

a. **Di** de quiénes están hablando y dónde están los protagonistas.
b. **Explica** de qué se queja la portera.
c. **Di** qué le interesa saber a la portera. ¿Qué deduces a propósito de su personalidad?
d. **Analiza** el tono de la escena.

2. Un portero bien informado

B2 Texte lu

Lorenzo era el portero de una escalera de República Argentina desde hacía más de una década. [...] No hacía falta ser un cotilla para enterarse de los asuntos privados que concernían a los vecinos, pero Lorenzo Lamas [...] era un cotilla de primera categoría. [...] Aquel día fregaba la última superficie que le quedaba, la de la planta baja. De pronto, la puerta de uno de los ascensores se abrió.

–¡Buenos días! ¡*Cuidao*[1] que está *fregao*[1], ¿eh?! –advirtió el portero [...]

–Buenos días –respondió el vecino [...].

–Oye... –dijo, [...]. ¿Te has *enterao*[1] de lo de la Josefa?

–Pues... no. ¿Qué ha pasado? ¿Qué Josefa...?

–La del sexto –informó [...]. Ha pasado a mejor vida. [...]

–¡Ufff! Pobre mujer... Bueno, sería mayor ya, ¿no?

–Hombre, pues sí. Ya tenía edad, pero...

–Así es la vida. Bueno, Lorenzo... –se despidió el vecino [...].

–Pues para mí... –insistió, mirando nuevamente a su alrededor y bajando sensiblemente el tono de voz para cerciorarse[2] de que ningún vecino pudiera oírle–... que sus hijos le han *provocao*[1] el cáncer del disgusto[3].

–Hombre, Lorenzo, no sé... Yo más de una vez la había oído discutir con sus hijos, y bueno, sí que es verdad que le hablaban fatal...

–Si es lo que te digo –afirmó Lorenzo [...].

–Bueno, el informático y el otro, el ma...

–¡El informático! –interrumpió bruscamente el portero, alzando un poco más la voz–. Ese alto, calvo y con bigote. ¿Ese...? Pues ese la gritaba en medio del rellano[4] como un animal. No, no. Si la trataba fatal, fatal.

–No, si ya... El otro es más majo[5], el matemático.

–[...] ¡¿Majo ese?!¡Uy, no! –negó con el dedo [...] –. Ese era igual o peor que el otro. IGUAL O PEOR.

–Ya, bueno... No sé, a mí me parecía un tipo de lo más normal.

Xavier Alcover, *Historias de ascensor*,(escritor español), 2016

1. (*fam.*) cuidado, fregado, enterado, provocado 2. asegurarse
3. (*fig.*) *à cause du chagrin* 4. *le palier* 5. (*fam.*) simpático

a. **Presenta** al protagonista y **di** qué rasgo de personalidad lo define.
b. **Explica** cómo inicia la conversación y cómo hace para que siga.
c. **Muestra** cómo se entromete el portero en la vida privada de los vecinos.

Para expresarte

- un(a) chismoso(a) = un(a) cotilla
- el fallecimiento = la muerte
- el origen

- mediatizado(a)
- cotilla: *commère*

- lamentar: *regretter*
- sacar información: *soutirer des informations*

PROYECTO FINAL ETAPA 2

Tras consultar los documentos:

a. explicad por qué el/la portero(a) es el símbolo del/de la típico(a) cotilla;
b. enumerad estrategias para obtener información sobre una persona.

C Espiando a los famosos

1. Un llamamiento al espionaje B2

Disculpen que incordie[1] con consideraciones quizá superadas[2], pero para mí esto de la telebasura ibérica es nuevo: son fascinantes esos programas con gente que ni sabes quién es hablando de otros que tampoco y diciendo cosas sin interés con gravedad suprema[3]. En uno de estos espacios, mientras discuten sus chorradas[4], un rótulo[5] dice: "Si conoce información de algún famoso y puede demostrarla, llámenos". [...] Es gracioso lo de demostrarlo, implica fotos, documentos, muchas molestias para el ciudadano corriente. Además, uno no se cruza casi nunca con famosos y, si ocurre, hacen cosas de lo más normal: tomar un café, comprar algo, pasar por la calle... ¿A quién va entonces este aviso[6], a sus vecinos, a sus familias, a sus animales de compañía? Es un llamamiento al espionaje, que pasa por normal en un país de cotillas. Pero lo interesante es el tratamiento implícito de "los famosos" como especie animal de caza libre o delincuentes. Hablan de ellos con una superioridad que delata inferioridad, se les contempla como gente con algo especial, que tú no tienes. Si no, nos daría igual lo que hagan.

Íñigo Domínguez (periodista español), *El País*, 13/07/2017

a. **Identifica** qué problema evoca el autor y a quiénes se dirige.

b. **Precisa** lo que le fascina de la telebasura.

c. **Aclara** por qué afirma "es un llamamiento al espionaje".

d. **Explica** qué denuncia sobre el tratamiento de los famosos y **define** el tono que utiliza.

1. *Excusez-moi de vous déranger* 2. *dépassées* 3. extrema 4. tonterías 5. *(ici)* un subtítulo 6. *(ici)* mensaje

2. 75 aniversario de *¡Hola!* B1 Vidéo Fiche de compréhension

La portada del especial 75 aniversario de la revista *¡Hola!*

a. **Di** cómo definen la revista las dos presentadoras.

b. **Explica** qué dicen de la revista sus lectores.

c. **Comenta** en qué medida muestra el vídeo el interés de los españoles por estas revistas.

Para expresarte

- el acoso: *le harcèlement*
- una revista del corazón: *un magazine people*

- desconocido(a): *inconnu(e)*
- entrometerse en: *se mêler de*
- respetar a
- salir en la tele
- ser perseguido(a) por: *être poursuivi(e) par*
- soñar con [ue]: *rêver de*

PROYECTO FINAL ETAPA 3

A partir de los documentos:

a. explicad a qué se dedican los programas del corazón;

b. decid en qué medida la revista *¡Hola!* es respetuosa con los famosos.

PROYECTO FINAL

Reunid la información de las etapas 1, 2 y 3 para crear el test: "¿Eres chismoso(a)?"

a. Imaginad y redactad ocho preguntas con tres respuestas posibles cada una. Puntuad cada respuesta 0 = nada chismoso(a) ; 1 = algo chismoso(a); 2 = muy chismoso(a).

b. Redactad tres textos correspondientes al resultado de cada perfil.

10mn

ÉPREUVE ORALE
LVA > B2
LVB > B1

S'exprimer à l'oral à partir d'un document iconographique

L'oral de langue se déroule en deux parties : l'expression orale en continu (5 min.) puis l'expression orale en interaction (5 min.). Comment se préparer et s'entraîner au mieux pour cette épreuve ?

Étape 1 Choisis le document

- Lors de cette épreuve, tu auras le choix entre deux documents iconographiques, deux citations ou un document iconographique et une citation.
- Choisis le document (ou la citation) qui te semble le mieux illustrer l'axe, mais aussi celui sur lequel tu auras le plus de choses à dire.

Étape 2 Identifie et comprends l'image

- Repère **les informations-clés** : type d'iconographie, titre, auteur, date de publication.
- Identifie le thème.
- Observe attentivement le document pour **repérer les différents éléments qui le composent** : personnages, titres, sous-titres, logos, slogans, bulles...

Étape 3 Analyse le document

- **Situe le document** dans son contexte culturel, historique, artistique, sociétal...
- **Déduis la problématique** qu'il soulève.

Étape 4 Parle en continu

- Pendant les 5 premières minutes de l'épreuve, tu devras, sans préparation, expliquer en quoi ce document te semble illustrer l'axe. Pour ce faire, tu devras bien organiser ton argumentation. Imagine mentalement le plan de ta réponse.
- Dans un premier temps, **présente l'axe** grâce aux connaissances acquises tout au long du cycle terminal et la problématique que soulève le document.
- Dans un deuxième temps, **expose deux ou trois arguments** qui expliquent en quoi cette image illustre l'axe.
- Dans un troisième temps, replace la problématique dans un contexte plus large et ouvre sur une autre problématique.
- Surveille le temps imparti et utilise-le dans sa totalité.

Trucos

- Mémorise pour chaque axe des idées et des exemples dont tu pourrais te servir.
- Tu peux conclure en tendant une « perche » pour déclencher les questions du jury.
  Par exemple : *Podría dar otros ejemplos... No todo el mundo está de acuerdo sobre la cuestión... Esto nos llevaría a hablar de...*

Étape 5 Interagis avec l'examinateur(trice)

- Cette partie a également une durée de 5 minutes, il s'agit d'échanger avec l'examinateur(trice). Cet échange permettra de compléter et/ou de nuancer ton exposé sur le document.
- L'examinateur(trice) partira de ce que tu as dit et sur d'autres idées auxquelles tu n'auras pas pensé.
- Écoute attentivement les questions et repère bien ce que l'on te demande pour ne pas être hors sujet.
- Développe tes réponses en argumentant et en apportant des exemples concrets.

- Conserve pour la discussion avec le jury toutes tes idées et arguments que tu n'as pas utilisés dans ton exposé.
- N'hésite pas à reformuler les questions de l'examinateur ou à lui demander de répéter si tu n'as pas bien compris.

En la parte superior

Fíjate en los detalles del dibujo y asócialos con el texto.

El nombre de ilustradora

En la parte inferior

Para expresarte

- las *apps*
- los famosos: *les célébrités*
- los límites
- el móvil
- la privacidad = la vida privada

- las redes sociales
- curioso(a)
- cotillear: *faire des commérages*
- interesar (const. gustar)

- como si + *sub. imp.*
- dedicar tiempo = pasar tiempo
- entrometerse en: *s'immiscer dans*
- estar cansado(a): *être fatigué(e)*
- estar tumbado(a): *être allongé(e)*
- quejarse: *se plaindre*

¡AHORA TÚ!

À toi de prendre la parole maintenant en t'appuyant sur les amorces suivantes qui pourraient correspondre à un plan mental de ta réponse.

El eje Espacio privado y espacio público hace referencia a…
Este dibujo humorístico plantea el problema de…/ critica…/denuncia…
Puede relacionarse con el eje ya que…
La protagonista se queja…
Entonces podemos deducir que dedica su tiempo a…
Le interesa la vida…
Para concluir, esta problemática puede inscribirse dentro de un fenómeno mucho más amplio…

Trucos

- Tu peux évoquer la fascination que suscite la vie des autres (les ami(e)s, les personnages célèbres).
- Tu peux également analyser le ton employé par le personnage en associant ce qu'il dit et l'idéogramme qui est dessiné.
- N'oublie pas de structurer ton argumentation et d'utiliser des connecteurs pour présenter, hiérarchiser tes idées et conclure.

Nuevos periodismos

¿Cómo han transformado las nuevas tecnologías la relación con la información en el mundo hispánico?

PROYECTO FINAL

Expresión escrita
Redactad 10 consejos clave para el nuevo periodismo.

A Censura y periodismo de investigación

Whitney Godoy, periodista hondureña, entrevistando a varios migrantes hondureños en su viaje a México.

> *"Una persona, cuando se hace periodista, sabe que tiene que buscar siempre la forma de transmitir la verdad. Yo no he vendido mi palabra, mi nombre, mi firma ni lo que soy a un Estado que yo sé que es corrupto [...]. En Honduras es muy complicado investigar y un periodista allí solo puede estar de dos formas: preso o muerto."*
>
> Whitney Godoy (periodista hondureña), 14/04/2019

Para expresarte

- una pancarta
- una portada: *la une d'un journal*
- un(a) reportero(a)
- una rueda de prensa: *une conférence de presse*
- un sitio web = una página web

- colártela (*fam.*) = engañarte: *te tromper*
- faltar: *manquer*
- hacer falta: *avoir besoin*
- matar: *tuer*

B El periodismo en transformación

VIDÉO

Fiche de compréhension

El periodismo se está transformando, en el mundo y por supuesto en el mundo hispánico. Nuevas maneras de comunicar e informarse, nuevos contenidos. Los periodistas como Arturo Pérez-Reverte alertan sobre la importancia de conservar el rigor y los valores del periodismo tradicional.

Viñeta de Forges (dibujante español)

C Bulos y manipulación

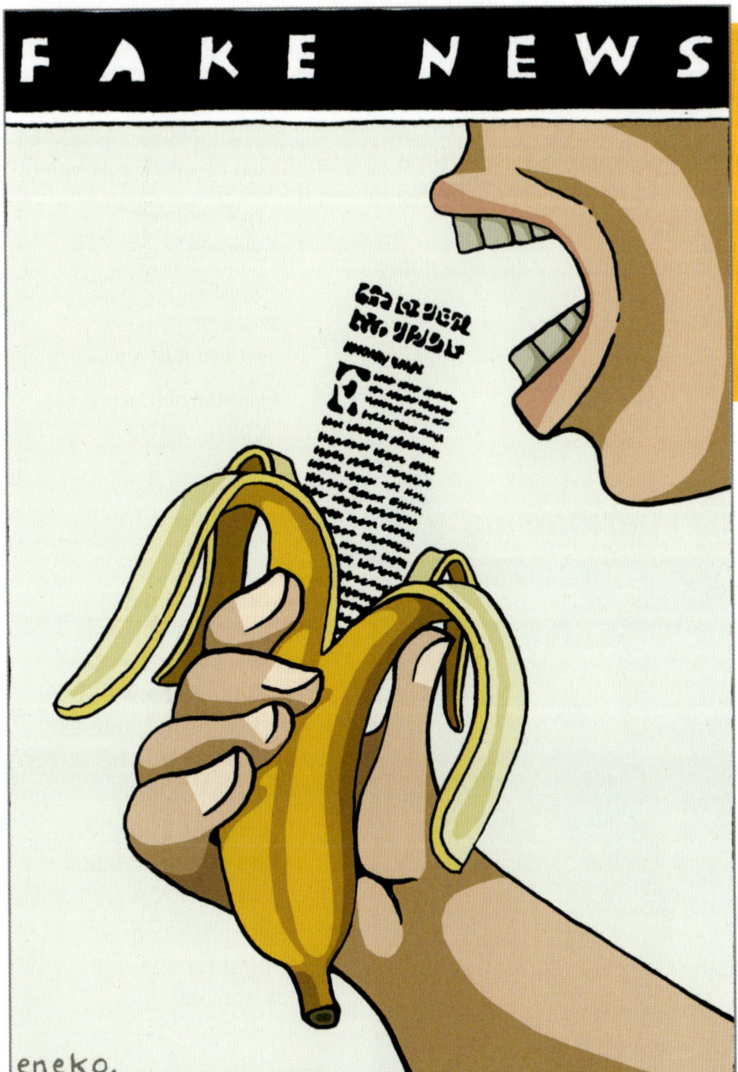

Eneko (ilustrador venezolano), *Fake News*, 2020

En español existe una palabra para hablar de las famosas noticias falsas o *fake news*, es la palabra "bulo". *Maldita.es* es un portal de noticias creado en 2017 para desmentir bulos. En su página aseguran que te ayudan a luchar contra la mentira y a identificar la desinformación.

¡Lánzate!

Doc. A ▶ **Describe** la foto y **comenta** la cita de Whitney Godoy.

Doc. B ▶ **Ve** el video, **observa** la viñeta y **di** qué pasa con el periodismo hoy en día.

Doc. C ▶ **Explica** qué son los bulos y qué función cumple *maldita.es.*

Periodismo inmediato, ¿periodismo sensato?

1. Hoy en día a nadie le importan los periódicos B1 Texte lu

"Hubo un tiempo en que ser periodista significaba algo."

A Bruno Lejarreta le gusta decir frases de esas de vez en cuando[1]. Cuando hay un becario[2] cerca lo suficientemente idiota como para sentir respeto por un viejo reportero de sesenta y tres años, autoproclamado leyenda viva de la redacción de *El Correo de Bilbao*. [...]

Ya no quedan becarios de esos, claro. Hoy solo sienten respeto por los *youtubers*, por el número de seguidores en Twitter y en Instagram, por el número de clics que ha conseguido un artículo. "Diez cosas que necesitas saber sobre (Inserte nombre de famoso recién muerto)." Con sus diez correspondientes páginas, para que vayas pinchando y pinchando[3] y el periódico aumente el número de impresiones y pueda seguir vendiendo a los anunciantes la vieja mentira. [...]

No siempre fue así, recuerda, poniendo los pies sobre la mesa. Puede hacerlo porque no hay nadie en la redacción, ya nadie va tan temprano. [...] Las diez de la mañana. A esa hora, cuando él era joven, los redactores ya estaban tecleando como locos, los de archivos buscando fotos, los fotógrafos entrando y saliendo de la redacción [...]. La época del papel. Los ochenta, los noventa. La mejor época. La época de los mejores. [...]

Hoy en día a nadie le importan los periódicos. Y dentro de los periódicos, a nadie le importan los sucesos [...], que es donde le han dejado aparcado [...], tan inútil como un jarrón chino o un ex presidente del Gobierno. No, a nadie le importan las noticias de sucesos. Lo único que importa es el último zasca[4] de Pérez-Reverte a un político. Si acaso, cuando la víctima es una mujer asesinada por violencia de género[5], consiguen un poco de atención.

Juan Gómez-Jurado (escritor español), *Reina roja*, 2018

1. *de temps en temps* 2. *un stagiaire* 3. *(ici) pour qu'on clique et reclique* 4. *(fam.) le dernier clash*
5. la violencia contra las mujeres

a. **Compara** la actitud de los becarios periodistas de antes con la de los de hoy.

b. **Explica** cómo hacen las estrellas de la web para lograr "clics".

c. Gramática **Precisa** cómo era el periodismo antes y **di** qué pasa con él ahora.

Para expresarte

- una herramienta: *un outil*

- apasionado(a)
- curioso(a)

- investigar
- respetar
- ser viral: *faire le buzz*

- mientras que = en cambio

2. El impacto de la tecnología en el periodismo B2

Vidéo

a. **Explica** lo que es la tecnología para el periodismo, qué es lo que hay que hacer con ella y por qué.

b. **Precisa** qué aportan estos nuevos medios a los usuarios.

c. **Di** lo que hay que preguntarse al ver las noticias.

Fiche de compréhension

3. El periodista Google B2

Mel Prats (ilustrador español), *El periodista Google*, publicada en la revista *El Jueves*, 2008

1. *(fam.) journalistes qui mangent à tous les râteliers*
2. dirigente del partido comunista de 1960 a 1982
3. *sans aucune gêne*
4. *(fig)* reproduciendo
5. *la source*
6. *l'allumette*
7. *des stagiaires*
8. *haut débit*

a. **Di** lo que caracteriza a un(a) periodista Google.

b. **Léxico** **Apunta** el léxico del periodismo y de Internet. ¿Qué deduces?

c. **Describe** la última tira, ¿qué señala del nuevo periodismo?

PREPARA EL PROYECTO

Expresión escrita

Para un encuentro con un(a) periodista, **prepara** cinco preguntas para conocer mejor su profesión.

Para expresarte

- una bola: *un boulet*
- la carga de trabajo
- un cómic: *une BD*
- un plagio: *un plagiat*

- buscar: *chercher*
- explotar

Léxico

La desinformación

EXO LEXIQUIZ

Apuntes de gramática

Employer des verbes comme *gustar*

- **A** nadie **le importan** las noticias de sucesos.

→ Schéma p. 34, précis p. 270

Exprimer une négation

- **No** siempre fue así.
- **Nadie** nace enseñado.

→ Schéma p. 34, précis p. 258

Comparer le passé avec le présent

- **Cuando era** joven, los redactores ya **estaban** tecleando a las diez. **Hoy en día** nadie **va** tan temprano.

→ Conjugaison p. 272

Prepara el BAC — Ciudadanía y mundos virtuales

Las nuevas tecnologías han cambiado el periodismo.

Doc. 1 ▸ Explica la diferencia entre el periodismo de antes y el de hoy en día.

Doc. 2 y 3 ▸ Muestra las ventajas y las desventajas del periodismo de hoy.

Información sin trabas

1. Contar lo que nadie cuenta B2

Whitney Godoy trabaja para un medio independiente en Internet utilizando principalmente su teléfono móvil.

Un éxodo sin Moisés es el último trabajo fotográfico de Whitney Godoy, una joven fotoperiodista hondureña que ha contado a través de sus imágenes la desesperación que viven miles de personas en su tránsito por varios Estados de Centroamérica en busca de una nueva oportunidad, para comenzar desde cero, lejos de la pobreza. La hazaña[1] de Whitney tiene una doble importancia. Por un lado ha logrado llamar la atención de la prensa internacional sobre la situación que padecían[2] las personas migrantes de esa caravana al ser la única reportera que viajó con todas ellas, y por otro ha contribuido –a pesar de que acaba de licenciarse[3]– a dignificar[4] una profesión como es la del periodista, entendiendo esta como una herramienta[5] para dar voz a quienes no la tienen o a quienes, simplemente, son invisibles.

Whitney es muy joven pero tiene muy claro lo que significa estudiar y luego dedicarse al periodismo. Cuando le preguntamos por la libertad de prensa en su país y cómo afronta las limitaciones que desde el poder imponen a profesionales como ella, es muy franca: "En Honduras es muy complicado investigar y un periodista allí solo puede estar de dos formas: preso[6] o muerto", [...] "Las mismas empresas privadas son las que gobiernan y el Estado, quieras o no[7], controla los medios de comunicación. Pero existe una necesidad, a pesar de que temes por tu vida, de transmitir lo que pasa en tu país y lo haces no por buscar fama[8] o por encontrar un trabajo mejor lejos. Lo haces por responsabilidad [...]"

Macarena Amores García (periodista española), *elsaltodiario.com*, 14/04/2019

1. *l'exploit* 2. sufrían 3. *obtenir son diplôme* 4. dar dignidad a 5. *un outil* 6. en la cárcel 7. *que tu le veuilles ou non* 8. *devenir célèbre*

a. Di quién es Whitney Godoy y a qué se dedica.

b. Explica por qué su último trabajo puede considerarse como una "hazaña".

c. Aclara cómo ve el ejercicio de la profesión de periodista en su país.

Para expresarte

- una falta : *un marque*
- relevante = importante

- ensayar: *tester*
- seguir [i] el día a día: *suivre le quotidien*
- visibilizar

2. Nuevas tecnologías y periodismo de investigación B2

Vidéo

a. Explica el papel que desempeñan los nuevos medios digitales en América Latina.

b. Di qué han aportado las nuevas tecnologías a los nuevos medios.

c. Aclara cuál es la relación sobre la que deben reflexionar los medios. ¿Por qué?

Fiche de compréhension

3. Periodismo activista B2

La ética en la prensa comienza por ser honrado[1] en el manejo de la materia prima informativa, concienzudo[2] en la verificación de datos y apegado[3] a la realidad de lo que estamos contando. En el caso de las sociedades autoritarias, donde la información sigue siendo vista como traición y la prensa solo tiene dos posibles posiciones: aplaudir al poder o ser condenada a existir en la ilegalidad y el acoso[4], la ética informativa pasa también por no ceder a las presiones ni a la autocensura. En esos regímenes alérgicos a la libertad informativa, el reportero se convierte en un activista de la verdad.

Aunque las nuevas tecnologías han horadado[5] parcialmente el muro del monopolio informativo erigido por las dictaduras, también estos años han servido para comprender que los cambios políticos y sociales necesitan mucho más que pantallas táctiles y convocatorias en redes. Por otro lado, los mismos dispositivos que se utilizan con un fin liberador y democratizador, son empleados por la policía política para vigilar activistas, controlar la prensa independiente y desvirtuar[6] la información. [...]

En países como México y Honduras un reportaje puede costarle la vida al autor; mientras que en naciones como Cuba el oficialismo se jacta[7] de que en la Isla no matan a periodistas, aunque lo cierto es que nos han matado el periodismo a fuerza de amenazas, arrestos arbitrarios, confiscaciones de herramientas de trabajo y presiones para partir al exilio.

Yoani Sánchez (periodista cubana), *14ymedio*, 03/12/2019

1. honesto 2. *consciencieux* 3. *attaché* 4. *(ici) la persécution* 5. *transpercé* 6. *dénaturer* 7. *se vante*

a. Léxico **Apunta** las cualidades que tiene un(a) periodista con ética según la autora.

b. **Di** por qué Yoani Sánchez se ha convertido en una "periodista activista".

c. **Aclara** qué doble uso pueden tener las nuevas tecnologías.

d. ¿Qué denuncia Yoani Sánchez sobre el periodismo en Cuba?

PREPARA EL PROYECTO

Expresión oral

Presenta en un *podcast* el oficio de periodista de investigación destacando las cualidades necesarias.

Para expresarte

- las amenazas
- la represión
- un(a) traidor(a): *un(e) traître(sse)*

- íntegro(a)

- aguantar = soportar
- averiguar = verificar
- manejar: *manipuler*
- resistir ≠ ceder

Léxico

El periodismo LEXIQUIZ

Fonología

Los sonidos [s] (ese) y [θ] (ce) LEXIQUIZ

Apuntes de gramática

Exprimer le déroulement d'une action

- La realidad de lo que **estamos contando**.
- La información **sigue siendo** vista como traición.

→ Précis p. 260

Employer les prépositions *por* et *para*

- Lo haces no **por** buscar fama.
- Son empleados **por** la policía política **para** vigilar activistas.

→ Précis p. 264

Prepara el BAC — Ciudadanía y mundos virtuales

Las nuevas tecnologías permiten difundir la verdad y evocar temas que no tratan los medios tradicionales.

Doc. 1 y 2 ▸ Describe qué viven los periodistas en los países con regímenes autoritarios.

Doc. 1, 2 y 3 ▸ Explica cómo hacen los periodistas de investigación de hoy para informar lo mejor posible.

Los riesgos de la desinformación

Zombis de la desinformación B2

Ivan (@Ivan226622) posa sonriente en su perfil de Twitter [...], Rick (@rickrick888) se presenta como "el León de Judea". Su foto de perfil es un enorme león de mirada desafiante[1]. [...]. Bobbit (@bobbit2266) dice que vive en "El Universo". Se representa como un tigre y su lema es "ver lo invisible puede lograr lo imposible". [...] Ivan, Rick y Bobbit aparentan ser distintas personas con vidas reales. Sin embargo, siempre hablan de lo mismo y a las mismas horas. [...]

Ivan, Rick y Bobbit son zombis. Forman parte de una legión de caminantes blancos que, armados con garrafas de gasolina[2] informativa, recorren las conversaciones digitales avivando[3] aquellos incendios que sus generales ordenan propagar. A comienzos de octubre este ejército inanimado decidió movilizar sus tropas en el debate sobre la independencia de Cataluña. El 87% de las 65 cuentas de Twitter que más contenido de RT y Sputnik[4] compartieron en redes sociales sobre la celebración del referéndum presentan evidentes indicios de estar gestionadas de manera automática. Esta legión de perfiles digitales no humanos contribuyó de manera decisiva a que el conglomerado ruso fuera el cuarto grupo de comunicación más influyente en la conversación digital sobre Cataluña. [...]

Las instituciones, los gobiernos y los medios tradicionales han perdido el monopolio en la elaboración y distribución de mensajes hegemónicos y eficaces entre los ciudadanos. Cualquier persona, organización, grupo o movimiento puede ya competir con gobiernos y reconocidos grupos mediáticos en la elaboración y distribución de mensajes, sentimientos, incluso nuevos alineamientos[5] identitarios. Sin embargo, las múltiples consecuencias positivas de la democratización del debate público están siendo ensombrecidas por una utilización tramposa[6], encubierta[7] y sistemática, de las nuevas plataformas de comunicación para ocasionar de manera deliberada disrupciones[8] negativas en los sistemas de gobierno, las instituciones, incluso las empresas, para ahondar[9] en la crisis de confianza con los ciudadanos y acelerar la ruptura del contrato social que sostiene la legitimidad de los estados-nación.

Javier Lesaca (periodista español), *El País*, 12/11/2017

1. *au regard provocant* 2. *des bidons d'essence* 3. *ravivant* 4. medios de comunicación rusos
5. *des alignements* 6. *(ici) trompeuse* 7. *cachée* 8. *(ici) perturbations* 9. profundizar

PARCOURS DIFFÉRENCIÉS

Recorrido A

a. **Di** si Ivan, Rick y Bobbit son personas reales. **Justifica** con el texto.
b. **Explica** quiénes los controlan y qué hacen en las redes sociales.
c. **Aclara** cómo se difunden hoy la información y las opiniones.
d. ¿Es un problema la democratización del debate público? **Justifica**.

Recorrido B

a. **Di** quiénes son los tres protagonistas y qué particularidad tienen.
b. **Explica** a qué se dedican dando un ejemplo concreto.
c. **Aclara** por qué la difusión de la información no solo concierne a instituciones y medios.
d. **Precisa** en qué medida es un problema la democratización del debate público.

Para expresarte

- colgar [ue] (mensajes): *poster (des messages)*
- desconfiar: *se méfier*
- desestabilizar
- influir
- manipular
- propagar = difundir: *diffuser*

PREPARA EL PROYECTO

Expresión escrita

Imagina cinco consejos que colgarías en un sitio web para detectar bulos.

Prepara el BAC — Ciudadanía y mundos virtuales

Las nuevas tecnologías han democratizado la difusión de información y opiniones.

Comenta las ventajas y los inconvenientes de que cualquier persona u organización pueda difundir información.

TALLERES MULTIMEDIA

APRENDE CON UN VÍDEO

Fiche de compréhension

Objectif B2 Comprendre une vidéo avec des conseils.

Maldito bulo

Vidéo

Ve el vídeo y contesta a las preguntas.

a. **Define** el objetivo de este vídeo.

b. **Explica** lo que hay que saber antes de difundir una información.

c. **Da** dos ejemplos de bulos y explica cómo se pueden detectar.

d. **Aclara** lo que son las alertas falsas y cómo se pueden descubrir.

e. **Explica** cuáles son los bulos más difíciles de detectar y dónde se pueden comprobar.

Para expresarte

- una cita: *une citation*
- la fuente: *la source*
- el titular: *le gros titre*
- un tutorial
- la veracidad: *la véracité*

- comprobar [ue]: *vérifier*
- engañar: *tromper*
- enseñar: *apprendre*

COMPÉTENCES NUMÉRIQUES

CREA CON LAS TIC

Descubre la noticia falsa

Juego cultural

Objectif B2 Interagir dans le cadre d'un jeu.

1 Fabrica una noticia falsa.

a. Por grupos, **conectaos** a la web *maldita.es* y **entrad** en la buloteca. **Elegid** un bulo y **fijaos** en cómo fue fabricado.

b. **Elegid** dos noticias reales y **modificad** una de las dos para convertirla en bulo.

2 ¡A jugar!

c. **Presentad** las dos noticias al resto de los grupos.

d. Los demás grupos tendrán que **detectar** la noticia real y el bulo. Gana el grupo que más respuestas correctas acumula.

Para expresarte

- es evidente que + *ind.*
- es posible/imposible que + *subj.*
- puede ser que + *subj.*

Taller DE gramática

Exercices

Exprimer une négation

LA NÉGATION

Mots négatifs: No / Nada / Nadie / Nunca + VERBE

Nadie va tan temprano.

LA DOUBLE NÉGATION

Adverbe négatif: No + VERBE + Mots négatifs: nada / (a) nadie / nunca / ni

No hay nadie en la redacción.
No ceder a las presiones ni a la autocensura.

→ Précis p. 258

1 Reformule les phrases suivantes à la forme négative.

a. Es muy complicado investigar en los países latinoamericanos.

b. Ivan, Rick y Bobbit piensan que es importante compartir ideas en las redes sociales.

c. Muchos periodistas verifican las noticias antes de difundirlas.

d. A los jóvenes, les gusta leer los periódicos.

e. El Estado ha perdido el monopolio de la información.

Employer les verbes de type *gustar*

La gramática en vídeo

A Bruno le gusta decir esas frases.

A+ NOM/PRONOM | PRONOM COMPLÉMENT INDIRECT | VERBE (singulier / pluriel) | SUJET (singulier / pluriel)

A nadie le importan los periódicos.

→ Précis p. 270

2 Complète les phrases avec le pronom personnel qui convient et conjugue les verbes.

a. A Yoani Sánchez ... (importar) denunciar las injusticias.

b. A mí ... (importar) que la prensa no ... (ser) manipulada por el poder.

c. A los jóvenes ya no ... (gustar) los periódicos de papel.

d. A vosotros ... (preocupar) que los periodistas ... (decir) la verdad.

e. A algunos periodistas, no ... (importar) los bulos.

3 Réécris le texte ci-dessous à la 1re personne du singulier, puis à la 2e personne du pluriel.

Es una fotoperiodista. Le ha gustado mucho estudiar y dedicarse al periodismo porque le importaba mostrar la realidad. Le preocupan los problemas de la sociedad.

Taller de léxico

EXO Lexiquiz

→ Mapa de léxico p. 283

1 Relaciona los contrarios.

a. impedir	1. falsedad
b. objetivo	2. permitir
c. veracidad	3. silenciar
d. difundir	4. subjetivo

2 Asocia cada palabra con su definición y tradúcela.

a. un bulo b. el periodismo de investigación
c. un(a) becario(a) d. el periodismo ciudadano

1. Persona que hace prácticas para aprender una profesión.
2. Aquel que se caracteriza por la participación de los ciudadanos en la creación y difusión de la información.
3. Noticia falsa divulgada con fines negativos.
4. Aquel que se realiza a través de la iniciativa y del trabajo de búsqueda y averiguación de la información del periodista.

3 Forma frases con estas palabras para describir la situación que se denuncia en el dibujo.

los/las periodistas • el acoso • los países autoritarios • correr peligro • la vida • ser víctima • las amenazas • preso(a) • denunciar • ejercer • matar • el Gobierno

Ángel Boligán (dibujante cubano)

PROYECTO FINAL

Redactad los 10 consejos clave para el nuevo periodismo

Para ilustrar un artículo sobre el nuevo periodismo, redactad en grupo una lista de 10 consejos que tiene que seguir el/la buen(a) periodista de hoy.

1. Buscad diez **consejos** para el periodismo de hoy (cualidades, **lo que debe importarle**, lo que no debe hacer nunca).
2. Imaginad un título impactante para vuestra lista y cada consejo.
3. Con un programa de procesamiento de textos, redactad la lista con una descripción corta de cada consejo.

Trucos

- Utilizad colores para resaltar el título y los consejos.
- Podéis añadir dibujos o fotos para ilustrar vuestra lista.
- Podéis presentar vuestra lista al resto de la clase.

¡Tú puedes!

Donner des conseils
- Piensa en + *inf./nom*
- Para que no + *subj.*
- No te dejes + *inf.*
- No dejes que + *subj.*
- No/nunca/jamás + *subj.*

Parler de ce qui importe
A un(a) buen(a) periodista...
- le parece indispensable...
- le interesa sobre todo...
- le importa mucho...

BAC Evaluación

Autoévaluation

1h30

ÉPREUVE ÉCRITE
LVA>B2
LVB>B1

PARTIE 1 Compréhension de l'oral

MP3

Source : Canal 50 Morteros
Durée : 1 min 41

Documento 1 ¿Cómo cambia el periodismo?

Vous rendrez compte en français de ce que vous avez compris du document.

Trucos

- Précise la nature du document et son thème.
- Définis les profils de consommateurs d'information évoqués.
- Explique l'évolution des médias dont il est question.

Trucos

- N'accorde que 20 minutes environ à cet exercice.

PARTIE 2 Compréhension de l'écrit et de l'ensemble du dossier

Documento 2 Necesito que me confirmes una información

De repente vio cómo se detenía frente al diario[1] un coche [...]. Descendieron al menos cinco personas y reconoció a Julián Ortega; al director, Gavela, y a un tipo con el cabello blanco y gafas que se apeó del lujoso Mercedes. Leire creyó que bien podría ser Francisco Ventura, el propietario del Grupo Universal.

"Ya se ha sabido lo de Krugman", pensó.

Sintió el impulso de cruzar la calle, entrar en el diario y fisgonear[2], de estar en primera línea, pero lo rechazó enseguida. Debía esperar. Sacó de su bolso el iPhone y se conectó a Internet. Buscó la web de la brigada de investigación criminal y entró en el enlace del departamento de comunicación. No había ningún comunicado de prensa colgado todavía. Se desesperó.

Entró en su cuenta de Twitter y buscó "freepoliciabcn". Allí, a título personal, alguien de la policía colgaba noticias que se adelantaban[3] a los comunicados de prensa oficiales [...].

Recorrió una decena de mensajes hasta llegar a uno tuiteado a las tres de la madrugada: "Posible homicidio. La víctima, un hombre de sesenta años, aparece muerto en su casa de la calle Balmes".

"¡Bingo!", se dijo. Tecleó el teléfono de Rafa López, el responsable de prensa de la policía, que enseguida apareció al otro lado de la línea.

–¿Sí?

–Hola, Rafa, buenos días, soy Leire. Necesito que me confirmes una info.

–¡Leire! ¿Tú despierta a estas horas? ¿Qué pasa?

–Mira, es que he visto en la Red un tema de homicidio esta noche en Barcelona y quisiera saber si vais a dar algo...

Rafa la interrumpió con cierta brusquedad.

–¡Joder con la puta Red! Mira, lo colgaremos a las ocho; dentro de media hora escasa[4]...

–Pero me lo puedes adelantar, ¿verdad, guapo?

–Leire, no me hagas eso. Es que es un tema jodido[5] y... bueno, ¿qué sabes tú?

–Solo sé que un tipo de sesenta años ha aparecido muerto en su domicilio en la calle Balmes y que pinta que se trata de un asesinato. ¿Un ajuste de cuentas[6], quizás?

–Leire, esto lo lleva Julián, y ya sabes...

–¿Julián? ¿A quién te refieres? –Leire se hizo la despistada.

–¡Venga ya! Ya sabes, tu ex. Y además el muerto es... ¿me vas a meter en un lío[7] por media hora? [...]

1. el periódico
2. *fouiner*
3. *étaient en avance sur*
4. *dans une demi-heure à peine*
5. *(fam.) un sujet sensible*
6. *un règlement de compte*
7. *me mettre dans le pétrin*

–Ostras, Rafa, venga ya, cuéntame. Prometo esperar para publicarlo a que esté la nota en la web.

Leire solo buscaba tener la coartada[8] de que conocía la información oficialmente para entrar en el diario; lo de menos era publicar la noticia en la web. [...]

–Bueno, tía, me fío de ti. Te vas a quedar de piedra: el muerto es Belarmino Suárez, el periodista de tu diario, ese que lleva los temas de economía. ¿Qué te parece? ¿Cómo se te ha quedado el cuerpo?

Leire disimuló con poca convicción [...].

–¡No jodas! Hostia, tío, pero es muy fuerte. Estoy a dos pasos del diario... Oye, muchas gracias, ya hablamos, y no te preocupes que no digo ni mú... Un besito.

–Leire, escucha, Leire, ¿me oyes? Leire... ¡mierda!

Ya había colgado y estaba atravesando la calle en dirección a El Universal.

José Sanclemente (escritor español), *Tienes que contarlo*, 2012

8. *l'alibi*

Compréhension de l'écrit

Precise el tema del documento y analice los puntos esenciales.

Trucos

- Dans un texte dialogué, pense à caractériser les liens entre les personnages.
- Dans un texte littéraire, pense à bien décrire la situation de départ et à expliquer les moments clés de la narration.

Compréhension de l'ensemble du dossier

▶ Analice, a partir de los documentos, cómo impactan en la profesión de periodista las nuevas tecnologías.

PARTIE 3 Expression écrite

Vous traiterez en espagnol l'un des deux sujets suivants au choix. Répondez en 120 mots au moins.

Question A

“La aplicación de las nuevas tecnologías a los distintos campos de la producción periodística implica importantes cambios tanto en las rutinas de trabajo como en las destrezas necesarias para desarrollarlos.”

www.radiocubana.cu

▶ Analice y comente esta frase sacada de un programa de radio.

Question B

▶ Relacione los documentos con el eje temático *Citoyenneté et mondes virtuels.*

Unidad exprés 3

Diversité et inclusion

Horizontes afrolatinos

¿En qué medida se integra a los afrodescendientes en Latinoamérica?

PROYECTO FINAL Expresión oral
Pronuncia un discurso para celebrar el Día de la Herencia Afrolatina.

A Discriminación y reivindicación

1. Los afrodescendientes en Argentina B2 Vidéo Fiche de compréhension

Afrodescendientes argentinos

La población afrodescendiente en Argentina procede de la trata de los esclavos durante la dominación española. Llegó a ser más de la mitad de la población de algunas regiones durante los siglos XVII y XIX. En 2010 la población afrodescendiente de Argentina era de a 149 493 personas (un 0,4 % del total).

a. **Identifica** qué conmemoran el cartel y el vídeo.

b. **Precisa** el tema del reportaje y **presenta** a las personas entrevistadas.

c. Léxico **Valiéndote** del vocabulario utilizado, **di** qué situaciones denuncian estas mujeres, cómo se sentían antes y ahora.

d. **Explica** la lucha de estas mujeres y por qué es importante.

Para expresarte

- los/las militantes
- el orgullo: *la fierté*
- la pobreza

- avergonzarse [üe]: *avoir honte*
- bregar con: *se démener*
- brindar = ofrecer
- comprometerse: *s'engager*
- discriminar
- erradicar = suprimir
- estigmatizar
- fomentar: *encourager*

2. Sociedades segregadas B2 Texte lu

María acaba de tener a su hijo y está en casa de su madre Lucía.

No era prudente evidenciar que ella [Lucía] celebraba ampliamente tener un nieto negro en la familia a pesar de los contratiempos que su arribo provocaba. En ese niño se cumplían[1] sus deseos más profundos. Recordó que cuando estaba embarazada[2] de su hija Luz María, hasta circularon apuestas[3] entre Felipe y ella para ver si su futuro hijo tendría la piel negra o no. Para su enorme desilusión, su hija no salió como el padre. Felipe trató de convencerla de que eso era lo mejor pues así su hija nunca tendría que recibir una mirada de rechazo[4], ni experimentar lo que era la segregación, la exclusión, el desprecio[5]. Felipe hablaba de su propia experiencia, pero no tomaba en consideración que para Lucía tener una hija negra hubiera representado un orgullo.

Laura Esquivel, *Mi negro pasado*, 2017

1. *se réalisaient* 2. *enceinte* 3. *des paris* 4. *rejet* 5. *le mépris*

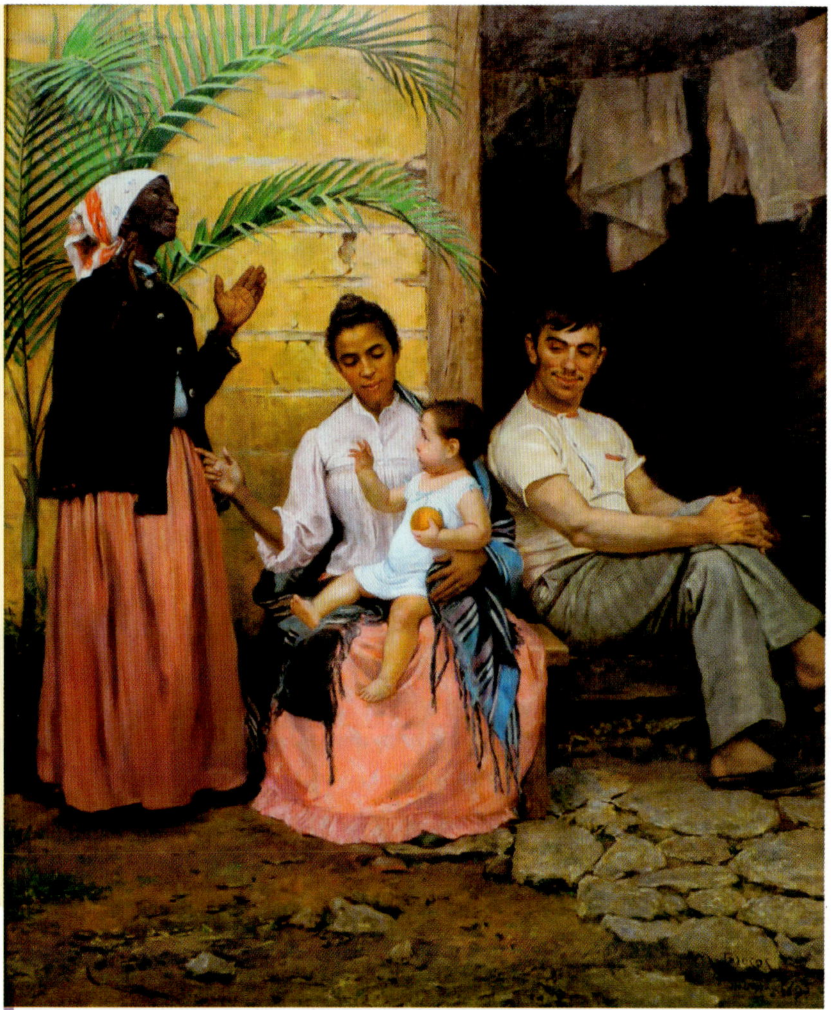

Modesto Brocos y Gómez (pintor español), *La redención de Cam*, 1895

a. **Describe** a la familia del cuadro y **di** qué te llama la atención.

b. **Explica** la actitud de la abuela del cuadro y **relaciónala** con el título.

c. **Demuestra** que el texto y el cuadro exponen situaciones opuestas y **explica** qué se critica.

La redención de Cam

El título de este cuadro se refiere a la historia bíblica de la maldición que Noé echó sobre su hijo Cam y sus descendientes. En la creencia popular se afirmaba que eran las personas de piel negra de África y que estarían condenadas a la esclavitud. Esto sirvió durante siglos para argumentar a favor de la esclavitud.

Para expresarte

- la esclavitud: *l'esclavage*
- la maldición: *la malédiction*
- el nieto: *le petit-fils*
- una pintura = un cuadro
- la redención = el perdón
- extasiado(a): *en extase*
- mulato(a) = mestizo(a)
- agradecer: *remercier*

PROYECTO FINAL ETAPA 1 WEB

A partir de los documentos y del enlace, infórmate sobre:

a. el origen de la presencia africana en América Latina,

b. la riqueza cultural afrolatina,

c. las reivindicaciones de los afrodescendientes.

B Una nueva clase política

1. Una vicepresidenta afrodescendiente B1

Epsy Campbell Barr será la primera mujer afrodescendiente que ejerza la vicepresidencia en un país de Latinoamérica, tras la victoria de Carlos Alvarado[1] en la segunda ronda en Costa Rica. Nacida hace 54 años en San José, ha sido una destacada consultora y conferencista internacional en temas de empleo, género, mujeres, derechos humanos, desarrollo social de pueblos afrodescendientes e indígenas y racismo.

En caso de que Carlos Alvarado salga del país o deba ausentarse por algún motivo del cargo, Campbell ejercerá como presidenta interina. El pasado 8 de marzo, en el Día Internacional de la Mujer, la campaña de su partido, Acción Ciudadana (PAC), cambió la imagen en redes sociales por la de ella.

En el Día Internacional de la Mujer "quiero conmemorar y celebrar el trabajo de las mujeres costarricenses, las que están en la casa, las que son trabajadoras del campo, las que están en la ciudad, las empresarias, las funcionarias públicas; todas las mujeres costarricenses», declaró Campbell esa jornada.

El ahora presidente electo, Carlos Alvarado, ha destacado la figura de Campbell al calificarla como un ejemplo del valor de sus mujeres en la sociedad y del "peso político que lideresas[2] como Epsy Campbell tienen para el país".

https://www.infobae.com (portal informativo latino) 03/04/2018

1. Presidente de Costa Rica, elegido en 2018 2. dirigentes

a. Lee el texto y **presenta** a Epsy Campbell y su trayectoria profesional.

b. Cita las declaraciones de Campbell en el Día de la Mujer y **explica** qué muestran.

Para expresarte

- una brecha: *une brèche*
- las desigualdades: *les inégalités*
- la inclusión social
- la marginación: *la marginalisation*
- la paridad: *la parité*
- un reto: *un défi*
- rezagado(a): *retardé(e)*
- comprometerse: *s'engager*
- incluir a

2. Los compromisos de Epsy Campbell B2

Fiche de compréhension

Vidéo

Epsy Campbell Barr, primera mujer afrodescendiente vicepresidenta de Costa Rica

a. Observa el vídeo y **explica** por qué el nombramiento de Epsy es histórico para América Latina.

b. Léxico **Ve** la entrevista y **entresaca** palabras de Epsy para definir sus compromisos con los costarricences.

MÉDIATION **c. Muestra** a un(a) compañero(a) que hay progresos para los afrodescendientes en América Latina.

PROYECTO FINAL ETAPA 2

A partir de los documentos y de Internet, infórmate sobre el acceso al poder de la comunidad afrodescendiente en América Latina.

3. Lo borraron de la historia B2 Vidéo Fiche de compréhension

Ceremonia de entrega del retrato de Nieto Gil en el palacio presidencial de Colombia en Bogotá

Juan José Nieto Gil (1804-1866)

Juan José Nieto Gil fue el primer y, hasta hoy, único **presidente afrodescendiente de Colombia**. El retrato presidencial de Nieto fue manipulado para aclarar el tono de su piel y luego olvidado hasta 2018. La historia de este retrato muestra cómo una nación blanqueó y borró su figura.

a. **Identifica** el tema del reportaje y **presenta** al personaje histórico.
b. **Cuenta** la historia del retrato del personaje.
c. **Precisa** qué logro importante alcanzó este personaje.
d. **Explica** la polémica de la que habla el investigador Rafael Escullón y qué opinión tiene él.

Para expresarte

- la champeta = estilo musical afrocolombiano
- un chéchere = (Amér.) una cosa inútil
- la recuperación
- un retrato: *un portrait*

- crespo(a): *crépu(e)*
- zambo(a) = mestizo(a) de africano(a) y amerindio(a)

- blanquear: *blanchir*
- esconder: *cacher*
- liberar

- con bombos y platillos: *en grande pompe*

PROYECTO FINAL ETAPA 3

A partir de los documentos y de Internet infórmate sobre:

a. los problemas que han existido y siguen existiendo,
b. las soluciones de progreso y los motivos de esperanza para los afrolatinos.

PROYECTO FINAL

Organiza el trabajo de las etapas 1, 2 y 3. Escribe y luego pronuncia el discurso sobre los orígenes de los afrolatinos, la discriminación sufrida, sus reivindicaciones y sus logros.

BAC Metodología

ÉPREUVE ÉCRITE
LVA > B2
LVB > B1

Analyser une vidéo

La partie 1 des évaluations communes est une compréhension de l'oral. Celle-ci peut porter sur une vidéo. Comment s'entraîner pour réussir cette épreuve ?

PARTIE 1 Compréhension de l'oral

- Vous allez visionner **trois fois** le document.
- Les visionnages seront **espacés d'une minute**.
  Vous pouvez **prendre des notes** pendant les visionnages.
- À l'issue du troisième visionnage, vous organiserez votre temps comme vous le souhaitez pour **rendre compte en français** du document oral et pour traiter le sujet d'expression écrite en espagnol (partie 2).

Día de la Afrocolombianidad Vidéo

AfroUp 22/05/2017. Durée : 1 min 21.

Étape 1 Lis le titre du document et analyse-le

▶ À partir du titre, essaie d'anticiper sur le contenu de la vidéo en te posant des questions : quels mots/idées puis-je associer immédiatement à ce titre ? Quel peut être le thème de ce document ? En quoi ce titre illustre-t-il l'axe culturel ?

▶ Prends des notes au brouillon à partir de tes hypothèses.

Trucos

- Dès le début de l'épreuve, prépare ta prise de notes : trace trois colonnes sur une feuille de brouillon dans le sens paysage afin de rendre efficace le relevé d'information durant les différents visionnages.

Étape 2 Premier visionnage

▶ Visionne attentivement le document vidéo, **sans prendre de notes** pour bien repérer la structure de la vidéo et avoir une vision d'ensemble.

▶ Pendant la **minute de pause**, écris les informations pour répondre aux questions essentielles : de quel type de document s'agit-il ? Qui intervient ? Où cela se passe-t-il ? Quel est le sujet ?

▶ Note également ton ressenti sur ce document : d'après les images et leur enchaînement, les mouvements de caméra, la musique, le sujet traité te paraît-il grave, triste, sérieux, amusant… ? Peux-tu en déduire l'objectif ?

- Type de document : reportage, bande annonce ou extrait de film…
- Objectifs du document : vendre, convaincre, informer, divertir, dénoncer, raconter, démontrer…

Étape 3 Deuxième visionnage

▶ Dans la deuxième colonne, note **toutes les informations que tu entends sous forme de mots-clés** car tu n'auras pas le temps de tout retranscrire. Focalise-toi en particulier sur :
- les noms de lieux et/ou de personnes si tu ne les as pas repérés lors du premier visionnage ;
- les données chiffrées s'il y en a.

▶ Dans ce type de vidéo avec une voix off, pense également à analyser le lien entre ce que dit la voix off et les images qui illustrent le propos.

Étape 4 Troisième visionnage

▶ Concentre-toi maintenant sur les passages que tu as le moins compris afin de compléter ta prise de notes. Ajoute des flèches pour **relier les informations** de chaque colonne.

Étape 5 Rédige ton compte rendu

▶ Introduis ton compte rendu en indiquant la nature du document, le thème abordé, les personnes, et le lieu.

▶ Organise ton compte rendu en **paragraphes** (un paragraphe = une idée), en les reliant avec des **connecteurs logiques** (*tout d'abord, ensuite, de plus, cependant,* etc.)

Observe bien les animations du début pour identifier la tonalité historique du reportage.

Día de la Afrocolombianidad
Le néologisme se compose de…
Thème vidéo : commémoration en Colombie en hommage à la communauté noire ?

Tu peux alterner les langues pendant la prise de notes. Privilégie l'espagnol **pendant l'écoute**. Tu pourras compléter en français si tu le préfères **pendant la minute de pause**.

1re visionnage	2e visionnage	3e visionnage
Reportage historique Voix off Colombia Abolición de la esclavitud Día de la Afrocolombianidad	Résumé de 400 ans de Traite des Noirs (1510-1852) Origen de la población negra en Colombia Lucha de varios siglos por conseguir la libertad Promulgación del decreto de abolición 21 de mayo de 1851 Héritage de savoirs, de connaissances, de langues, d'arts peu connus aujourd'hui des Colombiens	2001: 150 años después de la abolición Día de conmemoración nacional: decreto 725 del 21 de Mayo del 2001 Fecha más importante para la comunidad negra, motivo de orgullo para los afrodescendientes de Colombia Encourager le concept d'une société multiculturelle.

Pour identifier l'espace géographique concerné, tu peux t'appuyer sur les indices comme le drapeau au début du reportage et souligner le titre : *Día de la Afrocolombianidad*.

Relève les dates, dis à quoi elles correspondent et mets en relief pourquoi cela est pertinent pour ton résumé.

Regarde les photos tout au long du reportage et identifie ce qu'elles cherchent à mettre en valeur.

¡AHORA TÚ!

C'est à toi ! Rédige maintenant le compte rendu en français en t'aidant des éléments ci-dessous.

Ce document est un reportage visant à…
La voix off nous invite à…
Les différentes photos illustrent le fait que…
Les indices chronologiques nous permettent de nous rendre compte du fait que…
Ce reportage historique a donc pour but de…

Trucos

- Intègre un maximum d'éléments sur la contextualisation de cette date si importante pour la communauté des afrodescendants en Colombie.
- Consacre quelques lignes à l'importance de ces commémorations pour intégrer des communautés jusque-là marginalisées.

Producir diferente

¿Cómo evoluciona la producción agrícola frente a los desafíos ecológicos en el mundo hispánico?

PROYECTO FINAL

Expresión oral
Presenta una infografía sobre un nuevo método de producción.

A ¿Invernaderos sostenibles?

Vidéo

Los invernaderos de Almería han supuesto una revolución agroindustrial desde los años 70. Las explotaciones bajo plástico han ido introduciendo innovaciones en su producción que toman en cuenta los nuevos desafíos ecológicos, como la empresa española Agrobío, que vende insectos para polinizar los cultivos de invernadero.

Para expresarte

- el/la campesino(a): *le/la paysan(ne)*
- las hortalizas: *les légumes du potager*
- un invernadero: *une serre*
- la polinización
- los productos agroquímicos
- las semillas: *les graines*
- sano(a)
- sostenible = duradero(a): *durable*

- florecer: *fleurir*
- impedir [i]: *empêcher*
- mejorar: *améliorer*
- respetar

B Abejas milenarias en América Latina

La abeja es el símbolo de la persistencia de una cultura milenaria. Entre las abejas conocidas por los pueblos prehispánicos está la abeja melipona (*Melipona beecheii*). Fue venerada por la cultura maya, ya que su miel era una fuente de alimento. Además tenía usos medicinales y rituales.

Vídeo

Una mujer indígena junto a colmenas (*ruches*) de abejas meliponas.

C Por la soberanía alimentaria

Portada de la revista *Soberanía Alimentaria*

La selección y la transformación de las semillas fueron y siguen siendo las innovaciones más importantes para la agricultura. Quien controla las semillas, controla la alimentación. La soberanía alimentaria se manifiesta en el derecho de los pueblos a cultivar y conservar libremente sus propias variantes de semillas. En América Latina esta lucha es vital.

¡Lánzate!

Doc. A ▶ **Ve** el vídeo y **di** en qué consiste el control biológico y cuáles son los objetivos de la empresa Agrobío.

Doc. B ▶ **Ve** el vídeo y **explica** la importancia de las abejas en la cultura indígena latinoamericana.

Doc. C ▶ **Observa** la portada y **precisa** en qué consiste la lucha de los campesinos.

Luces y sombras de la agricultura española

1. Un mar de plástico B1

Contemplar el siniestro blanco mate que recubre las miles de hectáreas que ocupan las construcciones de plástico instaladas sobre la costa y parte de la montaña del suroeste de Almería es una visión verdaderamente estremecedora[1]. El Poniente Almeriense es un paisaje lunar, desolador.

De hecho, el mar de plástico es la construcción humana que más se aprecia desde el espacio, más visible que la propia Muralla China. Para las productoras [...] las ingentes[2] cantidades de residuos plásticos que allí se generan y que más tarde no se conseguirán reutilizar, las miles de toneladas de pesticidas que se filtran a las aguas subterráneas o las condiciones inhumanas que sufren muchos de sus trabajadores son solo daños colaterales[3].

El macrocultivo en Almería permite a España competir a la baja[4] con el resto de países exportadores de Europa. La provincia ha pasado de no estar en la lista a ser una de las principales productoras del país, apoyándose especialmente en la sobreexplotación de las diferentes variedades de tomate, de pimiento, melón, judía, pepino, calabacín y sandía[5], además de otras variedades exóticas como la chirimoya[6]. [...]

La gran mayoría de estas hortalizas[7] serán exportadas a países europeos y a cadenas de supermercados de renombre que comercializarán el producto a un precio muy reducido sin llegar a saber, o sin preocuparles demasiado, las condiciones en las que se produce el mismo. En muchos de los casos se hará con la etiqueta de producto ecológico, ya que la normativa limita pero no prohíbe el uso de fertilizantes y pesticidas de origen orgánico llegando a permitir en caso de ser necesario el uso de productos sintéticos.

Paulo Antón (periodista español), *elsaltodiario.com*, 2/10/2018

1. *bouleversante* 2. enormes 3. *dommages collatéraux* 4. *à la baisse*
5. *haricot vert, concombre, courgette, pastèque* 6. fruta exótica 7. *ces légumes*

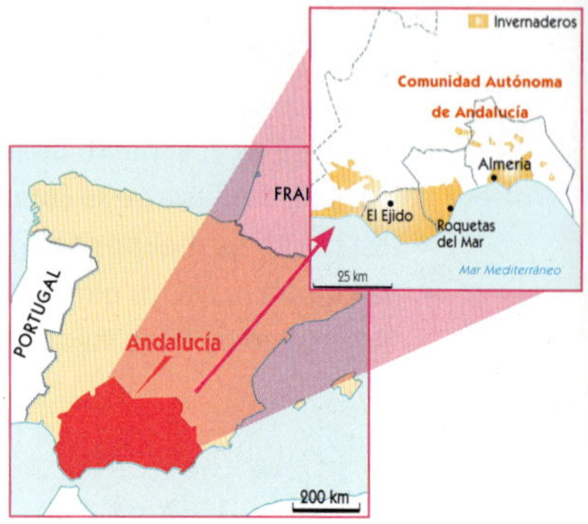

a. **Lee** el texto, **sitúa** el mar de plástico y **explica** por qué se llama así.

b. Léxico **Nombra** varias hortalizas y **di** con qué modelo de agricultura se producen.

c. **Precisa** qué problemas genera esta actividad.

Para expresarte

- la cal: *la chaux*
- una enfermedad: *une maladie*
- una extensión: *une étendue*
- una plaga: *un fléau*
- la seguridad alimentaria

- árido(a)
- saludable: *bon pour la santé*

- gastar ≠ ahorrar: *dépenser ≠ économiser*

2. ¿Qué está pasando bajo este mar de plástico? B1

Vidéo

Extensión de invernaderos en Almería

a. **Observa** la fotografía, **ve** el vídeo y **describe** el paisaje.

b. **Di** qué suele pensar la gente del cultivo bajo plástico.

c. La actividad agrícola almeriense es importante para España y Europa. **Da** ejemplos.

d. **Cita** innovaciones de los cultivos de Almería y **explica** por qué son responsables.

Fiche de compréhension

3. Agricultura andaluza ecológica

B1 Fiche de compréhension

Vidéo

La Feria Biocultura 2019

a. **Observa** la imagen y **di** por qué puede ser positiva esta feria para los agricultores.

b. **Di** por qué Andalucía es un territorio adecuado para la producción ecológica.

c. Gramática **Cita** tres porcentajes y **di** a qué corresponden.

d. **Explica** por qué hay cada vez más consumidores de productos ecológicos en España.

Léxico

La producción ecológica — EXO LEXIQUIZ

Para expresarte

- beneficioso(a): *bénéfique*
- concienciado(a): *sensibilisé(e)*
- creciente: *croissant(e)*

- dar a conocer: *faire connaître*
- vender ≠ comprar

PREPARA EL PROYECTO

Expresión escrita

"No podemos fiarnos de las hortalizas de los invernaderos andaluces."
Contesta a este internauta utilizando tus conocimientos y aportando cifras.

Apuntes de gramática

Faire une comparaison

- **Más** visible **que** la propia Muralla de China.

→ Schéma p. 52, précis p. 256

Parler en pourcentages

- España ha aumentado **un 40 % (por ciento)**.

→ Schéma p. 52, précis p. 253

Utiliser les verbes à construction directe

- El macrocultivo en Almería **permite** a España competir a la baja.

→ Précis p. 265

Prepara el BAC — Innovaciones científicas y responsabilidad

La agricultura española se transforma para responder a los desafíos ecológicos.

Doc. 1 y 2 ▸ Explica los inconvenientes y las ventajas del modelo productivo español.

Doc. 2 ▸ Muestra cómo se transforma la agricultura española para ser más responsable.

Doc. 3 ▸ Explica las innovaciones y los aspectos positivos de la agricultura ecológica andaluza.

Cuba, paraíso agroecológico

1. El milagro de las abejas cubanas B1 Vídeo Fiche de compréhension

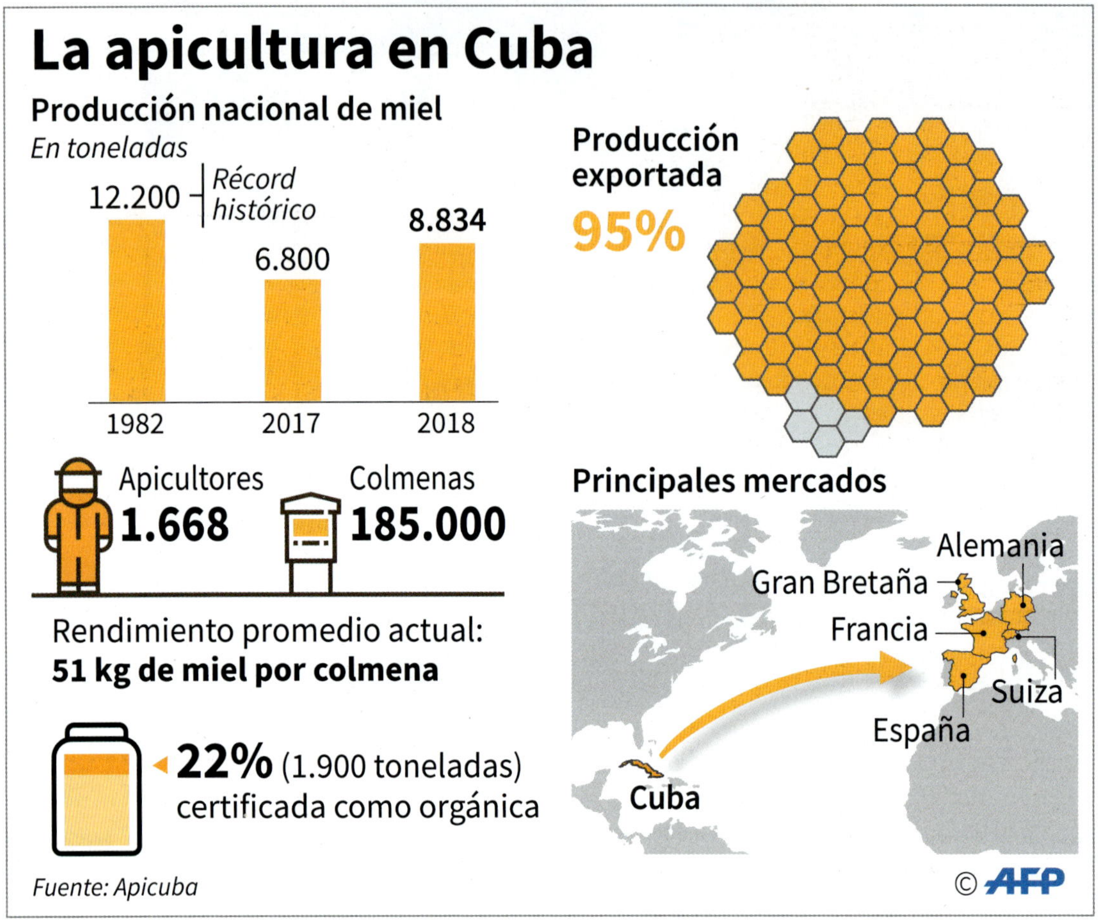

Léxico
Agriculturas
LEXIQUIZ

a. **Intenta** explicar el éxito de la miel cubana a partir de la infografía. PARCOURS DIFFÉRENCIÉS

Recorrido A

b. **Cita** las razones que explican la disminución del número de abejas.
c. **Presenta** a Santiago y Rogelio. ¿Desde cuándo ejercen esta profesión?
d. La miel que producen es ecológica. ¿Verdadero o falso? **Justifica** tu respuesta.
e. **Precisa** cómo se comercializa la miel e **indica** a qué países se exporta.

Recorrido B

b. En Cuba el número de abejas disminuye ¿Verdadero o falso? **Justifica**.
c. **Explica** por qué razones históricas es ecológica la miel cubana.
d. Gramática **Cita** algunas cifras de producción de la miel e **indica** cómo se vende.
e. Desean desarrollar las exportaciones. ¿Verdadero o falso? **Justifica** tu respuesta.

Para expresarte

- una colmena: *une ruche*
- una cooperativa
- un insumo = un material de producción
- una tonelada: *une tonne*
- orgánico(a) = ecológico(a)
- subsidiado(a) = subvencionado(a)
- estar libre de = no contener (ie)

Cuba y la crisis de los 90

Tras la caída de la Unión Soviética en 1991, Cuba se vio privada de petróleo, fertilizantes y pesticidas. El país transformó entonces su agricultura industrial en ecológica.

2. Agricultura a la cubana B1 Vidéo

Jesús Sánchez dejó de ser Jesús para convertirse en el permacultor[1] Sánchez en los años 90, los más duros de la economía cubana después de la Revolución. Entonces rondaba los 40[2] y era un hombre que respondía a los llamados de Fidel Castro. [...] Cuando "el Comandante llamó a la población a aprovechar cada pedacito de tierra disponible para cultivar y consumir de lo producido", Jesús Sánchez le tomó la palabra y comenzó su proyecto: un sistema de permacultura en 200 metros cuadrados, en el barrio habanero Los Pinos. [...]

"Es una filosofía de vida que se va desarrollando en uno para bien: cuidar la naturaleza y a las personas, alimentarse bien, no comer contaminado ni tampoco permitir que se utilicen productos químicos en los cultivos, porque hay personas que adelantan el proceso de los cultivos para ganar dinero. Nosotros luchamos contra todas esas cosas", aduce[3]. [...]

Como abono[4], ahora Sánchez utiliza también las hojas de las plantas y los desechos orgánicos. Los nuevos estanques[5] de peces los creó para resolver una necesidad de agua. [...]

"Había muchas plantas que yo no conocía y mediante el intercambio con otros permacultores supe de ellas. Hay mil y pico de permacultores. Coincidimos en eventos[6] como La Convergencia, al que vienen permacultores de todos los países a intercambiar experiencias. Han venido alumnos de las universidades de Estados Unidos, Canadá, Alemania y de las cubanas. También, profesores y agricultores de Vietnam y otras naciones asiáticas, que traen sus conocimientos".

Cuba prisma, 11/07/2019

1. agricultor ecológico 2. tenía alrededor de 40 años
3. argumenta 4. *engrais* 5. *des bassins* 6. *évènements*

a. **Di** quién es Jesús Sánchez.

b. Gramática **Apunta** números y **presenta** las etapas de su vida profesional.

c. Según Jesús, la permacultura es una filosofía de vida. **Explica** por qué.

d. **Indica** cómo ha progresado Jesús en sus conocimientos.

e. **Ve** el vídeo y **explica** los objetivos del científico.

PREPARA EL PROYECTO

Expresión oral

Para una conferencia en la Feria Biocultura, **expón** cifras de la producción agrícola hispanoamericana y explica a qué corresponden.

Fonología

El acento escrito EXO LEXIQUIZ

Para expresarte

- un(a) agricultor(a)
- el desarrollo sostenible: *le développement durable*
- el medio ambiente: *l'environnement*
- los recursos
- respetuoso(a)
- ahorrar: *économiser*

Apuntes de gramática

Parler de quantités précises

- 200 metros, 600 toneladas

→ Précis p. 253

Parler de quantités imprécises

- **muchas** plantas
- **todos** los países

→ Schéma p. 52, précis p. 255

Comparer par rapport à un ensemble

- Los años 40, **los más duros de** la economía cubana.

→ Schéma p. 52, précis p. 256

Prepara el BAC — Innovaciones científicas y responsabilidad

El modelo de agricultura cubano es una alternativa responsable.

Doc. 1 ▸ Explica por qué la miel que produce Cuba es ecológica.

Doc. 2 ▸ Muestra que en Cuba los agricultores producen de manera diferente respetando el medio ambiente.

Doc. 1 y 2 ▸ Evidencia que el modelo de producción agrícola cubano presenta aspectos innovadores y positivos.

Transgénico o no transgénico

Venenos como si fueran perfumes

B2 Texte lu

Ven, un detective español, llega a unos almacenes agroquímicos y observa la conversación entre un comprador y un vendedor.

El altiplano es de una belleza austera. Montañas a los lados y llanos[1]. En el fondo del valle sobresalen los penachos de unas plantas marrones, amarillas y rojas.

–¿Qué es eso, Pablo?

El camionero lo mira sorprendido, sin entender cómo no reconoce esas plantas.

–Quinua, pues. [...]

El camionero hace su primera parada en uno de los almacenes[2] de agroquímicos. Allí hay un par de camioneros más esperando. Ven se baja y echa un vistazo[3]. [...] Se pasea entre grandes envases con logos verdes con hojitas que parecen frescos, y tan naturales como las plantas. [...] En la radio suenan las noticias:

"Luego de que esta semana la Organización de las Naciones Unidas para la Agricultura y la Alimentación (FAO) planteara que no se puede descartar el uso de transgénicos para erradicar el hambre en América Latina y el Caribe, el Gobierno peruano y algunos expertos aseguraron que la propuesta no sería aplicable en el Perú, siempre y cuando no se modifique la moratoria de diez años que vence[4] en el 2022."

Un joven bien vestido está detrás de la mesa de la oficina. Escucha atento la noticia hasta que levanta la vista y pregunta:

–¿Le puedo ayudar? [...]

–No sé cuál llevar –le dice él, como si estuviera comprando un jersey. [...]

–Yo que usted me llevaba los dos. El Clorpirifos es un muy buen insecticida, mientras que el Propamocarb es el fungicida perfecto para evitar el mildiu. Pero si tiene que optar por uno, yo me llevaría el insecticida porque parece que hay plaga que viene caminando desde la costa.

Ven no entiende nada, pero está claro que habla de venenos como si fueran perfumes. Busca la puerta del baño mientras ve cómo se acerca una mujer ataviada[5] con su pollera tradicional, una amplia falda de tela. Con decisión, interviene en la conversación que mantienen el dependiente y el comprador.

–Esa plaga la metieron los mismos de los químicos. Dieron semillas al Gobierno para regalar allá en la costa y mire ahora. Estamos vendidos. Antes solo hacía falta sembrar la semilla[6], ahorita hay que gastar en agua y en químicos, y no ganamos más.

Yanet Acosta Meneses (escritora española), *Matar al padre*, 2017

1. *plaines* 2. *les dépôts* 3. *jette un coup d'œil* 4. termina 5. vestida 6. *(ici) les graines*

a. **Lee** el texto. ¿En qué país se encuentran los protagonistas? **Cita** elementos que lo indican.
b. **Precisa** dónde se para el camionero. ¿Con qué intención?
c. **Di** cómo parece Ven en el almacén. ¿Qué le aconseja el vendedor al comprador?
d. **Precisa** qué explica la noticia de la radio. ¿Qué pone de relieve?
e. **Explica** a tus compañeros(as) la frase de la mujer: "Estamos vendidos." MÉDIATION

Para expresarte

- los agroquímicos = los productos químicos agrícolas
- el cultivo: *la culture*
- la escasez: *la pénurie*
- una plaga: *un fléau*
- la sequía: *la sécheresse*

- depender de
- estar prohibido(a) ≠ estar permitido(a)
- prescindir de: *se passer de*

Prepara el BAC — Innovaciones científicas y responsabilidad

Los avances en agricultura pueden ser una solución pero también tienen aspectos negativos.

▸ Explica la responsabilidad de los gobiernos en la agroindustria de la zona andina.

▸ Explica qué ventajas y qué inconvenientes tienen los descubrimientos científicos.

TALLERES MULTIMEDIA

REFLEXIONA CON UN VÍDEO

Soberanía alimentaria

Vídeo

Fiche de compréhension

Objectif B2 Comprendre un film d'animation pour la défense de la souveraineté alimentaire.

a. **Di** qué patrimonio tienen en común los habitantes de Latinoamérica y del Caribe. **Explica** por qué.

b. **Presenta** los modelos de agricultura que se oponen. **Precisa** las consecuencias del dominante.

c. **Aclara** cómo se han perdido especies vegetales.

d. ¿Te parece importante la lucha por las semillas campesinas? **Argumenta**.

Para expresarte

- el acaparamiento de tierras
- el agronegocio = el negocio de los productos agrícolas
- fomentar = desarrollar
- modificar genéticamente
- sembrar [ie]: *semer*

COMPÉTENCES NUMÉRIQUES

CREA CON LAS TIC

Un mapa mental sobre soberanía alimentaria en Latinoamérica

Objectif B2 Synthétiser, classer et transmettre des informations sous forme schématique.

Conéctate a: *lyceen.nathan.fr/lanzateterm*

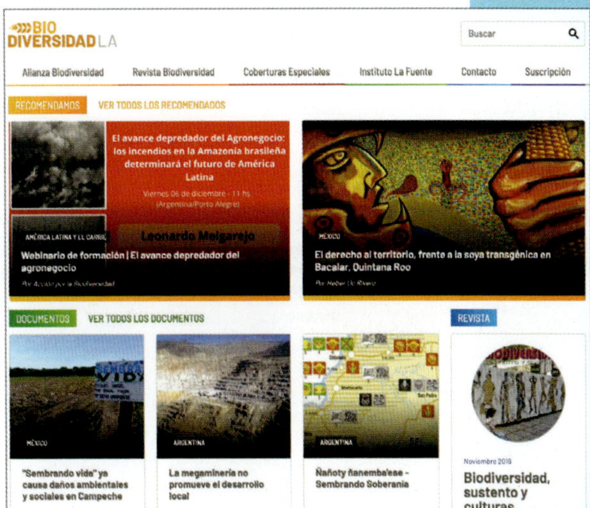

1 Busca información.

a. **Descubre** los contenidos de la página.

b. **Toma notas** sobre un artículo o un vídeo sobre la lucha de los campesinos en Latinoamérica.

c. Al pie de la página, **haz clic** en "Temas", luego en "Soberanía alimentaria". **Busca** una noticia complementaria sobre otro país latinoamericano y **apunta** elementos para presentarla.

2 Crea tu mapa mental.

d. Puedes usar la aplicación Canva. **Selecciona** un diseño de mapa e **introduce** el tema de la soberanía alimentaria.

e. **Ordena** tus apuntes e ilústralos con fotografías.

f. **Presenta** tu trabajo a tus compañeros.

Taller DE gramática

Exercices

Comparer

La gramática en vídeo

Comparer DEUX ÉLÉMENTS

Élément 1		Élément 2
	− MENOS... QUE = TAN... COMO + MÁS... QUE	
El mar de plástico	**visible**	La Gran Muralla China

El mar de plástico es **más** visible desde el espacio **que** la Gran Muralla China.

Comparer UN ÉLÉMENT PAR RAPPORT À UN ENSEMBLE

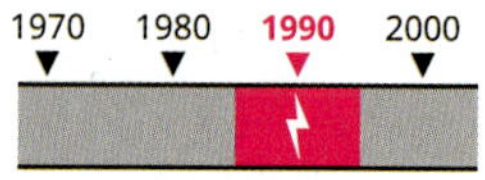

Los 90, **los años más duros** de la economía cubana.

Comparer AVEC UN ÉLÉMENT IMAGINAIRE

COMO SI + subjonctif imparfait

Habla de venenos **como si fueran** perfumes.

→ Précis p. 256

1 **Rédige des phrases comparatives au présent à partir des éléments suivants.**

a. España – hortalizas – Francia – (producir) (+)

b. (verse) – el mar de plástico – la Muralla China – de Almería – desde el espacio (-)

c. (ser) – el propamocarb – un pesticida – el clorpirifos – peligroso (=)

d. (ser) – ahora – en Cuba – la producción de miel – importante – en los años 90 (+) pero – (ser) – numerosas – la abejas – antes (-)

Parler de quantité

invariable

nada	**algo**
rien	*quelque chose*

ningún **ninguno(s)** **ninguna(s)**	**algún** **alguno(s)** **alguna(s)**	**poco(s)** **poca(s)**	**bastante(s)**	**mucho(s)** **mucha(s)**	**todo(s)** **toda(s)**	**demasiado(s)** **demasiada(s)**
aucun(s) *aucune(s)*	*quelque(s)*	*peu*	*assez*	*beaucoup*	*tout(es)* *tous*	*trop*

→ Précis p. 255

2 **Complète les phrases avec les mots ci-dessous. Attention aux accords !**
mucho • todo (2) ninguno • demasiado

a. La provincia de Almería produce ... hortalizas, por eso se habla de sobreexplotación.

b. Ahora ... la producción de miel cubana es ecológica.

c. ... plaga es tan peligrosa como el uso generalizado de los insecticidas.

d. La Convergencia reúne a ... permacultores que vienen de ... los países del mundo.

Taller DE léxico

Lexiquiz

→ Mapa de léxico p. 285

1 Busca los verbos que corresponden a los sustantivos siguientes.

a. el abono b. el cultivo c. la exportación
d. la prohibición e. la contaminación f. la modificación

2 Asocia cada palabra con su definición.

a. sequía b. fumigar c. miel d. semilla e. invernadero

1. Parte del fruto o grano de los vegetales que contiene el germen de una nueva planta.
2. Desinfectar por medio de humo, gas...
3. Largo periodo de tiempo seco.
4. Lugar en el que se mantienen las condiciones ambientales adecuadas para favorecer el cultivo de plantas.
5. Sustancia densa y dulce que elaboran las abejas a partir del néctar de flores.

3 Elimina el intruso de cada lista y utiliza palabras de las listas para describir la foto.

a. los pesticidas • los agroquímicos • los insecticidas • el control biológico • los fungicidas
b. los productores • el plástico • la exportación • la comercialización • el precio

PROYECTO FINAL

Presenta una infografía sobre un nuevo método de producción

Para un foro de agricultura, realiza y presenta una infografía sobre un nuevo método agrícola.

1. Elige el tema de la infografía en relación con la unidad y recolecta información sobre él en los documentos estudiados.
2. Organiza las ideas y crea la infografía. Puedes usar un programa como Canva.
3. **Presenta** la infografía insistiendo en la problemática y **comparando** datos para **resaltar logros** e innovaciones.

¡Tú puedes!

Presentar
- Esta infografía explica/muestra...
- En esta imagen podemos observar...
- Se trata de...

Comparar
- Es una cantidad mayor/menor que...
- ...más/menos que el año pasado
- Es más/menos eficaz que...
- Es tan eficaz como...

Resaltar logros
- Este método permite solucionar...
- Con esto se ha logrado...
- Gracias a esta innovación...
- Ha dado una respuesta al problema de...

BAC Evaluación

Autoévaluation

1h30

ÉPREUVE ÉCRITE
LVA>B2
LVB>B1

PARTIE 1 Compréhension de l'oral

Documento 1 Invernaderos diferentes

Rendez compte en français de ce que vous avez compris du document.

Trucos

- Concentre-toi sur :
  - le thème principal du document ;
  - l'événement et les situations évoqués ;
  - le point de vue de la personne qui s'exprime ;
  - la fonction et la portée du document.

Vidéo

Source : RTVE **Durée** : 1 min 42

PARTIE 2 Compréhension de l'écrit et de l'ensemble du dossier

Documento 2 Invernaderos y turismo

En medio de unas montañas deforestadas que el viento azota con intensidad, la gasolinera[1] y el bar surgen como un espejismo[2] [...] El sentimiento de soledad es intenso, pero no parece que afecte mucho a la mujer que regenta la estación y que está sola con su hija pequeña.

–Para mucha gente –dice.

El viajero toma un café mientras contempla por la ventana del bar el desolado paisaje, ese que ya es famoso en España y en toda Europa por su desertización . [...]

–¿Hace mucho que no llueve ?

–Un año... o más –dice la mujer.

De Finana hasta el desierto de Tabernas, donde están los poblados hechos para rodar las películas del Oeste que convirtieron en los sesenta a Almería es una especie de Hollywood europeo, la autovía desciende entre montes pardos[3]. [...] La tierra aquí no da para vivir y menos después de que la costa almeriense, que ya está cerca, se llenará de los invernaderos[4] que convirtieron la última provincia del país en una de las primeras en producción de fruta y hortalizas[5]. Algo difícil de comprender cuando se circula por un desierto como el que el viajero atraviesa en su coche ahora, impresionado por el paisaje que tiene a su alrededor.

Pero enseguida Almería aparece al fondo, enmarcada por el mar y por una franja de litoral en la que los plásticos de los invernaderos se alternan con poblaciones blancas y rojas por sus tejados y verdes por las palmeras que las puntean. [...]

Aun cuando tenga sus antecedentes en una colonia romana y, antes en otra fenicia que aprovecharon las especiales condiciones de su bahía para comerciar con las indígenas de la zona, la Almería de extramuros no prosperó hasta [...] la exportación de la uva de moscatel[6], siendo ya en el siglo XX cuando aumentó de verdad demográficamente con la llegada de los invernaderos y del turismo.

Julio Llamazares (escritor español), *Las rosas del sur*, 2018

1. la estación de servicio 2. *un mirage* 3. *bruns* 4. *les serres* 5. *des légumes* 6. *muscat (variété de raisin)*

Documento 3 Cultivar con agua desalada

El proyecto Deseacrop tiene como objetivo demostrar la gestión sostenible de la desalinización del agua de mar para la producción de cultivos en sistemas cerrados y sin suelo para fortalecer su resiliencia[1] como una clave del sector productivo, económico, social y ecológico en un Mediterráneo con estrés hídrico en la región semiárida. [...]

En la actualidad, en las instalaciones de la Finca Experimental UAL-Anecoop, donde se desarrolla la parte empírica[2] del proyecto, se está procediendo a la recolección del fruto obtenido en el tercer ciclo del proyecto. En concreto, se está llevando a cabo la recolección de tomate en los invernaderos de la finca desde la semana pasada.

El proyecto Deseacrop, financiado con fondos europeos, busca demostrar que el uso sostenible del agua marina desalinizada y de los sistemas de riego hidropónico[3] con tratamiento y reutilización de drenajes son la solución para el problema del déficit hídrico que sufre el sureste español. [...]

La mezcla de recursos hídricos de Deseacrop se está aplicando a ocho cultivos, cuatro de ellos, tradicionales, tomate, pimiento, sandía, calabacín; y el resto, exóticos que se están introduciendo en Almería como aternativa, entre ellos, la papaya.

A través de Deseacrop miden la salinidad y la conductividad para obtener la mejor agua posible para aumentar la productividad de los cultivos a un precio razonable.

www.revistamercados.com (revista española), 20/01/2020

1. capacidad de adaptación 2. experimental 3. plantas cultivadas sin tierra

Compréhension de l'écrit

Diga de qué tratan los documentos y destaque lo esencial.

Trucos

- Indique, en lien avec le **document 2**, les transformations qu'a connues la région d'Almeria.
- Commente les innovations évoquées dans le **document 3**.

Compréhension de l'ensemble du dossier

▶ Tras leer y observar los tres documentos, explique la importancia de los invernaderos para Almería y a qué desafíos pasados y presentes se ha enfrentado la región.

PARTIE 3 Expression écrite

Vous traiterez en espagnol l'un des deux sujets suivants. Répondez en 120 mots au moins.

Question A

▶ Observe la imagen y comente las ventajas y los posibles inconvenientes que puede tener para la agricultura española un sistema como este.

Question B

"La agricultura en Almería ha experimentado cambios en los que la tecnología y los cambios sociales han jugado un papel decisivo."

▶ Comente esta cita apoyándose en los documentos del dosier y en sus conocimientos.

Unidad

5

Espace privé et espace public ● Fictions et réalités

¡Vaya parejas!

¿En qué medida se cuestionan los roles tradicionales en las sociedades hispánicas?

PROYECTO FINAL

Expresión oral

Organizad una exposición sobre parejas famosas que rompieron normas.

A El conquistador y su intérprete

La Malinche desempeñó un papel importante en la conquista de Tenochtitlán (actual Ciudad de México). Fue intérprete, consejera e intermediaria de Hernán Cortés. Hoy, para muchos mexicanos, la Malinche es el símbolo de la traición. Otros la consideran como la madre de la nueva cultura mestiza.

Detalle del mural *Encuentro entre Moctezuma y Cortés en 1519*, Roberto Cueva del Río (1908-1979)

Vídeo

B Dos artistas

Gala y Dalí fueron dos artistas pertenecientes al movimiento surrealista del siglo XX.
A Gala se la conoció como la musa de Dalí, pero fue ella misma artista de una obra personal interesante centrada en su imagen y su vida con Dalí.

Salvador Dalí (pintor español), *El pie de Gala*, 1974

C Una pareja rebelde y comprometida

Son los dos pintores mexicanos más conocidos del siglo XX. Ambos afiliados al Partido Comunista mexicano, formaban una pareja apasionada tanto en las luchas sociales del país como en su vida privada.

"Yo no creo que ninguna mujer haya plasmado jamás tan angustiosa poesía en la tela."

Diego Rivera

"Yo sufrí dos accidentes graves en mi vida, uno en el que un autobús me tumbó al suelo... El otro accidente es Diego."

Frida Kahlo

Para expresarte

- las convenciones sociales
- el éxito: *le succès*
- la fama = la celebridad
- el mestizaje: *le métissage*
- una pareja: *un couple*

- compenetrarse: *se compléter*
- lograr = conseguir [i]: *réussir*
- poner en escena: *mettre en scène*
- romper: *briser*

- fuera de lo común: *hors du commun*

¡Lánzate!

Doc. A ▸ **Explica** la importancia de la Malinche en la conquista de Tenochtitlán.
Doc. B ▸ **Observa** el cuadro y **di** cómo se representa la pareja de artistas.
Doc. C ▸ A partir de la foto y de las citas, **muestra** que Diego Rivera y Frida Kahlo eran una pareja singular.

Adelantados a su época

1. La herencia de la Malinche B1

Paco Calderón (caricaturista mexicano)

Para expresarte

- el concubinato: *le concubinage*
- una doncella: *une demoiselle*
- el legado: *l'héritage*
- el maya, el náhuatl = lenguas indígenas
- la soberbia: *l'arrogance*
- altivo(a): *hautain(e)*
- controversial = (Amér.) controvertido(a)
- precursor(a): *précurseur*
- caricaturizar a: *caricaturer*
- juzgar a: *juger quelqu'un*
- regalar: *offrir*

1. la prostituta
2. (*fig.*) creado
3. *l'esclave affranchie*
4. el jefe supremo
5. *exalté*
6. *l'aîné*

MÉDIATION

a. **Describe** cuáles son las dos caras de la Malinche para los mexicanos de hoy.
b. **Explica** a un(a) compañero(a) el término "malinchismo" y la evolución de la imagen de la Malinche.
c. **Di** cuál de los dos hijos de Cortés heredó los títulos y bienes de su padre y lo que implica.
d. **Muestra** los aspectos cómicos y anacrónicos del dibujo.

2. La Malinche, intermediaria política B2

Vidéo | Fiche de compréhension

a. **Ve** el vídeo y **explica** quiénes eran Cortés y la Malinche y **cuenta** cómo se conocieron.
b. **Aclara** por qué dicen que la Malinche fue "la lengua de Cortés".
c. **Explica** qué logró la Maliche y cómo lo hizo.

3. Una pareja atípica B2

Impaciente y preocupado porque no llegaba el heredero que necesitaba para estabilizarse en el trono, Enrique IV comprende que sus dos medio hermanos menores –Isabel y Alfonso– representan un peligro para él. [...]

Decide entonces que le conviene tenerlos cerca y obliga a los dos jóvenes a vivir con él en la Corte. [...]

En esos años, Isabel rechaza varios proyectos matrimoniales de su hermano. Y llega a decir que se casará con quien ella quiera. Una declaración radicalmente audaz para la época. Pero no hay que tomarla como un programa romántico; no era la aspiración a un matrimonio por amor, era el reflejo de la conciencia política de Isabel, de la noción que tenía de su potencial y de la voluntad de servir a Castilla y a España. [...]

En consecuencia, tanto empecinamiento[1] en concretar esa boda con Fernando no era fruto de la pasión amorosa. Los novios ni siquiera se conocían. En cambio, compartían lo que hoy llamaríamos un “proyecto político”: completar la unificación de España, uniendo sus reinos, y expulsando a los últimos moros de Granada, y centralizar el poder en manos de la Corona, limitando los privilegios feudales. [...]

Ahora bien, según las crónicas de la época, el amor nació con el enlace[2] y casi de inmediato: Isabel era atractiva y Fernando apasionado. Pese a su juventud, ya tenía dos hijos ilegítimos. [...] Así, casi en secreto, empieza la aventura de Isabel y Fernando. [...]

Isabel murió el 26 de noviembre de 1504, de cáncer al parecer. Tenía 53 años. Fernando la sobrevivió 12 años. Murió en 1516, a los 64.

Entre ellos hubo un perfecto acople[3] político. Y si no fue amor, los unía sin duda un fuerte sentimiento. “Su muerte es para mí el mayor trabajo[4] que en esta vida me podría venir...”, dijo Fernando cuando murió Isabel.

Claudia Peiro (periodista española), *www.infobae.com*, 12/10/2018

1. obstinación 2. la unión 3. *(ici)* complementariedad 4. *(espagnol ancien) le chagrin, la peine*

Retratos de los Reyes Católicos: Isabel de Castilla y Fernando de Aragón

a. Lee el texto y **di** por qué Isabel era una mujer audaz para su época.

MÉDIATION **b. Explica** a tus compañeros(as) en qué consistía el proyecto común de Isabel y Fernando.

c. Aclara el papel del amor en su proyecto político.

PREPARA EL PROYECTO

Expresión oral

Para una exposición sobre mujeres extraordinarias, **explica** el papel decisivo que la Malinche e Isabel tuvieron en su pareja y en la historia.

Para expresarte

- un matrimonio de conveniencia: *un mariage de convenance*
- un reto: *un défi*
- casarse: *se marier*
- elegir [i]: *choisir*

Apuntes de gramática

Insister sur un élément de la phrase

- **Fue** en ese momento **cuando**...

→ Schéma p. 64, précis p. 270

Parler d'un fait à venir

- **Se casará** con quien **quiera**.

→ Précis p. 262

Parler de l'avenir dans un contexte passé

- Cortés no **imaginó** que la Malinche **sería** una colaboradora decisiva.

→ Schéma p. 64, précis p. 263

Prepara el BAC — Espacio privado y espacio público

Ciertas mujeres lograron, a contracorriente de su época, tener peso en la vida política.

Doc. 1 y 2 ▸ Explica cómo logró la Malinche abrirse camino entre los hombres de su época.

Doc. 3 ▸ Muestra cómo la figura de Isabel la Católica fue excepcional para una mujer de su tiempo.

Firmado Gala-Dalí

1. Más que una musa B2 Vidéo Fiche de compréhension

Salvador y Gala Dalí (artistas españoles) fotografiados en una puesta en escena ideada por ellos, 1947

Para expresarte

- los hilos: *les fils*
- una muestra = una exposición
- complementario(a)
- cómplice
- controlar: *maîtriser*
- manejar = manipular

a. **Observa** la foto. **Di** cómo se representan los artistas y con qué objetivo.
b. **Ve** el vídeo y **explicita** el papel de Gala además de musa de Dali.
c. **Di** por qué fue Gala una artista completa.
d. **Precisa** qué nueva mirada ofrece esta muestra sobre la obra de Dalí.

Fonología

Los sonidos [an], [in], [un], [en]

EXO LEXIQUIZ

2. El talento de Gala B2

Sin embargo, la rusa Gala aporta seguramente mucho más, igual que Dalí ofrece a Gala el espacio creativo que siempre ha necesitado y que el pintor le reconoce. Junto a Dalí, Gala no solo consigue florecer como una escritora y una artista de talento –lo prueban los escritos y los objetos surrealistas–, sino que en el trasvase[1] entre ambos[2] se conforma como coautora del mismo proyecto creativo daliniano[3]. Lo reconoce Dalí cuando firma sus “mejores obras” con ese nombre que los resume y reúne: “Gala Salvador Dalí”. Este se puede considerar como un proyecto que tiene mucho de obra conceptual, donde prima el proceso sobre el producto mismo y donde la colaboración entre Gala y Dalí se manifiesta en un espacio mucho más sutil que el acto físico del pincel –queda claro en las numerosas fotos del montaje del *Sueño de Venus*, de 1939, en las que aparecen trabajando juntos–. En su particular juego de espejos, se complementan y se completan, y la autoría compartida[4] que Dalí rubrica en la firma es un constante reconocimiento al trabajo de Gala.

Si consideramos la coautoría[4] de forma literal, entonces el relato se complica deliciosamente: ¿Qué hacer con todos los cuadros que Dalí pinta de Gala si han sido firmados “Gala-Salvador Dalí”? ¿No tiene acaso la larga serie de retratos[5] de Gala algo de autorretrato de Gala misma? ¿No forma parte de ese gran proyecto autobiográfico que conforman sus escritos, sus obras, la construcción de su personaje y hasta del de Dalí o el de la síntesis de ambos? ¿No se convierte esta Gala en una *performer* camuflada que en todos los retratos mantiene el control absoluto sobre su imagen?

Estrella de Diego (escritora española), *El País Semanal*, 27/06/2018

1. *(ici) le transfert* 2. *les deux* 3. *de Dalí* 4. la colaboración 5. *portraits*

Gala Dalí (1894-1982)

▶ Su verdadero nombre era **Elena Ivanovna Diakonova**. Fue pareja artística de Dalí a partir de 1932.

Léxico

El arte EXO LEXIQUIZ

a. **Lee** el texto y **explica** por qué Dalí firmaba sus obras “Gala-Salvador Dalí”.

b. **Explica** en qué medida se pueden considerar los retratos de Gala como autorretratos.

c. ¿Cómo ha evolucionado el reconocimiento de la figura de Gala?

PREPARA EL PROYECTO

Expresión oral

MÉDIATION

Explica a un(a) compañero(a) por qué Dalí y Gala eran una pareja fuera de lo común.

Para expresarte

- el/la diseñador(a): *le/la créateur(trice)*
- la obra conjunta: *l’œuvre commune*
- el proceso creador: *le processus créatif*
- el reconocimiento: *la reconnaissance*
- la vanguardia: *l’avant-garde*
- juntos(as): *ensemble*
- esconderse: *se cacher*
- al mismo tiempo: *en même temps*

Apuntes de gramática

Comparer

- Gala era mucho **más que** la musa de Dalí.
- Mucho **más** sutil **que** el acto físico del pincel.

→ Précis p. 256

Utiliser la forme pronominale

- Tanto ella como Dalí **se construyen** mutuamente.
- **Se complementan** y **se completan**.

→ Précis p. 259

Prepara el BAC — Espacio privado y espacio público

Una musa camuflada a la sombra del genio: un estereotipo que no siempre fue verdadero.

Doc. 1 ▸ Explica cómo revelan a Gala estos documentos.

Doc. 2 y 3 ▸ Di por qué los nuevos datos que tenemos acerca de Gala contribuyen a renovar nuestra percepción del arte de Dalí.

Dos pintores poco convencionales

1. Una relación abierta B1

En 1934 la pareja regresó a México, y en 1935 Frida descubrió que su marido mantenía una relación con su hermana pequeña, Cristina Kahlo. Aunque Frida había tolerado hasta entonces las infidelidades de Diego, descubrir que la engañaba[1] con su propia hermana la hundió en la depresión. A partir de entonces tomó una decisión: seguirían juntos pero su matrimonio sería una relación abierta en la que cada uno podría tener otras parejas. [...]

Esta es la situación hasta que en 1937 llegó a México, huyendo de Rusia, una de las principales figuras de la Revolución, León Trotski, quien se había enfrentado al líder de la Unión Soviética: Josef Stalin. [...] Fueron las gestiones[2] de Diego Rivera, quien admiraba al líder ruso, ante el gobierno mexicano, lo que permitió que Trotski pudiera establecerse en México.

Tal vez Kahlo vio ahí la oportunidad de llevar a cabo[3] una refinada venganza, iniciando una relación amorosa con Trotski, al que tanto admiraba su marido.

Leslie, culturacolectiva.com, 5/12/2018

1. *trompait* 2. *les démarches* 3. realizar

Frida Kahlo con Natalia Sedova, y León Trotski a su llegada a México.

Para expresarte

- los amantes
- despreciable: *méprisable*
- dejar: *quitter*
- salvar la vida

2. ¿La venganza de Frida? B2 Texte lu

La tensión llegó a levantarse como una nueva barricada dentro de la Casa Azul[1] y fue Natalia Sedova[2] quien, a principios de julio, había prendido fuego a la mecha cuando, sin consultárselo a nadie, se trasladó a un apartamento en el centro de la ciudad, dando a Rivera la excusa de que prefería estar sola. [...] Esa misma tarde había entrado en la habitación de sus huéspedes y atacado a su amante por el flanco que él menos esperaba: tenían que aclarar las cosas de una vez, y él debía tomar una decisión definitiva: ¿se iba con su mujer o se quedaba con ella? La disyuntiva[3] había removido al hombre, pero él respondió sin pensarlo: aquella opción nunca se había contemplado[4]. Con sus pasos difíciles, Frida se había acercado y acariciado el rostro del amante y [...] le dijo que el juego había terminado. Y no era divertido y podían herir a otras gentes que no lo merecían, y no lo decía por Diego, un cerdo borracho[5], ni por ella, la cerda sin riendas[6] en que Diego la había convertido, lo decía por Natalia, que era una reina. [...]

En ese instante Liev Davidovich[7] [...] se preguntaría si él no había sido utilizado solo como instrumento de venganza contra Rivera.

Leonardo Padura (escritor cubano), *El hombre que amaba los perros*, 2009

1. la casa de Frida Kahlo y Diego Rivera 2. esposa de Trotski 3. El dilema 4. *n'avait jamais été envisagée* 5. *un ivrogne* 6. *incontrôlable* 7. nombre real de Trotski

a. **Lee** el texto 1 y **califica** la relación entre Rivera y Kahlo. **Justifica** tu respuesta.
b. **Aclara** los motivos del exilio de Trotski a México.
c. **Explica** cómo decidió vengarse Frida de su marido.
d. **Lee** el texto 2. **Aclara** las relaciones entre Frida Kahlo y León Trotski y **di** cómo reaccionó su mujer.
e. ¿Qué tipo de dilema le plantea Frida a Trotski?
f. **Di** qué imagen da Frida de sí misma y de Diego.

3. Unidos en el arte y el amor B2 Vidéo Fiche de compréhension

Taller de Frida Kahlo y Diego Rivera en la Casa Azul (México)

a. **Describe** la foto y **di** qué imagen da de los artistas.

b. **Ve** el vídeo y **explica** por qué se exponen las obras de Kahlo y Rivera en la misma muestra.

c. **Di** en qué medida se convirtieron en leyendas del siglo XX.

d. "Por haber sido una pareja muy amorosa" ¿Te parece esta afirmación fiel a la realidad?

PREPARA EL PROYECTO

Expresión escrita

Presenta por escrito a Frida y Diego (su pareja, su complementariedad, su recorrido de artistas).

Para expresarte

- el compromiso: *l'engagement*
- los lazos: *les liens*

- influirse
- llevarse bien/mal: *s'entendre bien/mal*

Apuntes de gramática

Parler de l'avenir dans un contexte passé

- **Decidió** que **seguirían** juntos pero su matrimonio **sería** una relación abierta.

→ Schéma p. 64, précis p. 263

Insister sur un élément de la phrase

- **Fueron** las gestiones de Diego Rivera, **lo que** permitió…

→ Schéma p. 64, précis p. 270

Exprimer l'obligation

- **Tenían que aclarar** las cosas.

→ Précis p. 263

Prepara el BAC — Espacio privado y espacio público

Frida Kahlo ha podido emerger en el mundo del arte, de más difícil acceso para las mujeres.

Doc. 1 y 2 ▸ ¿En qué medida el papel de Frida en su pareja hace de ella una mujer moderna?

Doc. 3 ▸ Explica qué hizo famosa a la pareja de Frida y Diego.

Taller de gramática

Exercices

La correspondance des temps

VERBE INTRODUCTEUR (INDICATIF)		TEMPS DE LA SUBORDONNÉE (INDICATIF)			
Présent	QUE	Présent	Passé composé / Passé simple	Futur	Cortés **imagina** que la Malinche **será** una colaboradora decisiva.
Passé	QUE	Passé simple / Imparfait	Plus-que-parfait	Conditionnel	Cortés **imaginó** que la Malinche **sería** una colaboradora decisiva.

→ Précis p. 263

1 Transpose les phrases suivantes.

Passé → Présent

a. Fernando e Isabel compartían lo que llamaríamos un proyecto político.

b. Frida tomó una decisión: seguirían juntos pero su matrimonio sería una relación abierta en la que cada uno podría tener otras parejas.

Présent → Passé

c. Isabel llega a decir que se casará con quien ella quiera.

d. Su vida y obra van de la mano y juntos se convierten en leyendas del arte mexicano del siglo XX.

Insister sur un élément de la phrase

La gramática en vídeo

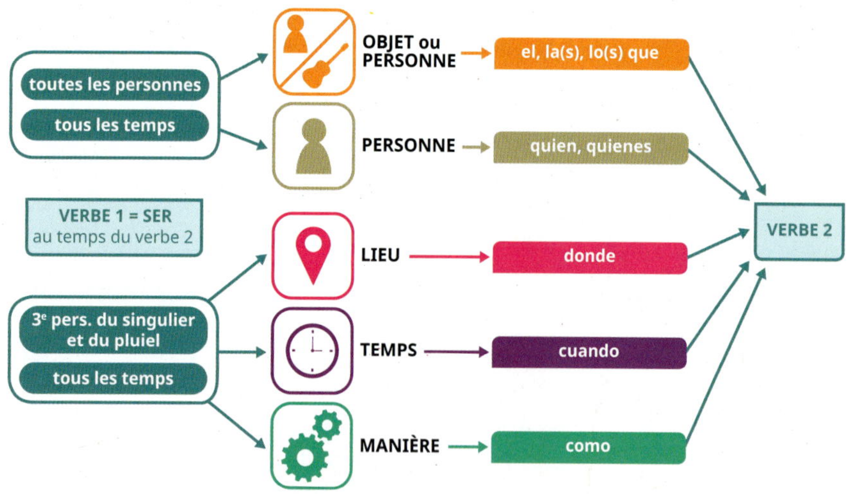

Fueron las gestiones de Diego **lo que permitió** que Trotski se instalara en México.

Fue en ese momento **cuando** se **descubrió** que la Malinche hablaba esa lengua.

→ Précis p. 270

2 Mets en relief l'élément souligné dans chaque phrase.

a. Frida Kahlo y Diego Rivera formaron una pareja de artistas muy singular en México.

b. Generaciones enteras difamaron a la Malinche en México.

c. Dalí y Gala realizaron el montaje *Sueño de Venus* en 1939.

d. León Trotski vivió algún tiempo en la Casa Azul antes de mudarse a su propia casa.

e. Cortés embarcó en Potochán para ir hasta San Juan de Ulúa.

Taller de léxico

EXO Lexiquiz

→ Mapa de léxico p. 281

1 Completa el texto con las palabras siguientes.

trono • pareja • muerte • contrajeron • Enrique IV • los Reyes Católicos

El 19 de octubre de 1469, Isabel de Castilla y Fernando de Aragón ... matrimonio y así formaron la ... que pasaría a la historia como ... Isabel accedió al ... de Castilla después de la ... de su hermano ...

2 Busca los sustantivos que corresponden a las palabras siguientes y describe la imagen con las palabras del ejercicio.

a. poner en escena → la...
b. crear → la...
c. reconocer → el...
d. pintar → la...
e. famoso → la...

Salvador Dalí (pintor español), *Dalí de espaldas pintando a Gala de espaldas*, 1972-1973

3 Asocia cada palabra con su definición.

a. el/la intérprete b. la venganza c. el enlace d. el surrealismo

1. Vínculo entre dos personas
2. Movimiento artístico del siglo XX que se libera del control de la razón.
3. Acción con la que una persona se venga de otra.
4. Persona que hace una traducción.

PROYECTO FINAL

Organizad una exposición sobre parejas que rompieron normas

Vais a organizar y hacer la visita guiada de una exposición sobre parejas que rompieron los códigos sociales de su época.

1. Por grupos, reunid información e imágenes sobre parejas famosas y sus obras que hayáis visto en la unidad o buscado en Internet.
2. Redactad los textos informativos mostrando cómo lograron romper los códigos de su época y organizad la exposición asociando las imágenes con los textos.
3. Haced la visita de la exposición a vuestros(as) compañeros(as), **presentando** a los personajes, su historia, **sus logros** y **contestando a las preguntas** de los/las visitantes.

¡Tú puedes!

Presentar a alguien excepcional
- Nuestra protagonista fue una de las mujeres más...
- Se trataba de personas excepcionales/fuera de lo común porque...
- Nunca antes una mujer/una pareja...

Presentar logros
- Nuestros(as) protagonistas lograron...
- Fueron ellos/ellas los/las primeros(as) en...
- Fue entonces cuando conseguirían...

Responder a una pregunta
- Para responder a tu/su pregunta...
- Con respecto a tu/su pregunta...
- ¡Buena pregunta!
- ¡Es una pregunta (muy) interesante! De hecho...

BAC Evaluación

Autoévaluation

1h30

ÉPREUVE ÉCRITE
LVA > B2
LVB > B1

PARTIE 1 Compréhension de l'oral

Documento 1 Conversaciones de Lorca y Dalí

Rendez compte en français de ce que vous avez compris du document.

Vidéo

Source : SECC **Durée** : 1 min 25

Trucos

- Concentre-toi sur :
  - le thème principal du document,
  - la situation évoquée,
  - la fonction et la portée du document.

PARTIE 2 Compréhension de l'écrit et de l'ensemble du dossier

Documento 2 Una amistad superlativa

En el libro titulado *Querido Salvador, querido Lorquito* (editorial Elba), Fernández ha llevado a cabo la labor de recopilación de un epistolario[1] que se encontraba fragmentado.

"Ten por seguridad que te creo el único genio actual" o "te quiero mucho" son frases que le dedicó Dalí a Lorca en sus cartas, a las que el poeta respondía con halagos[2] igual de sentidos como "ahora sé lo que pierdo separándome de ti", "eres lo mejor que hay para mí" o "te recuerdo demasiado".

En palabras de Dalí, Lorca y él mantuvieron una relación "erótica y trágica". A juicio de Fernández, "fue una relación erótica por el juego de seducción que se estableció entre ellos, pero trágica porque las circunstancias impidieron consumar esa seducción", en referencia a la negativa de Dalí de ceder a los supuestos deseos físicos de Lorca y a la muerte del poeta. "Lorca se sintió muy atraído por Dalí, quien consideraba un orgullo que sintiera algo por él", añade.

Pese a que[3] por la lectura de las cartas de Lorca a Dalí se percibe una llamada continua de atención por parte del poeta, que se queja[4] en repetidas ocasiones a la hermana del pintor de su actitud pasiva, Dalí reconoció la grandeza creativa de su amigo, a quien consideraba un intelectual de primer orden. "Se admiraron total y recíprocamente", dice.

"Los comentarios que se hacen uno al otro demuestran que fueron muy cristalinos[5] entre ellos tanto para los halagos como para las críticas", comenta Fernández, quien explica que ambos intelectuales tenían la capacidad de entenderse "sólo con mirarse".

La ejecución de Lorca debió trastocar[6] a Dalí. Así queda de manifiesto en las páginas del diario del pintor, en las que se lamenta de no haberlo podido retener en Cadaqués[7] durante su última visita o, incluso, de no haberlo animado a irse a Italia.

Muerto Lorca y muerta Gala, su mujer, Dalí se abandonó físicamente. Cuentan que las enfermeras que lo atendieron en sus últimos días de vida sólo le entendieron decir una frase: "Mi amigo Lorca". A esta anécdota, Fernández añade otra: "Cuando estaba en el hospital muriendo, pidió que le pusieran una grabación de violines con la música que escuchaba en Madrid durante sus años de estancia en la Residencia de Estudiantes junto a Lorca y Buñuel."

El imparcial (periódico español) 26/06/2013

1. *la correspondance* 2. *des éloges* 3. *Malgré le fait que* 4. *qui se plaint* 5. transparentes 6. *perturber* 7. *lieu de vacances de la famille Dalí*

Documento 3 El amor que no pudo ser

Lorca-Dalí. El amor que no pudo ser, nos brinda una inédita y sorprendente visión de la entrañable amistad que unió a dos colosos de la España del siglo XX. Amistad que el propio Dalí calificó, poco antes de morir, de "trágica" (si bien erótica), al no poder, por heterosexual –opinión discutible según el autor de esta obra–, corresponder físicamente a la pasión que suscitaba en el poeta. Ian Gibson, que ha tenido acceso a nueva documentación, traza en este libro un magistral y sutil estudio de una relación que fue origen de una creatividad arrolladora, con decisivas consecuencias para la obra –y la vida– de ambos amigos. Y, después del asesinato del poeta, motivo, hasta la muerte, de reflexión y acuciante nostalgia por parte de Dalí.

"Somos dos espíritus gemelos. Aquí está la prueba: siete años sin vernos y hemos coincidido en todo como si hubiéramos estado hablando diariamente. Genial, genial Salvador Dalí".

Lorca hablando con Josep Palau i Fabre

"Adiós te quiero mucho, algún día volveremos a vernos, ¡qué bien lo pasaremos!" (Dalí, carta a Lorca)

Texto de la contraportada de *Lorca-Dalí. El amor que no pudo ser*, Ian Gibson (hispanista británico), 2016

Compréhension de l'écrit

Precise el tema de los documentos y destaque lo esencial.

Trucos

- Pense à mettre en avant les influences entres les deux artistes, tant au niveau artistique que personnel.

Compréhension de l'ensemble du dossier

▶ Tras leer y ver los documentos, explique cómo Lorca y Dalí rompieron con las convenciones de su época.

PARTIE 3 Expression écrite

Vous traiterez en espagnol l'un des deux sujets suivants. Répondez en 120 mots au moins.

Question A

▶ Redacte un artículo que evoque la relación de Lorca con Dalí basándose en los documentos gráficos siguientes.

Retrato de Dalí por Federico García Lorca

Retrato de Federico García Lorca por Dalí

Question B

"El amor que no pudo ser, nos brinda una inédita y sorprendente visión de la entrañable amistad que unió a dos colosos de la España del siglo XX."

▶ Comente esta frase sacada del **documento 3**.

Unidad exprés

6

Fictions et réalités • Territoire et mémoire

De la historia al relato

▸ *¿Con qué intenciones recrean las ficciones la historia?*

PROYECTO FINAL

Expresión escrita

Reescribid una escena histórica.

A Restableciendo la verdad

1. Recrear la historia azteca

B1 VIDÉO Fiche de compréhension

Detalle de un mural de Diego Rivera (muralista mexicano), que representa la llegada de los conquistadores a Veracruz, 1929-1935

Para expresarte

- la asesoría: *le conseil*
- las fuentes: *les sources*
- los hechos: *les faits*
- los historiadores: *les historiens*
- las investigaciones: *les recherches*

- al contrario: *au contraire*
- antiguo(a) ≠ moderno(a)
- desaparecido(a): *disparu(e)*
- fiel: *fidèle*

- contrastar con
- restablecer la verdad: *rétablir la vérité*

a. **Observa** el mural, **di** qué pasa y **deduce** si es una representación realista de la historia.
b. **Di** de qué trata el vídeo, **precisa** qué época pretende recrear y por qué resulta complicado.
c. **Explica** en qué medida es un proyecto novedoso y qué tuvieron que elaborar.
d. **Indica** de dónde vienen las informaciones.
e. ¿Qué te parece más importante: producir una serie atractiva o restablecer la historia? **Justifica**.

2. Relato sobre la capital inca C1 Texte lu

La escena sucede durante el siglo XVI.

La primera ciudad que recuerdo vino a mí por los mares en un barco. Era la descripción que nos hizo mi padre en su carta de la capital del imperio de los incas. Yo tenía doce años cuando Amaney, mi nodriza[1] india, me entregó aquella carta, y en ella el trazado de una ciudad de leyenda que mi imaginación enriqueció de detalles, recostaba en las cumbres de la cordillera[2], tejida de piedras gigantes[3] que la ceñían con triple muralla y que estaban forradas con láminas de oro. Tan pesados eran los bloques que parecía imposible que alguien hubiera podido llevarlos a lo alto, y estaban encajados[4] con tanta precisión que insinuaban trabajo de dioses y no de humanos ínfimos. Las letras de mi padre, pequeñas, uniformes, sobresaltadas a veces por grandes trazos solemnes, me hicieron percibir la firmeza de los muros, nichos que resonaban como cavernas, fortalezas estriadas de escalinatas[5] siguiendo los dibujos de la montaña. No sé si esa lectura fue entonces la prueba de las ciudades que había sido capaz de construir una raza: al menos fue la prueba de las ciudades que es capaz de imaginar un niño. [...]

Pero más que los hechos, quiero contarte lo que esos hechos produjeron en mí. Poco antes nuestros hombres habían capturado al señor de las cordilleras. Para ti y para mí, hoy, simplemente lo condenaron al garrote; para mis doce años, lo que ocurrió no cabía en una palabra. [...] Y el mundo de los incas vivió con espanto la profanación de su rey. Para los invasores era la muerte de un rey bárbaro, pero para los incas era el sacrificio de un dios, el Sol se apagaba en el cielo, los cimientos de las montañas se hundían[6], una noche más grande que la noche se instalaba en las almas. Y aún más grave que la muerte del rey fue esa fiesta insolente, cuando los invasores arrasaron[7] sala por sala, muerto por muerto y trono por trono la memoria del reino. Un caudal de talismanes y embrujos, de sabidurías y rituales fue obliterado, y siglos de piadosas reliquias se convirtieron [...] en rapiña[8], en riqueza. Aquel día no sólo descubrí que éramos poderosos y audaces, descubrí que éramos crueles y que éramos ricos, porque los tesoros de los incas ahora formaban parte del botín de mi padre y de sus ciento sesenta y siete compañeros de aventura.

No sé si al leer esa carta a los doce años me importó la riqueza. Me embrujaba[9] el relato de la ciudad, la simetría de los templos, el poder de los reyes embalsamados, los canales sonoros, las murallas dentadas, la ciudad, dilatada junto al abismo, apagándose como un sol en medio de hondas cordilleras.

William Ospina (escritor colombiano), *El País de la Canela*, 2008

La ciudadela inca de Machu Picchu

1. *ma nourrice*
2. *s'appuyait sur les sommets de la cordillère*
3. *(ici) bâtie avec des pierres géantes*
4. *emboîtés*
5. *des escaliers*
6. *s'enfonçaient*
7. *dévastèrent*
8. *vol*
9. *m'ensorcelait*

a. **Aclara** quiénes eran los protagonistas y **precisa** en qué circunstancias fue enviada la carta.
b. Léxico ¿De qué ciudad trataba? **Lista** algunas expresiones para describirla.
c. **Di** cómo calificaba este lugar y si le parecían verídicos los detalles de las descripciones.
d. **Explica** qué sentía el narrador al leer su carta.
e. ¿Es un relato objetivo o subjetivo? **Justifica** tu respuesta.

Para expresarte

- el esplendor
- el relato: *le récit*

- emocionante
- increíble: *incroyable*

- fascinar = impresionar
- recordar [ue]: *rappeler*

PROYECTO FINAL ETAPA 1

A partir de esta página y de Internet, anota información sobre:
a. las maneras de descubrir la historia pasada,
b. las diferentes intenciones de recrear un periodo histórico.

B La creación de mitos

1. Seremos como el Che B1

"Me acuerdo que en el círculo infantil nos contaban anécdotas del Che y su amistad con Camilo y Fidel[1]. Después, cuando entras en la enseñanza primaria, todas las mañanas te hacen repetir la consigna 'pioneros por el comunismo, seremos como el Che'. Ese adoctrinamiento sistemático ha calado[2] en mucha gente", rememora Octavio, ingeniero civil.

Ada, pedagoga, sostiene que la mercadotecnia[3] publicitaria sobre la vida y obra del Che Guevara, "es simplemente brutal. Y se van creando reflejos condicionados que terminan beatificando a figuras de la revolución que cuando uno es adulto, reconoce como culpables del desastre nacional. Con el Che pasa lo mismo. Sus errores son minimizados. La campaña publicitaria del gobierno engrandece sus cualidades de líder. El Che tiene más poder de convocatoria que Lenin o Mao entre los jóvenes del mundo occidental y eso lo ha convertido en un marketing político. Personajes ajenos a la ideología[4] comunista como Maradona o Mike Tyson se han tatuado su imagen. Su rostro[5] se vende impreso en camisetas y relojes de lujo. Su imagen ha servido de publicidad en grandes marcas".

Iván García (periodista cubano), *radiotelevisionmarti.com*, 06/10/2017

1. Camilo Cienfuegos y Fidel Castro, revolucionarios cubanos
2. ha penetrado 3. *marketing* 4. *étrangers à l'idéologie* 5. la cara

Alfredo Rostgaard (cartelista cubano), *Che Guevara*, OSPAAAL, 1969

a. Para Octavio, cuando era joven, Che Guevara era una persona influyente. ¿Sí o no? **Justifica**.

b. ¿Con qué objetivo utiliza el gobierno la imagen de Che Guevara? ¿Qué critica la pedagoga?

c. **Observa** el cartel y **explica** las intenciones del pintor al representar a Che Guevara.

2. Una figura histórica comercial B1

Proyecto de cartel publicitario de Javier Melero (diseñador español)

Para expresarte

- un(a) beato(a): *un(e) dévot(e)*
- la bebida: *la boisson*
- una lata: *une cannette*
- el retrato: *le portrait*

- carismatico(a)
- comprometido(a)
- ficticio(a) ≠ real
- propagandístico(a) = relativo a la propaganda

- consumir: *consommer*

a. **Caracteriza** quién promueve el cartel y con qué imagen ilustra el producto.

b. ¿A quiénes se dirige? ¿Cómo los atrae? **Contesta** describiendo la foto.

c. **Explica** la intención del publicista.

3. La fabricación de un mito B1 Vidéo

Etapas importantes en la vida de Che Guevara.

a. Léxico **Lista** los adjetivos que caracterizan a Che Guevara.
b. **Di** qué problema plantea este vídeo sobre su biografía.
c. **Apunta** las diferentes actividades profesionales de Che Guevara.
d. **Cita** las etapas difíciles de su vida y **explica** qué se ha hecho con ellas.
e. **Explica** en qué medida sigue vivo.

Fiche de compréhension

Para expresarte

- la portada de periódico: *la une du journal*

- adoctrinar: *endoctriner*
- borrar: *effacer*
- dedicarse a: *se consacrer à*
- dulcificar: *adoucir*
- engañar: *tromper*

PROYECTO FINAL ETAPA 2

a. Explica cómo se puede idolatrar a una figura histórica como el Che.
b. Busca otras representaciones del Che, di dónde se pueden ver y describe cómo son.

PROYECTO FINAL

Organizad el trabajo de las etapas anteriores y elegid un fragmento de uno de los textos estudiados para volver a escribirlo con una intención diferente: informar de manera objetiva, engrandecer a una figura o dar una visión negativa. Podéis leer los trabajos en voz alta a la clase.

ÉPREUVE ÉCRITE
LVA>B2
LVB>B1

Lire et comprendre un texte

Une partie de l'épreuve commune de contrôle continu de fin de terminale portera sur l'évaluation de ta compréhension écrite. Voici quelques conseils pour t'entraîner et réussir cette partie de l'épreuve.

PARTIE 1 Compréhension de l'écrit

- **Precise el tema del documento y destaque lo esencial.**

Trucos
- L'épreuve de compréhension de l'écrit peut porter sur un ou deux documents.
- Elle peut être guidée par des questions qui portent également sur l'ensemble du dossier constitué par la compréhension de l'oral et de l'écrit.

Étape 1 Relève des informations sur le contexte et les réseaux de sens

▶ Lis attentivement le(s) texte(s) et repère :
- La nature et le thème du ou des textes ;
- Le(s) personnage(s) ;
- Le lieu et l'époque ;
- Les informations essentielles et la chronologie des événements :

	Texte de fiction	Texte informatif
Qui	Personnages et personnes évoquées	L'auteur (journaliste, bloggeur, etc.) et les personnes évoquées
Quand	Moments de l'action, données historiques, dates	Données historiques, dates
Où	Lieu(x) de la narration	
Quoi (et comment)	Argument du roman	Propos informatifs
Source	Auteur, titre, année de publication	Auteur, type de source (journal, blog, site Internet,), date de publication

Trucos
- Utilise différentes couleurs pour repérer plus rapidement ces informations sur le(s) texte(s) et éviter de tout écrire au brouillon.

Étape 2 Identifie les stratégies de communication

▶ Indique les différents points de vue, le ton, les réactions exprimées :
Cree/piensa/(no) está de acuerdo con... Con un tono sorprendido/feliz/misterioso/solemne...
Con entusiasmo/preocupación/dinamismo...

▶ Repère les objectifs, les intentions, les souhaits ou perspectives :
De manera que/para que...
Interesar/contar/informar /criticar/convencer...

Étape 3 Fais des liens avec l'ensemble du dossier

▶ Montre les liens (logiques, thématiques, chronologiques) entre les documents du dossier :
Los documentos muestran aspectos complementarios/diferentes/opuestos/similares a...
Permiten reflejar diferentes opiniones sobre...
Los documentos corresponden a/contrastan con...

▶ Dis comment le dossier illustre l'axe du sujet :
Los documentos ilustran el eje... porque/puesto que exponen/presentan...

Trucos
- Attention à bien surveiller ton temps, à ce stade pense à être précis(e) sans viser à tout détailler.

Étape 4 Rédige ton compte rendu

▶ Suis les étapes précédentes en pensant à présenter clairement et proprement chaque idée.
▶ Pense à te relire avec attention avant de passer à l'expression écrite.

Llevar la historia al cómic

Cuando a Javier Cercas le plantearon convertir *Soldados de Salamina* en una novela gráfica, el escritor dijo que sí sin pensarlo. [...] Fue Sánchez Ferlosio quien en una conversación de bar le contó a Cercas la historia de cómo su padre, Rafael Sánchez Mazas, "un oscuro miembro de Falange", había escapado[1] primero a un fusilamiento poco antes del final de la Guerra Civil, cerca de Francia, y cómo un militar republicano le dejó huir cuando lo tenía a tiro de fusil al toparse[2] con él en el bosque donde se escondía.

Cercas convirtió esa historia, ocurrida 60 años antes, mezcla de realidad, recuerdos y ficción, en una apasionante novela que se iba construyendo. [...]

"A medida que investiga aquel episodio descubre que el pasado es una dimensión del presente sin la cual el presente está mutilado, y además descubre que ahí está el sentido del presente, colectivo y personal, ahí encuentra un sentido para su propia vida", resume Cercas en una entrevista a Comic Barcelona, donde ha presentado la novela gráfica. [...]

Soldados de Salamina fue un éxito inmediato, traducida a numerosas lenguas, y llevada al cine por David Trueba. [...] "Creo que es la novela contemporánea que más adaptaciones diferentes ha tenido, al cine, al teatro... Le falta el musical [...]", bromea[3] el escritor.

"Es una obra muy visual que combina distintos géneros, biografía, periodismo; es dinámica, permite jugar con la estructura y conecta también con la tradición de auto ficción de los últimos años" [...], explica el dibujante.

Diario de Navarra (periódico español), 07/04/2019

1. *avait échappé* 2. *encontrarse* 3. *plaisante*

Le verbe *bromea* apporte une note subjective.

Relève les verbes : ils donnent le ton du texte. Ici, un article informatif.

¡AHORA TÚ!

C'est à toi ! Rédige maintenant le compte rendu en espagnol en t'aidant des éléments ci-dessous.

El texto trata de...
Los personajes hablan de... y explican...
El escritor explica que... para que...
Piensa que..., lo dice con un tono...
El documento ilustra el eje Ficciones y realidades porque expone...

Trucos

- Pense à dégager les idées principales.
- N'hésite pas à laisser quelques lignes après le compte rendu pour aérer la feuille ou pouvoir compléter.

Unidad 7

Innovations scientifiques et responsabilité • Fictions et réalités

Renovando e innovando

¿Cómo se compromete la sociedad española por un progreso tecnológico responsable?

PROYECTO FINAL — Expresión oral
Haz una presentación sobre una innovación científica.

A Ciencia y futuro

VIDÉO

Los científicos españoles luchan a diario por salir adelante y hacer que las ciencias españolas no se queden atrás. En la fotografía, científicos españoles protestan por la ciencia española.

1. CSIC: Consejo Superior de Investigaciones Científicas.

Para expresarte

- el desarrollo sostenible: *le développement durable*
- la energía eólica
- el medio ambiente: *l'environnement*
- la pancarta: *le panneau*
- las tradiciones
- alertar
- carecer de: *manquer de*
- comprometerse: *s'engager*
- contaminar: *polluer*
- financiar
- necesitar

B Energías responsables

Vidéo

La industria eólica española es una de las más importantes en el mundo : ha fabricado el 12% de los aerogeneradores y componentes eólicos del planeta. Gracias a ella, se evita la emisión a la atmósfera de toneladas de CO_2 y se da empleo a unas 90.000 personas. Entre las empresas más importantes se encuentra Iberdrola.

C Naturaleza que inspira a la ciencia

Algunos organismos vivos son capaces de generar luz. A esto se le llama bioluminiscencia. Ocurre en lugares como Laguna Grande, en Puerto Rico, o la playa de Holbox, en México. Varios investigadores, entre ellos españoles, buscan la manera de utilizar estos organimos para iluminación.

¡Lánzate!

Doc. A ▶ **Precisa** qué reivindican los científicos españoles y qué proponen en el vídeo.

Doc. B ▶ **Observa** el vídeo y la imagen y **explica** la importancia de las energías renovables en España.

Doc. C ▶ **Explica** en qué consiste la bioluminiscencia, dónde se da y qué usos podría dársele.

Invertir en talento

1. Innovación, formación, inspiración B1

Vidéo | Fiche de compréhension

Cartel de la Fundación Telefónica

2. Clubes de Ciencias de España B1

CdeCEs es un proyecto internacional que quiere inspirar a las futuras generaciones de científicos y científicas de España poniéndolos en contacto en una red internacional de jóvenes de universidades prestigiosas.

Este proyecto nace en Harvard y MIT[1] en 2014 y ya se ha expandido a 6 países de Latinoamérica (México, Colombia, Bolivia, Perú, Paraguay y Brasil).

España es el primer país europeo en incorporarse en 2018 y lo hace desde Granada, celebrando su I Edición del 3 al 7 de septiembre.

En tan solo 4 años desde su nacimiento, Clubes de Ciencias se ha convertido en una revolución científica y una referencia de *mentoring*[2] internacional habiendo impactado ya a más de 10K estudiantes de 20 ciudades de Latinoamérica. Seguimos creciendo para crear los mecanismos que ayuden a la emergencia de una nueva generación de científicos adaptada al mundo laboral del futuro. [...]

Todos los estudiantes entre 17-21 años con interés en Ciencia y Tecnología pueden solicitar acceso.

https://idescubre.fundaciondescubre.es/agenda/clubes-ciencia-espana/

1. Massachussets Institute of Technology
2. ayuda entre un mentor y su discípulo

a. **Ve** el vídeo y **precisa** en qué participa Fundación Telefónica. ¿Con qué fin?

b. Léxico **Lista** las áreas en transformación. **Precisa** cómo interviene Fundación Telefónica.

c. **Explica** el lema de la campaña.

d. **Lee** el texto y **explica** en qué consisten los Clubes de Ciencia.

Fonología

Los sonidos [k] y [θ] — EXO LEXIQUIZ

Para expresarte

- un(a) investigador(a): *un(e) chercheur(euse)*
- el voluntariado: *le bénévolat*
- emprendedor(a): *entrepreneur(euse)*
- innovador(a)
- laboral = del trabajo
- acercar(se) a
- democratizar(se)
- desarrollar: *développer*
- hacer contactos: *tisser des relations*

3. Clubes de ciencia A2

Cartel de la convocatoria a los Clubes de Ciencia en Granada en 2018

a. **Observa** los dibujos del cartel y **deduce** en qué pueden trabajar los jóvenes.

b. ¿Para qué sirven estos clubes?

PREPARA EL PROYECTO

Expresión escrita

Para una campaña de Fundación Telefónica, **imagina** varios eslóganes que asocien ciencia y sociedad.

Para expresarte

- un ámbito: *un domaine*
- una red: *un réseau*

- conocer: *(ici) rencontrer*
- interesarse por
- llegar a ser: *devenir*
- motivar = estimular
- reunirse

Apuntes de gramática

Parler d'une action en cours

- La educación se **está transformando**.

→ Précis p. 261

Exprimer le but

- Conectamos a los jóvenes **para que puedan** formarse en las habilidades digitales.
- Seguimos creciendo **para ayudar** a la nueva generación de científicos.

→ Précis p. 265

Prepara el BAC — Innovaciones científicas y responsabilidad

La sociedad española toma como responsabilidad desarrollar la ciencia.

Doc. 1, 2, y 3 ▸ Explica cómo pueden ayudar a la ciencia española estos programas.

La apuesta del viento

1. Gigantes en el Océano Atlantico B1 Vidéo Fiche de compréhension

Tiro y Yanira, dos alumnos canarios descubren los aerogeneradores de la Plataforma Oceánica de Canarias.

a. **Lee** las viñetas y **sitúa** la escena.

b. ¿Qué les sorprende a Tiro y Yanira?

c. **Explica** por qué están situados allí los aerogeneradores.

d. **Apunta** los inconvenientes y las ventajas de instalar aerogeneradores en ese lugar.

e. **Ve** el vídeo y **precisa** las características del parque.

Léxico

La energía eólica

EXO LEXIQUIZ

Para expresarte

- la apuesta: *le pari*
- la contaminación: *la pollution*
- una lancha = una barca

- mayor ≠ menor
- marítimo(a)
- medioambiental: *environnemental(e)*

2. Piensan en los pájaros B1 Texte lu

Tres ingenieros, Bruno, Aurora y Cupido, están hablando de Sonia y Vidal, una pareja de ecologistas.

Lo que no entiendo es su afán por conservar precisamente Sierra Ufana. Con el dinero de la venta podrían comprar más y mejor en otro sitio. La crisis también afecta al campo y por todos lados hay fincas[1] en venta.

–Ellos también piensan en los pájaros.

–¡Claro que piensan en los pájaros! ¡Y en toda clase de animales! Seguro que hay por ahí un montón de personas que envidian la vida de los perros de Sonia –dijo Bruno. [...]

–Ellos creen que Sierra Ufana no es el mejor lugar para los aerogeneradores. Es declarada zona de paso para las aves y parece que muchas mueren entre las aspas. Para ellos, vender sería como permitir esas muertes a cambio de dinero.

–¡Tonterías! Nadie duda de que se preocupan por sus pájaros. Vidal dejaría morir a una cuadrilla de mineros antes de que muriera el canario. Pero otra cosa es que sepan lo que los pájaros necesitan –dijo Aurora.

–Parece evidente que no necesitan molinos eólicos –replica Cupido, sorprendido de verse defendiendo sus tesis, cuando siempre procuraba huir de cualquier militancia.

–¡Vaya! A ti también te han alistado en las filas del ecologismo –bromeó Aurora–. Espero que no te conviertas en uno de esos radicales que consideran que el ser humano no merece más protección que las focas o los cernícalos[2] y que curarían el ala de una cigüeña africana hasta ponerla de nuevo en condiciones de volar, pero que al mismo tiempo negarían la asistencia médica a un inmigrante ilegal.

–No.

–Por aquí hay tantos pájaros volando –Aurora señaló el cielo, donde planeaba una pareja de milanos– que no creo que les afecte demasiado. Hay sitio suficiente para todos.

Eugenio Fuentes (escritor español), *Mistralia*, 2015

1. grandes propiedades de tierra 2. las aves rapaces

a. **Lee** el texto y **explica** por qué defienden Sonia y Vidal esas tierras.

b. Gramática **Entresaca** las hipótesis que hacen los ingenieros sobre Sonia y Vidal. ¿Qué tiempo verbal utilizan?

c. **Precisa** por qué podrían interesarse los ingenieros por esas tierras.

d. **Explica** el significado del título.

Para expresarte

- un(a) terrateniente = un(a) propietario(a)

- constar de = componerse de
- defender [ie]
- implantar = instalar
- proporcionar = suministrar: *fournir*
- sacar provecho de: *tirer profit de*

- a costa de: *aux dépens de*

PREPARA EL PROYECTO

Expresión oral

Trabajas para el PLOCAN. **Expón** las ventajas y los inconvenientes de la energía eólica.

Apuntes de gramática

Parler d'une éventualité

- Con el dinero de la venta **podrían** comprar más y mejor en otro sitio.

→ Conjugaison p. 272

Comparer

- Aquí hay **más** espacio **que** en tierra.
- El rendimiento es **mayor que** en tierra.

→ Précis p. 256

Employer les verbes à construction directe

- Los avances **permiten anclarlos** a mayor profundidad.

→ Schéma p. 82, précis p. 265

Prepara el BAC — Innovaciones científicas y responsabilidad

La sociedad española se interesa por las energías renovables como la energía eólica.

Doc. 1 ▸ Demuestra que la tecnología eólica puede mejorar.

Doc. 2 ▸ Evidencia que al avance tecnológico también hay que asociarle una reflexión ética.

Doc. 1 y 2 ▸ Muestra que España es un país pionero en la energía eólica.

Soluciones verdes

1. Algas para hacer gas B1

Vidéo | Fiche de compréhension

Las instalaciones de Aqualia para el tratamiento de aguas

Recorrido A PARCOURS DIFFÉRENCIÉS

a. **Enumera** las actividades a las que se dedica la empresa.

b. **Aclara** qué ha inventado y en qué consiste el invento.

c. **Precisa** cómo se utiliza esta innovación en la vida cotidiana aportando cifras.

MÉDIATION d. **Explica** a tus compañeros(as) el juego de palabras utilizado en el nombre del proyecto.

Recorrido B

a. **Deduce** a qué se dedica la empresa a partir de su nombre. **Cita** algunas de sus actividades.

b. La empresa ha inventado un nuevo combustible. ¿Sí o no? **Justifica**.

c. **Concreta** su principal ventaja.

d. **Traduce** las palabras *all* y *gas* y **explica** el juego de palabras.

Léxico

Depurar el agua LEXIQUIZ

Para expresarte

- los ayuntamientos: *les mairies*
- el contaminante
- los desperdicios: *les déchets*
- la innovación
- la materia prima: *la matière première*
- autosuficiente
- ecológico(a)
- verter [ie, i]: *verser*

2. Las algas luminosas llegan a Sevilla B1

En la Universidad de Sevilla se están realizando estudios y experimentos para lograr que con sustancias obtenidas a través del cultivo de las bacterias *Vibrio fischeri* y las algas *Pyrocystus fusiformis*, se creen soportes que contengan material bioluminico que permitan iluminar espacios concretos de una manera más sostenible y *eco-friendly*. No serán tan potentes como una bombilla, claro, pero obtendremos un resultado más que aceptable y carecerá de las desventajas de los materiales residuales con los que hemos de cargar[1].

La bioluminiscencia es un don natural de varios organismos (hongos, gusanos[2], plancton...) y se esperan grandes cosas de estudios como estos que se están llevando a cabo de la mano del Secretariado de Transferencia y Conocimiento y Emprendimiento de la Universidad de Sevilla. Por lo menos, ya nos da para epatar con los amigos en una cena: ¿a que no sabíais que se está estudiando cómo cultivar luz por medios naturales?".

Playground Community, 03/07/2018

1. *que nous devons supporter* 2. *des champignons, des vers*

Para expresarte

- una ventaja ≠ una desventaja
- sostenible: *durable*
- ahorrar: *faire des économies*
- carecer de: *manquer de*
- investigar: *faire des recherches*
- mientras que: *alors que*

a. Léxico **Lee** el texto y **apunta** palabras relacionadas con la luz y con la biología. **Encuentra** el nombre de esta asociación.
b. **Explica** lo que se está investigando en la Universidad de Sevilla.
c. ¿Qué aplicaciones tendría?

3. Sin consumir electricidad B1

Vidéo | Fiche de compréhension

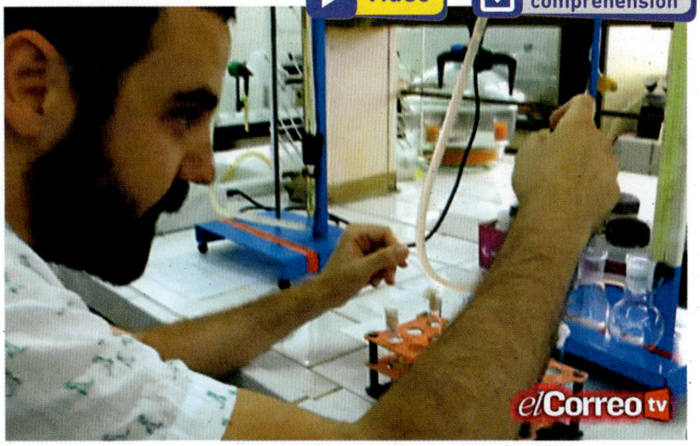

a. **Di** quién puede ser y qué puede estar haciendo la persona de la imagen.
b. **Ve** el vídeo y **precisa** por qué razones sería ecológico utilizar esta tecnología.

PREPARA EL PROYECTO

Expresión oral
Presenta una innovación científica que utiliza algas, sus usos y sus ventajas.

Apuntes de gramática

Parler de façon impersonnelle
- **Se están realizando** estudios y experimentos.
- **Se esperan** grandes cosas.

→ Précis p. 268

Parler d'un fait à venir
- No **serán** tan potentes como una bombilla.
- Soportes que **contengan** material bioluminico que **permitan** iluminar.

→ Schéma p. 82, précis p. 262,

Prepara el BAC — Innovaciones científicas y responsabilidad

Los inventores españoles responden al desafío energético y climático con propuestas innovadoras.

Doc. 1 ▸ Explica en qué medida podría ser esta innovación una revolución para el planeta.

Doc. 1, 2 y 3 ▸ Compara las características de estas innovaciones con las tecnologías usadas actualmente.

Taller de gramática

Exercices

Exprimer un fait à venir

La gramática en vídeo

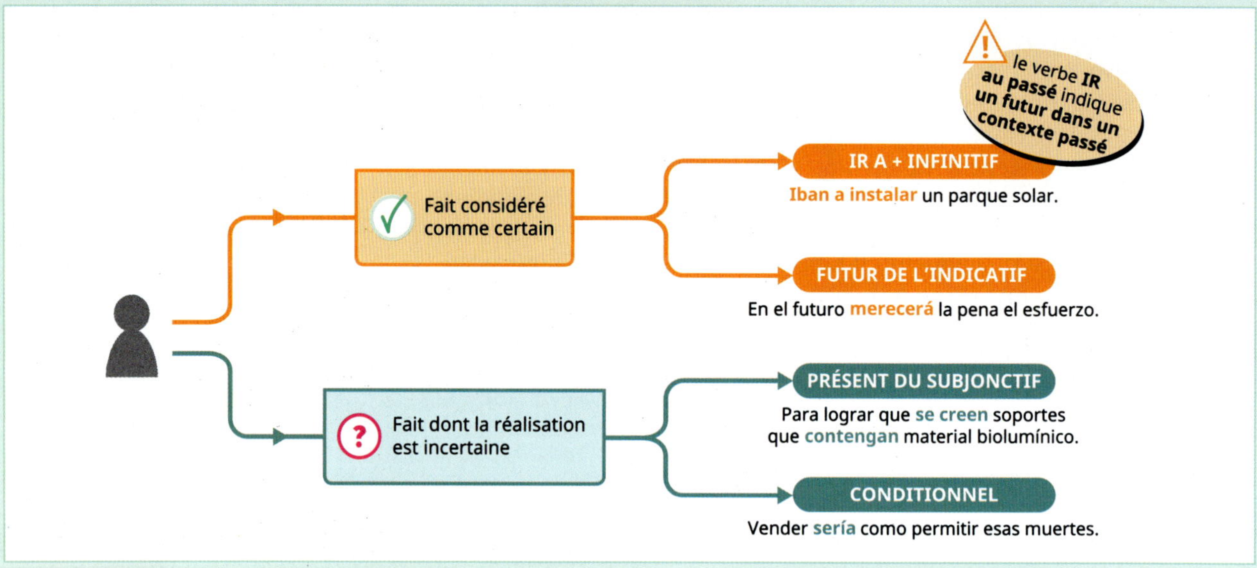

→ Précis p. 262

1 Réécris les phrases au futur. Attention aux temps et aux modes à employer !

a. España es el primer país europeo en incorporarse en 2018 y lo hace desde Granada.

b. Muchos imaginaban lo que harían si fueran presidentes.

c. Hay por ahí un montón de personas que envidian la vida de los perros de Sonia.

d. C de CEs es un proyecto internacional que quiere inspirar a las nuevas generaciones.

e. Vidal dejaría morir a una cuadrilla de mineros antes de que muriera el canario.

Employer les verbes à construction directe

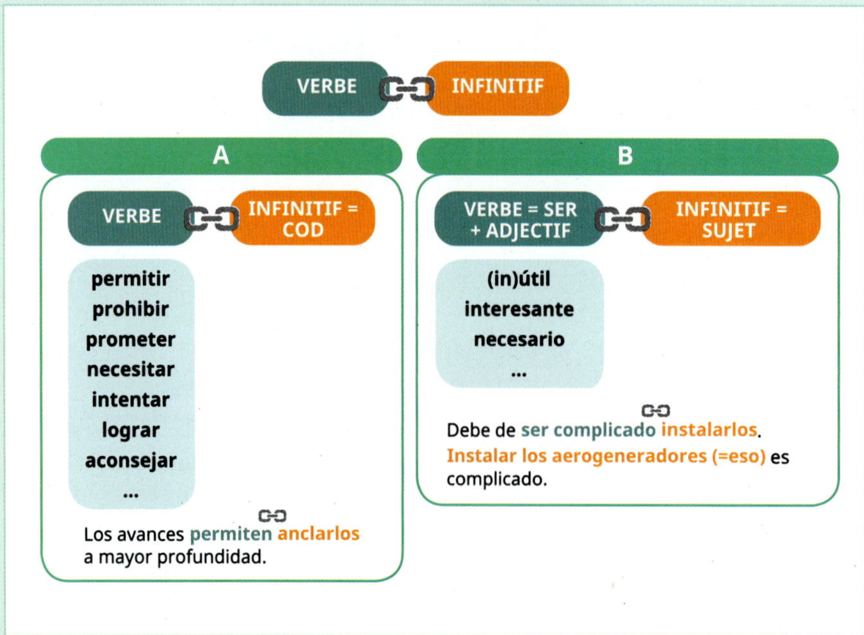

→ Précis p. 265

La gramática en vídeo

2 Mets les mots dans l'ordre pour former une phrase et conjugue les verbes entre parenthèses au présent.

a. electricidad sostenible – los aerogeneradores – (permitir) – fabricar – pero – los pájaros – proteger – (necesitar).

b. seguir – (ser) necesario – para obtener – los estudios – mejores resultados.

c. de investigadores – (ser) importante – el número - aumentar.

d. (prometer) – para desarrollar – comprometerse – las energías responsables – los científicos españoles.

e. (tener) – saber – (ser) interesante – que – el don natural – de – algunos organismos – fabricar luz.

Taller DE léxico

EXO Lexiquiz

→ Mapa de léxico p. 285

Concurso de Léxico

Tenis de palabras: actividad parecida a la lluvia de palabras pero que es un concurso.

1. Dividid la clase en dos grupos y en dos minutos apuntad en un folio el mayor número de palabras que recordáis de la unidad.
2. Decid una palabra alternativamente y comprobad la pronunciación y el acento tónico.
3. Gana el equipo que más palabras correctas ha dicho.

1 **Completa el recuadro con las palabras que faltan.**

Investigar		
	Innovación	
		Transformador
		Enriquecedor
	Inspiración	
Crear		

2 **Asocia cada energía renovable con su definición y asocia la foto con la energía correspondiente.**

a. Energía solar b. Energía eólica c. Biogás d. Energía del mar

1. La energía que aprovecha la fuerza de las mareas o de las olas.
2. Energía producida biodegradando materia orgánica mediante microorganismos.
3. Aquella que obtenemos del sol a través de placas solares.
4. La generación de electricidad se lleva a cabo con la fuerza del viento.

Un operario de Iberdrola en el parque eólico Wikinger, Alemania

PROYECTO FINAL

Haz una presentación sobre una innovación científica

Vas a presentar una innovación científica en una conferencia TED España.

1. Reúne información y material sobre la innovación (datos, fotografías, vídeos).
2. Con ese material, haz un plan y escribe palabras claves sobre la innovación.
3. Presenta la innovación al público **comparándola** con otras tecnologías, **diciendo lo que permitiría** y explicando sus ventajas.
4. ¡No olvides crear un **eslogan positivo** para terminar tu presentación!

¡Tú puedes!

Comparar
- Esta tecnología... mientras que...
- Es más/menos eficaz que...
- Tiene más/menos posibilidades que...
- Su producción es mayor/mejor que...

Explicar la utilidad
- Permitiría + *inf.*
- Será útil para + *inf.*
- Es muy útil + *inf.*
- Creamos esta innovación para que + *subj.*

Valorar positivamente
- Es de muy alta calidad
- Es el/la mejor...
- Es esencial/imprescindible que + *subj.*

BAC Evaluación

Autoévaluation

1h30

ÉPREUVE ÉCRITE
LVA>B2
LVB>B1

PARTIE 1 Compréhension de l'oral

Documento 1 ¿Conoces a un científico español?

Rendez compte en français de ce que vous avez compris du document.

Trucos

- Concentre-toi sur :
  - le thème principal du document ;
  - le moment précis de l'événement;
  - les personnes les plus connues par les Espagnols;
  - le but de l'événement et sa portée.

Vidéo

Source : Premios Rei Jaume I **Durée** : 1 min 35

PARTIE 2 Compréhension de l'écrit et de l'ensemble du dossier

Documento 2 Aquello pasó pronto

–¿Recuerdas cuando nos llegó a Breda la noticia de que aquí iban a instalar un parque solar y uno eólico?

–No seguí mucho el tema.

–Pues desembarcaron como salvadores: iban a invertir cientos de millones, crearían cientos de puestos de trabajo, pagarían miles de euros en impuestos al ayuntamiento e incluso construirían pistas deportivas para los chavales[1]... y todo eso sin contaminar, aprovechando el sol y el viento, que son gratis y por aquí nos sobran.

–Y la gente, claro, lo creyó.

–Siempre creemos lo que estamos deseando que ocurra.

–Y no ha sido así.

–No, no ha sido así. Es cierto que pagaron muy bien por los terrenos y que contrataron a gente mientras duró la construcción de los molinos, pero aquello pasó pronto. La maquinaria[2] y la tecnología venían de fuera y cuando se acabaron las obras también se acabó el trabajo. De la planta de energía solar no se volvió a hablar. Y ahora, a la espera de la ampliación[3], solo están contratados un par de técnicos de mantenimiento, una secretaria y algún experto que viene de fuera. Entre ellos, la mujer que murió.

–Pero la ampliación va a seguir adelante.

–¿Estás seguro?

–Lo están en Madrid. ¿O no?

–Por ahí dicen que necesitan los terrenos de esa pareja ecologista, la chica Peregrino y Vidal. Tienen la llave de la sierra y sin ellos ni pueden aprovechar los mejores vientos ni pueden acotar el recinto[4], porque están en el centro y nadie tiene derecho a impedirles el paso. Y parece que no están dispuestos a vender, a pesar de la oferta de Mistralia... y a pesar de las amenazas.

–¿Qué amenazas?

El Alkalino sacudió la cabeza sonriendo. Aunque no se le llegaron a ver los dientes, su rostro de madera arrugó los anillos[5] revelando su edad.

–Siempre me ha llamado la atención que seas un detective tan perspicaz y que al mismo tiempo no te enteres de lo que ocurre delante de tus narices.

–Para eso están los amigos, para indicarnos el camino cuando nos perdemos –bromeó–. ¿Qué amenazas?

–Alguien les ha talado los almendros de la finca que tienen en Sierra Ufana y que se niegan a vender.

–¿Cuándo?

–Hace dos noches.

Eugenio Fuentes (escritor español), *Mistralia*, 2015

1. los jóvenes 2. las máquinas 3. *l'agrandissement* 4. *délimiter l'enceinte* 5. *(fig.) fronça les sourcils*

Documento 3 Biogás

"Hace diez años nos presentaron un proyecto, en el que, a través de las aguas que llegaban a la depuradora, se podían cultivar algas para producir biogás. Y el lugar elegido era Chiclana [...]. Sin embargo, no sabíamos qué iba a ocurrir", expresó el alcalde[1], quien destacó que "el resultado de este proyecto está siendo todo un éxito, porque son ya siete los vehículos que están funcionando con biogás procedente del proceso de depuración de las aguas residuales de Chiclana".

Asimismo, el regidor chiclanero[1] indicó que estos vehículos "son muy competitivos económicamente, ya que son tres veces más baratos a la hora de repostar que cualquier otro de gasoil o gasolina[2]. Además, el coste de depuración de las aguas también es más económico para la ciudad". A ello hay que añadir los beneficios en términos ambientales, "ya que se fija el CO_2 atmosférico y desprende oxígeno a la atmósfera, lo que nos lleva a una economía circular". La idea, según explicó Román, "es que esta iniciativa también pueda usarse en el transporte urbano colectivo".

Por su parte, el jefe de área de Sostenibilidad de Aqualia y responsable del proyecto All Gas, Zouhayr Arbib, destacó que "estamos desarrollando algo que está rompiendo todos los esquemas[3], hasta el punto de decir que jamás se debe hablar de aguas residuales, ya que estamos demostrando que tiene una segunda vida".

"Lo que estamos haciendo es transformar las aguas residuales en aguas depuradas produciendo una biomasa que posteriormente se convierte en un biocombustible de origen no fósil", comentó el representante de Aqualia, quien añadió que "así estamos creando nuestro propio combustible", que además "podemos generar diariamente sin depender del exterior".

https://www.residuosprofesional.com, 01/2019

1. *le maire de Chiclana (commune espagnole)* 2. *diesel ou essence* 3. *qui bouleverse les schémas habituels*

Compréhension de l'écrit

Precisa el tema de los documentos y destaque lo esencial.

Trucos

- Identifie les types de textes et leur thème.
- Explique les illusions et les déceptions évoquées en lien avec les énergies durables.

Compréhension de l'ensemble du dossier

▶ Tras leer y ver los documentos, comente la importancia de las ciencias y la tecnología en la sociedad española.

PARTIE 3 Expression écrite

Vous traiterez en espagnol l'un des deux sujets suivants. Répondez en 120 mots au moins.

Question A

▶ ¿En qué medida le parece España un país energéticamente responsable?

Question B

"La gente necesita concienciarse de que hay algo más que el fútbol."

▶ Comente esta frase sacada del **documento 1**.

Unidad

8

Art et pouvoir ● Territoire et mémoire

La Movida no ha muerto

¿En qué medida puede considerarse la Movida como un movimiento cultural de ruptura?

PROYECTO FINAL

Expresión escrita

Crea un fanzine para conmemorar la Movida.

A Una España nueva

Ceesepe (artista español), *Gran Vía*, 1979

“ La Movida se refiere a los años que van del 78 al 83. Hablar de la movida es dar identidad a algo que tiene mil cabezas y mil formas. ”

Pedro Almodóvar
(director de cine y guionista español)

“ Fue inesperado, pero en cierto modo era inevitable, si tenemos en cuenta los sentimientos reprimidos y la falta de libertad que se había vivido en España. No imaginaba que cuarenta años después seguiría hablando de aquellas noches. Fue un momento iniciático para todos. ”

Ariel Rot (músico argentino)

Años 80, principio de una democracia, una España nueva de libertades. Muchos protagonistas de la Movida, años después, han dado su punto de vista sobre este movimiento, sobre cómo lo vivieron y qué representó.

B Un movimiento de protesta

La Movida supuso un movimiento de libertad pero también de protesta artística y política. Artistas como Los Costus (Juan Carrero y Enrique Naya) atacaron los símbolos de la dictadura franquista, como en esta obra de 1985, *Caudillo*, en la que Tino Casal, cantante icónico de la Movida, remplaza simbólicamente al dictador Franco. En el fondo, el Valle de los Caídos, donde fue enterrado el Caudillo.

C La Movida y el poder

Vídeo

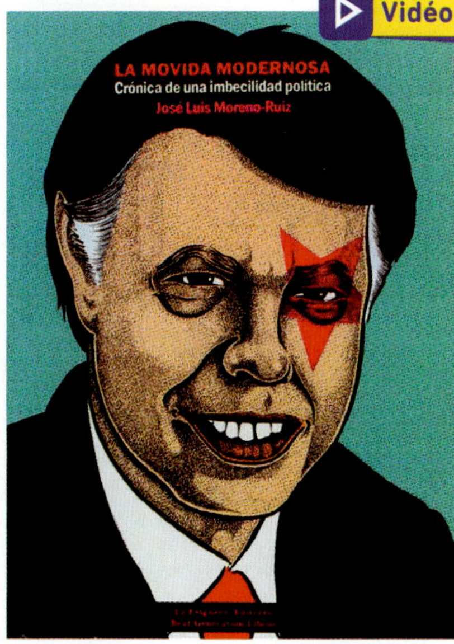

Hoy día se cuestiona la espontaneidad de la Movida. Algunos critican que durante la Transición el poder político aprovechó el movimiento para modernizar su imagen.

José Luis Moreno-Ruiz [...] desmonta desde el recuerdo personal un movimiento cultural que considera inane[1] y promovido desde el poder. [...] La ilustración de cubierta[2], de Mario Rivière, muestra a un personaje que, como muchos otros de aquella época, sigue teniendo su peso: Felipe González[3]. Eso sí, con una colorida estrella muy pop maquillada sobre la cara.

Sergio C. Fanjul (escritor español), *El País*, 3/11/2016

1. inútil 2. *la couverture* 3. Presidente del Gobierno español de 1982 a 1996

Para expresarte

- le efervescencia
- una multitud de
- el tabú

- polifacético(a): *éclectique*
- reprimido(a) ≠ liberado(a)
- simbólico(a)

- apropiarse de
- atreverse a = osar
- liberar(se)
- romper: *casser*
- venirse [ie, i] abajo = caer

¡Lánzate!

Doc. A ▶ **Determina** el período al que se refiere la Movida e intenta definir lo que fue.

Doc. B ▶ **Precisa** en qué medida rompió la Movida con el pasado de España y en qué medida fue un movimiento abierto al futuro.

Doc. C ▶ **Di** qué relación mantuvo el poder con este movimiento y explica con qué intención.

Una explosión de libertad

1. Lo que fue la Movida B1

Vidéo | Fiche de compréhension

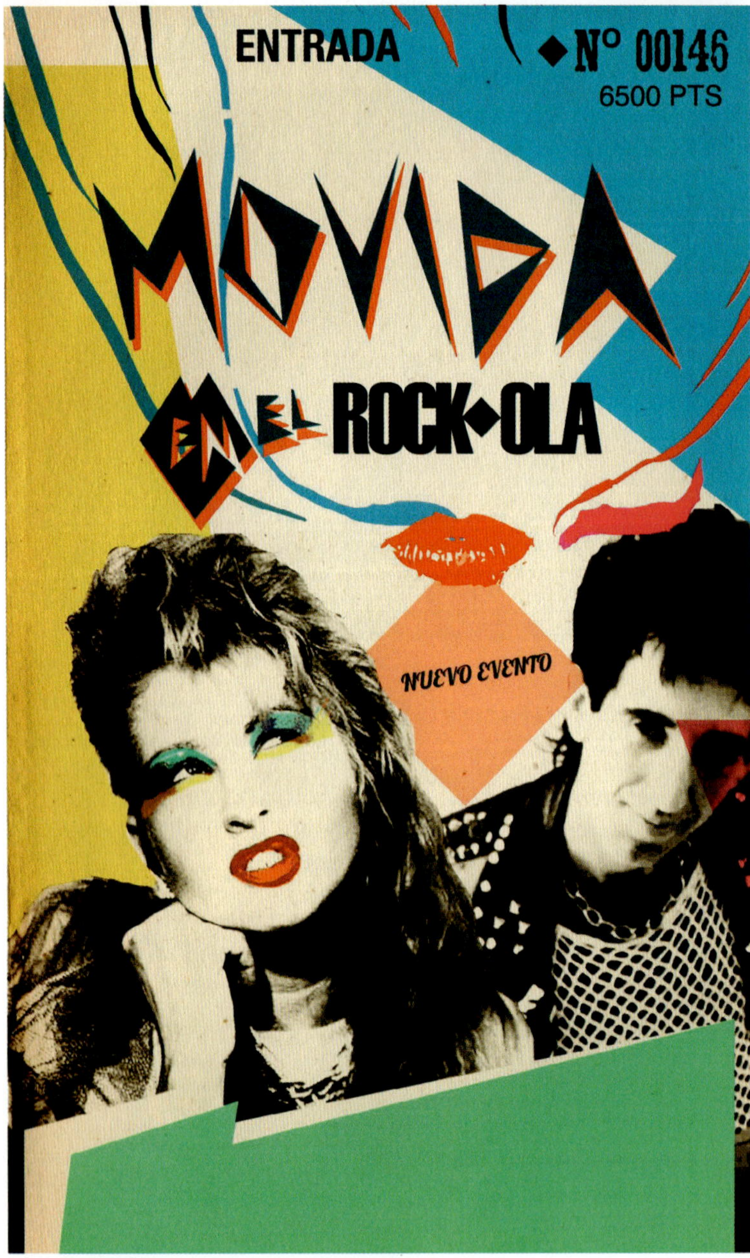

Entrada a un concierto en el Rock-Ola, bar mítico de la Movida

Para expresarte

- un cambio
- un montón = una multitud
- la punta de lanza = el inicio
- la tienda de ultramarinos: *l'épicerie*
- la transgresión

- cultural
- llamativo(a)

- estar en la onda = estar de moda
- explotar: *exploser*
- sentirse [ie, i] libre

Fonología

Los sonidos [r] (cultural) y [r] (rock)

LEXIQUIZ

a. **Observa** y **comenta** la entrada fijándote en los colores.

PARCOURS DIFFÉRENCIÉS

Recorrido A

b. **Cita** el aspecto de la Movida que se presenta.

c. **Explica** a tus compañeros(as) por qué fue un fenómeno artístico y social. (MÉDIATION)

d. **Evidencia** por qué fue una explosión de libertad.

Recorrido B

b. **Fíjate** en las primeras escenas e **indica** a qué aluden.

c. Léxico **Apunta** elementos que indiquen la evolución artística y social. **Relaciónalos** con la historia de España.

d. La Movida solo ocurrió en Madrid. ¿Verdadero o falso? **Justifica**.

2. Una chica de la Movida B1 Texte lu

Dos amigos de infancia se rencuentran en los años 80 en Madrid.

–¡Ángel! –dijo Irene–. ¿Por qué no me has dicho que eras tú? [...]

Cuando le dije que la había reconocido en las imágenes de un telediario, me contó que durante unos meses había trabajado en una emisora de radio cubriendo una baja por maternidad[1]. Ahora no. Ahora ese tipo de periodismo no le interesaba, y lo que le gustaba eran los fanzines.

–¿Fanzines? –dije.

–Ya sabes: música, cómic, ciencia ficción.

–Sí, claro. Fanzines.

–¡No me digas que no has visto nunca uno! –Y fingió escandalizarse.

Yo me resistía a verla como una desconocida. [...] Pero la Irene real tenía poco que ver con aquella Irene idealizada. Cazadora de cuero[2] de corte masculino, cinturón ancho con tachuelas[3], camiseta de piel de leopardo: su aspecto era de esas chicas de la "movida" que salían en los periódicos y las revistas.

–Estás muy guapa –dije, y se echó a reír:

–¡Qué antiguo eres!

Siguió hablándome de su vida. Le encantaba Madrid, que para ella era el centro del mundo. Sus fanzines nunca pasaban del segundo o tercer número, pero le daba igual. Le habían servido para conocer gente. Si no hubiera sido por esos fanzines, no estaría ahora trabajando donde trabajaba, una empresita[4] de unos amigos que se dedicaban a organizar conciertos. Y no se arrepentía de haber dejado el periodismo: cada vez les iba mejor. ¡El concierto de la semana anterior había sido un bombazo! Me miró con aire interrogativo:

¿No has oído hablar del Concierto de Primavera[5]? Ocho horas de música, más de quince mil personas... ¡Salió en todas partes y tú ni te enteraste! ¿Pero de qué planeta vienes?

Ignacio Martínez de Pisón (escritor español), *Derecho natural*, 2017

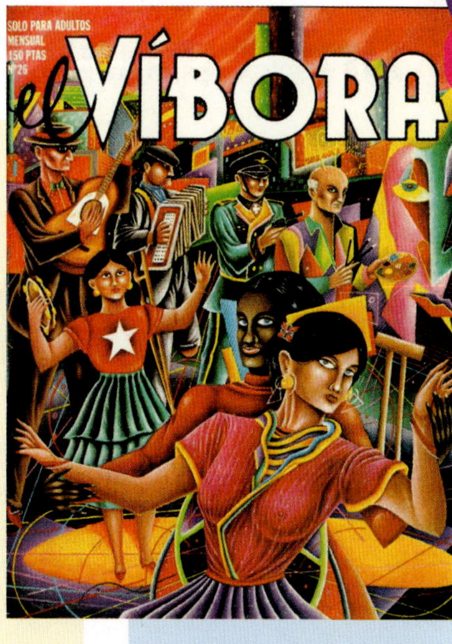

Portada del fanzine ***El Víbora***, Ceesepe (ilustrador español). Los **fanzines** eran revistas hechas con pocos medios por aficionados a temas como el cómic, la ciencia ficción, el cine o la música pop.

1. *un congé maternité*
2. *un blouson en cuir*
3. *(ici) à clous*
4. una empresa pequeña
5. concierto organizado el 23 de mayo de 1981

a. **Lee** el texto y **di** cuál era la profesión de Irene. ¿Siguió trabajando en este ámbito? **Justifica**.

b. Léxico **Cita** la ropa que llevaba Irene. ¿Cómo la calificaba Ángel?

c. **Apunta** las actividades de Irene que ilustran su dinamismo profesional.

d. **Explica** a partir del texto por qué la Movida fue una revolución cultural.

PREPARA EL PROYECTO

Expresión escrita

Un fanzine sobre el 40 aniversario de la Movida te encarga una definición de este movimiento. **Redáctala**.

Para expresarte

- el afán de libertad: *le désir de liberté*
- la corriente
- el desfase: *le décalage*
- un(a) periodista: *un(e) journaliste*
- una revista

Apuntes de gramática

Situer dans le temps et dans l'espace

- La Irene real tenía poco que ver con **aquella** Irene idealizada.

→ Schéma p. 94, précis p. 254

Exprimer une condition

- **Si no hubiera sido** por esos fanzines, no **estaría** ahora trabajando.

→ Précis p. 268

Caractériser et évaluer

- ¡Qué antiguo **eres**! **Estás** muy guapa.

→ Précis p. 269

Prepara el BAC — Arte y poder

La Movida fue un movimiento cultural expresión de la transformación de España.

Doc. 1 ▸ Explica la evolución de la sociedad española a través del arte.

Doc. 2 ▸ Muestra el papel de Madrid como epicentro de la Movida.

Doc. 1 y 2 ▸ Precisa las características artísticas de la Movida.

Arte en ruptura

1. Homenaje a un artista provocador B1

Vidéo | Fiche de compréhension

Ouka Leele (fotógrafa española), *Retrato de Ceesepe*, 1979

Cuando detuvieron[1] al artista en los 70 (por sus subversivos cómics), era un crío[2], por lo que los policías le preguntaron: ¿Quién hay detrás de Ceesepe? Y es que no podían concebir el arrojo[3], el descaro[4], la valentía[5] y la inteligencia de un chaval[6] que estaba haciendo historia con sus tebeos[7].

Jesús Giménez (periodista español), *RTVE.es*, 30/05/2019

1. arrestaron 2. un niño 3. *l'audace* 4. *l'insolence* 5. *le courage* 6. un joven 7. *ses bandes dessinées*

Léxico

Las actitudes EXO LEXIQUIZ

Para expresarte

- la cara = el rostro
- las jeringuillas: *les seringues*

- anticonformista
- estrafalario(a) = extravagante
- inapropiado(a)
- precoz
- subversivo(a)

- a pesar de: *malgré*
- dedicarse a: *se consacrer à*
- molestar: *déranger*
- romper con: *rompre avec*

a. Léxico **Entresaca** palabras del texto que explican cómo era visto Ceesepe en su juventud y qué le pasó.

b. **Precisa** quiénes hablan en el vídeo y qué presentan.

c. **Di** a qué se dedicaba Ceesepe en su juventud.

d. **Propón** un adjetivo para calificarlo y justifícalo.

e. ¿A qué otro movimiento artístico se le asocia? **Nombra** otra figura importante de este movimiento.

2. Una fiesta estupenda B2

El narrador recuerda la Movida.

Otra noche [...] aparecieron dos chicos altos y delgados, con el pelo larguísimo [...] A ellos –que eran pintores– son los primeros a quienes oí hablar de la fiesta, algo muy importante (decían) que ocurría en Madrid en los meses inmediatos. Una fiesta estupenda, de las de verdad, un verdadero bombazo. [...]

El caso es que las Kostus [...] me invitaron a su casa para que viera sus cuadros. Y acepté la invitación. Porque noté muy buen clima, una marcha[1] muy buena. Y además –y quizá sobre todo– porque en esa época lo que yo más quería era conocer gente, moverme, comérmelo todo. ¿Se comprende? [...]

Las Kostus tenían en su casa –en aquella de entonces, un piso grande y muy destartalado[2]– presidiéndolo todo un cuadro enorme, una imagen agigantada –pero no hiperrealista, pop si acaso– de la mujer de Franco, la antaño famosa arpía[3], con guantes y sombrerito, haciendo ese saludín cursi y de vaivén[4] que hacen a la plebe, en plan señoras monísimas y cándidas, todas las princesas y primeras damas de este mundo tonto. Pero aquella era peor. Doña Carmen era fea (incluso con sombrero de Balenciaga) por lo que el retrato, sacado de alguna foto, producía –en sus dimensiones– una sensación de inevitable ridículo. Era como si el pintor (o los pintores) admirasen de lejos [...] a la Señora de Meirás, y al tiempo no tuvieran más remedio que troncharse de[5] ella a carcajadas por resultar tan paleta[6], tan tonta, tan mala pécora[7] –pensaba yo– que ni siquiera el kitsch la podía salvar.

Luis Antonio de Villena (escritor español), *Madrid ha muerto*, 1999

1. *(ici)* un ambiente **2.** *déglingué* **3.** mala mujer **4.** un gesto de saludo ridículo **5.** reírse de **6.** *plouc* **7.** *(fam.)* persona mal intencionada

Juan Carrero y Enrique Naya, "Los Costus" (pintores españoles), *Carmen Polo, viuda de Franco*, 1978

a. **Lee** el texto, **describe** el ambiente de Madrid y **precisa** lo que buscaba el narrador.

b. Léxico **Entresaca** las partes del texto que se refieren al cuadro y a la mujer retratada. Di si se corresponden y **justifica**.

c. Los pintores ridiculizaron a Carmen Polo. ¿Sí o no? **Justifica** con una frase del texto.

PREPARA EL PROYECTO

Expresión oral

Haz la descripción del retrato de Ceesepe por Ouka Leele para una exposición.

Para expresarte

- el ademán: *le geste*
- bullicioso(a): *animé(e)*
- frívolo(a)
- grotesco(a)

Apuntes de gramática

Faire un récit au passé

- Me **invitaron** a su casa para que **viera** sus cuadros y **acepté** la invitación.

→ Schéma p. 94, précis p. 260

Comparer avec *como si*

- Era **como si** el pintor **admirase** de lejos a la Señora de Meirás.

→ Précis p. 268

Prepara el BAC — Arte y poder

Los artistas de la Movida rompieron con un pasado de dictadura y aportaron una visión nueva.

Doc. 1 ▸ Explica cómo el arte de Ceesepe o Ouka Leele puede ser un contrapoder en la sociedad.

Doc. 2 ▸ Di en qué medida reflejan estas obras el cambio de la sociedad española.

Estética oficial

1. La movida, entre cultura y política B2 Texte lu

Un padre y su hijo conversan sobre el tema de la Movida madrileña mientras escuchan una canción.

Un día cualquiera no sabes qué hora es
Te acuestas a mi lado sin saber por qué...

–Vale, ya la conozco. Es de Enrique Iglesias, ¿verdad?

Lo digo para provocar, sé de sobra que es de Antonio Vega y Nacha Pop, he oído mil veces la gloriosa historia de la Movida madrileña. [...]

–Poca broma[1], que es el himno de mi generación. La música de un tiempo y un país. [...]

Me asomo a la ventana, eres la chica de ayer
Jugando con las flores, en mi jardín.

–Cada generación tiene su mitología –se defiende mi padre–. A saber cuáles quedarán como vuestros hitos[2] fundacionales. ¿Youtubers? ¿Instagramers?

Vale, papá, pero la Movida esa vuestra está un poco... sobrevalorada, ¿no?

–¿La Movida? Qué dices. Fue una explosión de libertad y creatividad después de cuarenta años de dictadura. Ahora está de moda disparar contra ella, porque la vinculan con la Transición [...]. Pero la Movida es otra cosa, no simplifiquemos. [...]

Mejor no le digo lo que me contó un día antes Alberto, el fotógrafo, mientras revelábamos las últimas fotos: según él, la Movida fue la marca de modernidad de la Transición, y más aún del PSOE[3]

Para Alberto, la Movida sirvió para neutralizar la muy activa contracultura de esos años –que además crecía fuera de Madrid–, favoreciendo con dinero público las propuestas más frívolas y despolitizadas, que ofrecían transgresión pero sin romper nada, y que darían brillo y color a la llegada a España del neoliberalismo.

Isaac Rosa (escritor español), *Operación Chanquete*, 2019

1. *Ne te moque pas !* 2. *faits marquants* 3. Partido Socialista Obrero Español

2. ¿Mitificar u odiar la Movida? B2

“Los que no vivieron la Movida la odian, yo creo que por envidia. Y los que la vivieron saben que ya no volverá. Se ha intentado convertir en una cuestión política, diciendo que fue programada por el PSOE, cuando yo nunca les vi la cara.”

Alberto García-Alix (fotógrafo español)

“Que los políticos no nos utilicen. Nosotros rompimos con las dos Españas. Éramos hijos de padres marcados por la guerra y queríamos vivir en otro mundo. Creímos que el ser humano era algo más que dos formas opuestas de ver la vida.”

Ouka Leele (fotógrafa española)

Para expresarte

- un cambio
- corrompido(a)
- politizado(a)
- beneficiarse de: *profiter de*
- (no) estar de acuerdo
- subvencionar

a. **Lee** el texto 1 y **di** lo que representa la canción.
b. **Cita** una expresión que presente lo que fue aquella época.
c. **Explica** las opiniones del padre, del hijo y de Alberto sobre la Movida.
d. **Lee** los testimonios de los dos artistas y **compáralos** con el documento 1.

PREPARA EL PROYECTO **Expresión escrita**

Para el blog *La Movida de los 80*, **presenta** las implicaciones políticas de este movimiento.

Prepara el BAC Arte y poder

La Movida al servicio del poder político.

Doc. 1 ▸ Explica cómo utilizaron los políticos aquel movimiento cultural.

Doc. 2 ▸ Precisa la reacción de los artistas frente a las críticas.

TALLERES MULTIMEDIA

EXPRÉSATE CON UN VÍDEO

La experiencia Almodóvar

Vidéo | Fiche de compréhension

Objectif **B2** Comprendre un documentaire sur la vie et l'œuvre d'un réalisateur espagnol célèbre.

Montaje con varios carteles de las películas de Almodóvar.

Para expresarte

- famoso(a): *célèbre*
- apasionar
- inspirarse en
- resultar +adj.: *paraître*
- soñar [ue] con: *rêver de*
- volcarse [ue] en: *se plonger dans*

1 Ve el vídeo y responde.

a. **Explica** cuál era el sueño de Pedro Almodóvar de niño y qué mundos le marcaron.

b. **Describe** la intensa vida creativa que llevó a cabo en su juventud madrileña.

c. Su cine solo es conocido en España. ¿Sí o no? **Justifica.**

2 Exprésate.

d. **Precisa** en qué medida es el cine de Pedro Almodóvar muy "personal".

e. Pedro Almodóvar se inspira en la realidad. **Aclara** este comentario.

CREA CON LAS TIC

Una exposición de carteles de película

COMPÉTENCES NUMÉRIQUES

Objectif **B2** Rechercher et organiser des informations pour les exposer.

Conéctate a: ***https://lyceen.nathan.fr/lanzateterm***

1 Busca información.

a. A la derecha, en la etiqueta "Los carteles", **observa** los carteles de las películas de Pedro Almodóvar y **elige** uno. **Entresaca** los diferentes contenidos escritos (título, subtítulo...).

b. En "Títulos de crédito", **apunta** información y **busca** el tráiler de la película elegida.

c. **Selecciona** ilustraciones para ilustrar la película.

2 Realiza el cartel.

d. **Utiliza** los elementos de las ilustraciones que te interesan y **asócialos**.

e. **Incluye** las diferentes informaciones sobre la película.

f. Podéis realizar una exposición con los carteles de la clase y comentarlos.

Taller de gramática

Exercices

Situer dans le temps et dans l'espace

La gramática en vídeo

	Espace de celui qui parle **(yo)**	Espace de celui qui écoute **(tú)**	Espace plus éloigné **(él, ellos, ella(s))**
Adjectifs/ Pronoms	**este** **estos** **esta(s)** **esto** *(ceci)*	**ese** **esos** **esa(s)** **eso** *(cela)*	**aquel** **aquellos** **aquella(s)** **aquello** *(cela)*
Adverbes de lieu	**aquí** *(ici)* **cerca** *(près)*	**ahí** *(là)*	**allí, allá** *(là-bas)* **lejos** *(loin)*
Adverbes de temps	*Présent* **ahora** *(maintenant)*		*Passé* **entonces** *(alors)* *(à cette époque-là)*

→ Précis p. 254

1 Complète avec le démonstratif ou l'adverbe qui convient.

a. Los fanzines eran ... revistas que se publicaban en los años 80.

b. ..., en *Dolor y gloria*, Almodóvar nos vuelca en ... mundo que fue la Movida.

c. El Rock-Ola, ... bar mítico de la Movida, se situaba en Madrid, pero ... está cerrado.

d. Ángel pensaba en ... viernes cuando volvió a ver a Irene.

e. ..., en los años 80, nació la Movida, ... explosión de libertad y de creatividad.

Faire un récit au passé

La gramática en vídeo

PRÉSENT

PLUS-QUE-PARFAIT
action antérieure

Me contó que **había trabajado** en una emisora de radio.

antériorité

PASSÉ SIMPLE
action ponctuelle

–Estás muy guapa – **dije**, y **se echó a reír**.

IMPARFAIT
action qui dure

Le **encantaba** Madrid que, para ella, **era** el centro del mundo.

PASSÉ COMPOSÉ
action récente avec effets sur le présent

¿No **has oído** hablar del Concierto de Primavera?

→ Précis p. 260

2 Conjugue les verbes au temps du passé qui convient.

a. Irene le (preguntar) a Ángel si (oír) hablar del concierto.

b. El cine de Almodóvar (inspirarse) en la vida madrileña.

c. El padre y su hijo (escuchar) una canción que (ser) el himno de la Movida.

d. Irene que (dejar) el periodismo, (dedicarse) entonces a organizar conciertos.

e. Cuando la policía lo (detener) Ceesepe ya hacía tiempo que (dibujar) muchos de sus dibujos más subversivos.

Taller DE léxico

Lexiquiz

→ Mapa de léxico p. 282

1 Propón el verbo correspondiente al nombre o viceversa.

a. provocar b. generar c. la invitación d. divertir
e. la modernización f. la liberación g. experimentar

2 Asocia cada palabra con su antónimo.

a. valioso b. inane c. la juventud d. la libertad e. el éxito
1. el fracaso 2. la vejez 3. la esclavitud 4. insignificante 5. útil

3 Asocia cada palabra con su sinónimo.

a. inane	1. separación
b. ruptura	2. inútil
c. efervescencia	3. estallido
d. explosión	4. estrafalario
e. extravagante	5. agitación

4 Describe la imagen utilizando palabras de los ejercicios anteriores.

OUKA LEELE (fotógrafa española),
Peluquería, Luis Martín "Fellini", 1979

PROYECTO FINAL

Crea un fanzine para conmemorar la Movida

HACER UN FANZINE

Vas a hacer y presentar un fanzine conmemorativo *Los 40 años de la Movida* sobre el movimiento y sus protagonistas.

1. Reúne información e imágenes sobre obras y protagonistas de la Movida. Redacta los textos informativos explicando lo que fue este movimiento, **relatando** su evolución, **poniendo de relieve** las implicaciones políticas.
2. Elige y **describe** una o varias obras de arte pertenecientes a este movimiento, mostrando sus aspectos provocadores, innovadores y críticos.
3. Realiza el fanzine asociando imágenes y textos. Puedes presentar tu publiación a tus compañeros(as).

¡Tú puedes!

Relatar
- Aquella fue una época...
- Tuvo lugar una ruptura...
- Hubo un cambio total...

Poner de relieve
- Es importante resaltar/precisar que...
- Esto permite evidenciar que...
- Está claro que... / Es obvio que...

Describir
- Esa obra fue una crítica a...
- Este retrato rompió con...
- Las obras de este artista fueron muy + adj.

BAC Evaluación

Autoévaluation

1h30

ÉPREUVE ÉCRITE
LVA>B2
LVB>B1

PARTIE 1 Compréhension de l'oral

Documento 1 Un museo de la Movida

Rendez compte en français de ce que vous avez compris du document.

Trucos

- Consacre 20 à 30 min à cette partie.
- Précise la nature du document et son thème.
- Dis quel est l'événement qui a lieu ainsi que son objectif.
- Énonce quelle est l'époque à laquelle il est fait allusion et apporte des précisions.

MP3

Source : Europa Press. **Durée** : 1 min 32

PARTIE 2 Compréhension de l'écrit et de l'ensemble du dossier

Documento 2 Despierta la ciudad mutante y noctámbula

Quienes la vivieron lo repiten hasta la saciedad: la Movida, ese capítulo altamente mitificado, pero mal conocido y peor documentado, no fue un movimiento artístico ni tampoco político. No hubo dogmas teóricos a respetar ni se distribuyeron octavillas programáticas[1]. Y, sin embargo, sus efectos en la cultura visual fueron rotundos[2] y duraderos. Tanto como el cambio provocado a nivel social, que logró dinamitar la herencia del franquismo y la ética del sacrificio impuesta por la religión. De ambas cosas dejan constancia las 150 imágenes de *La Movida. Crónica de una agitación* 1978-1988, la gran exposición inaugurada en los Encuentros de Arles, festival de referencia en Europa, que destaca la obra de cuatro fotógrafos vinculados al movimiento: Alberto García-Alix, Ouka Leele, Pablo Pérez-Minguez y Miguel Trillo.

Los intentos previos de encerrar a la Movida en un museo, más bien escasos, han demostrado que se trata de un ente[3] difícil de domesticar. La muestra de Arlés prefiere acercase al fenómeno "desde un punto de vista estrictamente fotográfico", como señalan sus comisarios, Pepe Font de Mora e Irene de Mendoza, [...]. "Esos fotógrafos no creyeron que su obra pudiera tener trascendencia. Reflejaron lo que formaba parte de su día a día. En ese sentido no trabajan como cronistas, o lo son de manera inconsciente", añaden los comisarios. Actúan de narradores de cuatro mundos distintos, que se rozan pero no siempre se solapan[4], ubicados en una ciudad mutante y noctámbula que despierta tras cuatro décadas de letargo.

Paseando por la muestra, García-Alix pasa revista a un puñado[5] de copias de época que parecen el reverso de la medalla de ese mundo de supuestos gozos[6] perpetuos. Las protagoniza una generación diezmada[7] por la droga y el sida. "Aun así, quiero que el espectador se marche con una sensación de vitalismo. No dejan de ser las fotos de un hombre de 24 años, lleno de vida y de hedonismo", afirma el fotógrafo.

Alex Vicente (periodista español), *El País*, 08/07/2019

1. *tracts poiltiques*
2. *retentissants*
3. una realidad
4. *se touchent mais ne se mélangent pas*
5. *quelques*
6. *joies*
7. *décimée*

BAC

Documento 3 Madrid vivía su esplendor cultural

Madrid vivía uno de sus máximos periodos de esplendor cultural y social. La Movida era celebrada como un acontecimiento cultural y su fulgor[1] parecía estar inseparablemente unido a los logros del gobierno socialista. "A nosotros el poder político nos llamaba la Movida –asegura Pito–. Alaska y Almodóvar eran la Movida. Cantidad de ayuntamientos del PSOE nos contrataban, hicimos muchas galas gracias a eso." [...]

"Los políticos —continúa Pito— se acercaron a nosotros para salir en la foto." [...] Un año antes, en 1984, Tierno Galván había inaugurado en el Centro Cultural de la Villa la exposición *Madrid, Madrid, Madrid*, un recorrido antológico a lo largo de películas, discos, prensa marginal, pintura, fotografía y cualquier otra manifestación creativa que pudiese haber fomentado[2] la imagen creativa que entonces ostentaba la capital. El PSOE celebraba la Movida, transformada en el gran reclamo[3] cultural que hizo que el resto del planeta descubriese que este país no sólo existía, sino que, además, había cambiado. No en vano, en 1985 se cumplió la primera década sin Franco. Nada de esto, sin embargo, evitó que el 15 de marzo de ese mismo año la sala Rock-Ola cerrara para siempre sus puertas. Frente a sus puertas murió Demetrio Jesús Lefler, víctima de una pelea entre *mods y rockers*[4]. La posterior inspección del ayuntamiento se tradujo en la consiguiente orden de clausura.

"Nadie puede creer —escribía Maruja Torres en *Cambio 16*— que del vientre de esta ciudad nada especial, fibrosa y árida, haya brotado[5] la llameante criatura denominada posmodernidad, antes llamada Movida y antes, cuando estaba en sus primeros balbuceos[6], conocida como rollo. La historia, en síntesis, es ésta: Madrid tiene algo que decir, algo que inventar y, sobre todo, algo que vender... En este mes de marzo de 1985 hay en Madrid más de 300 conjuntos musicales y alrededor de 1.500 estudiantes de diseño de moda. Alaska y Dinarama han superado en ventas a Camilo Sesto y se lo están poniendo muy duro[7] a Stevie Wonder".

Rafael Cervera, *Alaska y otras historias de la Movida*, 2003

1. *éclat*
2. *promu*
3. *le faire-valoir*
4. tribus urbanas
5. haya surgido
6. (*fig.*) en sus principios
7. *ils rendent les choses très difficiles*

Compréhension de l'écrit

Precise el tema de los documentos y destaque lo esencial.

Trucos

- Pense à indiquer quelle image on a de la Movida dans ces documents.
- Cherche des éléments dans les documents pour définir ce qu'a été la Movida.

Compréhension de l'ensemble du dossier

▶ Tras leer y ver los documentos, comente la importancia que pudo tener la Movida en la sociedad española.

PARTIE 3 Expression écrite

Vous traiterez en espagnol, en 120 mots au moins, l'un des deux sujets suivants au choix.

Question A

"Fue una época de experimentación. Se buscaba la individualidad, la diferenciación."

María Toral, (periodista española), comisaria de la exposición sobre la Movida *Libertad Creativa*, Valladolid, 18 de enero al 4 de marzo de 2018

▶ Analice y discuta esta cita basándose en sus conocimientos sobre el movimiento de la Movida.

Question B

▶ Comente qué repercusiones tuvo y sigue teniendo hoy día la Movida. ¿Bajo qué formas?

Violencia y ficción

¿Cómo interrogan las obras de ficción aspectos violentos de las sociedades hispánicas?

PROYECTO FINAL **Realizad un tráiler para una serie de acción.**

A El impacto del narcotráfico

Vidéo

Cartel del documental *Narcocultura* (2013) centrado en la cultura que exalta el mundo del narcotráfico. Este fenómeno cultural genera una fascinación por los narcotraficantes y sus actos criminales.

Para expresarte

- el descontento: *le mécontentement*
- los hechos: *les faits*
- el mono: *le bleu de travail*

- real = de la realidad

- dudar: *hésiter*
- envenenar: *empoisonner*
- fomentar: *encourager*
- pudrir: *pourrir*
- rebelarse

B El símbolo de una protesta

La máscara de Dalí de la famosa serie española *La casa de papel* se ha transformado en un símbolo de protesta internacional. Se ha visto en lugares tan diferentes como en un estadio de fútbol en Abu Dabi, en varias manifestaciones en Chile, Bolivia, Francia o Irak. En la foto, manifestantes en las calles de La Paz, Bolivia.

C Una vida en las maras

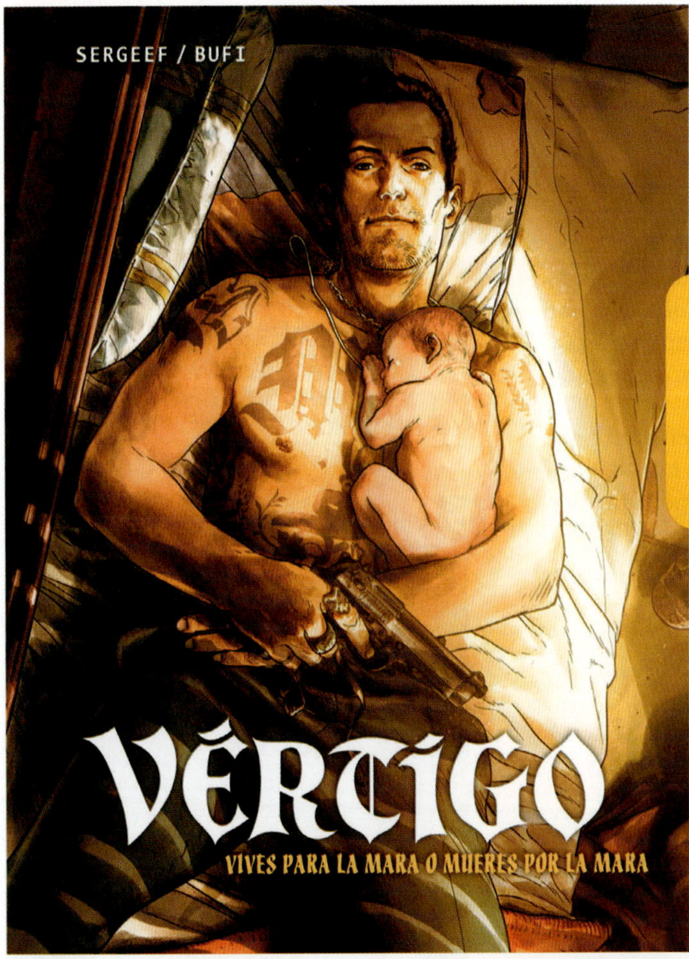

Las maras son grupos de jóvenes que se dedican a actividades delictivas habitualmente relacionadas con la droga. Existen maras en varios lugares de América Latina, pero son particularmente activas en América Central. Algunas de esas maras obligan a personas sin recursos a cometer delitos bajo amenaza de muerte. A la derecha, la portada de la novela gráfica de Bufi y Sergeef (2017).

¡Lánzate!

Doc. A ▶ **Observa** el cartel, **ve** el vídeo e **identifica** el problema evocado.
Doc. B ▶ **Aclara** el papel de la máscara de Dalí en esta manifestación.
Doc. C ▶ **Describe** la portada y **di** qué dilema se evoca.

Las dos caras de Pablo Escobar

1. El colombiano más adorado y temido B1

Entonces todo se desmoronó[1], el gobierno americano no podía permitir que los narcos sudamericanos estuvieran llevando la nueva droga, la cocaína, por toneladas a Estados Unidos, y hasta el último dólar de su venta volvía a Colombia, no quedaba ni un centavo en USA, y eso no lo iban a permitir. Entonces comenzaron las operaciones salvajes antidroga, con apoyo militar a los gobiernos, sobre todo al colombiano, con bloqueos marítimos incluidos.

[...] Eran los años de los primeros grandes capos[2] en Cali y Medellín, que se repartían el mercado al norte de la frontera, que más tarde se expandió al resto del mundo.

Este apoyo sin límites acabó con el capo de capos, don Pablo Escobar.

Escobar era adorado por el pueblo, construía casas para los pobres y la economía de sus ciudades era de las más boyantes[3] del planeta. Tenía su propio equipo de fútbol, si había que comprar una nueva flota de coches para la policía, él la pagaba. Todo, hasta se llegó a ofrecer a pagar la deuda externa[4] del país.

Una persona tan querida como temida por los suyos [...]. Eran leales[5] hasta la muerte. De su convivencia con Escobar todos dicen lo mismo, nos podía mandar matar en cualquier momento. La frase de Popeye cuando salió de la cárcel veinticinco años después, "Don Pablo era un criminal, un asesino y un bandido, pero era mi amigo y habría muerto por él", era lo que Escobar inculcaba a sus hombres. Era un tipo especial e irrepetible, por eso tuvieron que acabar con él a cualquier precio, era demasiado peligroso, y no por la droga precisamente. [...]

Un imperio de terror que mantuvo en funcionamiento completo hasta aquel 2 de diciembre de 1993, cuando fue abatido por las fuerzas del orden colombianas, apoyadas por agentes de la DEA[6]. Ese fue el día que el negocio cambió.

Juan José Revenga (escritor español), *La última bala*, 2018

1. *s'écroula* 2. jefes de una mafia 3. prósperas 4. *dette extérieure*
5. *loyaux* 6. policía antidrogas de Estados Unidos

a. **Lee** y **di** qué decisión tomó el gobierno americano y **comenta** cómo la justificaba.
b. ¿Qué acontecimientos afectaban tanto a Colombia?
c. Léxico **Lista** palabras que caracterizan a Escobar y **descríbelo**.
d. **Explica** en qué medida suscitaba sentimientos contradictorios.

Para expresarte

- el amor ≠ el odio
- las ganancias: *les gains*
- la maldad: *la méchanceté*
- el testimonio: *le témoignage*

- generoso(a)
- temido(a): *craint(e)*
- vil = despreciable

- basarse en
- estallar: *éclater*
- infringir la ley: *enfreindre la loi*
- sacar provecho: *tirer profit*
- tomar medidas: *prendre des mesures*

2. Escobar, fascinante personaje de ficción B1

Fiche de compréhension

a. **Ve** el vídeo y **di** de quién trata el documento y qué anuncia.
b. **Explica** cómo se pretende construir esta película.
c. Léxico **Lista** palabras que caracterizan a este hombre y **describe** cómo está representado.
d. **Di** qué problema pone en evidencia este vídeo.

Vidéo

Cartel de la serie *El patrón del mal* (2012) que recrea la vida de Pablo Escobar

3. La muerte de Pablo Escobar B1

Fernando Botero (pintor colombiano), *La muerte de Pablo Escobar*, 1999

a. **Sitúa** la escena y **di** quién aparece en el cuadro.

b. **Describe** cómo retrata el pintor al personaje.

c. **Explica** por qué recreó el pintor aquel momento histórico.

PREPARA EL PROYECTO

Expresión escrita

Escribe un breve retrato de Pablo Escobar para el anuncio de una nueva serie sobre su vida.

Para expresarte

- las balas
- un retrato: *un portrait*
- el tejado: *le toit*

- abatido(a): *abattu(e)*
- descalzo(a): *pieds-nus*
- gigantesco(a)
- herido(a): *blessé(e)*
- poderoso(a): *puissant(e)*

- engrandecer: *magnifier*
- matar: *tuer*
- reflejar: *refléter*

Léxico

El narcotráfico EXO LEXIQUIZ

Apuntes de gramática

Parler à la forme passive

- **Fue abatido** por las fuerzas del orden colombianas.

→ Schéma p. 106, Précis p. 269

Exprimer l'obligation

- **Tuvieron que** acabar con él.

→ Précis p. 263

Décrire quelqu'un

- **Era un tipo** especial.
- **Era** demasiado **peligroso**.

→ Précis p. 269

Prepara el BAC — Ficciones y realidades

Criminales como el colombiano Pablo Escobar han inspirado creaciones artísticas.

Doc. 1 ▸ Explica cómo pone de relieve la novela a esta figura famosa por sus actos contradictorios en Colombia.

Doc. 2 ▸ Muestra en qué medida hace reflexionar la escena sobre los valores transmitidos por Pablo Escobar.

Doc. 3 ▸ Di cómo representa Fernando Botero la muerte de Escobar.

La desilusión de una sociedad

1. Símbolo de resistencia B1

Vidéo

Fiche de compréhension

Cartel de la serie con el personaje de Tokio

Para expresarte

- la careta = la máscara
- la lucha
- el mono: *le bleu de travail*
- la solidaridad

- implicado(a)
- indignado(a)

- dar ganas de: *donner envie de*
- inspirarse en
- movilizar(se) = manifestar(se) [ie]

Léxico

El éxito LEXIQUIZ

Fonología

Las grafías *ll* y *y* LEXIQUIZ

a. **Observa** el cartel y **di** qué elementos icónicos identifican la serie. PARCOURS DIFFÉRENCIÉS

Recorrido A

b. **Di** cuáles son los países evocados por el profesor y por qué los menciona.

c. **Explica** de qué son el símbolo los atracadores.

d. ¿Cómo se organizaron "los Dalís" para responder?

Recorrido B

MÉDIATION

b. **Precisa** a un(a) companero(a) qué explica el profesor al principio del vídeo.

c. ¿Cómo reaccionó la gente después del primer atraco, y por qué?

d. ¿Cuál es la función del discurso de Tokio y la de la música?

2. *La casa de papel*, éxito internacional B2

La llegada del *thriller* [...] fue un inesperado fenómeno mundial: se ha mantenido durante seis semanas consecutivas como la más seguida por los usuarios de la aplicación TV Time; es una de las más populares en IMDb, la mayor base de datos[1] fílmicos en Internet; ha sido recomendada en redes sociales por famosos como el futbolista Neymar o el cantante Romeo Santos... Incluso la careta[2] de Dalí que llevan los atracadores[3] se ha podido ver en los carnavales de Brasil o en pancartas enormes desplegadas en estadios de Arabia Saudí. ¿Cómo se puede explicar este éxito internacional?

Álex Pina, creador de *La casa de papel*, cree que ha conectado con un estado de ánimo[4] presente en muchos países por la crisis económica. "Estos señores que atracan la Fábrica Nacional de Moneda y Timbre tienen un componente casi antisistema que recoge un poco la decepción con los Gobiernos, los bancos centrales..., un hastío[5] en el que estos *robin hoods* se convierten para muchos en estandarte de esta atmósfera de decepción. En *Le Monde* hace unos días hacían una reflexión política sobre la serie en este sentido", destaca.

Además, destaca el universo de personajes tanto de *La casa de papel* como de su anterior creación, *Vis a vis*, en la que también trabajó buena parte del equipo de la serie de atracos. "Estamos haciendo una ficción con unas características propias, con un diseño de personajes muy poderoso, con un universo femenino muy poderoso y fuerte. Por un lado tenemos elementos emocionales, con un diseño de personajes excéntrico, sorprendente, y en las dos series trabajamos la ambigüedad moral, cambiamos el foco[6] de lo que el espectador cree que es bueno y malo. Vemos que personajes muy villanos[7] como Zulema en *Vis a vis* o Berlín en *La casa de papel* tienen características magnéticas para el espectador".

Natalia Marcos (periodista española), *El País*, 29/03/2018

1. une *base de données* 2. *le masque* 3. *les braqueurs* 4. *un état d'esprit* 5. *une lassitude* 6. *(ici)* la perspectiva 7. *méchants*

Para expresarte

- la desilusión = la decepción
- el hartazgo: *le ras-le-bol*
- ambiguo(a)
- estar harto(a) de: *en avoir assez de*
- oponerse a ≠ apoyar

a. Léxico **Apunta** los elementos que muestran que la serie tiene éxito.

b. **Di** qué hizo la gente con la máscara de Dalí, dónde y por qué.

c. **Explica** la importancia del contexto económico mundial en ese éxito.

d. **Precisa** cómo se trata a los personajes y **explica** las razones de la fascinación que provocan.

PREPARA EL PROYECTO

Expresión escrita

Escribe dos frases para un cartel promocional que incite a ver la serie *La casa de papel.*

Apuntes de gramática

Parler d'une évolution

- Los personajes **se convirtieron en** símbolos de la resistencia.

→ Précis p. 270

Parler à la forme passive

- La careta de Dalí **se ha podido ver** en los carnavales de Brasil.
- **Ha sido recomendada** en redes sociales por famosos.

→ Schéma p. 106, précis p. 269

Donner des ordres et interdire

- **¡Mirad** las reacciones de la gente del mundo entero!
- **No penséis** que salir de allí va a ser fácil.

→ Schéma p. 106, précis p. 262,

Prepara el BAC — Ficciones y realidades

Las series tansmiten valores.

Doc. 1 ▸ Explica por qué se identifica la gente con los personajes de la serie y cómo puede reconocerse en sus valores.

Doc. 1 y 2 ▸ ¿En qué medida invita la serie a reflexionar sobre problemas del mundo real?

La violencia de las maras

La más feroz de las pandillas

B2

Texte lu

La abuela Concepción Montoya está preocupada por el porvenir de su nieto Gregorio Ortega.

El chico no tenía cabeza para los estudios ni ganas de aprender un oficio. [...] [La abuela Concepción] Rezaba de rodillas[1] por las noches [...] para que Gregorio sobreviviera hasta los dieciocho años, cuando haría el servicio militar obligatorio. La abuela despreciaba[2] con toda el alma a las Fuerzas Armadas, pero tal vez la conscripción[3] podría enderezar a ese nieto descarriado[4]. [...]

Cuando le faltaban pocos meses para ser llamado al servicio militar, [Gregorio] logró que la MS-13, mejor conocida como Mara Salvatrucha, la más feroz de las pandillas[5], lo aceptara. Debió hacer el juramento de sangre: lealtad con sus camaradas, antes que nada, antes que la familia, mujeres, drogas o dinero. Pasó por la prueba rigurosa de los aspirantes: una paliza[6] monumental propinada por varios miembros de la mara para probar su temple[7]. El rito de iniciación lo dejó más muerto que vivo, [...], pero una vez repuesto obtuvo el derecho al primer tatuaje característico de los MS-13. Con el tiempo, a medida que acumulara crímenes y ganara respeto, esperaba acabar como los miembros más fanáticos, con el cuerpo entero y la cara cubiertos de tatuajes. [...]

En sus treinta años de existencia la mara, originada en Los Ángeles, había extendido sus tentáculos al resto de Estados Unidos, México y Centroamérica, con más de setenta mil miembros dedicados al asesinato, extorsión, secuestro, tráfico de armas, de drogas y de seres humanos, con tal reputación de crueldad, que solían ser usados por otras pandillas para los trabajos más sucios. [...] Nadie se atrevía con ellos[8], ni la policía ni los militares. Los vecinos del barrio sabían que el nieto mayor de Concepción Montoya se había unido a la MS-13, pero lo comentaban en susurros[9] a puerta cerrada para no atraer una venganza.

Isabel Allende (escritora chilena), *Más allá del invierno*, 2017.

1. *priait à genoux* 2. *méprisait* 3. el servicio militar 4. *remettre son petit-fils égaré sur le droit chemin* 5. *(ici) les gangs* 6. *une raclée* 7. *tester sa résistance* 8. *personne n'osait s'en prendre à eux* 9. *ils en parlaient à voix basse*

Un miembro de una mara en prisión

Para expresarte

- la crueldad: *la cruauté*
- un(a) pandillero(a): *un(e) membre d'une bande*
- los riesgos: *les risques*
- atroz = brutal
- amenazar: *menacer*
- provocar
- salvar: *sauver*
- temer: *craindre*
- cada vez más: *de plus en plus*

a. **Explica** qué quería Concepción para su nieto Gregorio.

b. **Di** qué grupo logró integrar Gregorio y qué tuvo que pasar para ser aceptado.

c. **Explica** qué vida le esperaba.

d. Léxico **Di** a qué se dedican las maras y **califica** la imagen que transmiten. ¿Qué campo léxico has utilizado?

e. **Explica** cómo afectó la decisión de Gregorio a su familia y vecinos.

Léxico

El crimen — LEXIQUIZ

Apuntes de gramática

Exprimer le but

- Rezaba **para que** Gregorio **sobreviviera** hasta los dieciocho años.
- Lo comentaban en susurros **para** no **atraer** una venganza.

→ Précis p. 265

Prepara el BAC — Ficciones y realidades

Las maras son un problema social en América Latina.

Explica cómo hace reflexionar el texto sobre este problema real.

TALLERES MULTIMEDIA

EXPRÉSATE CON UN VÍDEO

Fiche de compréhension

Objectif B1 Comprendre une bande-annonce d'une série de fiction.

Maras, ver, oir y callar ▷ Vidéo

Carteles de promoción de la serie *Maras*

1 Ve el vídeo y responde.

a. **Precisa** el lema de las maras y lo que implica.
b. **Di** qué otro aspecto se desprende de ellas.
c. **Explica** qué puede hacer la gente para protegerse.

2 Exprésate.

d. **Fijándote** en el sonido y las imágenes , **di** qué momento te parece más impactante.
e. ¿Te gustaría ver esta serie? **Explícate**.

Para expresarte

- la sensibilización
- el testimonio: *le témoignage*
- atractivo(a)
- emocionado(a)
- esconderse: *se cacher*
- huir: *fuir*
- tener [ie] ganas: *avoir envie*
- tomar conciencia: *prendre conscience*

REFLEXIONA CON UN VÍDEO

Detrás de la serie *Maras* ▷ Vidéo

Objectif B1 Comprendre un reportage.

1 Ve el vídeo y responde.

a. **Di** qué revela este vídeo.
b. ¿En qué tipo de personas se centra el tráiler?
c. **Explica** cómo dieron a conocer la serie.
d. **Di** qué vio la gente el día del estreno y **explica** el objetivo de los directores.

2 Exprésate.

e. ¿Cómo explicarías la atracción por esta serie?
f. ¿Te parece adecuada la estrategia? ¿Piensas que ha alcanzado su objetivo? **Justifica**.

Rodando la serie *Maras*

Taller DE gramática

Exercices

Donner des ordres et interdire

La gramática en vídeo

	Ordre	Défense
Singulier	2ᵉ personne **Ven** 3ᵉ personne **Venga** (usted)	2ᵉ personne **No te pierdas** 3ᵉ personne **No se pierda** (usted)
Pluriel	1ᵉ personne **Vayamos** 2ᵉ personne **Venid** 3ᵉ personne **Vengan** (ustedes)	1ᵉ personne **No nos perdamos** 2ᵉ personne **No os perdáis** 3ᵉ personne **No se pierdan** (ustedes)
	2ᵉ personne = IMPÉRATIF autres personnes = SUBJONCTIF	toutes les personnes = NO + SUBJONCTIF

→ Précis p. 262

1 Transforme les phrases suivantes en imitant le modèle.

Tienes que acabar con él. → Acaba con él.

a. Tienen ustedes que tomar medidas para librarse de los narcos.

b. Tenéis que acabar con él.

c. Tenemos que fijarnos en las tragedias provocadas por las maras.

d. No tiene usted que infringir la ley.

e. No tenéis que cometer actos delictivos.

2 Transforme les ordres suivants en interdictions.

a. ¡Mirad las reacciones de la gente!

b. ¡Provoquemos las otras pandillas!

c. ¡Vete a ver la última serie *Vis a vis*!

d. ¡Sal de allí!

Parler à la forme passive

La gramática en vídeo

Voix active → SUJET | VERBE | OBJET
Los famosos han recomendado la serie.

Voix passive →
- ⊘ | SE + VERBE | SUJET
  Se ha recomendado la serie.
- SUJET | SER + Participe passé du VERBE | (AGENT)
  La serie ha sido recomendada (por famosos).

→ Précis p. 269

3 Mets ces phrases suivantes à la voix active.

a. Fue abatido por las fuerzas del orden colombianas.

b. Ha sido recomendada en las redes sociales por unos famosos.

c. Gregorio fue aceptado por los miembros de la mara más feroz, la MS-13.

d. *La Muerte de Pablo Escobar* es un cuadro que fue pintado por Botero.

e. Escobar era adorado por el pueblo colombiano.

Taller de léxico

EXO Lexiquiz

→ Mapa de léxico p. 284

1 **Elimina el intruso de cada lista.**

a. poderoso • influyente • amenazante • miedoso
b. el traficante • el capo • el periodista • el delincuente • el pandillero
c. la ley • el sistema • la oposición • la sociedad
d. harto • traumatizado • feliz • agobiado

2 **a. Busca los sustantivos que corresponden a los verbos siguientes.**

a. matar → la ...
b. retratar → el ...
c. arriesgar → el ...
d. temer → el ...
e. concienciar → la ...
f. actuar → la ...

b. Busca los adjetivos que corresponden a los sustantivos siguientes.

a. la mafia
b. la corrupción
c. la agresividad
d. la amenaza
e. el poder

c. Describe la fotografía utilizando palabras de este ejercicio.

Rodaje de una narcoserie

PROYECTO FINAL

Realizad un tráiler para una serie de acción

Vais a crear el tráiler de una serie en la que la violencia es un elemento central de la historia.

1 Seleccionad acontecimientos y personajes violentos para presentar una nueva serie en español.

2 Imaginad el título de la serie. **Describid a los personajes** protagonistas, **contad el argumento** general e imaginad frases para **incitar a verla**.

3 Grabad el vídeo adoptando un tono convincente y poned la banda sonora.

¡Tú puedes!

Describir a una persona o personaje
- El personaje es/era un + *nom*
- Es/Era + *adj*
- Este personaje se convierte en...

Contar un argumento
- La situación se desarrolla/transcurre/ocurre...
- Se pone en escena...
- Esta película/serie cuenta la historia de...

Promocionar
- ¡Ven a ver...!
- ¡No puedes perderte...!
- Ha sido recomendada por...

BAC Evaluación

Autoévaluation

1h30

ÉPREUVE ÉCRITE

LVA>B2
LVB>B1

PARTIE 1 Compréhension de l'oral

Documento 1 El testimonio del hijo de Pablo Escobar

Vous rendrez compte en français de votre compréhension du document.

Vidéo

Juan Pablo Escobar, hijo de Pablo Escobar durante una presentación del libro sobre su padre en Bogotá, Colombia.

Source : Trinitus productions **Durée** : 1 min 30

Trucos

- Identifiez :
  - le thème principal du document ;
  - l'image donnée de ce personnage ;
  - le point de vue de la personne qui s'exprime ;
  - la fonction et la portée du document.

PARTIE 2 Compréhension de l'écrit et de l'ensemble du dossier

Documento 2 Por la pantalla del televisor

Por esos días mi ciudad comenzaba a desprenderse de los años más violentos de su historia reciente. No hablo de la violencia de cuchilladas baratas y tiros perdidos, de cuentas que se saldan entre traficantes de poca monta[1], sino la que trasciende los pequeños resentimientos y las pequeñas venganzas de la gente pequeña, [hablo de] la violencia cuyos actores son colectivos y se escriben con mayúscula: el Estado, el Cartel, el Ejército, el Frente. Los bogotanos[2] nos habíamos acostumbrado a ella, en parte porque sus imágenes nos llegaban con portentosa regularidad desde los noticieros y los periódicos; ese día, las imágenes del más reciente atentado habían empezado a entrar, en forma de boletín de última hora, por la pantalla del televisor. Primero vimos al periodista que presentaba la noticia desde la puerta de la clínica del Country[3], después vimos una imagen del Mercedes acribillado[4] –a través de la ventana destrozada se veía el asiento trasero, los restos de cristales, los brochazos de sangre seca[5]–, y, al final, cuando ya los movimientos habían cesado en todas las mesas y se había hecho el silencio y alguien había pedido a gritos que le subieran el volumen al aparato[6], vimos, encima de las fechas de su nacimiento y de su muerte todavía fresca, la cara en blanco y negro de la víctima. Era el político conservador Álvaro Gómez, hijo de uno de los presidentes más controvertidos del siglo y él mismo candidato a la presidencia más de una vez. Nadie preguntó por qué lo habrían matado, ni quién, porque esas preguntas habían dejado de tener sentido en mi ciudad, o se hacían de manera retórica, sin esperar respuesta, como única manera de reaccionar ante la nueva cachetada[7]. No lo pensé en ese momento, pero esos crímenes (magnicidios, los llamaba la prensa: yo aprendí muy pronto el significado de la palabrita) habían vertebrado mi vida o la puntuaban como las visitas impredecibles de un pariente lejano. Yo tenía catorce años esa tarde de 1984 en que Pablo Escobar mató o mandó matar a su perseguidor más ilustre, el ministro de Justicia Rodrigo Lara Bonilla (dos sicarios en moto, una curva[8] de la calle 127). Tenía dieciséis cuando Escobar mató o mandó matar a Guillermo Cano, director de *El Espectador* (a pocos metros de las instalaciones del periódico, el asesino le metió ocho tiros en el pecho[9]. Tenía diecinueve y ya era un adulto, aunque no había votado todavía, cuando murió Luis Carlos Galán, luego las ráfagas de metralleta, luego el cuerpo desplomándose sobre la tarima[10] de madera, cayendo sin ruido o su ruido oculto por el bullicio del tumulto y por los primeros gritos. Y poco después fue lo del avión de Avianca, un Boeing 727-21 que Escobar hizo estallar[11] en el aire –en algún lugar del aire que hay entre Bogotá y Cali– para matar a un político que ni siquiera estaba en él.

Juan Gabriel Vásquez (escritor colombiano), *El ruido de las cosas al caer*, 2011

1. *des petits trafiquants* 2. los habitantes de Bogotá 3. clínica de Bogotá 4. *criblée de balles* 5. *(fig.) les traces de sang séché* 6. *(ici)* la televisión 7. *(fig.) gifle* 8. *un virage* 9. *la poitrine* 10. *le plancher* 11. *exploser*

Compréhension de l'écrit

Precise el tema del documento y destaque lo esencial.

Trucos

- Pense à évoquer le quotidien du narrateur en lien avec l'histoire de son pays.

Compréhension de l'ensemble du dossier

▸ Tras leer y ver los dos documentos, determine cuál es el impacto de la violencia en la vida de la gente.

PARTIE 3 Expression écrite

Vous traiterez en espagnol l'un des deux sujets suivants. Répondez en 120 mots au moins.

Question A

▸ Observe el documento y comente su relación con el texto y con el eje temático *Fictions et réalités*

Fernando Botero (pintor colombiano), *Pablo Escobar muerto*, 2006

Question B

"No lo pensé en ese momento, pero esos crímenes habían vertebrado mi vida."

▸ Comente esta frase sacada del **documento 2**.

Unidad **10**

Territoire et mémoire • Identités et échanges

Sin olvido ni odio

¿Cómo enfrentan las sociedades hispánicas las heridas históricas?

PROYECTO FINAL — **Expresión escrita**
Realizad un manifiesto contra el olvido y la impunidad.

A Un primer paso por la justicia

VIDÉO

Exhumación de Franco del Valle de los Caídos, 24/10/2019

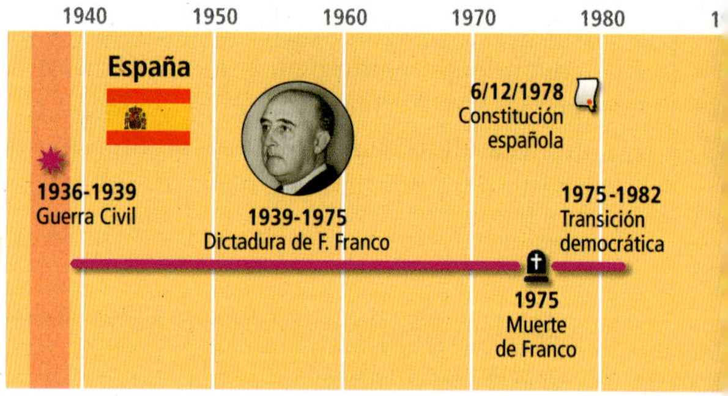

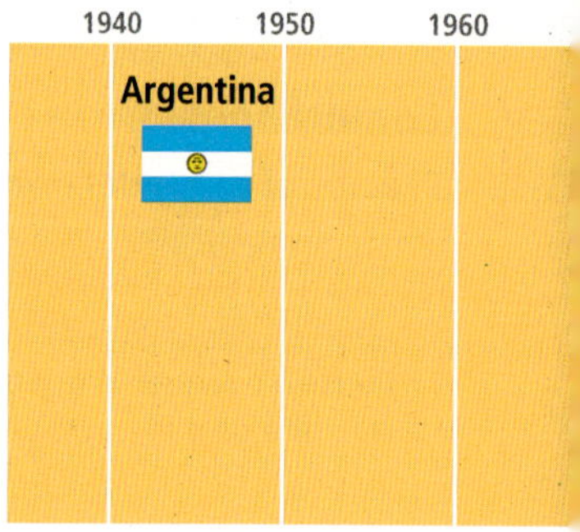

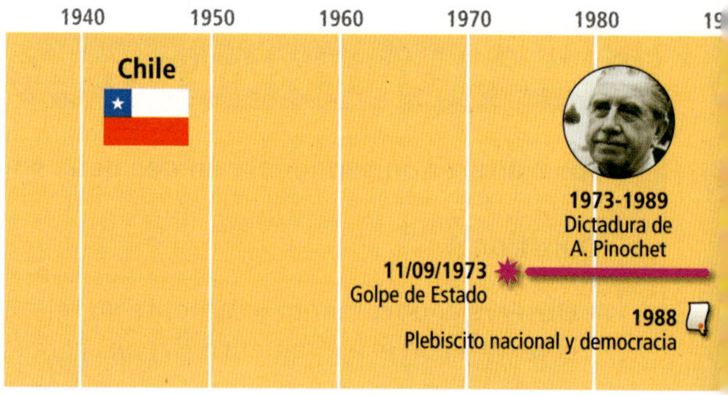

> “La democracia española debe quedar por fin liberada de la humillación de parecer que está tutelada por el poder subliminal que emana de esa tumba[1]. Mientras los despojos del dictador permanezcan glorificados en el Valle de los Caídos y en cambio decenas de miles de fusilados durante la guerra duerman su tragedia en las cunetas[2], la conciencia nacional seguirá estando también podrida[3].
>
> Manuel Vicent, *El País*, 10/06/2018

1. del dictador Franco 2. *les fossés* 3. *pourrie*

Para expresarte

- una afrenta: *une offense*
- el ataúd: *le cercueil*
- los crímenes
- conmemorar
- juzgar
- olvidar ≠ recordar [ue]
- pasar página: *tourner la page*
- reparar: *offrir une réparation morale*
- trasladar: *transférer*

B Las Abuelas de la Plaza de Mayo

Bajo la dictadura de Videla desaparecieron en Argentina 30 000 personas. Unos quinientos hijos de esos desaparecidos fueron adoptados ilegalmente. Desde octubre de 1977, las madres y abuelas de esos desaparecidos se manifiestan en la Plaza de Mayo para encontrar a sus hijos y nietos. El pañuelo blanco en la cabeza es su símbolo. A la derecha, un cartel de Pablo Bernaconi (diseñador argentino).

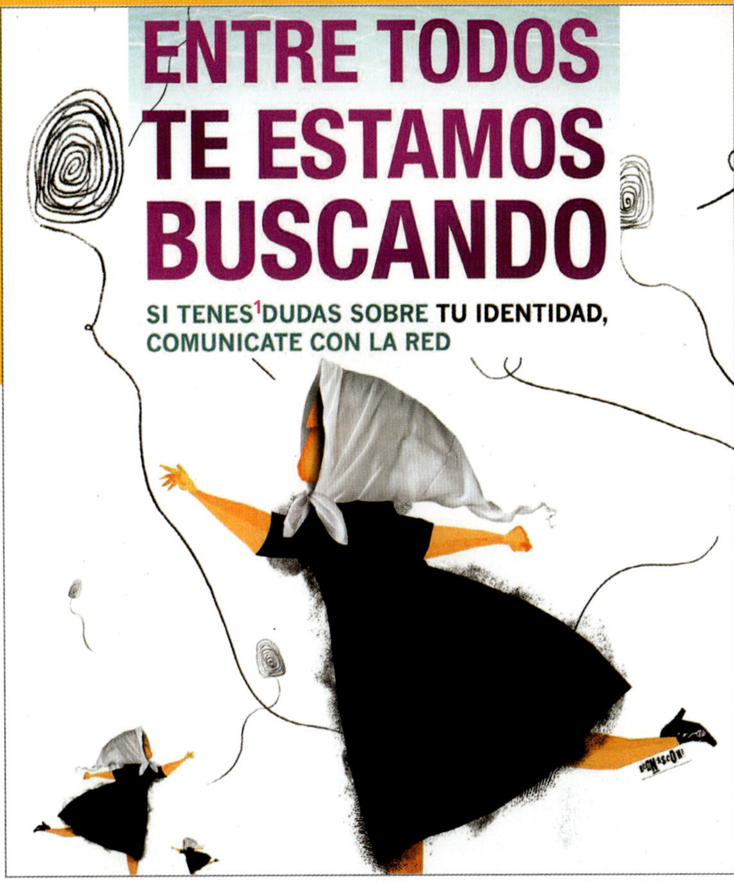

1. (*Arg.*) tienes

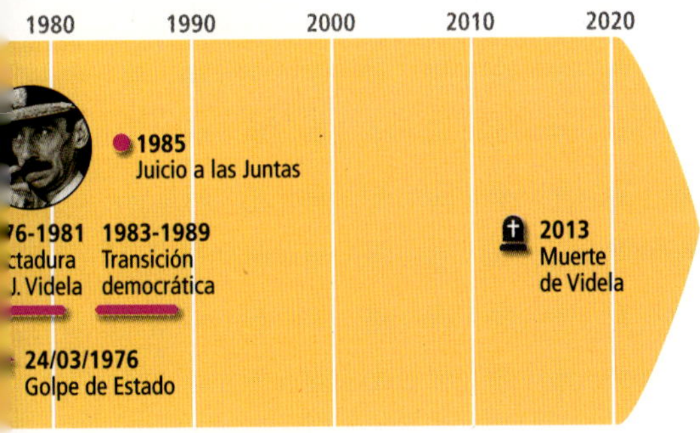

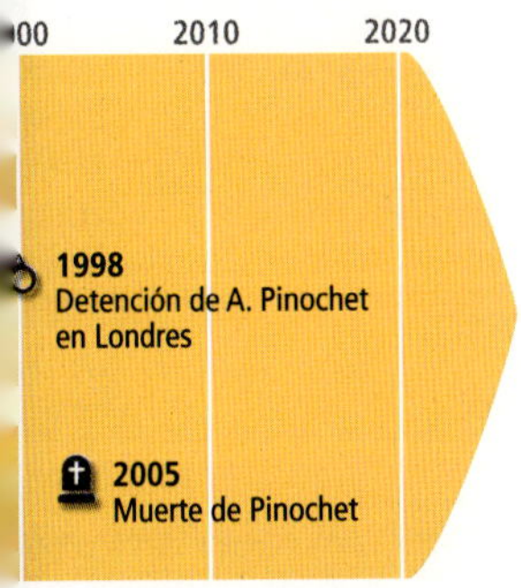

C El libro de la memoria ▷ Vidéo

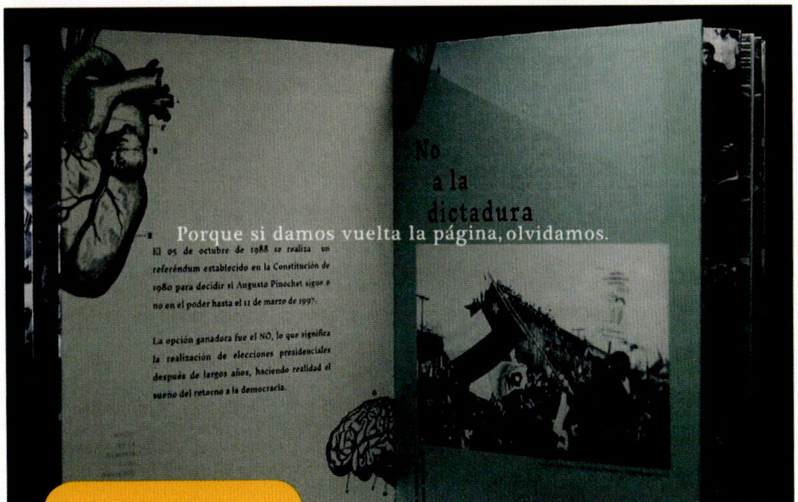

El Museo de la Memoria y los Derechos Humanos de Chile lanza *El libro interminable*. Esta publicación recorre los 17 años de dictadura chilena en 28 capítulos que tratan del exilio, la censura y la tortura.

¡Lánzate!

Doc. A ▶ **Ve** el vídeo y **lee** el texto. **Explica** qué ocurrió en octubre de 2019.

Doc. B ▶ **Explica** quiénes son las Abuelas y por qué luchan.

Doc. C ▶ **Ve** el vídeo y **aclara** los dos puntos de vista sobre la memoria histórica.

La desmemoria española

1. ¿Memoria u olvido? B1 Texte lu

Miguel busca restos de su padre muerto durante la construcción del Valle de los Caídos. Se entrevista con un monje en la basílica.

–Hay algunas cosas que tal vez desconozca. Creo que debería considerarlas si está dispuesto a buscar a su padre. Aquí hay apiladas decenas y decenas de cajas con multitud de restos. Mi abuelo fue uno de los empleados que procedían a colocarlas en las estancias[1]. Oficialmente, hay treinta y tres mil cuerpos, aunque él afirmaba que había muchos más. Cada día llegaban camiones cargados de restos exhumados.

Miguel conocía esa parte de la historia. Su madre se la había enseñado. El ministro de Gobernación de la época, Blas Pérez, instó a[2] que se trasladaran a la basílica los restos de cuantos caídos del bando nacional lo solicitaran por vía de sus familias para darle sentido a este enorme mausoleo, que debía glorificar a los sublevados en 1936.

–Para sorpresa del ministro, fueron muy pocas las familias que pidieron la exhumación y traslado.

Miguel asintió.

–Nadie quiere que sus muertos glorifiquen a otros, prefieren tenerlos cerca para poder llorarlos y añorarlos[3].

El monje[4] observó con curiosidad a Miguel.

–Tiene usted razón. El caso es que se acercaba el final de las obras y empezaron a buscarse muertos de ambos bandos[5] enterrados en fosas comunes por todo el país.

–Ahí abajo hay mucha gente enterrada en contra de la voluntad de sus familias. Víctimas y verdugos[6], enemigos irreconciliables con sus huesos mezclados para siempre. ¿No le parece un sarcasmo cruel? Alguien debería poner fin a este despropósito. El monje inspiró. Le dolía hablar de aquello, se sentía responsable. Al menos él sabía dónde estaba su abuelo:

–La memoria cuesta dinero, es mucho más cara que el olvido. Al margen de las dificultades administrativas, solicitudes, certificados y esperas, las filtraciones en las criptas han podrido muchos de los columbarios[7], vertido sus restos y mezclado sus huesos. Usted habla de enemigos, de víctimas y verdugos. Pero yo solo sé que hay olvido, dejadez, vergüenza[8], abandono y negación.

Víctor Del Árbol (escritor español), *Por encima de la lluvia*, 2017

1. *pièces* 2. *(ici)* incitó a 3. recordarlos 4. *moine* 5. *camps* 6. *bourreaux* 7. las tumbas 8. *négligence, honte*

a. Lee el texto. **Aclara** la revelación del monje y **di** si Miguel lo sabía.

b. Precisa a qué bando pertenecían las personas enterradas. **Cuenta** por qué.

MÉDIATION **c. Presenta** a tus compañeros(as) la crítica de la sociedad que hace el monje.

Para expresarte

- un cuestionario = un examen
- un(a) docente = un(a) profesor(a)
- un(a) desaparecido(a)

- amontonado(a): *entassé(e)*
- irónico(a)
- pendiente: *en suspens*

- conocer ≠ desconocer
- negar [ie]: *refuser*

2. Una asignatura pendiente B1

Vidéo

Fiche de compréhension

a. Ve el vídeo y **di** lo que está haciendo la persona.

b. Aclara si los alumnos conocen bien el periodo histórico y **explica** el título.

3. Desmemoria histórica B1

Ilustración de Eneko (dibujante venezolano), 2019

Para expresarte

- la bandera: *le drapeau*
- la goma
- el lápiz
- el mástil: *le mât*
- los restos

- borrar: *effacer*

a. Describe la ilustración relacionando título e imagen.

b. Demuestra cómo ilustra la viñeta el texto y el vídeo de la página 112.

Fonología

Los sonidos [k] (quiere), [θ] (negación) y [s] (bandos)

EXO LEXIQUIZ

PREPARA EL PROYECTO

Expresión escrita

Escribe un *post* planteando un problema histórico que crees que debería resolverse en España.

Léxico

La desmemoria EXO LEXIQUIZ

Apuntes de gramática

Employer les pronoms personnels

- Su madre **se la** había enseñado.
- Para dar**le** sentido a este enorme mausoleo.
- ¿No **le** parece un sarcasmo cruel?

→ Schéma p. 118, précis p. 259

Exprimer une obligation

- **Debería** considerarlas.

→ Schéma p. 118, précis p. 263

Prepara el BAC — Territorio y memoria

Conocer la propia historia es una responsabilidad individual y colectiva de un país.

Doc. 1 y 3 ▸ Muestra la importancia de no olvidar a las víctimas del franquismo.

Doc. 2 ▸ Evidencia la obligación de dar a conocer mejor ese periodo histórico a las futuras generaciones.

La Justicia argentina

1. Solidaridad por la justicia B1

Vidéo | Fiche de compréhension

Muriel, una joven periodista francesa, investiga un asesinato.

Pedí al archivo del periódico que me consiguieran el vídeo de una entrevista en la televisión española a un marino argentino que participó en los vuelos de la muerte. [...]

Las palabras del tal Alfredo Scillingo, el marino arrepentido[1], me produjeron escalofríos. Él no era un oficial de inteligencia, ni uno de esos temibles torturadores, cumplía funciones de mantenimiento en la ESMA, la Escuela de Mecánica de la Armada[2], un campo de detención[3] clandestino donde torturaron y mataron miles de personas. [...] Así Scillingo, como todos los otros, participó en dos vuelos de la muerte. En el primero, un Skyvan de prefectura, tiraron a trece personas al mar, y en el segundo, un Electra de la Armada, a diecisiete. [...] Aunque parece que esos vuelos, grabados con fuego en su memoria, lo llevaron a las pesadillas y al alcohol.

En Argentina se lo contó al periodista Horacio Verbitsky, que escribió el libro *El vuelo*. Y asombrosamente, nadie lo mató. Famoso como una estrella de rock, Scillingo recibió invitaciones de todos lados para hablar de los vuelos de la muerte. La que no le convino fue la de la televisión española, porque el juez español Baltazar Garzón, que tiene a su cargo el proceso contra el genocidio argentino, pidió entrevistarlo antes. Si le dices a un juez que tiraste al mar a treinta personas vivas, anestesiadas, no te vas después a un lujoso hotel a seguir dando entrevistas, sino a la cárcel de Carabanchel, donde aún está, a la espera de ser juzgado.

Hay algo dramático y a la vez repugnante en Scillingo. Yo creo que está arrepentido, pero al mismo tiempo se lo ve posando. Él era un oficial que se ocupaba de arreglar el ascensor y ese tipo de tareas, su confesión le da la importancia que no tuvo en su momento. Entre las víctimas nadie le reconoció.

Un asesino del montón[4] en su momento de gloria, en la televisión, en la radio, la oferta de un productor de Hollywood de filmar su historia. Patético. Escalofriante.

Elsa Osorio (escritora argentina), *Doble fondo*, 2017

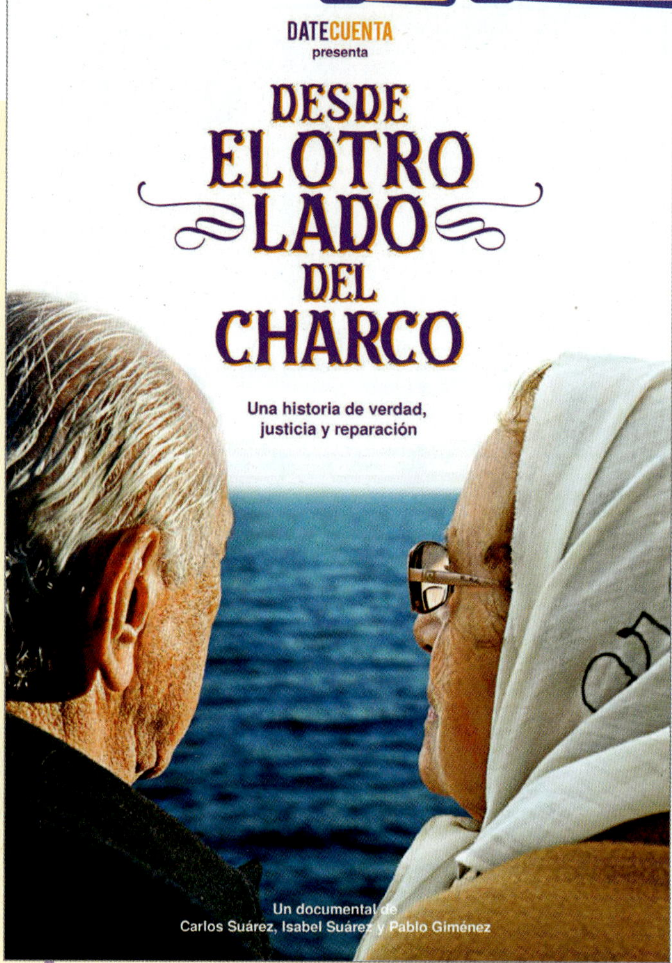

Cartel del documental *Desde el otro lado del charco*, 2018

1. *repenti* 2. *de la Marine* 3. *camp d'internement* 4. *parmi tant d'autres*

a. **Presenta** a Alfredo Scillingo a partir del texto y **di** lo que hizo.

b. **Aclara** las circunstancias de la detención de Alfredo Scilingo.

c. **Ve** el vídeo e **identifica** las reivindicaciones de las víctimas de las dictaduras en España y en Argentina.

d. **Explica** qué conexiones existen entre la lucha por la justicia en Argentina y en España.

Para expresarte

- los crímenes: *les crimes*
- la impunidad: *l'impunité*
- un(a) piloto
- el terrorismo de Estado

- procesar: *intenter un procès*
- detener [ie]: *arrêter*

2. Una marcha por la justicia B1 Vídeo Fiche de compréhension

Abuelas de la Plaza de Mayo y manifestantes durante la marcha anual de 2019 en memoria de los desaparecidos de la dictadura argentina

a. **Explica** qué conmemoran estos manifestantes.

b. ¿Dirías que vivieron la dictadura las personas entrevistadas? **Justifica**.

c. Gramática **Explica** qué les piden las Abuelas a los jóvenes al principio.

d. MÉDIATION **Demuéstrale** a un(a) compañero(a) que el combate de las Abuelas sigue vivo.

PREPARA EL PROYECTO

Expresión escrita

Para la Marcha por la Memoria, **realiza** una banderola con un lema reivindicativo.

Léxico

La justicia EXO LEXIQUIZ

Para expresarte

- el deber de memoria
- el luto: *le deuil*
- el pañuelo: *le foulard*

- comprometerse en: *s'engager à*
- cumplir con: *s'acquitter*

Apuntes de gramática

Faire une demande

- **Pedí** al periódico **que** me **consiguieran los documentos.**

→ Précis p. 263

Exprimer une négation

- Me parece muy importante que esto **no** pase **nunca** más.
- **Nadie** lo mató.
- **No** era un oficial de inteligencia, **ni** un torturador.

→ Précis p. 258

Exprimer une obligation

- **Tenemos que seguir** reivindicando esa lucha.

→ Schema p. 118, précis p. 263

Prepara el BAC Territorio y memoria

Las conmemoraciones traducen el compromiso de un pueblo por transmitir memorias individuales y colectivas.

Doc. 1 ▸ Explica cómo participa el documental en el deber de memoria de las sociedades española y argentina.

Doc. 2 ▸ Muestra que la lucha de las Abuelas fue decisiva para construir la memoria colectiva en Argentina.

La memoria de los lugares

1. Un espacio de memoria B1

He visitado la casa en Santiago, utilizada por la siniestra Dirección de Inteligencia Nacional (DINA) para interrogar, torturar e iniciar el proceso de desaparición forzada de personas desafectas al golpe de Pinochet[1]. Situada en el número 38 de la pequeña calle de Londres, no lejos del Palacio de la Moneda[2], pasaron por sus dependencias más de dos mil secuestrados. Por lo menos, 96 de ellos fueron asesinados, "desaparecieron", o murieron a consecuencia de las torturas infligidas. Declarado Monumento Nacional en 2005, Londres 38 ha sido transformado en un espacio de memoria, reflexión y debate que hoy visitan masivamente chilenos y extranjeros [...].

Chile, además, ha creado, también en Santiago, el Museo de la Memoria y los Derechos Humanos. El propósito: dar visibilidad a las violaciones de los derechos humanos cometidas por los militares y sus cómplices, dignificar a las víctimas y sus familias y promover el estudio y la deliberación en torno a lo sucedido. A través de un enorme acopio[3] de objetos, documentos y archivos en diferentes soportes y formatos, y una innovadora propuesta visual y sonora, el museo permite seguir paso a paso el golpe de Estado, la represión consiguiente, la resistencia, el exilio y las políticas de reparación. Uno sale, si bien abrumado[4] por la evidencia de tanta maldad y abyección, reconfortado por las muestras de valentía y entereza[5] ante la adversidad también recogidas. Y lleno de admiración hacia un país capaz de asumir la obligación de investigar, con rigor científico, los horrores de su pasado inmediato.

Ian Gibson (escritor hispanoirlandés), *Aventuras ibéricas*, 2017

Para expresarte

- los lugares: *les lieux*
- una vela: *une bougie*

- encender [ie]: *allumer*
- homenajear: *rendre hommage*
- visibilizar

1. dictador chileno de 1973 a 1990
2. palacio presidencial
3. una acumulación
4. *bien qu'accablé*
5. *les preuves de courage et de force de caractère*

2. Un antiguo centro de tortura B1

Fiche de compréhension | Vidéo

Conmemoración en el Estadio Nacional, Santiago de Chile

Lee el texto, ve el vídeo y exprésate.

a. **Identifica** el tipo de espacios que se crearon en Chile y para qué.

b. **Lista** los crímenes que se cometieron.

c. **Describe** los sentimientos del narrador del texto al salir del edificio.

d. **Explica** por qué se reúnen los chilenos hoy en día en el Estadio.

PREPARA EL PROYECTO

Expresión oral

Cuenta la historia de los sitios de memoria chilenos y **explica** lo importante de su existencia.

Prepara el BAC — Territorio y memoria

Los lugares de memoria son espacios en los que se comparte y se transmite la memoria colectiva.

Doc. 1 y 2 ▸ Explica por qué afrontar el pasado de Chile permite fortalecer la democracia del país.

TALLERES MULTIMEDIA

REFLEXIONA CON UN VÍDEO B2+

Fiche de compréhension

La memoria de una cordillera

Vidéo

Objectif B2+ Comprendre un documentaire sur l'histoire et la géographie du Chili.

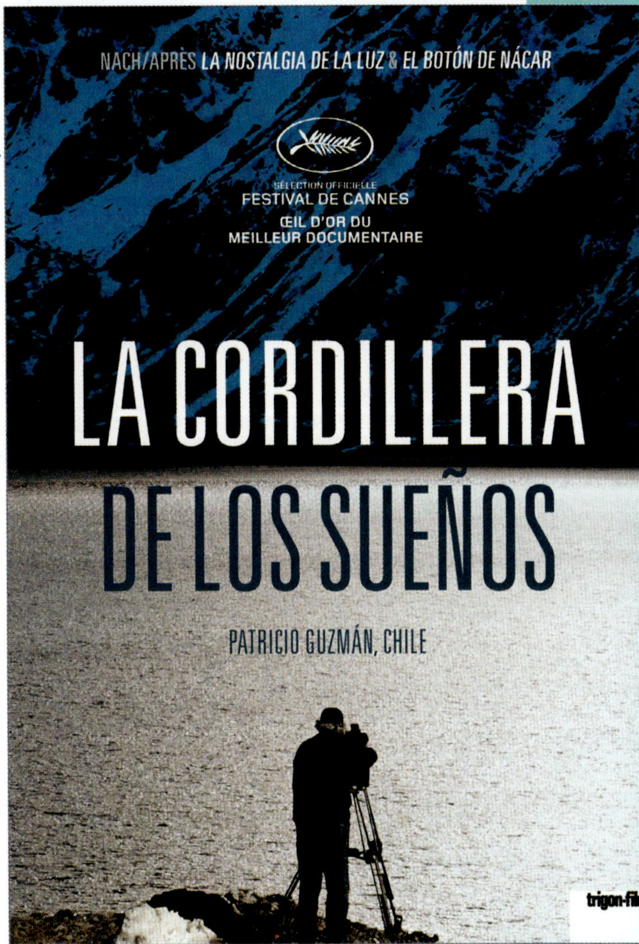

1 Ve el vídeo y responde.

a. **Di** qué es la cordillera para el director de cine.

b. **Cita** los acontecimientos y épocas del documental.

c. **Precisa** el papel de la cordillera en la historia de Chile.

d. **Di** qué relación hay entre los adoquines y la cordillera.

2 Exprésate.

e. **Elige** imágenes y **cita** características de la cordillera.

MÉDIATION f. **Explica** por qué, según el director, la cordillera "para los chilenos, es una tierra desconocida".

Para expresarte

- un adoquín: *un pavé*
- una barrera
- una huella: *une trace*
- la naturaleza
- la piedra
- un(a) testigo: *un témoin*

- espectacular
- inmenso(a)
- silencioso(a)
- tallado(a): *sculpté(e)*

- aislar: *isoler*
- proteger

CREA CON LAS TIC

Un itinerario de la memoria

Objectif B2 Chercher, classer et présenter des informations.

COMPÉTENCES NUMÉRIQUES

Conéctate a: *lyceen.nathan.fr/lanzateterm*

1 Busca información.

a. **Descubre** los monumentos en memoria de las víctimas de la dictadura con el mapa interactivo.

b. **Selecciona** tres o cuatro lugares y **apunta** información sobre su función.

c. **Consulta** el sitio asociado con cada uno.

2 Crea tu itinerario.

d. **Busca** un mapa de Santiago de Chile e indica en él los lugares seleccionados.

e. **Ordena** tus apuntes, **elige** un título y fotografías para ilustrarlos.

f. **Presenta** tu itinerario a tus compañeros(as) explicando la historia de cada lugar y el porqué de tu elección.

Taller de gramática

Exercices

Employer les pronoms personnels

La gramática en vídeo

VERBE
FORME
Infinitif
Impératif
Gérondif
+ PRONOM

Debería **considerarlas**.
No seguir **estancándose**.
Acuérdate.

1 PRONOM

COD	me, te, nos, os, lo, los, la, las
COI	me, te, se, nos, os, le, les
reflexivo	se

PRONOM +
VERBE
MODE
Indicatif
Subjonctif
Conditionnel

¿No **le parece** un sarcasmo cruel?
¿De qué **te acuerdas**?

VERBE
FORME
Infinitif
Impératif
Gérondif
+ PRONOM + PRONOM

Sigue **recordándotelo**.

2 PRONOMS

COI	me, te, se, nos, os	+	COD	lo(s) la(s)
reflexivo	se	+	COI	me, te, nos, os, le(s)

PRONOM + PRONOM +
VERBE
MODE
Indicatif
Subjonctif
Conditionnel

Se lo recuerda.

→ Précis p. 259

1 **Remplace les compléments soulignés par les pronoms appropriés.**

a. Miguel conocía esa parte de la historia.

b. Las palabras de Scillingo me produjeron escalofríos.

c. Se visita la casa donde torturaron a miles de personas.

d. Pedí al archivo del periódico que me consiguieran el vídeo.

e. Los chilenos siguen visitando el Museo de la Memoria para conocer mejor su historia.

Exprimer l'obligation

La gramática en vídeo

PERSONNELLE
(Le sujet est exprimé)
→ **Tener que** + inf.
Deber + inf.

Tenemos que seguir reivindicando esa lucha.
Debería considerarlas.

IMPERSONNELLE
(Le sujet n'est pas exprimé)
→ **Haber que** + inf.
Ser necersario + inf.

Hay que mantener la memoria.

→ Précis p. 263

2 **Réécris les phrases suivantes en exprimant une obligation.**

a. Al final de las obras, buscaron muertos de ambos bandos para enterrarlos en el Valle de los Caídos.

b. El jefe de la Armada quería que todos los marinos participaran en los vuelos de la muerte.

c. ¡No odiemos pero no olvidemos!

Taller de léxico

Lexiquiz

→ Mapa de léxico p. 287

1 **a. Completa el texto con las palabras siguientes:**

fueron recluidos • represión • homicidios • las Fuerzas Armadas • torturados • detenciones

En 1973, un Golpe de Estado encabezado por ... puso fin al gobierno socialista de Salvador Allende. Desde ese día comenzó una brutal ... con ... masivas y ... . Miles de hombres ... en el Estadio Nacional. Allí los detenidos eran...

b. Elige las palabras del ejercicio a. que mejor describan la foto y explica por qué.

Estadio Nacional de Santiago de Chile

2 **Traduce las palabras y expresiones siguientes.**

a. un coup d'Etat
b. un crime contre l'Humanité
c. la Marine
d. l'impunité
e. les Droits de l'Homme
f. un assassin

3 **Asocia cada palabra con su sinónimo.**

a. asesinar — 1. asombro
b. muerto — 2. lucha
c. sorpresa — 3. matar
d. combate — 4. fallecido

PROYECTO FINAL

Realizad un manifiesto contra el olvido y la impunidad

Para el Día de la Memoria Histórica, vais a realizar un manifiesto contra el olvido.

1. Formad grupos. Determinad sobre qué dictadura (Chile, Argentina, España) vais a investigar y buscad información (protagonistas, crímenes, datos históricos y fotos de archivos).
2. **Relatad** los episodios históricos, **explicando las consecuencias** para la sociedad de hoy.
3. Redactad el manifiesto **reivindicando** la necesidad de esta lucha contra el olvido. Podéis imaginar un título y varios lemas.

¡Tú puedes!

Relatar
- La dictadura se debe a (que)...
- Los mayores protagonistas eran...
- Fue un periodo de horror...
- Llegado el año/el momento de...
- Aquella noche, fue(ron) detenido(s)...

Explicar consecuencias
- Esto causó/provocó...
- Como consecuencia de ello...
- Así pues, se revela(n)/se destaca(n) hoy...

Reivindicar
- Tenemos que recordar que...
- Hay que rendir homenaje...
- No deberíamos olvidar...
- Para que nunca se repita(n)...

BAC Evaluación

Autoévaluation

1h30

ÉPREUVE ÉCRITE
LVA > B2
LVB > B1

PARTIE 1 Compréhension de l'oral

Documento 1 Londres 38, un espacio de memoria

Vous rendrez compte librement en français de ce que vous avez compris du document.

Trucos
- Consacre 20 à 30 min à cette partie

Vidéo

Fachada del edificio de la calle Londres 38 en Santiago de Chile

PARTIE 2 Compréhension de l'écrit et de l'ensemble du dossier

Documento 2 Un museo de la memoria en Chile

En enero de 2010 fue inaugurado el Museo de la Memoria y los Derechos Humanos de Chile. Al acto asistieron los cuatro presidentes de la Concertación[1], coalición de partidos que estuvo a cargo de lo que los analistas políticos llaman la Transición chilena, ese periodo en el que el discurso oficial fue la reconciliación y la justicia en la medida de lo posible. En esos años se le bajaron los decibeles al recuerdo de la violencia reciente[2] para organizar una política de consensos que mantuviera la fiesta en paz. La democracia se mantenía cautelada[3] por los militares, con el mismo general Pinochet como Comandante en Jefe del Ejército y luego senador en el Congreso, entonces no era una buena idea usar el ayer inmediato como un arma de debate.

Cuando tuve que explicarle el proceso de la Transición chilena a mi hijo, justamente en nuestra primera visita al Museo de la Memoria, se lo expliqué así, de manera resumida y sencilla, para que pudiera entender con su cabeza de niño. Cuando le conté que el responsable de todo lo que acababa de ver en el museo era uno de los hombres que hacían las leyes para organizar al país, me miró con desconcierto[4] y se echó a reír como si lo que había dicho fuese un chiste. A los diez años mi hijo ya se daba cuenta de las malas bromas[5] de la historia chilena.

Nona Fernández (escritora chilena), *La dimensión desconocida*, 2017

1. Patricio Aylwin, Eduardo Frei, Ricardo Lagos, Michelle Bachelet, presidentes chilenos
2. *le souvenir de la violence récente perdit de son intensité*
3. *garantie*
4. *perpléxité*
5. *des mauvaises plaisanteries*

Documento 3 El Valle de los Caídos no será un centro por la memoria

Ante la exhumación de los restos de Francisco Franco del Valle de los Caídos, que fueron trasladados al cementerio de Mingorrubio el pasado jueves, la Coordinadora d'Associacions per la Memòria Democràtica del País Valencià ha lanzado una serie de propuestas para el "debate democrático" sobre lo que creen que es más conveniente hacer con el espacio de Cuelgamuros, donde el dictador decidió construir su mausoleo "con el trabajo esclavo y la sangre de los presos políticos".

La Coordinadora rechaza que este espacio pueda transformarse en un lugar de Memoria Democrática, ya que el conjunto monumental "se construyó para exaltación del fascismo español y mayor gloria de su megalómano dictador".

Los colectivos memorialistas valencianos reclaman que se proceda a la exhumación e identificación de las casi 34 000 víctimas, de las cuales 1 971 son valencianas, según el Ministerio de Justicia. "Todas las víctimas fueron trasladadas allí sin autorización ni información a las familias", señalan para proponer que aquellos que no sean reclamados por sus familiares sean trasladados[1] a otro lugar donde se construya un Memorial "en homenaje a aquellas víctimas de la guerra y la dictadura, donde se difundan aquellos valores democráticos, de derechos humanos, de paz democrática, que en definitiva encarnaba aquella II República"[2].

[...] La demolición de todo símbolo fascista y del nacional-catolicismo, incluida la enorme cruz que preside el Valle de los Caídos, es otra de las propuestas que lanzan al debate. [...]

En cuanto a las reivindicaciones en la Comunitat, se pide un Museo de la Memoria como espacio del recuerdo de lo que fue "el terror de la represión franquista", estimulando el "debate democrático para que aquel horror no se repita".

César García (periodista español), *levante-emv.com*, 30/10/2019

1. *transférés*
2. 1931-1939

Compréhension de l'écrit

Precise el tema de los documentos y destaque lo esencial.

Trucos

- Pense à mettre en rapport les deux textes.
- Tu peux utiliser des couleurs pour surligner les idées communes aux deux documents sur ton brouillon.

Compréhension de l'ensemble du dossier

▶ Tras leer y ver los documentos, comente la importancia para los países de conmemorar hechos históricos dolorosos.

PARTIE 3 Expression écrite

Vous traiterez en espagnol l'un des deux sujets suivants. Répondez en 120 mots au moins.

Question A

▶ ¿Siguen abiertas las heridas de la Guerra Civil y del Franquismo? Comente los porcentajes.

Han votado 64 628 personas.

Source : https://www.lavanguardia.com

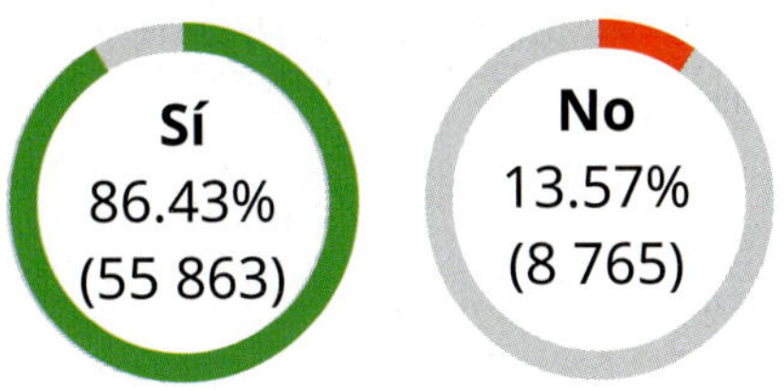

Question B

▶ Explique cómo los jóvenes de hoy en Chile pueden cumplir con su deber de memoria.

Unidad exprés

11

Citoyenneté et mondes virtuels

Participando

¿Cómo han transformado las redes sociales las relaciones en el espacio público?

PROYECTO FINAL

Expresión oral

Organizad un proyecto de acción ciudadana mediante redes sociales.

A Poder de convocatoria

1. ¿Qué falló? B2 Vidéo Fiche de compréhension

Protestas contra la AFP

Estos últimos años Chile ha conocido numerosas protestas en contra de las Administradoras de Fondos de Pensiones (AFP). Los ciudadanos se han movilizado utilizando las redes sociales para convocar protestas realizando *flashmobs* multitudinarios.

a. **Identifica** a las categorías de personas que aparecen en el vídeo.

b. **Precisa** a quiénes va dirigida la canción.

c. **Fíjate** en el título y **di** qué respuestas aporta el cantante.

d. Léxico **Anota** expresiones reivindicativas. **Deduce** lo que quieren los manifestantes.

e. **Observa** las imágenes y **explica** la relación entre las redes sociales y la canción.

Para expresarte

- los jóvenes
- la jubilación: *la retraite*
- los mayores: *les personnes âgées*
- las pensiones: *les retraites*

- digno(a) ≠ indigno(a)
- justo(a) ≠ injusto(a)
- precario(a)

- acabar con: *en finir avec*

2. Redes sociales por el bien general B2

En los tiempos actuales es indudable que el mundo ciudadano ha adquirido la capacidad de organizarse y cada día se hace más difícil pasar por arriba de[1] los derechos de las comunidades. El entorno de la información[2] ha cambiado el escenario público, haciendo que gobernar y tomar decisiones dirigidas al mundo social no sea tan fácil como lo fue en el pasado. [...]

Esta nueva realidad social, precipitada por la cultura de las redes sociales de Internet, ha proyectado fenómenos sociales, artísticos, políticos y comunicativos de alto impacto para nuestra sociedad. Durante los finales del siglo XX se pensó que la nueva tecnología de la información se transformaría en un peligro para los medios de comunicación de masas y la realidad ha demostrado todo lo contrario: todos aquellos que tienen acceso a Internet [...] pueden defender sus derechos, ante hechos que en el pasado eran por obligación tolerados por una ciudadanía sin medios para defenderse, simplemente porque la información está a un clic de distancia. [...]

Un ejemplo de cómo las redes sociales modifican realidades en forma positiva por el bien general, sucedió la semana recién pasada, en el maravilloso y espectacular lago Yelcho, ubicado en la frontera sur de la región de Los Lagos con Aysén. La comunidad por medio de las redes sociales se organizó rápidamente informando a quien quisiera escuchar, que la empresa salmonera[3] Caleta Bay estaba interviniendo el lugar, dejando en claro que la intención no era aceptada ante la contaminación que genera la salmonicultura. La empresa, al quedar en evidencia, desistió de concretar el proyecto salmonero: sabían que se verían los malos manejos ambientales[4] y, estratégicamente, optaron por la retirada y no ir en contra de la comunidad.

Andrés Gillmore Evers (periodista chileno),
http://www.elmorrocotudo.cl/, 25/06/2018

1. (fam.) ne pas tenir compte de 2. le monde de l'information 3. l'entreprise d'élevage de saumons 4. la mauvaise gestion de l'environnement

Manifestación contra las empresas salmoneras en Chile, 2018

Para expresarte

- una amenaza
- accesible
- al alcance de la mano: *à portée de main*
- antes ≠ ahora
- hoy (en) día: *de nos jours*

a. La manera de tomar decisiones políticas es más fácil ahora que antes. ¿Verdadero o falso? **Justifica.**

b. **Di** qué se pensaba de las redes sociales en el siglo XX. **Precisa** si se confirmó la idea y por qué.

c. **Describe** el proyecto bloqueado gracias a las redes sociales. **Enumera** los motivos.

PROYECTO FINAL ETAPA 1

A partir de los documentos y de Internet, encontrad ejemplos de:

a. situaciones que pueden generar protestas;

b. causas que provocan estas situaciones.

B Comunicando de otra manera

1. La policía te dice: "No piques" B1

Vidéo | Fiche de compréhension

Aviso de la Policía Nacional contra las estafas (*arnaques*) de Internet, 2019

PARCOURS DIFFÉRENCIÉS

Recorrido A

a. **Identifica** el lugar y las personas.
b. **Precisa** a qué se dedican.
c. **Indica** el objetivo de la expresión "no piques".
d. **Di** si lo que hacen estas personas tiene utilidad. **Explica** por qué sí o por qué no.

Recorrido B

a. **Indica** cómo estos policías incitan a la gente a no dejarse engañar por los bulos.
b. **Precisa** desde cuándo hace la policía este tipo de trabajo y para qué lo hace.
c. La policía se muestra desfavorable al uso de las redes sociales. ¿Sí o no? **Justifica**.
d. Léxico **Apunta** elementos relacionados con la idea de delito para resumir lo que ha pasado en el colegio.

Para expresarte

- el acoso: *le harcèlement*
- el bulo: *la rumeur*
- una comisaría
- la policía: *la police*
- el/la policía: *le/la policier(ère)*
- la prevención
- un repunte = un aumento

- abstenerse
- alcanzar: *atteindre*
- picar: *tomber dans le piège*
- vigilar: *surveiller*

PROYECTO FINAL ETAPA 2

A partir de los documentos y de Internet, buscad ejemplos de:

a. situaciones de abusos o rumores en las redes sociales;
b. soluciones y buenas prácticas en contra de estos rumores o abusos.

2. La modernilla de Twitter B1

Vidéo | Fiche de compréhension

Fachada del edificio de la Real Academia Española de la Lengua en Madrid

- "muches" = mucho(a)s en lenguaje inclusivo, no admitido por la RAE
- los cuates = *(Méx.) les amis*
- la red del pajarito = Twitter

La Real Academia de la Lengua Española

La Real Academia de la Lengua Española (RAE), fundada en **1713**, se dedica a velar por el buen uso y la unidad de la lengua española, y al mismo tiempo acompañar su evolución y expansión.

a. **Identifica** la institución de la que habla el vídeo. **Precisa** a qué se dedica.
b. **Indica** la palabra que se opone a "apolillada" *(poussiéreuse)*. ¿Qué deduces de la evolución de este organismo?
c. Las respuestas de este organismo lo hacen popular. ¿Verdadero o falso? **Justifica** con ejemplos.

3. Una aventura lingüística en Twitter B1

"Solo los verdaderos héroes lingüísticos se atreverán a abrir este enlace[1]". Ese es el reclamo[2] con el que la Real Academia Española (RAE) ha captado la atención de miles de usuarios en Twitter. Es el primer paso de un videojuego lingüístico que ya acumula miles de retuits en la red social, y que se ha convertido en la mejor promoción de EnclaveRAE, el proyecto estrella de la institución: una herramienta[3] en línea para enseñar el español a lo largo y ancho del mundo.

El juego comienza con una desaparición: la de un ejemplar del *Buscón*[4]. A partir de ahí, la RAE ha ideado una serie de pruebas que el usuario tiene que ir pasando para descubrir dónde está el célebre libro. ¿Se escribe solo o sólo? ¿Iros, idos o irsen? ¿Ahí o ay?

Solo seleccionando la respuesta correcta se puede avanzar en la aventura y descubrir quién es el ladrón. Por el camino aparecen duendes[5], *gifs* (todavía no está en el diccionario) y demás criaturillas[6].

La iniciativa se suma a una estrategia de comunicación en redes sociales que se caracteriza por la actividad constante de la Academia. Con 1,3 millones de seguidores en Twitter, su cuenta se ha convertido en una referencia para resolver las dudas urgentes del idioma. Esta nueva iniciativa, por cierto, ya acumula casi 800 000 impresiones.

ABC (periódico español), 26/02/2019

Para expresarte

- los conocimientos: *les connaissances*
- una búsqueda: *une quête, une recherche*
- atraer: *attirer*
- divertirse [ie, i]: *s'amuser*

1. *oseront cliquer sur ce lien*
2. *(ici)* eslogan
3. *un outil*
4. Novela picaresca de Francisco de Quevedo (1626)
5. des *lutins*
6. *d'autres bestioles*

a. **Precisa** qué ha hecho la RAE y cuál ha sido su estrategia.
b. **Explica** el objetivo y las reglas del juego.

PROYECTO FINAL ETAPA 3

Buscad en Internet otros ejemplos de redes sociales que resuelven dudas y ayudan a aprender.

PROYECTO FINAL

Organizad un proyecto de acción ciudadana mediante redes sociales.

a. Elegid uno de los problemas de la unidad e imaginad soluciones.
b. Elaborad un proyecto de utilización de las redes sociales para difundir vuestro mensaje (*flashmob*, juego, blog, etc.).

ÉPREUVE ÉCRITE
LVA>B2
LVB>B1

Rédiger un texte argumentatif

Lors de la troisième épreuve commune de contrôle continu, tu seras évalué(e) sur une expression écrite. Celle-ci peut consister à rédiger un texte à caractère argumentatif, à partir d'une citation ou d'un document iconographique. Ton objectif sera de démontrer et de convaincre, en t'appuyant sur des arguments et des exemples significatifs.

PARTIE 3 Expression écrite

Vous traiterez en espagnol le sujet suivant. Répondez en 120 mots au moins.

Question A

"Nadie debe olvidar que las redes sociales son empresas, y por tanto lo que quieren es vender. Facebook no quiere conseguirte muchos amigos, sino inducirte al consumo. Esto nos lleva a relaciones muy superficiales y esporádicas y al consumo de personas."

Soraya Calvo (doctora en educación y sexóloga) *www.elcomercio.es* (15/05/2018)

▶ Analice y comente esta cita de una entrevista realizada con ocasión de una conferencia sobre redes sociales basándose en sus conocimientos sobre el tema.

Étape 1 Analyser le sujet

- Lis la citation et identifie **l'auteur(e) et la source**.
- Repère **le contexte** de la citation.
- Souligne **les mots-clés**.
- Définis **le ton employé** et explicite les termes qui nécessitent un commentaire.

Étape 2 Préparer ses arguments

- Souviens-toi que les autres documents présents dans le sujet (audio ou vidéo de la compréhension orale et texte(s) de compréhension écrite) portent sur la même thématique : ils peuvent donc **nourrir ton argumentation**.
- Mobilise également toutes les connaissances acquises en cours.
- Détermine **quelle est ta position par rapport au point de vue soutenu** par la citation : es-tu d'accord avec celui-ci, souhaites-tu le nuancer, voire le contrer ?
- Détermine ensuite **le plan de ton écrit** en dégageant deux ou trois arguments.

Trucos

- Pour élaborer ton plan, identifie :
  – un point de départ ;
  – une ou deux idée(s) centrale(s) que tu développeras chacune dans un paragraphe, en illustrant avec un exemple ;
  – une conclusion : reprise du développement, avis personnel et/ou lien à l'axe.

Étape 3 Rédiger

- Rédige **l'introduction** en présentant l'auteur de la citation et le cadre dans lequel cette phrase a été énoncée.
- Organise **ton développement** en t'appuyant sur les mots-clés et sur tes notes. Appuie-toi sur des éléments significatifs de la citation et enrichis ta réflexion en puisant dans tes connaissances. Les autres documents du dossier (ou de cette unité) peuvent alimenter ta réflexion. Pense à illustrer par des exemples.
- N'oublie pas de préciser **si tu es en accord ou en désaccord** avec ce que dit l'auteur et d'expliquer pourquoi.
- Conclus en rappelant **le lien avec l'axe du programme**.

- La reformulation ne peut se suffire à elle-même. Elle peut cependant être employée comme point de départ d'une réflexion qui apporte des éléments d'analyse.
- Ne te contente pas de juxtaposer des idées sans suite. Elles doivent s'enchaîner et s'articuler entre elles de manière logique. Utilise pour cela les connecteurs.

La primera vez que Federica habló con Camila por Facebook fue hace más de diez años. Ella tenía 14 y Camila 13. Federica vivía en Colonia y Camila en Buenos Aires. Nunca se habían visto, ni una sabía nada sobre la otra. Solo tenían una cosa en común: las dos seguían a la misma “banda” de adolescentes que había surgido en una telenovela de Cris Morena. Un día, Federica agregó a Camila a Facebook porque le apareció como sugerencia, aunque no recuerda muy bien por qué lo hizo. [...] Hasta que un día se encontraron hablando sobre sus vidas, sobre la de Federica en el interior de Uruguay, y sobre la de Camila en la más grande y furiosa ciudad. A partir de entonces, empezaron a llegar los mensajes por el día del amigo, por los cumpleaños, por las navidades y los fines de año y Federica empezó a hablar de Camila como su amiga, la de Buenos Aires.

Pasaron 12 años de la primera vez que hablaron por Facebook. [...] Ya no son amigas, aunque no saben muy bien por qué. Sin embargo hay algo que se mantiene: un like en Instagram, un mensaje de feliz cumpleaños, un espero que estés bien. Eso las mantiene “unidas”.

Soledad Gago (periodista uruguaya) *www.elpais.com.uy*, 04/08/2019

Question A

“Nadie debe olvidar que las redes sociales son empresas, y por tanto lo que quieren es vender. Facebook no quiere conseguirte muchos amigos, sino inducirte al consumo. Esto nos lleva a relaciones muy superficiales y esporádicas y al consumo de personas.”

Soraya Calvo (doctora en educación y sexóloga)
www.elcomercio.es (15/05/2018)

▶ Analice y comente esta cita de una entrevista realizada con ocasión de una conferencia sobre redes sociales basándose en sus conocimientos sobre el tema.

Trucos

- Repère dans le texte des éléments qui confirment ou non le point de vue exprimé dans la citation.
- Tu peux surligner d'une même couleur les informations qui portent sur le même sujet.

Argumentos

- *Contexto: una cita con una afirmación/ una especialista de las relaciones: argumento de autoridad.*
- *Objetivo : alertar sobre los límites y riesgos del uso de las redes sociales.*
- *Ilustra un fenómeno, muestra lo superficial de las relaciones por redes sociales.*
- *Paradoja: sentimiento de proximidad y luego distanciamiento.*

Plan

Introducción = reprise des mots-clés du sujet (entrevista / doctora en educación / redes sociales)

Primera parte: la afirmación de la doctora / sus intenciones (quiere alertar sobre...)

Segunda parte: El artículo da un ejemplo que confirma / contradice...
En efecto...

Tercera parte: Mi punto de vista personal

Conclusión: la relación con el eje temático

¡AHORA TÚ!

Rédige ton texte en t'aidant des éléments suivants :

Esta reflexión fue sacada de...
La persona que ha dicho esto es...
El artículo evoca...
La historia de Federica y Camila confirma que...
Por una parte... Por otra (parte)...
Yo creo que...

Trucos

- Pense à utiliser des connecteurs logiques pour construire un développement argumenté.
- N'oublie pas de bien mettre en lien la citation avec l'axe culturel.
- Attention à la présentation : entraîne-toi à soigner ton écriture afin de la rendre aussi lisible que possible.
- Pense à aller à la ligne et respecte les règles de ponctuation.

Unidad

12

Art et pouvoir • Fictions et réalités

El arte de la caricatura

¿Qué papel ha jugado la caricatura en el mundo hispánico?

PROYECTO FINAL

Expresión escrita

Escribe una sátira de la sociedad hispánica.

A Crítica de los gobernantes en América Latina

Daniel Ortega y su mujer, respectivamente presidente y vicepresidenta de Nicaragua, caricatura de Pedro Molina (dibujante nicaragüense), 2018

B Caricatura del rey de España

Hoy la caricatura política está presente en muchos diarios y revistas. *El Jueves* es el semanario satírico más leído en España. La monarquía es un blanco *(cible)* privilegiado de la crítica, sobre todo desde la crisis de 2008, que precipitó la abdicación del rey Juan Carlos a principios de junio de 2014.

Portada de la revista *El Jueves*, 10 de junio de 2015

C Sátira de la dominación

Capricho n°42, *Tú que no puedes*, grabado de Francisco de Goya (pintor español), 1797-1799

La caricatura española alcanzó una gran calidad artística a finales del siglo XVIII, con las series de grabados de Goya (*Los Caprichos* y *Los disparates*). En el siglo XIX, proliferaron las caricaturas gracias al desarrollo de la prensa satírica y a las nuevas técnicas de impresión. Solían denunciar los abusos de poder de las clases dominantes (gobierno, nobleza, clero) y arremeter contra la monarquía.

Para expresarte

- una carga: *une charge*
- el clero: *le clergé*
- un dardo: *une fléchette*
- un grabado: *une gravure*
- la nobleza
- los privilegiados
- el pueblo llano: *le bas peuple*
- degradante
- doblegado(a): *mis(e) à genoux*
- afectar: *toucher, concerner*
- beneficiarse de: *tirer profit de*
- llevar a cuestas: *supporter*
- a ciegas: *à l'aveuglette*

¡Lánzate!

Doc. A ▸ Di de qué rasgos físicos y de qué comportamientos de la pareja presidencial se burla Pedro Molina y **precisa** su intención.

Doc. B ▸ Muestra que la caricatura perjudica tanto la imagen del rey como la de la monarquía española.

Doc. C ▸ Explica lo que simboliza y denuncia el grabado de Goya.

Crítica política en Colombia

1. Ser caricaturista B2 Texte lu

Javier Mallarino, personaje ficticio y protagonista de la novela, es caricaturista. Está hablando con un limpiabotas.

–Oiga –añadió–, ¿le puedo hacer una pregunta?

–Diga, jefe.

–¿Usted ha oído hablar de Ricardo Rendón[1]?

Le llegó un silencio desde abajo: uno, dos pálpitos.

–No me suena, jefe –dijo el hombre–. Si quiere después preguntamos a los compañeros. [...]

–¿Y Javier Mallarino?

El embolador[2] tardó un instante en darse cuenta de que la pregunta le estaba dirigida.

–¿Javier Mallarino? ¿Sabe quién es?

–El que hace los monos[3] del periódico, sí –dijo el hombre–. Pero ese tipo ya no viene por acá. Se cansó de Bogotá, eso fue lo que me explicaron a mí. Hace rato que vive afuera, en la montaña. [...]

No lo había reconocido. [...] Sus caricaturas políticas lo habían convertido en [...] una autoridad moral para la mitad del país, el enemigo público número uno para la otra mitad, y para todos un hombre capaz de causar la revocación de una ley, trastornar el fallo de un magistrado[4], tumbar[5] a un alcalde o amenazar gravemente la estabilidad de un ministerio, y eso con las únicas armas del papel y la tinta[6] china. Y sin embargo en la calle no era nadie, *podía seguir siendo nadie*, pues las caricaturas, al contrario de las columnas de ahora, no llevaban nunca la foto del responsable: para los lectores de la calle era como si ocurrieran solas, libres de toda autoría, como un aguacero[7], como un accidente.

El que hace los monos. Sí ese era Mallarino. *El monomaniaco*, así lo había llamado una vez, en la sección de cartas al periódico, un político herido en su amor propio.

Juan Gabriel Vásquez (escritor colombiano), *Las reputaciones*, 2013

Ricardo Rendón (caricaturista colombiano), *Año nuevo* 1931

1. caricaturista colombiano (1894-1931) 2. *(Amér.)* limpiabotas
3. *(péj.)* las caricaturas 4. *modifier la décision d'un juge* 5. *(fig.) faire tomber*
6. *l'encre* 7. *une averse*

Para expresarte

- las esferas del poder
- la inquina: *l'aversion*
- el respeto

- ofendido(a): *vexé(e)*

- denigrar
- desestabilizar
- despreciar: *mépriser*
- desvelar: *révéler*
- odiar: *détester*
- pertenecer a = formar parte de
- valorar

a. **Sitúa** la escena y **presenta** a los protagonistas.
b. **Explica** de qué armas dispone Javier Mallarino y qué poderes le confieren.
c. **Muestra** que es a la vez famoso y desconocido en su país.
d. **Di** quiénes son sus enemigos y cómo reaccionan a sus caricaturas.
e. **Apunta** cómo lo consideran los que no son sus enemigos y **di** lo que piensas de ello.

2. Caricatura del poder, poder de la caricatura B2

Fiche de compréhension

Vidéo

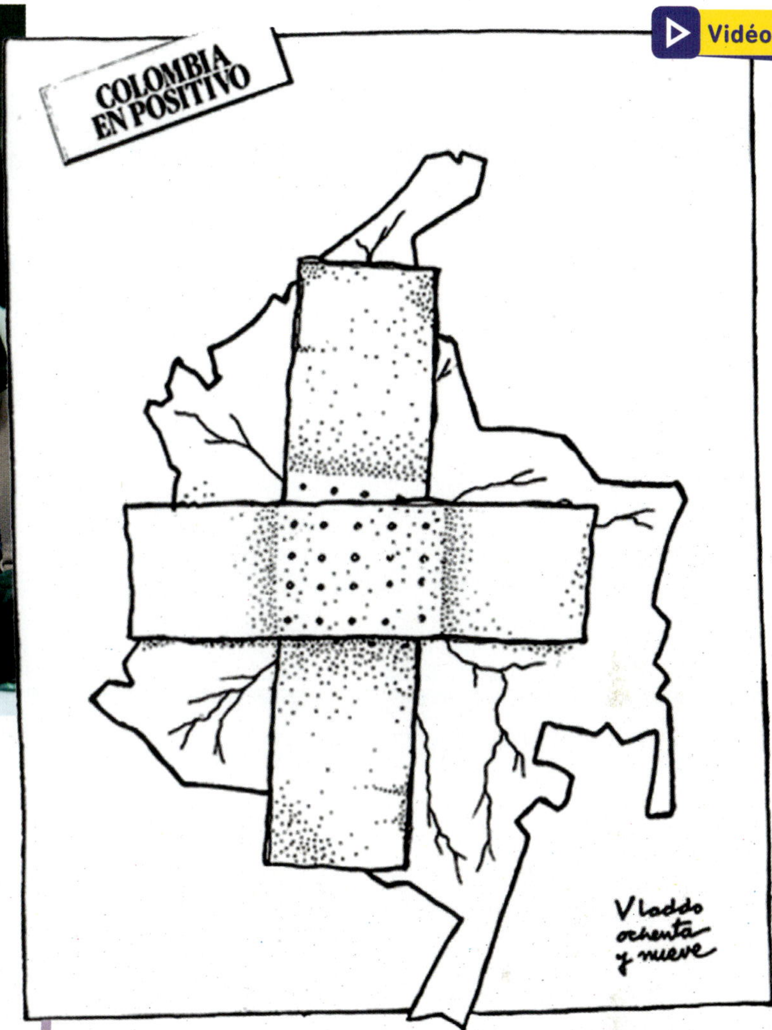

Vladdo (caricaturista colombiano)
Colombia en positivo, 1989

a. **Apunta** cuál es el verdadero nombre del dibujante Vladdo y de qué país es.
b. **Di** con qué se comparan el poder y el papel del caricaturista. **Justifica**.
c. **Identifica** a los que ejercen el poder en su país y con qué intenciones lo hacen.
d. **Explica** por qué es vital el papel de los caricaturistas.
e. **Di** de qué ventaja gozan *(profitent)* a la hora de dibujar.

PREPARA EL PROYECTO

Expresion escrita

Escribe al periódico para defender a Mallarino y criticar al político que lo llamó "monomaniaco".

Apuntes de gramática

Vouvoyer avec *usted*

Oiga, ¿le puedo hacer una pregunta?

→ Schéma p. 136, précis p. 259

Indiquer la continuité d'une action

Podía **seguir siendo** nadie.

→ Schéma p. 136, précis p. 261

Comparer avec *como si*

Para los lectores era **como si ocurrieran** solas [las caricaturas].

→ Précis p. 268

Prepara el BAC — Arte y poder

Los caricaturistas tienen un verdadero poder en Colombia y pueden cambiar las cosas.

Doc. 1 ▸ Determina por qué es una ventaja que nadie conozca la cara de Mallarino.

Doc. 2 ▸ Explica por qué es necesario que se ejerza un contrapoder mediante la caricatura.

Tradiciones burlescas

1. Un duelo de ingenio y humor sobre políticos B2

Vidéo

Una chirigota actuando en la final del carnaval de Cádiz, 2018

a. **Determina** qué es una chirigota y **cita** dos nombres de chirigotas que has oído.

b. **Di** dónde está el Teatro Falla y qué pasó allí el 26 de enero.

Fiche de compréhension

2. Murgas y compromiso político en Argentina B2

Fueron, allá a mediados de 2016, un desahogo[1] frente a una realidad apabullante[2]. Un comando musical y humorístico que irrumpía en redes sociales y rápidamente replicaron algunas radios. Nadie conocía las caras ni los nombres de esos cantores que atrapaban con sus ironías en vídeos que jamás los mostraban. Después se sabría que aquel comienzo secreto obedecía a razones artísticas, pero también a una necesidad de protección. [...] "Por un lado generaba misterio eso de no hacer fotos, de aparecer en forma clandestina, pero además varios del grupo teníamos trabajos en el Estado y podíamos tener problemas. Era un momento fulero[3], de persecución. Se fijaban qué decías, te leían el Facebook... Finalmente algunos fuimos despedidos[4] y otros no. Corría riesgo tu trabajo y entonces en esa primera etapa preferimos ser un grupo virtual". [...] El plan del grupo no era formar una murga sino expresar lo que ocurría. Pero la participación de la mayoría en murgas uruguayas y las herramientas que da el género carnavalero en ambas orillas (el canto sobre melodías populares, el humor) hizo natural que la banda tuviera esa característica. [...]

Alejandro Gómez Calcerrada, director general de Esa Te La Debo, comenta que "a medida que se iban viralizando los vídeos nos empezaba a picar el bichito[5] de actuar en vivo". No fue una decisión sencilla. El proyecto se transformaba y pasaba a otra dimensión. [...]

A los Eso Te La Debo les cuesta elegir el hit del grupo. Pero es difícil eludir *La querida oligarquía* que, con base en conocidas canciones infantiles, se desparramó en tiempo récord por los celulares. [...] "Nuestro objetivo es hacer pensar y emocionar".

diariopopular.com (diario argentino), 21/03/2018

1. *soulagement* 2. *accablante* 3. desagradable 4. *renvoyés* 5. *on avait envie*

a. **Presenta** a la agrupación Esa Te La Debo, destacando cómo evolucionó.

b. **Explica** la finalidad de sus canciones y a qué problemas se exponían sus autores.

c. **Aclara** cuáles son "las herramientas" del "género carnavalero"

Para expresarte

- una provocación

- exuberante
- irreverente = irrespetuoso(a)
- popular

- acarrear: *entraîner*
- amplificar
- burlarse de: *se moquer de*
- escandalizarse: *s'indigner*

3. Una transgresión polémica en Valencia B2

Entre la pólvora[1] y la música los monumentos falleros siguen estando sometidos a una estética clásica dentro de un manierismo barroco. [...] Año tras año sus argumentos repiten [...] imágenes gastadas[2] de [...] plutócratas avaros, políticos corruptos distorsionados, [...], las guerras, la carestía[3] de la vida, la contaminación de la atmósfera, la inseguridad ciudadana y algún caso insólito que esté de actualidad, tratados con ironía y sarcasmo aunque todo dentro de un orden sin demasiada malicia.

Una fiesta tan hondamente arraigada[4] genera una formidable descarga de energía popular, que ha sido siempre controlada y puesta al servicio del pensamiento tradicional. Renovar el espíritu fallero, someterlo a una estética moderna, tratar de derivar ese caudal[5] de alegría y vitalidad hacia una ideología de izquierdas ha sido una empresa inútil, aunque se haya intentado algunas veces. Una de ellas sucedió en 1987 cuando el alcalde socialista Ricardo Pérez Casado me encargó que realizara el guion de la falla oficial del Ayuntamiento. En plena movida de los años ochenta por un momento pensé que se podía llevar al límite de la provocación ese tópico del fuego de primavera que todo lo purifica. Imaginé la falla como una réplica de la propia fachada del Ayuntamiento [...], reproducirla a escala y colocar en el balcón, convertidos en *ninots*, contemplando su propia cremación, a la fallera mayor[6] con su corte, al propio alcalde[7] –mi amigo Ricardo Pérez Casado–, a los concejales[8], autoridades, políticos llegados de Madrid, embajadores invitados. [...]

Los problemas empezaron cuando la falla de tamaño colosal tuvo que levantarse en un lugar inadecuado. La estatua de Franco [...], acababa de ser retirada de la plaza casi en una guerra de guerrillas. Ese era el sitio ideal, pero sustituir el Caudillo de España por una falla progre se consideraba por la extrema derecha como un escarnio[9] y hubo de plantarla muy cerca de la fachada del propio Ayuntamiento sin ninguna perspectiva y con el peligro de que su incendio fuera de verdad, no simulado. Fue un fracaso[10] envuelto en mucha polémica.

Manuel Vicent (escritor español), *El País*, 16/03/2018

1. *la poudre* 2. *usées* 3. *la cherté* 4. *si profondément enracinée* 5. *(fig) ce flot* 6. la reina de la fiesta 7. *le maire* 8. *les conseillers municipaux* 9. *un affront* 10. *un échec*

Dibujo de Sento Llobell, de una falla imaginada por Manuel Vicent.

a. **Apunta** a qué fiesta se refiere M. Vicent. **Precisa** dónde y cuándo tiene lugar.

b. **Indica** qué les reprocha M. Vicent a las fallas y qué es necesario hacer según él.

c. **Cuenta** lo que hizo el autor en 1987 por encargo del alcalde.

d. **Explica** qué problemas surgieron a la hora de instalar la falla.

PREPARA EL PROYECTO

Interaction orale

Un(a) artista fallero(a) y un miembro de una chirigota explican por qué les parece imprescindible burlarse de los poderosos. ¿Qué dicen?

Apuntes de gramática

Indiquer une action récemment terminée

- La estatua de Franco **acababa de ser** retirada de la plaza.

→ Schéma p. 136, précis p. 261

Indiquer une action en cours de déroulement

- A medida que **se iban viralizando** los vídeos.

→ Schéma p. 136, précis p. 261

Prepara el BAC

Arte y poder

En el mundo hispánico existen tradiciones populares que denuncian los males de la sociedad y los delitos de los políticos.

Doc. 1 ▸ Comenta el papel sociopolítico que tiene el carnaval en Cádiz.

Doc. 2 ▸ Muestra que la transgresión conlleva *(entraîne)* peligros.

Doc. 3 ▸ Explica por qué las fallas pueden a la vez suscitar la risa y crear polémica.

La sátira de los poderosos del pasado

1. Isabel II, el blanco de las sátiras B2

Fue Isabel II una niña algo corta de entendederas[1] y de educación tan descuidada[2] que era prácticamente analfabeta. En lo que resultó precoz fue en el sexo; en parte, porque había heredado el carácter ardiente y lujurioso de la familia y, en parte, porque la corrompieron sus propios tutores. A los trece años declararon su mayoría de edad y, a los dieciséis, la casaron con su primo Francisco de Asís, ocho años mayor que ella y descendiente también de Felipe V, el primer Borbón español. [...]

–¿Qué puedo decir –se lamentaba Isabel– de un hombre que en nuestra noche de bodas llevaba más encajes[3] que yo? [...]

En la desafortunada elección de tal marido para la ardiente Isabel se puede sospechar la esperanza secreta de la taimada[4] reina madre de que Isabel no tuviera descendencia. Seguramente, quería que la corona recayera en su otra hija, la infanta Luisa Fernanda, que era su ojito derecho. Creció Isabel, más a lo ancho que a lo alto, y se convirtió en una reinona gorda y fofa[5], castiza[6] y chulapona[7], hipocondriaca fecunda, que trasegaba fuentes de arroz con leche[8] como el que come cacahuetes. La reina era muy fogosa y tuvo decenas de amantes, uno de los cuales, Carlos Marfori, llegó a ministro porque, según las gacetas, "le es muy necesario al rey y todo a la reina".

Juan Eslava Galán (escritor español), *Historia de España contada para escépticos*, 1995

1. *quelque peu limitée* **2.** *négligée* **3.** *dentelles* **4.** *fourbe* **5.** *molle* **6.** *très espagnole* **7.** *(ici) vulgaire* **8.** *(fig.) engloutissait des plats entiers de riz au lait*

Isabel II en medio de las luchas dinásticas entre los Borbones, revista *La Flaca*, 20/02/1870

Para expresarte

- un defecto: *un défaut*
- un golpe: *un coup*
- el odio ≠ el amor

- comilón(ona): *gros(se) mangeur(euse)*
- semejante = parecido(a)

- insinuar
- intensificar
- pelear: *se battre*
- reñir [i]: *se disputer*

a. Para Juan Eslava Galán, Isabel II era inteligente y culta. ¿Verdad o mentira? **Justifica**.

b. **Precisa** si la quería su madre.

c. **Muestra** cómo se ridiculizan el físico y el comportamiento de la reina tanto en el texto como en la caricatura.

d. **Explica** si, para ti, la revista *La Flaca* era partidaria de la monarquía.

Léxico

La descripción física y moral

EXO LEXIQUIZ

2. Excesivamente moderno B2

VIDÉO | Fiche de compréhension

Francisco de Goya y Lucientes (pintor español), *Ni más, ni menos*, aguafuerte n°41, 1797-1799

a. **Ve** el vídeo y **presenta** las obras de Goya evocadas.
b. **Aclara** por qué esas obras eran demasiado modernas para la época.
c. **Di** qué tuvo que hacer Goya con las obras después de su publicación y por qué.
d. **Indica** a qué estamentos solía criticar el pintor y qué les reprochaba.
e. **Describe** el grabado, su carácter satírico y **relaciónalo** con la información del vídeo.

Para expresarte

- el burro = el asno
- el clero: *le clergé*
- un estamento = una clase social
- una estampa = una imagen
- un mono: *un singe*

- grotesco(a)
- observador(a)
- satírico(a)

- reprochar que + *subj.*
- retratar: *faire le portrait de*

Fonología

Las grafías *c* y *qu* — EXO LEXIQUIZ

PREPARA EL PROYECTO

Expresion escrita

Para una exposición sobre Goya, **realiza** una invitación con la fecha, el lugar, el nombre de la exposición y las características principales de las obras expuestas.

Apuntes de gramática

Le comparatif de supériorité

- Su primo Francisco de Asís, ocho años **mayor que** ella
- Creció **más** a lo ancho **que** a lo alto.

→ Précis p. 256

Les suffixes diminutifs « ito/ita » et augmentatifs « ón/ona »

- Era su oj**ito** derecho.
- Se convirtió en una rein**ona** gorda y fofa.

→ Précis p. 252

Prepara el BAC — Arte y poder

En los siglos XVIII y XIX, los artistas que manejaban la sátira denunciaron los abusos de poder de las clases dominantes.

Doc. 1 ▸ Muestra que la mala imagen de la reina Isabel II perdura hasta hoy.

Doc. 2 ▸ Explica cómo denunció Goya los abusos de poder de su época.

Taller DE gramática

Exercices

La traduction de « vous »

La gramática en vídeo

VOUS		Pronoms	Emploi possessifs
	TU + TU	**2ᵉ pers. pluriel** vosotros(as) os	vuestro(s) vuestra(s)
		¡Oíd!, ¿os puedo hacer una pregunta?	
	VOUS (politesse)	**3ᵉ pers. singulier** usted (Ud.) lo, la, le	su(s)
		¡Oiga!, ¿le puedo hacer una pregunta?	
	VOUS (politesse) + VOUS (politesse)	**3ᵉ pers. pluriel** ustedes (Udes.) los, las, les	su(s)
		¡Oigan!, ¿les puedo hacer una pregunta?	

→ Précis p. 259

1 Conjugue les verbes et choisis le pronom ou l'adjectif possessif qui convient, si nécessaire.

a. Señores, (os/le/les) presentamos varias caricaturas para que nos (decir) cuál (preferir).

b. Majestad, ¿(querer) que llame a (su/sus/vuestra) madre ?

c. Compañeros, (venir) conmigo a Valencia, así (asistir) a la cremación de las fallas.

d. Cuando Ustedes (llegar) al museo, (os/la/los) esperará un guía.

e. Amigos, ¿es *El Jueves* una revista que (os/les/los) (gustar)? (Darme) (su/vuestro/vuestra) opinión.

Indiquer des aspects de l'action

La gramática en vídeo

Acabar de + inf peut aussi exprimer une action récemment terminée

DÉBUT D'UNE ACTION
EMPEZAR A + INF
Empezamos a ensayar en verano.

ABOUTISSEMENT D'UNE ACTION
ACABAR DE + INF
Acabamos de ensayar a tiempo.

action EN COURS DE DÉROULEMENT
ESTAR / SEGUIR + GÉRONDIF
Podía seguir siendo nadie.

Temps = ?
Durée = toda la vida

DURÉE de l'action
LLEVAR / PASARSE + complément de temps + GÉRONDIF
Lleva toda la vida dibujando caricaturas.

RÉPÉTITION ponctuelle d'une action
VOLVER A + INF
Goya volvió a criticar a los poderosos.

criticar criticar criticar

ACTION HABITUELLE
SOLER + INF
Goya solía criticar a los poderosos.

→ Précis p. 261

2 Complète les phrases avec les verbes suivants conjugués.

seguir (x2) • estar • soler • ir • empezar a • llevar 40 años

a. Cuando pasaba por la calle, Javier Mallarino ... hablar con la gente.

b. A pesar de los años, Isabel II ... siendo castiza y fogosa.

c. Las dificultades ... surgir cuando quisieron levantar la falla.

d. Goya pensaba ... vendiendo *Los Caprichos*.

e. Mientras su esposa contestaba al teléfono, Daniel Ortega ... lanzando dardos a un mapa de su país.

f. Ricardo Rendón ... publicando sus caricaturas y ... haciéndolo hasta su muerte.

Taller DE léxico

Lexiquiz

→ Mapa de léxico p. 282

1 Clasifica en el cuadro las expresiones sobre el trabajo de un caricaturista.

a. Hacer reír a la gente b. Ser el blanco de insultos c. Sufrir la censura
d. Recibir amenazas e. Expresar una opinión f. Hacer pensar

Funciones	Peligros

2 Asocia las palabras con sentidos opuestos.

1. el compromiso	a. favorecer
2. la verdad	b. respetuoso(a)
3. valorar	c. la neutralidad
4. corrupto	d. despreciar
5. irreverente	e. la mentira
6. perjudicar	f. un elogio
7. una crítica	g. ocultar
8. desvelar	h. honesto(a)

3 Busca los adjetivos que tienen la misma raíz que los verbos siguientes. Puedes usar un diccionario.

a. caricaturizar b. satirizar c. degradar d. criticar
e. burlarse f. ridiculizar g. transgredir h. amenazar

4 Describe la estampa sirviéndote de estas palabras.

una alegoría • un ataque • las garras • las leyes • los poderosos • el pueblo • injusto(a) • monstruoso(a) • animalizar • caricaturizar • favorecer • perjudicar • redactar • ser crítico(a) con

Francisco de Goya y Lucientes (pintor español), estampa n° 71 de la serie *Los desastres de la guerra*, 1814-1815 (Crítica a las leyes de Fernando VII)

PROYECTO FINAL

Escribe una sátira de la sociedad hispánica

Vas a redactar para una revista un texto satírico que caricaturice una injusticia o a un personaje corrupto.

1 **Elige** una injusticia actual o a un personaje poderoso corrupto de la unidad o del mundo hispánico.

2 **Describe** la injusticia (lugar, momento, tipo de abuso de poder...) o **resalta** los defectos del personaje (actitud, aspecto físico, delitos).

3 **Redacta** el texto usando el humor y **la ironía** para dejar clara tu opinión o **expresar tu sorpresa**.

¡Tú puedes!

Resaltar
- Por encima...
- Para colmo...
- Pero eso no es todo, hay más, como por ejemplo...
- Hay que ver lo + *adj.* que + *verbe*
- No podemos sino...

Ironizar
- ¡Pobre de él/ ella!
- Es una desgracia que...
- No ha tenido suerte (él/ella) al...
- Quién iba a imaginar que...
- Qué mal lo ha debido de pasar cuando...

Expresar la sorpresa
- ¡No me lo puedo creer!/¡No me puedo creer que...!
- Parece mentira que...
- ¡Eso sí que es increíble!
- ¡Qué + *nom*... más + *adj*...!

BAC Evaluación

1h30 — ÉPREUVE ÉCRITE — LVA > B2 — LVB > B1

PARTIE 1 Compréhension de l'oral

Documento 1 El papel fundamental de los caricaturistas en México

Rendez compte en français de ce que vous avez compris du document.

Vidéo

Source : Telesur, **Durée :** 1 min 43

Trucos

- Pour ton compte rendu, pense à relever :
  - la nature et le thème principal du document ;
  - le lieu et le moment évoqués ;
  - la fonction et la portée du document.

PARTIE 2 Compréhension de l'écrit et de l'ensemble du dossier

Documento 2 Las caricaturas nunca mienten

El protagonista, un famoso caricaturista colombiano, pronuncia un discurso en el teatro Colón de Bogotá durante un acto en el que le rinden un homenaje.

Al acercarse al atril[1] con el escudo de Colombia, [...] se dio cuenta de que estaba emocionado.

"Cuarenta años", dijo, inclinando el cuerpo hacia el micrófono. "Cuarenta años y más de diez mil caricaturas. Y déjenme que les confiese una cosa: todavía no entiendo nada. O quizás es que las cosas no han cambiado tanto. En esos cuarenta años, se me ocurre ahora, hay por lo menos dos cosas que no han cambiado: primero, lo que nos preocupa; segundo, lo que nos hace reír. Eso sigue igual, sigue igual que hace cuarenta años, y mucho me temo que será igual dentro de cuarenta años más. Las buenas caricaturas tienen una relación especial con el tiempo, con nuestro tiempo. Las buenas caricaturas buscan y encuentran la constante de una persona: aquello que nunca cambia, aquello que permanece y nos permite reconocer a quien no hemos visto en mil años. Aunque pasaran mil años Tony Blair[2] seguiría teniendo orejas grandes [...]. Son rasgos[3] que uno agradece. Cuando un político nuevo tiene uno de esos rasgos, uno inmediatamente piensa: que haga algo, por favor, que haga algo para que pueda usarlo, que no se pierda ese rasgo en la memoria del mundo. Uno piensa: por favor, que no sea honesto, que no sea prudente, que no sea buen político, porque entonces no lo podría usar con tanta frecuencia." Se oyó un susurro de risas, delgado como el rumor previo al escándalo. "Claro, hay políticos que no tienen rasgos: son caras ausentes. Ellos son los más difíciles, porque hay que inventarlos, y entonces uno les hace un favor: no tienen personalidad, y yo les doy una. Deberían estarme agradecidos. No sé por qué, pero casi nunca lo están." Una brusca carcajada burbujeó en el teatro. Mallarino esperó a que la sala regresara de nuevo al silencio respetuoso. "Casi nunca lo están, no. Pero uno se tiene que quitar de la cabeza que eso importa. Los grandes caricaturistas no esperan el aplauso de nadie, ni dibujan para conseguirlo: dibujan para molestar, para incomodar, para que los insulten. A mí me han insultado, me han amenazado, me han declarado *persona non grata*, me han prohibido la entrada a restaurantes, me han excomulgado. Y lo único que he dicho siempre, mi única respuesta a las quejas[4] y a las agresiones, es así: las caricaturas pueden exagerar la realidad, pero no inventarla. Pueden distorsionar, pero nunca mentir." Mallarino hizo una pausa teatral, esperó el aplauso y el aplauso llegó.

Juan Gabriel Vásquez (escritor colombiano), *Las reputaciones*, 2013

1. *(fig.) la tribune* 2. Primer ministro británico entre 1997 y 2007 3. *traits* 4. *les plaintes*

Documento 3 Un caricaturista censurado

El reconocido ilustrador y artista boliviano Alejandro Salazar (conocido como Al-Azar) dejará de publicar en el diario nacional *La Razón* sus dibujos por el asedio del que ha sido objeto en las últimas semanas por sus viñetas políticas, en el contexto del golpe de Estado que obligó la renuncia del presidente Evo Morales.

De acuerdo con el matutino[1] publicado en La Paz, Al-Azar –tres veces Premio Nacional de Periodismo en la categoría Caricatura– no tiene condiciones para continuar realizando ese trabajo creativo en las páginas editoriales, por lo que debe replegarse[2] a la espera de un ambiente más tolerante y menos agresivo: "Más allá de las críticas que puede generar toda opinión en el marco del pluralismo y el debate público, las caricaturas de Al-Azar han sido contestadas, en especial en redes sociales, con profusión de insultos y amenazas", señaló el diario en un editorial. El medio lamentó la decisión de Salazar, pero asegura que entiende y respeta solidariamente sus razones [...].

La Razón decidió dejar temporalmente en blanco los espacios ocupados por las viñetas de Al-Azar en sus páginas, como una manifestación contra el asedio[3] y en defensa de la libertad de expresión.

Por su parte, Salazar expresó su tristeza por el desenlace y expresó su gratificación al medio y a sus seguidores. "[...] En este triste desenlace[4] desemboca la intolerancia, la descalificación, el insulto y las amenazas. Ojalá vengan tiempos mejores. Gracias a todos, por el apoyo durante todos estos años", expresó en Facebook.

Tras el golpe de Estado al presidente Evo Morales, y la autoproclamación de un nuevo gobierno de transición, comenzó una persecución política a miembros y simpatizantes del Movimiento al Socialismo, a medios de prensa y activistas que denuncian el golpismo.

Tiempo argentino (periódico argentino), 1/12/2019

1. *le quotidien du matin* 2. *se retirer* 3. *(ici) le harcèlement* 4. *dénouement*

Compréhension de l'écrit

Diga de qué tratan los documentos y destaque lo esencial.

Trucos

- Pense à identifier le type de texte et à préciser le thème.
- Lorsque l'épreuve portera sur deux textes, n'hésite pas à commenter les points communs et les différences entre les documents.

Compréhension de l'ensemble du dossier

▶ Tras leer los documentos, explique la relevancia del papel de los caricaturistas en una sociedad democrática y lo que viene a obstaculizar su labor.

PARTIE 3 Expression écrite

Vous traiterez en espagnol l'un des deux sujets suivants au choix. Répondez en 120 mots au moins.

Question A

▶ Precise la relación de estos dos documentos con el eje temático *Art et pouvoir*.

Question B

"Claro, hay políticos que no tienen rasgos: son caras ausentes. Ellos son los más difíciles, porque hay que inventarlos, y entonces uno les hace un favor: no tienen personalidad, y yo les doy una. Deberían estarme agradecidos. No sé por qué, pero casi nunca lo están."

▶ Comente esta frase sacada del **documento 2**

Unidad 13

Territoire et mémoire • Fictions et réalités

La historia oculta

¿Qué nos cuenta de las sociedades hispánicas su historia menos conocida?

PROYECTO FINAL — **Expresión oral**
Realizad un minidocumental sobre la historia oculta de España.

A Los "topos" del franquismo

Fue solo treinta años después de concluida la guerra, a finales de los años sesenta, cuando los topos[1] comenzaron a salir de sus madrigueras[2] [...]. Después de treinta o más años oculto en un agujero[3] ya nada importa en realidad, y tan sólo deseas ver el sol por unos segundos, abrazar a tus queridos, aunque sea al precio de cárcel o muerto.

Isaac Rosa (escritor español), *¡Otra maldita novela sobre la guerra civil!*, 2007

1. *les taupes* 2. *leurs tanières* 3. *un trou*

Vidéo

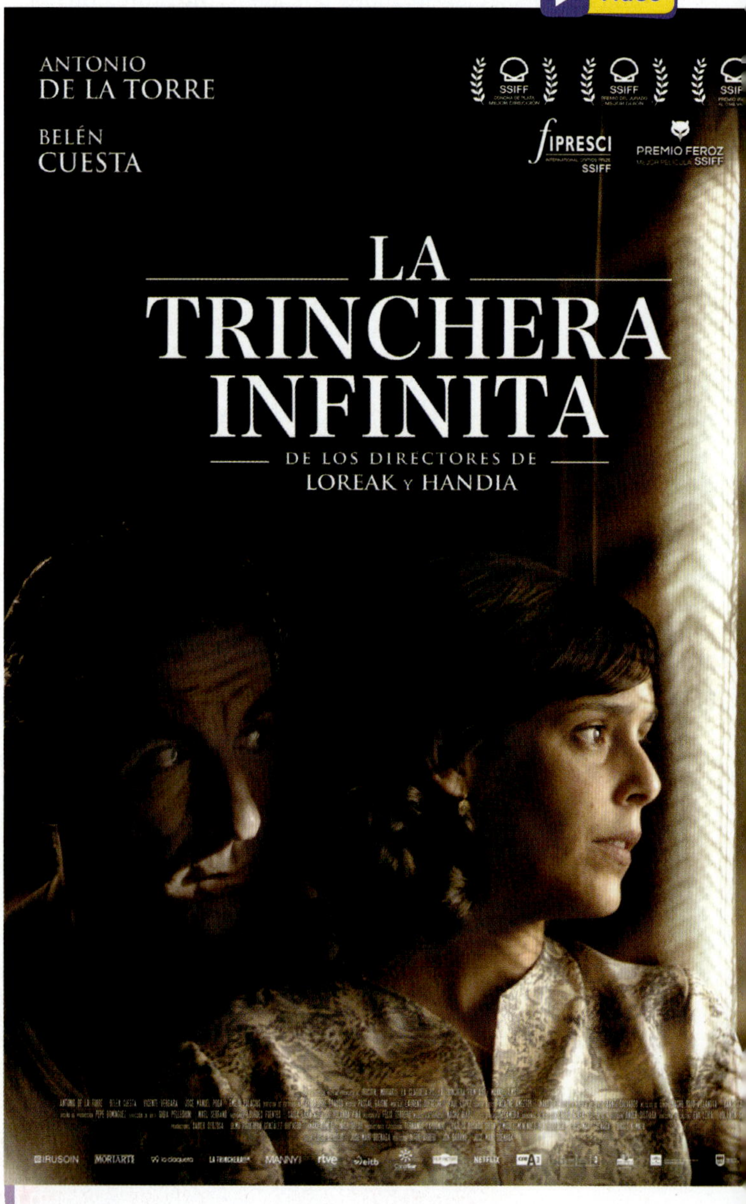

Cartel de la película *La trinchera infinita*, Jon Garaño, Aitor Arregi, José Mari Goenaga (directores españoles), 2019

Para expresarte

- la clandestinidad
- un(a) espía: *un(e) espion(ne)*
- un desencuentro = un desacuerdo
- la esvástica = la cruz gamada
- un éxito ≠ un fracaso: *un succès ≠ un échec*
- el miedo: *la peur*

- esconderse = ocultarse
- luchar = combatir

B España, tierra de espías

Vídeo

En 1940, durante la Segunda Guerra Mundial, la postguerra se instaló en una España convertida en un punto estratégico en donde operaban espías de los países en guerra. En el paso fronterizo de la Estación Internacional de Canfranc (Huesca) que se ve en la fotografía, los servicios secretos británicos organizaron una densa red de espías.

C Franco y Hitler en Hendaya

VIDÉO

El 23 de octubre de 1940, se reúnen en la estación de Hendaya, en la frontera francesa, Hitler y Franco para pactar las condiciones de la entrada de España en la Segunda Guerra Mundial.

¡Lánzate!

Doc. A ▶ **Describe** la actitud de los personajes de la foto y **ponla** en relación con el vídeo y el texto.

Doc. B ▶ **Ve** el vídeo y **di** por qué la Estación Internacional de Canfranc fue un lugar importante durante la Segunda Guerra Mundial.

Doc. C ▶ **Explica** cuál fue según el vídeo el resultado del encuentro entre Franco y Hitler.

Doc. A y B ▶ **Muestra** cómo ilustran estos documentos el título de la unidad.

Ocultos tras la guerra civil

1. Nadie podía verme B1

Rogelio se encuentra en 1977 con su amigo Florencio que vivió escondido en su casa desde el final de la guerra civil.

–¿Cómo te metiste aquí?

–Escapé en los días finales de la lucha, cuando ya estaba perdida, y nos íbamos en desbandada [...]. Estuve oculto en los montes, viviendo como una bestia, medio loco y sin saber nada. Cuando comprendí la situación y que no había nada que hacer, me vine aquí, eludiendo controles, caminando más de noche que de día. Finalmente conseguí llegar una noche, disfrazado con las ropas de una mujer que conseguí robar. Solo quería ver a Eloísa y a mi niña, despedirme de ellas. Pero una vez en casa no me resigné a morir. ¡Qué coño[1]! ¿Iba a entregarme como si tal cosa? Me oculté unos días, muerto de miedo, y entonces decidí emparedarme[2]. [...] Yo salía de noche, vivía, y el resto del tiempo... [...]

–¿Y cómo lo resististe?

–Primero el tiempo transcurrió muy despacio, con Franco haciendo de las suyas, esperando... qué sé yo, que acabara la guerra en Europa, que los aliados vinieran a echarlo y todo eso. No veas lo que tuvo que soportar mi mujer por ser esposa de un rojo[3], y mi hija, que creció despreciándome porque le decían que su papá había sido malo y estaba en el infierno [...]. El mejor día fue cuando le contamos a Martina la verdad. Pero vivir con miedo fue lo peor. Si me hubieran detenido a mí, también las habrían matado a ellas. Nadie podía verme.

Jordi Sierra i Fabra (escritor español), *El beso azul*, 2018

a. **Di** quién era el protagonista y cómo consiguió regresar a su pueblo.

b. **Precisa** qué decisión tomó y cómo se organizó para realizarla.

c. **Gramática** La situación del padre no afectaba a su mujer ni a su hija. ¿Verdadero o falso? **Justifica**.

d. Apoyándote en elementos del texto **explica** el título.

1. exclamación vulgar
2. *m'emmurer*
3. *(péj.)* un republicano

Para expresarte

- un escondite: *une cachette*
- una necesidad
- la represión
- la tranquilidad

- delatar: *dénoncer*
- entregarse: *se rendre*
- escapar a: *échapper à*

- como si + *subj. imp.*

2. El fantasma B2

Madrid, años 40. El padre de Lorenzo, que luchó en el bando republicano, vive escondido desde el final de la guerra civil.

Yo procuraba no invitar a nadie a casa para que mi padre no tuviera que encerrarse en el armario, pero mi madre, quizá por amor, quizá por estrategia, establecía un ritmo de reuniones con mis amigos en nuestro piso. Cuando esto ocurría, mi padre se encerraba en su armario con un candil de carburo[1] y unos libros hasta que todos se habían marchado. [...] No podré olvidar nunca que en una ocasión en que la reunión tuvo lugar en nuestra casa, mi padre se sintió enfermo y tuvo que ir al cuarto de baño perentoriamente[2]. A pesar de que teníamos la puerta del comedor cerrada, a través de los cristales y de los visillos que la adornaban alguien entrevió una sombra recorriendo el pasillo.

Para salir del paso, mi madre resolvió la situación hablando de un fantasma que de vez en cuando venía a visitarnos. Naturalmente la explicación heló la sangre de todos los presentes [...]. Seguimos jugando al parchís[3] y al cabo del rato se oyó el ruido de la cisterna[4] [...]. El estupor y el miedo les paralizó, pero mi madre se limitó a comentar con naturalidad: "Siempre hace lo mismo este fantasma. Tira de la cadena y se marcha". Una sensación de alivio[5] se derramó sobre mis amigos y continuamos jugando.

Alberto Méndez (escritor español), *Los girasoles ciegos*, 2004

a. La madre del narrador le prohibía invitar a sus amigos. ¿Verdadero o falso? **Justifica**.

b. **Precisa** qué pasó con su padre un día que había visita.

c. **Explica** cómo resolvió su madre la situación.

d. ¿Era una situación cómica o trágica? **Justifica**.

1. *une lampe à acétylène* 2. por necesidad 3. *jeu des petits chevaux*
4. *la chasse d'eau* 5. *soulagement*

3. 30 años de oscuridad B1

a. **Fíjate** en el cartel y en el título y **deduce** la situación del personaje.

b. **Presenta** a Manuel Cortés y **precisa** qué hizo. **Explica** si fue un caso aislado.

c. Léxico **Apunta** una palabra que da título a un libro y **explica** su significado.

d. **Explica** por qué estas personas actuaron así.

PREPARA EL PROYECTO

Expresión escrita

Cuenta para una revista de historia el momento en que un topo del franquismo sale de su escondite.

Para expresarte

- el alcalde: *le maire*
- las ejecuciones sumarias
- las represalias
- el temor: *la crainte*

- encerrado(a): *enfermé(e)*

Léxico

El secreto EXO LEXIQUIZ

Vidéo | Fiche de compréhension

Cartel del documental *30 años de oscuridad*, Manuel H. Martín (director español), 2011

Apuntes de gramática

Préciser des actions ponctuelles dans un contexte au passé

- **Escapé** en los días finales de la lucha, cuando ya **estaba** perdida.
  → Conjugaison p. 272

Indiquer l'antériorité d'une action

- Le decían que su papá **había sido** malo.
  → Conjugaison p. 272

Évoquer une condition non réalisée au passé

- Si me **hubieran detenido** a mí, también las **habrían matado** a ellas.
  → Précis p. 268

Prepara el BAC — Territorio y memoria

Las memorias individuales dan testimonio de la historia colectiva, sus conflictos y sus realidades olvidadas.

Doc. 1 ▸ Contextualiza la historia del protagonista en la historia de España y de Europa.

Doc. 2 ▸ Di en qué medida una escena cotidiana puede dar testimonio de una época.

Doc. 1-3 ▸ Explica cómo estas experiencias no son hechos aislados y se enlazan con una historia colectiva.

Mundo de espías

1. Cazadores de nazis en Chile B1 Vidéo

a. **Relaciona** la imagen con el título. ¿Qué pueden estar haciendo los personajes?

b. **Identifica** el país, la época y los hechos históricos evocados.

c. **Apunta** acciones que los nazis realizaron en ese país.

d. **Identifica** al organismo encargado de investigar y **precisa** su objetivo.

e. **Lista** los descubrimientos que hizo este organismo.

Fiche de compréhension

Léxico

El espionaje LEXIQUIZ

Ilustración de Alfredo Cáceres (ilustrador chileno)

2. España, un nido de espías B2

A principios de 1943, el Monte Nuria, un carguero[1] de la bilbaína Naviera Aznar[2], se encuentra con una fuerte tormenta en su viaje de regreso a España [...]. Cuando llega la calma se echa en falta un marinero, a quien todos suponen caído al mar [...].

Sin embargo, uno de sus compañeros sospecha[3] que no ha sido así, y que probablemente ha sido víctima de un agente británico camuflado entre la tripulación. ¿Por qué ha llegado a esta conclusión? Porque tanto la víctima como él han sido reclutados y entrenados por Hans Kellner, importante agente de la inteligencia militar alemana radicado[4] en Barcelona. El marinero en cuestión teme ahora por su vida. Lleva consigo una documentación que le ha sido entregada en la capital porteña[5] y debe hacerla llegar a sus contactos en Las Palmas de Gran Canaria. Para su sorpresa, y su fortuna, el resto del viaje transcurre sin novedad[6], y el espía proalemán logra finalizar con éxito su misión. Tal vez la desaparición de su compañero había sido un accidente. O tal vez el enemigo no conocía la existencia de un segundo espía a bordo...

La mayoría de la población nunca fue consciente de ello, pero durante la Segunda Guerra Mundial se sucedieron en España episodios como este. Nuestro país se había convertido en una excelente plataforma para los servicios secretos germanos, que sus homólogos anglosajones intentaban neutralizar a toda costa[7].

Sergi Vich Sáez, *La Vanguardia* (periódico español) 17/06/2017

1. *un cargo* 2. empresa con sede en la ciudad de Bilbao 3. *soupçonne* 4. situado 5. Buenos Aires 6. sin más incidentes 7. *à tout prix*

a. **Indica** la época y **di** qué pasó en el Monte Nuria.

b. Gramática **Precisa** las causas probables.

c. **Explica** por qué uno de los marineros "teme ahora por su vida".

d. ¿Se confirman sus temores? **Di** por qué.

e. **Lee** el último párrafo y **explica** el título.

Para expresarte

- un asesinato
- la cacería: *la chasse à l'homme*
- el ejército: *l'armée*
- una red: *un réseau*

- investigar: *enquêter*
- rastrear: *suivre la trace*
- vigilar: *surveiller*
- puede que... + *subjonctif*

3. Aprendiz de espía B1

Vidéo | Fiche de compréhension

El tiempo entre costuras, serie de Antena 3, 2014

a. Después de ver el vídeo, **explica** qué está haciendo la protagonista.

b. **Presenta** a los protagonistas y **precisa** en qué consiste la misión de la mujer.

c. Va a tener que aprender a hablar alemán ¿Verdadero o falso? **Justifica**.

d. Léxico **Apunta** expresiones relacionadas con el mundo del espionaje y de la costura.

e. **Describe** el método empleado para transmitir la información.

PREPARA EL PROYECTO

Expresión oral

Un espía le transmite a su superior información que le ha sido comunicada ¿Qué le dice?

Para expresarte

- la discreción
- las puntadas: *les points (couture)*
- la sospecha: *le soupçon*

- astuto(a): *astucieux(euse)*

- averiguar = descubrir
- disfrazar: *déguiser*
- ingeniárselas: *se débrouiller*
- necesitar: *avoir besoin*
- ocultar: *cacher*

Fonología

Los sonidos [an], [en], [in], [on]

EXO LEXIQUIZ

Apuntes de gramática

S'exprimer à la forme passive

- **Han sido reclutados** y entrenados por Hans Kellner.
- Una documentación que le **ha sido entregada**.

→ Précis p. 269

Faire des hypothèses

- **Probablemente** ha sido víctima de un agente británico.
- **Tal vez** había sido un accidente.
- **Puede que sean** agentes camuflados.

→ Schéma p. 148, précis p. 263,

Prepara el BAC — Territorio y memoria

En tiempos de guerra los espías viven historias ocultas que es importante recordar.

Doc. 1 ▸ Explica en qué medida puede ser útil para la historia revelar la presencia de los nazis en Chile.

Doc. 2 ▸ Muestra cómo se realizaron en España acciones ocultas que han sido descubiertas recientemente.

Doc. 3 ▸ Di en qué medida una ficción da a conocer la acción oculta de los espías.

España: redes de escape para todos

1. Salvar a los judíos sefarditas B2 Texte lu

Agosto de 1943: Conversación entre Cassio Granzow, cónsul de España en Varsovia, Lena, su colaboradora, y el padre Szymlik, sacerdote.

–Traigo noticias de Berlín –anunció [Cassio Granzow] después de degustar el tinto. Lena y el padre Szymlik, sus invitados esa noche, le escucharon con atención–. Parece que no somos los únicos que no estamos dispuestos a seguir impasibles ante lo que está sucediendo. Miembros de otras legaciones[1] han empezado a mover ficha[2]: Bulgaria, Hungría, Grecia... Todos pretenden proteger a los judíos. [...]

–De modo que contamos con su apoyo... –dedujo Lena precipitadamente, sin poder ocultar cierto entusiasmo.

–No, no exactamente. La posición del gobierno de España es muy delicada con respecto a este asunto. Por un lado, no quieren enfrentamientos diplomáticos con Hitler, pero, por otro, en algunos círculos empieza a calar la idea de que no es tan seguro que Alemania gane la guerra [...].

–¿Entonces?

–Entonces, no quieren que el tema de los judíos se convierta en otra pelota más en el aire[3]. No habrá apoyo ni financiero ni político, pero mirarán para otro lado y lidiarán con[4] las protestas de los alemanes [...].

–¿Significa eso que nos podemos poner a emitir visados sin límite? [...]

–Significa que tendremos que usar nuestro sentido común y nuestra habilidad para actuar [...]. Hay varias opciones. Entre ellas, un antiguo decreto [...] por el que se concede la nacionalidad española a los judíos sefarditas[5] que lo soliciten. El Ministerio de Asuntos Exteriores permite que se emitan visados a estos judíos y se los repatrie a España.

Carla Montero (escritora española), *El invierno en tu rostro*, 2016

1. embajadas 2. actuar 3. (*fig.*) en otro problema más 4. *ils feront face aux*
5. judíos originarios de España

a. **Precisa** el contexto histórico de la acción.
b. Solo el cónsul se preocupa por los judíos. ¿Sí o no? **Justifica**.
c. **Explica** su estrategia para salvar a los judíos.
d. **Califica** la posición de España. **Justifica** con el texto.

Para expresarte

- el cinismo
- la complicidad
- sin vergüenza = sin escrúpulos
- arriesgar
- escapar(se) = huir: *(s')échapper = fuir*

2. Red de evasión de nazis B2

En 1948, el periodista Sefton Delmer entrevista a Clara Stauffer, en Madrid.

Sefton Delmer le pregunta sin preámbulos si es cierto que dirige una red de evasión de criminales de guerra y jerarcas[1] nazis. Ella responde que ayuda a mucha gente. Sin pudor alguno, le explica que la mayoría de los alemanes y colaboracionistas retenidos en España desean regresar a su país, pero algunos prefieren emigrar a un tercer país. Por eso está en contacto con una red de acogida de emigrantes que dirige en Buenos Aires una señora alemana, buena amiga suya, llamada Cassy von Schiller, que ha residido en Madrid hasta 1947. Y con la misma serenidad, un aplomo aplastante[2], reconoce mantener también contactos con el Vaticano, dado que algunos de sus protegidos eligen cruzar el Atlántico desde Génova.

La falta de discreción, limítrofe con la arrogancia, de Clara Stauffer asombra a su entrevistador hasta que le pregunta si el gobierno español conoce su trabajo. En ese momento, el descaro[3] de la entrevistada se incrementa hasta desbordar los límites de la chulería[4]. Con una sonrisa de superioridad, responde que naturalmente el gobierno español está al corriente de su labor y que cuenta no solo con su comprensión sino también con la protección del Generalísimo[5].

Almudena Grandes (escritora española), *Los pacientes del doctor García*, 2017

1. altos responsables 2. (*ici*) impresionante 3. *le culot* 4. la insolencia 5. Franco

a. **Indica** a qué se dedica la protagonista y quiénes se benefician.
b. **Lista** los destinos que desean las personas a las que ayuda.
c. **Precisa** los contactos en los que se apoya.
d. Léxico **Lista** las palabras que describen la actitud de la mujer y **explícala**.
e. ¿Admira el periodista lo que hace la mujer? **Justifica**.

Vidéo | Fiche de compréhension

3. Las hermanas "Schindler" gallegas B1

a. **Di** qué relación tiene la ilustración con la historia del vídeo. **Justifica**.

b. **Presenta** a las tres protagonistas y su actividad. ¿Por qué es una proeza?

c. Léxico **Apunta** expresiones relacionadas con la idea de secreto y de riesgo.

d. **Explica** por qué su familia no sabía lo que hacían las hermanas.

e. **Explica** el título *Estación Libertad*.

PREPARA EL PROYECTO

Expresión oral

Le cuentas a un(a) compañero(a) de la embajada la conversación de Lena con su jefe y el padre Szymlik. *Casio anuncia que...*

Para expresarte

- el paradero: *le lieu où se trouve qqn.*
- el peligro: *le danger*
- las pesquisas = las investigaciones
- una red: *un réseau*
- el riesgo: *le risque*
- la Torá = el libro sagrado de los judíos
- una trampilla: *une trappe*

- ayudar: *aider*
- escapar(se): *(s')échapper*
- guardar un secreto
- jugarse [ue] la vida: *risquer sa vie*

Portada de *Estación Libertad*, Emilio Ruiz Barrachina (escritor español), 2016

Léxico

Las actitudes EXO LEXIQUIZ

Apuntes de gramática

Exprimer des faits non réalisés

- **No quieren** que el tema **se convierta** en un problema.

→ Précis p. 261

Rapporter des propos au style indirect

- Le **pregunta si dirige** una red de evasión.
- Ella **responde que ayuda** a mucha gente.

→ Schéma p. 148, précis p. 271

Prepara el BAC — Ficciones y realidades

Los protagonistas de hechos heroicos o condenables deben ser recordados.

Doc. 1 ▸ ¿En qué medida es ejemplar la actividad secreta de los protagonistas?

Doc. 2 ▸ Explica la importancia de recordar a personas y hechos condenables.

Doc. 3 ▸ ¿En qué medida se han convertido las hermanas Touza en iconos y qué valores encarnan?

Taller DE gramática

Exercices

Rapporter des propos au style indirect

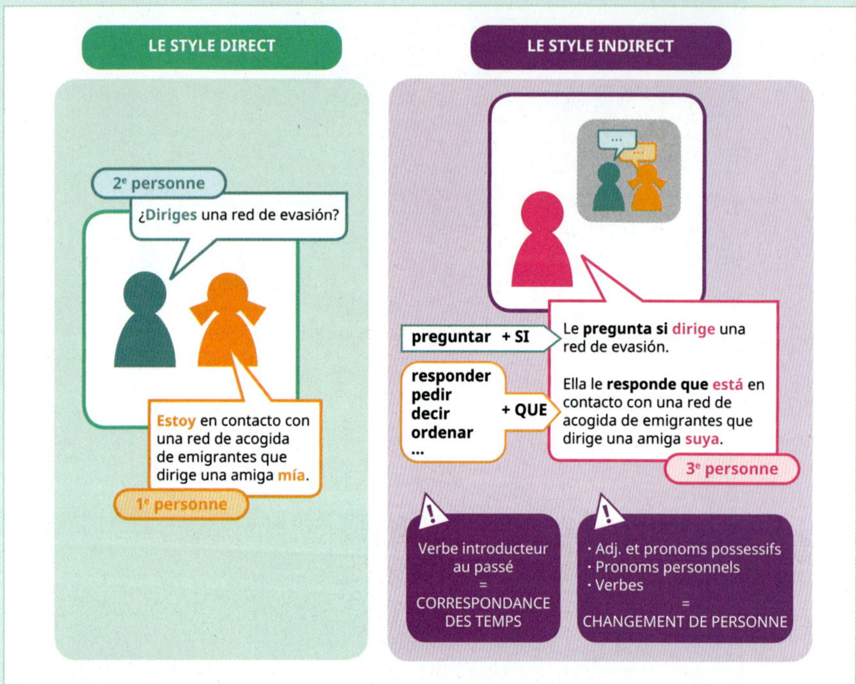

→ Précis p. 271

1 Réécris ce dialogue au style indirect.

Rogelio está hablando con su amigo Florencio.

–¿Cómo te metiste aquí ?

–Escapé en los últimos días de la lucha, estuve oculto en los montes y volví a casa disfrazado para ver a mi mujer y a mi hija.

2 Réécris ces textes au style indirect.

a. Tendremos que usar nuestro sentido común y nuestra habilidad para actuar. *El cónsul dice que…*

b. Yo procuraba no invitar a nadie a casa para que mi padre no tuviera que esconderse. Pero cuando venían mis amigos, mi padre se encerraba en su armario. *Lorenzo cuenta que…*

Faire des hypothèses

La gramática en vídeo

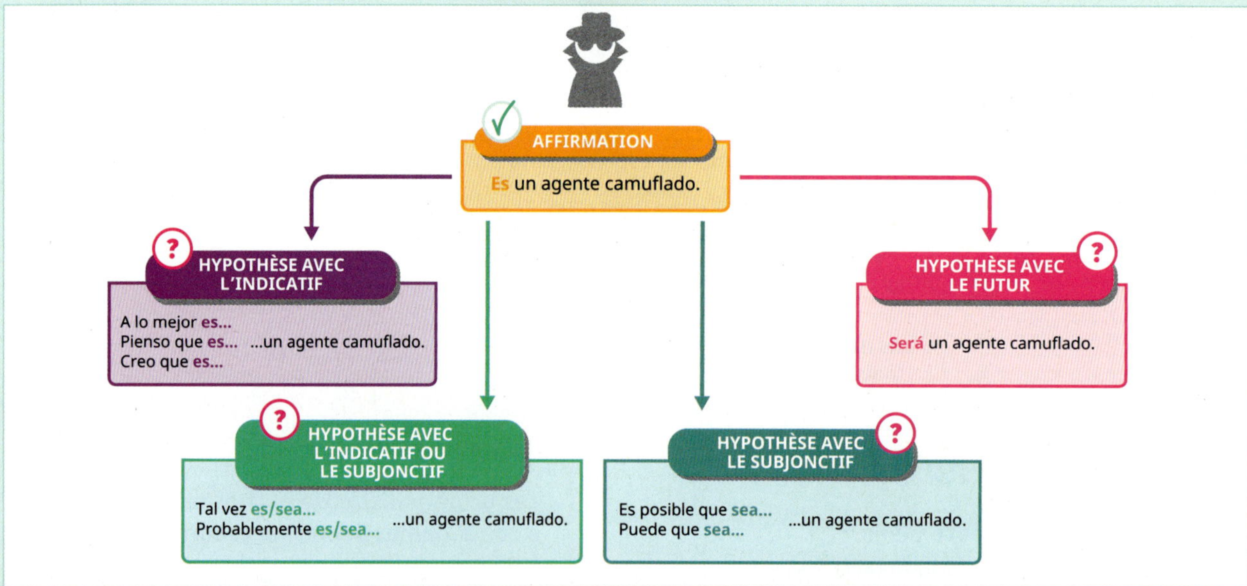

→ Précis p. 263

3 Réécris chaque phrase en exprimant une hypothèse

a. Hay un fantasma que de vez en cuando nos viene a visitar.

b. Clara Stauffer mantiene contactos con el Vaticano.

c. El marinero ha sido asesinado.

d. Roba las ropas de una mujer para disfrazarse.

e. El enemigo no conoce la existencia de otro espía a bordo.

Taller DE léxico

Lexiquiz

→ Mapa de léxico p. 287

1 **Busca los verbos correspondientes a los sustantivos siguientes:**

a. el escondite b. el regreso c. la delación
d. la detención e. el alivio f. una ejecución

2 **Busca el intruso de cada lista y haz una frase con una palabra de cada lista para describir la imagen.**

a. averiguar • ingeniárselas • cocinar • investigar • vigilar
b. transcribir • encriptar • codificar • descifrar • coser
c. la inteligencia • las empleadas • un agente • una espía • los servicios secretos

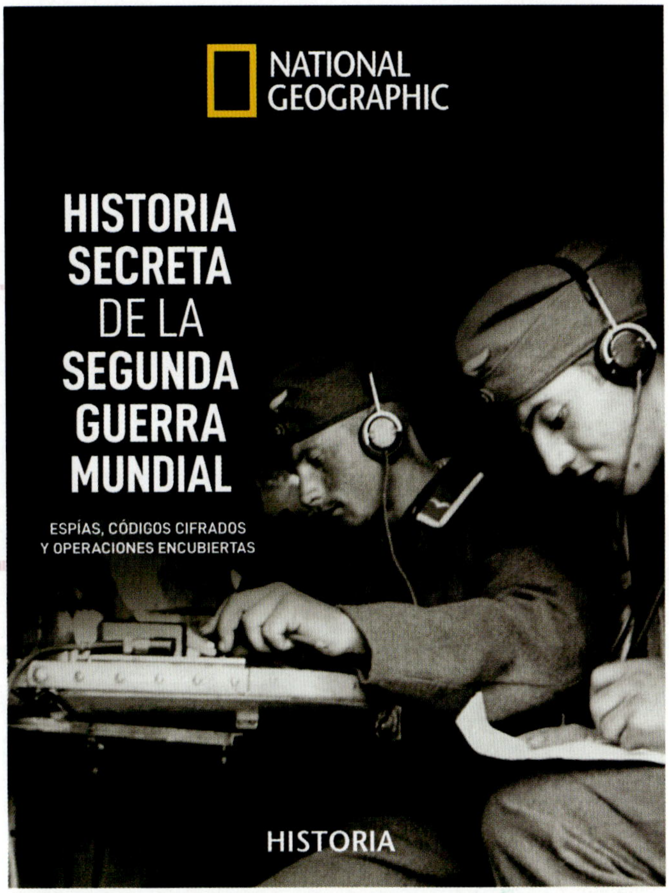

3 **Haz una frase con los elementos siguientes.**

durante • España • fue un país de tránsito • judíos • la Segunda Guerra Mundial • para refugiados • y en los años siguientes

PROYECTO FINAL

Realizad un minidocumental sobre la historia oculta de España

Vais a realizar un documental con testimonios sobre momentos desconocidos de la historia de España.

1. Informaos en la unidad y en Internet sobre hechos poco conocidos de la historia de España y elegid un tema.
2. Redactad una presentación de los hechos y los testimonios, en pasado, de varios de sus protagonistas, investigadores(as) o personas que los/las conocieron.
3. Elegid imágenes, vídeos y documentos, grabad la voz de un(a) narrador(a) y las intervenciones de los/las protagonistas y montad vuestro documental.

¡Tú puedes!

Contar un acontecimiento
- Tuvo lugar en...
- Todo ocurrió/pasó...
- Fue entonces cuando + *passé simple*
- Estábamos.../ Era.../ Había...

Situar en el tiempo
- En los primeros meses...
- A mediados de
- Uno/dos/tres meses después...

Evocar recuerdos
- Recuerdo perfectamente...
- Me acuerdo de...
- Creo recordar...

BAC Evaluación

Autoévaluation

1h30

ÉPREUVE ÉCRITE

LVA>B2
LVB>B1

PARTIE 1 Compréhension de l'oral

Documento 1 Niños españoles refugiados en México

Rendez compte en français de votre compréhension du document.

Trucos

- Repère :
  - le thème principal du document ;
  - l'événement et les situations évoquées ;
  - le point de vue de la personne qui s'exprime ;
  - la fonction et la portée du document.

Vidéo

Durée : 1 min 25

PARTIE 2 Compréhension de l'écrit et de l'ensemble du dossier

Documento 2 Una agente muy activa

Madrid, años 40. España vive sus primeros años de franquismo mientras el resto de Europa está en guerra.

Margarita, la brillante dueña de Embassy[1], no se limitaba a supervisar la calidad del pan o el servicio de sus camareros, sino que era una agente muy activa del servicio de inteligencia británico. Aparte de conseguir información de sus numerosos clientes, su establecimiento era la cobertura de una operación muy amplia y sofisticada que dirigía desde su vivienda del segundo piso del mismo edificio donde se encontraba Embassy, ante las barbas de los agentes de la Abwehr[2] y la Gestapo. Justo encima del salón de té daba cobijo[3] a judíos y otros refugiados del terror nazi, gente que había recalado en el campo de concentración de Miranda de Ebro y que el médico de la embajada, el doctor Eduardo Martínez Alonso, ayudaba a liberar falsificando informes médicos en los que se firmaban enfermedades inventadas, como un tifus o una tuberculosis. Luego eran conducidos a Madrid por los chóferes de la embajada, que gozaban de inmunidad diplomática. Margarita les devolvía la salud a base de bollitos[4] ingleses y raciones de *welsh rarebit*, una especie de tostada con salsa de queso y cerveza. También les proveía de ropa nueva, papeles de identidad falsos e instrucciones precisas para la huida. Al cabo de unos días, los conductores de la embajada se los llevaban de nuevo a Portugal o a algún puerto donde embarcaban con destino a Sudamérica. Las rutas que empleaban llevaban nombres de coches ingleses de la época: la Austin, que iba de Madrid a Lisboa, o la Sunbeam, de Madrid a Vigo. Otros refugiados llegaban por sus propios medios después de haber cruzado los Pirineos a pie y acudían a Embassy simulando ser clientes para ser evacuados a través de un pasadizo secreto cercano a los baños que los llevaba al segundo piso del edificio. Allí eran atendidos por Margarita y por el doctor Martínez Alonso. El hecho mismo de que toda esa actividad clandestina se mantuviera en secreto durante tanto tiempo daba buena cuenta de la profesionalidad, el temple[5] y el coraje, tanto de Margarita como del médico español, que se jugaban la vida las veinticuatro horas del día, entre sándwiches de lechuga y tartaletas de limón.

Javier Moro (escritor español), *Mi pecado*, 2017

1. salón de té de Madrid 2. servicios secretos alemanes 3. *hébergeait* 4. *brioches* 5. *la trempe*

BAC

Documento 3 Los campos de concentración de Franco

Franco creó 296 campos de concentración en toda España que estuvieron abiertos desde horas después de su golpe de Estado hasta bien entrada la dictadura. Pasaron por ellos entre 700.000 y un millón de españoles que sufrieron torturas físicas y psicológicas, enfermedades, hambre extrema y lavado de cerebro.

Carlos Hernández, en su libro *Los campos de concentración de Franco*, ha revelado estos nuevos datos de un episodio de nuestra historia en ocasiones olvidado.

¿Por qué ignoramos los detalles de tanta represión de los campos de concentración franquistas? ¿Por qué su magnitud ha sorprendido a tanta gente?

Hay principalmente dos motivos. El motivo más importante es que el franquismo [...] puso especial hincapié[1] en eliminar cualquier prueba de su estrecha relación con la Alemania nazi que le permitió, entre otras cosas, ganar la guerra. Cuando Hitler fue derrotado, Franco trató de congraciarse con[2] los aliados. [...] En cualquier caso, el concepto campo de concentración vinculaba al franquismo con algo muy negativo, tanto internacionalmente como ante los propios españoles y por eso trataron de borrar lo ocurrido.

Da la sensación de que, en general, no conocemos la verdadera escala, de que mucha información se nos quedó por el camino.

Mucha. Para empezar, resulta imposible saber el número de víctimas de los campos porque no se registraban los asesinatos ni la mayoría de las muertes por hambre o enfermedades. [...] Tampoco se ha hablado de la última etapa de la represión que sufrían los prisioneros, paradójicamente, cuando obtenían la libertad. [...] Eran vigilados por vecinos y falangistas y eran constantemente humillados. [...] Ni siquiera con la libertad, si es que llegaba, había verdadera libertad. Toda España era un gran campo de concentración.

Belén Remacha, *El Diario* (periódico español), 12/03/2019

1. *mit un soin particulier* 2. *s'attirer la sympathie de*

Compréhension de l'écrit

Precise el tema de los documentos y destaque lo esencial.

Trucos

- Lorsque l'épreuve porte sur deux documents, pense à faire des liens entre les idées exposées dans chacun.
- Lis attentivement les deux documents pour voir s'ils se complètent ou s'opposent.

Compréhension de l'ensemble du dossier

▶ Tras leer y observar los tres documentos, explique qué situaciones vivieron los refugiados de guerra durante los años 30 y 40 en España.

PARTIE 3 Expression écrite

Vous traiterez en espagnol l'un des deux sujets suivants. Répondez en 120 mots au moins.

Question A

▶ Redacte un artículo en el que explique la decisión de la protagonista del documento 2 y sus motivaciones.

Question B

"El hecho mismo de que toda esa actividad clandestina se mantuviera en secreto durante tanto tiempo daba buena cuenta de la profesionalidad, el temple y el coraje, tanto de Margarita como del médico español, que se jugaban la vida las veinticuatro horas del día."

▶ Comente esta frase sacada del documento 2 y explique por qué se jugaban la vida Margarita y el médico.

Unidad 14

Identités et échanges ● Diversité et inclusion

Fronteras y puentes

¿Cómo evolucionan las relaciones entre los países del continente americano?

PROYECTO FINAL

Expresión escrita

Redacta una entrevista a un(a) migrante.

A Caravana de migrantes en América Latina

VIDÉO

Las caravanas de migrantes son una serie de éxodos iniciados en octubre de 2018 con el objetivo de ir a Estados Unidos, atravesando México, como en la foto. La mayoría de los migrantes provienen de Centroamérica, especialmente de Honduras.

B La Alianza del Pacífico

La Alianza del Pacífico nació como una iniciativa económica y de desarrollo entre Chile, Colombia, México y Perú. El objetivo es impulsar el crecimiento y la competitividad gracias a la libre circulación de bienes, servicios, capitales y personas.

Vidéo

C En la frontera entre México y Estados Unidos

La frontera actual entre Estados Unidos y México tiene una longitud de 3 169 km. Atraviesa los desiertos de Sonora (en la foto) y Chihuahua. Se encuentran 17 000 agentes cuya misión es impedir que los migrantes irregulares, las drogas o los terroristas entren a los Estados Unidos.

Para expresarte

- el crecimiento: *la croissance*
- la escasez: *la pénurie*
- las exportaciones ≠ las importaciones
- los intercambios: *les échanges*
- el libre comercio: *le libre-échange*
- un miembro: *un membre*
- una patrulla fronteriza
- la pobreza: *la pauvreté*

- huir de: *fuir*
- en busca de: *à la recherche de*

¡Lánzate!

Doc. A ▶ **Fíjate** en las banderas y **di** de qué países provienen los migrantes. **Imagina** adónde van y los motivos.

Doc. B ▶ **Define** lo que es la Alianza del Pacífico.

Doc. C ▶ **Determina** dónde se encuentran las personas de la película y qué están haciendo.

Economías interdependientes

1. México a la conquista de la economía norteamericana B2

Fiche de compréhension

Vidéo

Camiones esperando para entrar en Estados Unidos por Tijuana (México)

a. **Observa** la foto y **di** qué revela de las relaciones entre los dos países.

b. Léxico **Apunta** las palabras en relación con la economía.
Di cuál se repite y **precisa** la diferencia a la que se refiere.

c. **Cita** empresas mexicanas líderes en Estados Unidos.

d. **Explica** a qué se refiere la expresión “sistema totalmente integrado”.

Para expresarte

- un acuerdo
- una fila: *une queue*
- los intercambios: *les échanges*
- una inversión: *un investissement*
- las mercancías: *les marchandises*
- un(a) socio(a): *un(e) partenaire*

- facilitar: *rendre possible*
- fomentar: *encourager*

2. Un nuevo tratado de libre comercio A2

Con 114 votos a favor, 4 votos en contra y tres abstenciones, el Senado de México aprobó en sesión extraordinaria la ratificación del Tratado México, Estados Unidos y Canadá (conocido como TMEC en México y USMCA en EE. UU.) que remplazaría al actual tratado de libre comercio de América del Norte vigente, TLCAN o Nafta (por sus siglas en inglés).

“Con esta aprobación, México manda un claro mensaje a favor de una economía abierta y de profundizar su integración económica en la región”, dijo el Senado en un comunicado.

“El Gobierno de México y la Secretaría de Economía, en particular, daremos seguimiento[1] puntual a los procesos de aprobación legislativa en EE. UU. y Canadá, esperando que sean ágiles y conduzcan a la pronta implementación[2] del nuevo T-MEC”, dice el ente[3] legislativo mexicano.

El presidente de EE. UU., Donald Trump, felicitó a Andrés Manuel López Obrador: “Felicitaciones al presidente López Obrador: México votó para ratificar el USMCA hoy por un gran margen. ¡Es momento que el Congreso haga lo mismo aquí!”.

CNN Español, 19/06/2019

1. *un suivi* 2. *la mise en place* 3. el organismo

a. **Di** qué tratado fue aprobado y a qué tratado sustituye.

b. **Precisa** qué ventajas tiene el nuevo tratado y qué esperan las autoridades.

c. Gramática **Observa** qué preposiciones utiliza Trump para felicitar a López Obrador y **explica** por qué.

Léxico

La economía EXO LEXIQUIZ

3. Enhorabuena B1

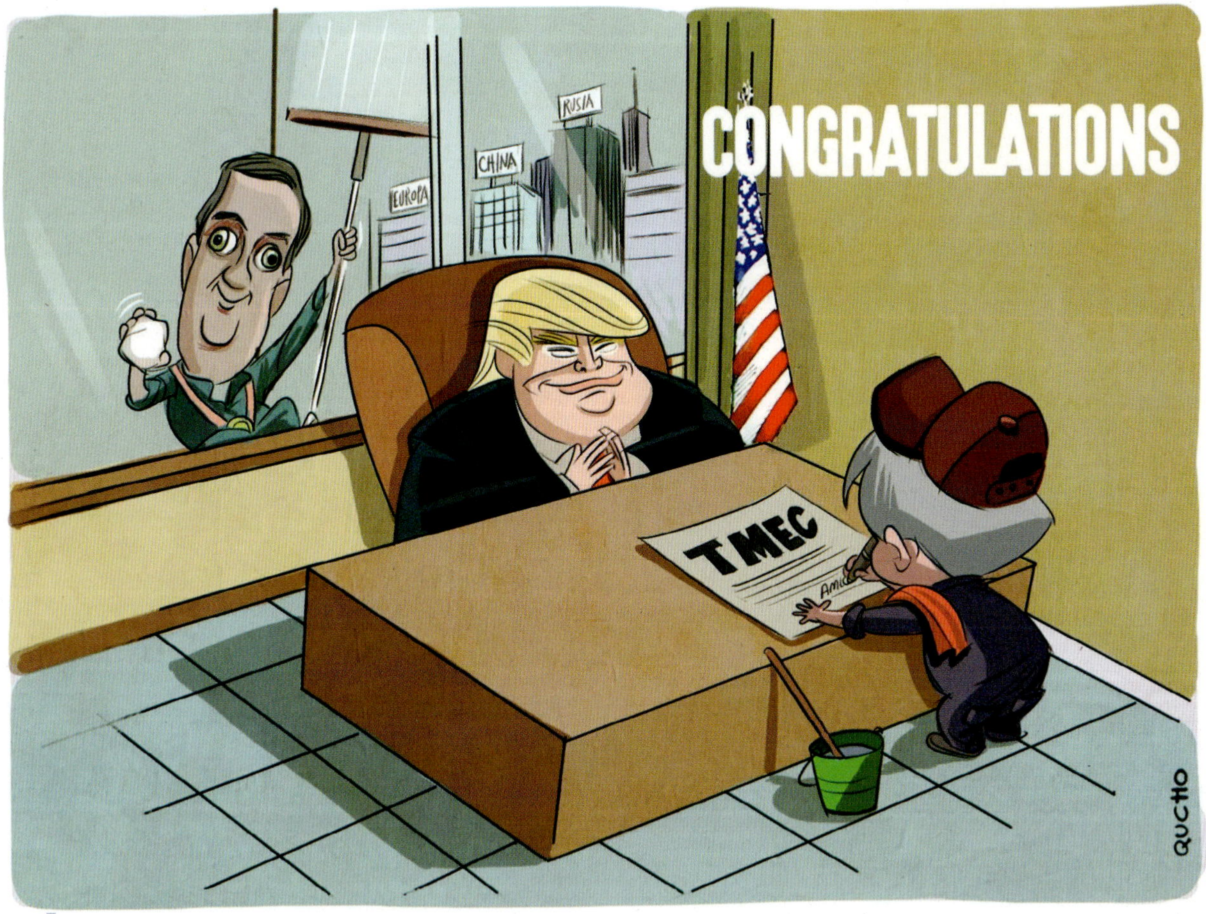

Caricatura de Qucho Monero (caricaturista mexicano)

a. Identifica a la persona del centro.

b. Ayudándote del documento 2, **deduce** quiénes serán las otras personas y qué relación parece existir entre ellas.

c. Precisa lo que ocurre en el dibujo y el sentido de la palabra *congratulations*.

d. Explica en qué medida es crítica esta caricatura.

Para expresarte

- la dominación ≠ la sumisión
- un(a) empleado(a) de la limpieza: *un(e) homme/femme de ménage*
- un(a) ganador(a) ≠ un(a) perdedor(a)

- cínico(a)
- estar satisfecho(a)

- aprovecharse de: *profiter de*
- firmar un contrato: *signer un contrat*

PREPARA EL PROYECTO

Expresión escrita

Imagina los argumentos del discurso de un senador mexicano que votó a favor del acuerdo TMEC.

Apuntes de gramática

Employer les prépositions *por* et *para*

- Ha resultado ser buen negocio **para** los mexicanos.
- México votó **para** ratificar el USMCA hoy **por** un gran margen.

→ Schéma p. 160, précis p. 264

Parler d'une évolution

- En 2014 **llegaron a ser** de 18 mil millones de dólares.
- Las empresas mexicanas **se han vuelto** líderes en EE. UU.

→ Précis p. 270

Prepara el BAC — Identidades e intercambios

Los intercambios comerciales entre México y Estados Unidos se intensifican.

Doc. 1 ▸ Muestra que las dos economías dependen una de otra.

Doc. 2 ▸ Explica qué implica este nuevo tratado entre los dos países.

Doc. 3 ▸ Indica qué percepción de ese tratado tienen en México.

Las razones de la emigración

1. Detrás de la caravana migrante B1

VIDÉO

Fiche de compréhension

Rachel Levit Ruiz (artista mexicana), *Caravana*, 2019

Para expresarte

- el calentamiento: *le réchauffement*
- la cosecha: *la récolte*
- el/la desplazado(a)
- el/la refugiado(a)

- agravar
- expulsar
- golpear: *frapper*

a. **Deduce** quiénes son las personas del dibujo y qué hacen.

b. **Ve** el vídeo y **di** qué problema vivió la familia de Delmi y cuáles fueron las consecuencias.

c. **Cita** elementos que muestran que este fenómeno es inquietante en Latinoamérica.

2. Los migrantes ambientales en América Latina A2

El punto es que la migración está aquí para quedarse, impulsada no solo por las crisis políticas, sino también por el cambio climático y los desastres naturales. Para 2050, se calcula que habrá alrededor de 200 millones de migrantes ambientales, una cifra equivalente a la población actual mundial de migrantes. La ONU calcula que 8 países de la región, 7 en América Central y el Caribe (Guatemala, Costa Rica, El Salvador, Nicaragua, Jamaica, Haití y República Dominicana) y uno en América del Sur (Guyana), se encuentran entre los 25 con mayor riesgo mundial de desastres naturales. Los cambios en las tendencias demográficas continuarán dando lugar a incentivos[1] para que las personas se muden[2] desde países con altos índices de fertilidad y una creciente fuerza de trabajo, hacia países con poblaciones relativamente más viejas y déficits en el mercado laboral.

Antoni Estevadeordal, *esglobal.org*, 03/06/2019

1. *continueront d'encourager* 2. se desplacen

a. **Gramática** **Cita** la frase que indica que las causas de las migraciones son diversas. ¿Qué forma se utiliza?

b. **Di** de qué problema se trata y **explica** cómo afecta a América Latina.

c. **Di** cómo evolucionará este movimiento migratorio.

3. Éxodo sin precedentes de venezolanos

B1 Fiche de compréhension

Vidéo

Venezolanos en la frontera entre Colombia y Ecuador (2019)

La crisis migratoria en Venezuela

Estamos ante la presencia de la mayor crisis migratoria en la historia de la región, un fenómeno que no tiene antecedentes. [...] El desempleo[1], la pobreza, las condiciones precarias de salud y la pulverización[2] de la moneda han desatado[3] una crisis económica, social y humanitaria, que ha obligado a sus ciudadanos a salir de su país en la búsqueda de mejores condiciones de vida.

Álvaro Fontana, *infobae.com*, 13/09/2019

1. *Le chômage* 2. *(fig.)* la devaluación 3. *déclenché*

a. **Observa** la fotografía y **explica** la presencia de venezolanos en este lugar.
b. **Comenta** el título apoyándote en cifras del vídeo.
c. **Enumera** las causas de la migración venezolana.
d. **Di** cuáles son los destinos de estos migrantes venezolanos.

PREPARA EL PROYECTO

Interacción oral

Entrevistas a Evelio Ochoa. Te explica sus motivos para emigrar. ¿Qué te dice?

Para expresarte

- un desafío: *un défi*
- la documentación: *les papiers (d'identité)*
- la escasez: *la pénurie*
- un flujo: *un flux*
- los trámites: *les démarches (administratives)*

- creciente: *croissant(e)*
- desesperado(a)
- masivo(a)

- acoger: *accueillir*
- incrementarse = aumentar

Léxico
Las dificultades EXO LEXIQUIZ

Fonología
Las letras *g* y *j* EXO LEXIQUIZ

Apuntes de gramática

Exprimer la cause

- Se fue **por** la sequía.
- El envejecimiento de la población, **debido a que** los emigrados son los jóvenes.

→ Schéma p. 160, précis p. 264

Situer dans l'espace et indiquer le mouvement

- Dos millones de personas **en** la región están en peligro.
- Hermán huyó **de** Honduras **hacia** Estados Unidos.
- Les ha enviado ayuda **desde** Estados Unidos.
- Llegar **a** Estados Unidos.

→ Schéma p. 160, précis p. 264

Prepara el BAC

Identidades e intercambios

El fenómeno migratorio en Latinoamérica gana importancia.

Doc. 1, 2 y 3 ▸ Muestra que las causas de la migración de los latinoamericanos son diversas.

Doc. 1 y 2 ▸ Explica por qué el cambio climático obligará a poblaciones a emigrar.

De un lado a otro de la frontera

1. Llegar a Estados Unidos B1 Texte lu

Sin embargo, el mayor peligro no era el río, les advirtió, sino el desierto, con temperaturas de infierno, que derretían las piedras[1], sin agua, acechados por escorpiones, gatos monteses[2] y coyotes hambrientos[3]. [...]

El río resultó ser más peligroso de lo que parecía desde la orilla, pero ninguno vaciló, porque disponían de pocos segundos para sortear[4] los rayos de luz. Evelyn entró al torrente en bragas y sostén[5], con sus compañeros a ambos lados, dispuestos a ayudarla si flanqueaba. Temía ahogarse[6], pero más temía que por su culpa todos fueran descubiertos. [...] Se hundía y reaparecía en la superficie tragando agua y tratando desesperadamente de no soltarse. Uno de los hombres alcanzó a cogerla por la cintura[7] antes de que la corriente la arrastrara. [...] Se encontraron en el islote, donde se reunieron con los otros dos viajeros. Agazapados[8] en la vegetación sobre un suelo arenoso, inmóviles, observaron la orilla estadounidense, tan próxima que podían escuchar la conversación de un par de patrulleros montando guardia junto a un vehículo provisto de un potente foco dirigido hacia el sitio donde ellos se hallaban. [...] El vehículo apagó el foco y lo oyeron alejarse.

–Tenemos menos de cinco minutos antes de que llegue la patrulla de relevo. En esta parte hay menos corriente, vamos a ir todos juntos y vamos a patalear[9], pero al otro lado no pueden hacer ni el menor ruido –les ordenó.

Isabel Allende (escritora chilena), *Más allá del invierno*, 2017

1. *(fig.) faisaient fondre les pierres* 2. salvajes 3. *affamés* 4. *(ici)* evitar 5. *sous-vêtements* 6. *se noyer* 7. *(ici) la taille* 8. Escondidos 9. *patauger*

a. **Determina** el lugar y los protagonistas.
b. **Explica** si fue fácil cruzar el río y por qué.
c. **Cuenta** qué hicieron antes de que llegara la patrulla de relevo.

Para expresarte

- un atasco: *un embouteillage*
- el caudal: *le débit de l'eau*
- una ventaja ≠ un inconveniente

- feroz
- fronterizo(a): *frontalier(ère)*

- cruzar: *traverser*
- exponerse a: *s'exposer à*

2. Dos países, una región B1 Fiche de compréhension

Vidéo

a. **Di** de qué lugar se trata y qué tiene de especial.
b. **Explica** lo que se aportan los ciudadanos unos a otros.
c. **Presenta** la situación de los dos chicos. ¿Cómo se sienten?
d. ¿Al final, cómo definen esta situación?

PREPARA EL PROYECTO

Expresión oral

Evelyn cuenta su llegada a Estados Unidos.
Imagina lo que dice a un(a) periodista.

Apuntes de gramática

Employer la préposition *por*

- **Por** aquí cruzan.
- No cambian a su México querido **por** nada.
- Cogerla **por** la cintura.

→ Schéma p. 160, précis p. 264

Prepara el BAC — Identidades e intercambios

La frontera representa una separación y una unión entre México y Estados Unidos.

Doc 1. ▸ Explica la dificultad y los peligros de cruzar la frontera.

Doc 2. ▸ Muestra que la región es atractiva para los ciudadanos de ambos países.

TALLERES MULTIMEDIA

CANTA CON YOUTUBE

El sueño americano

Objectif B1 Comprendre une chanson.

Vidéo | Fiche de compréhension

Siguiendo la vía del tren para cruzar la frontera

1 Escucha la canción y contesta.

a. **Di** quién es el protagonista de esta canción y qué busca.

b. **Presenta** las diferentes etapas de su viaje y sus peligros.

c. **Precisa** las dificultades al llegar a Estados Unidos.

2 Exprésate.

d. **Compara** la canción "El sueño americano" con la realidad que muestra el vídeo "Columpios para unir".

REFLEXIONA CON UN VÍDEO

Columpios para unir

Objectif B1 Comprendre un reportage sur une installation artistique.

Vidéo | Fiche de compréhension

Para expresarte

- el cansancio: *la fatigue*
- un columpio: *une balançoire*
- un(a) francotirador(a): *un(e) tireur(euse) d'élite*
- un pedazo: *un bout*
- una pesadilla: *un cauchemar*

- aislado(a): *isolé(e)*
- desarraigado(a): *déraciné(e)*
- preso(a) = prisionero(a)

- divertirse [ie, i]

a. **Di** dónde se sitúa la escena.

b. **Presenta** al creador y su proyecto.

c. **Describe** la reacción de la gente de los dos lados de la frontera.

d. **Explica** qué sentido puede tener este proyecto en ese momento político en Estados Unidos.

Taller DE gramática

Exercices

Employer les prépositions *por* et *para*

La gramática en vídeo

POR — *Renvoie à ce qui précède.*

- **MOTIF (SUBJECTIF)** — POR su culpa.
- **CAUSE (OBJECTIVE)** — Se fue POR sequía.
- **ÉCHANGE / REMPLACEMENT** — No cambian México POR nada.
- **AGENT (PERSONNE)** — Financiado POR inversionistas mexicanos.
- **MOYEN** — Llamar POR teléfono.

PARA — *Oriente vers ce qui suit.*

- **POINT DE VUE** — PARA **nosotros** es normal.
- **ÉCHÉANCE** (+ durée) — PARA 2050.
- **ATTRIBUTION / DESTINATION** — Un buen negocio PARA los mexicanos.
- **BUT** — PARA **ratificar** el acuerdo. / PARA **que** las personas **se muden.**

→ Précis p. 264

1 **Complète les phrases en utilisant *por* ou *para*.**

a. ... millones de habitantes de América Central y del Caribe, la mejor solución ... sobrevivir es marcharse a EE. UU.

b. El TMEC fue ratificado ... México, Canadá y EE. UU.

c. A pesar de las dificultades económicas, Enrique y Marco no cambiarían su México ... nada.

d. ... razones económicas y también climáticas, muchos migrantes huyen de su país.

e. La migración se hace desde países pobres ... zonas más atractivas.

Situer dans l'espace et indiquer le mouvement

→ Précis p. 264

2 **Trouve les questions correspondant aux éléments soulignés dans chaque phrase.**

a. Hermán huyó <u>de Honduras</u>.

b. La gente se muda <u>desde países con riesgo de desastres naturales</u>.

c. Llegaron <u>a la orilla de enfrente</u> sin dificultad.

d. Pasaron <u>por Guatemala y Honduras</u>.

e. Se encontraron <u>en un islote en medio del río</u>.

f. Llegaron <u>hasta la frontera de Estados Unidos</u> desde Honduras pasando por México.

Taller DE léxico

Lexiquiz

→ Mapa de léxico p. 280

1 Clasifica las palabras siguientes en el cuadro.

las empresas • el mercado • el voto • un producto • el Senado • el Congreso • las industrias • el presidente • la aprobación legislativa • las inversiones

La política	La economía

2 Asocia cada palabra con su definición.

1. patrulla
2. emigrante
3. sueño

a. Proyecto, deseo o esperanza sin probabilidad de realizarse.
b. Persona que se traslada de su propio país a otro, generalmente para encontrar trabajo.
c. Grupo de soldados que mantiene el orden y la seguridad.

3 Forma frases para describir la fotografía a partir de las palabras siguientes.

frontera • los guardias fronterizos • el lado estadounidense • vigilar • la valla metálica • observar • desafiar

J. R. (artista francés), *Kikito*, 2017

PROYECTO FINAL

Redacta una entrevista a un(a) migrante ¡Tú puedes!

Vas a escribir una entrevista a un(a) migrante sobre las causas y la historia de su viaje.

1 Elige dos causas diferentes de migración a partir de los documentos estudiados. Infórmate sobre las consecuencias de estas migraciones.

2 Prepara preguntas y respuestas sobre:
– el lugar de origen del (de la) migrante y las razones por las que emigró,
– **las dificultades que atravesó**,
– la situación en la que se encuentra ahora.

3 Puedes concluir con un resumen de **las causas** y **consecuencias** de la emigración.

Parler de causes
- Debido a... decidimos...
- Nos fuimos por.../a causa de...
- Emigramos porque...

Parler de conséquences
- Esto produce/implica/supone...
- De modo que/De manera que...
- Así que...

Décrire un itinéraire
- Cruzamos por...
- Salimos desde... hasta...
- Nos encontramos en... donde...
- Entramos en/a...

BAC Evaluación

Autoévaluation

1h30

ÉPREUVE ÉCRITE
LVA>B2
LVB>B1

PARTIE 1 Compréhension de l'oral

Documento 1 De Puebla a Nueva York

Rendez compte en français du document.

Vidéo

Source : Telemundo. **Durée** : 1 min 28

Trucos

- Consacre 20 à 30 min à cette partie.
- Concentre-toi sur les éléments suivants :
  - l'identité de la personne ;
  - son parcours ;
  - les difficultés rencontrées.

PARTIE 2 Compréhension de l'écrit et de l'ensemble du dossier

Documento 2 Nos acercamos a la frontera

Allí hay culebras, en el desierto, en la frontera de Sonoyta. Nos acercamos a la frontera, pero había muchos federales, migración, entonces la cantidad de policía que había asustó[1] a los guías y nos dejaron ahí, del lado mexicano. Yo me vine con un primo que tenía un año más que yo: yo tenía quince y él tenía dieciséis. Mi primo me dijo que ahora teníamos que esperarnos, que no habíamos hecho un camino tan largo para quedarnos ahí. Ya no éramos solo las quince personas que habíamos salido juntos de Guatemala, ya éramos más, veinte o más, había gente nueva de Honduras, de El Salvador, de México, y hasta había uno de Ecuador. Y no podíamos cruzar porque había mucha migración. Los agentes sabían que nosotros éramos migrantes, obvio[2], porque estábamos en el desierto, en la división de México y Estados Unidos. Cuando nos vieron que estábamos en el territorio de México no nos dijeron nada, pero nos miraban a lo lejos, se veía que no nos quitaban la mirada de encima[3], y allí también había culebras, en su mirada.

Estábamos en las montañas, en un cerro, y nos tocaba esperar sentados, buscar la sombra de los pocos árboles que había ahí o hacer sombras nosotros. Era el mes de mayo o junio, no me acuerdo muy bien, y hacía mucho calor y el sol era muy fuerte y nos quemaba. Y los guías decían que había que estar atento, que había que ver si había posibilidad de cruzar, de que migración[4] esté distraída y por allí nos metan[5], esperar cualquier momento en que nos puedan traer y meter. Pero pasaba el tiempo y nada, solo el calor y el sol que quemaba y alguien dijo que allí había culebras, de esas peligrosas, de esas que durmiendo pueden venir y afectarte con el veneno. Era uno que ya había estado por allí, uno al que habían regresado y que decía que si te agarraba[6] migración te metían en una celda[7] donde nunca veías el sol, te daban de comer Burger King frías y a veces no hay ni espacio para dormir, hay que dormir sentado.

Mi primo decía que no le hiciera caso[8], que no nos iba a agarrar migración, que no habíamos hecho un camino tan largo, Chiapas, Hidalgo, Oaxaca, Guadalajara, para quedarnos ahí. Se hizo de noche y veíamos las luces de las camionetas allá, del otro lado de la frontera, y alguien dijo que allá no había culebras, que allá, comparado con nuestros pueblos, era supremamente diferente, muy sofisticado. Se puso oscuro y nos ganó el hambre y cada quien vio lo que traía para comer, latas de pescado, de jamón, de salchichas enlatadas. Y había que comer poquito y racionar, porque no sabíamos cuánto íbamos a tener que esperar, y los guías nos dijeron que ellos nos podían regresar a la casa donde habíamos estado antes de ir a la frontera, pero que entonces ellos ya no nos iban a cruzar.

Juan Pablo VILLALOBOS (escritor mexicano), *Yo tuve un sueño*, 2018

1. *fit peur* 2. evidentemente 3. *ils ne nous quittaient pas des yeux* 4. la policía de la frontera 5. nos hagan cruzar 6. *t'attrapait* 7. *une cellule* 8. *de ne pas l'écouter*

Compréhension de l'écrit

Precise el tema del documento y destaque lo esencial.

Trucos

- Pense à préciser l'identité du narrateur : est-il aussi le protagoniste ?
- Explique la situation dans laquelle se trouvent les personnages.

Compréhension de l'ensemble du dossier

▶ Tras consultar todos los documentos, encuentre puntos comunes y diferencias en las diversas experiencias de vida de los emigrantes entre México y Estados Unidos.

PARTIE 3 Expression écrite

Le candidat traitera l'un des deux sujets au choix. Répondez en 120 mots au moins.

Question A

▶ Explique a partir de esta foto las dificultades y los peligros que enfrentan los migrantes al pasar la frontera de los Estados Unidos.

Emigrantes cruzando el Rio Bravo, en la frontera de los Estados Unidos, 2019

Question B

▶ Imagine cómo continúa el viaje de los protagonistas hacia Estados Unidos después de su espera cerca de la frontera.

Trucos

- Lis attentivement le texte, observe la photographie et appuie-toi sur le document audio pour réaliser la question d'expression écrite.

Unidad

15

Diversité et inclusion • Identités et échanges

¿Extranjeros?

¿A qué realidades se enfrentan las comunidades de origen extranjero?

PROYECTO FINAL

Expresión escrita

Haz el retrato de un(a) inmigrante o de un(a) joven de segunda generación.

A Con educación

La educación es un aspecto esencial de la integración para un país. España lo sabe y apoya a diversos organismos que trabajan por la educación de las comunidades inmigrantes.

B El Año Nuevo Chino en Madrid ▷ Vidéo

La comunidad china no ha dejado de crecer en España desde 1998. El Instituto Nacional de Estadística (INE) estima, según datos de 2018, que 195 345 personas nacidas en China viven ahora en España. Esto se refleja en el paisaje de la ciudad, sus comercios y sus celebraciones. Desde hace algunos años, el Ayuntamiento de Madrid celebra el Año Nuevo chino.

C Segundas generaciones ▷ Vidéo

De padres extranjeros, han nacido y crecido en España. Son las segundas generaciones. Hablan español como lengua materna y están divididos entre la cultura española y la de sus padres. Su doble identidad les genera a veces conflictos. Es el caso de la ilustradora Quan Zhou Wu, quien nos lo cuenta en su obra *Gazpacho agridulce*, publicada en 2015.

Para expresarte

- la acogida: *l'accueil*
- el esfuerzo: *l'effort*
- los negocios: *les affaires*
- el porvenir = el futuro
- las raíces: *les racines*
- la solidaridad

- extenso(a)

- lucrativo(a): *rentable*
- seguro(a): *sûr(e)*

- dar a conocer
- integrarse
- partir = dividir
- salvar
- sensibilizar

¡Lánzate!

Doc. A ▶ **Describe** el cartel y **explica** el objetivo de este programa.

Doc. B ▶ **Describe** la foto, **ve** el vídeo y **di** si te parece que la comunidad china está integrada en España.

Doc. C ▶ **Ve** el vídeo y **comenta** qué nos enseña sobre los inmigrantes de segunda generación.

Intregrándose con la educación

1. Conociendo a Salima B1 Texte lu

Es el primer día de clase de Tina en el instituto.

Se instaló en uno de los asientos libres a mitad de aula[1], ni delante ni detrás, sin hacer ruido ni llamar la atención. Apenas unos minutos después oyó una voz femenina a su lado.

–Disculpa, ¿está ocupado este sitio?

Tina se volvió para decir que no, pero se quedó callada. La chica que se dirigía a ella mostraba una amplia y franca sonrisa y unos profundos ojos oscuros que chispeaban[2] con alegría.

Y llevaba un pañuelo[3] en la cabeza.

Tina no supo muy bien cómo reaccionar. En el barrio, los musulmanes formaban una comunidad aparte. Hablaban entre ellos en un idioma que ella no comprendía, y su madre solía decir que eran todos iguales, metiendo en el mismo saco a marroquíes, argelinos, sirios, turcos, palestinos o pakistaníes, pese a que no venían del mismo país y ni siquiera del mismo continente. Pero desde fuera parecía que compartían unas costumbres muy similares que chocaban con las de la tierra que los acogía.

Tina no había tratado mucho con ellos. Conocía a Mahmut, el chico de la frutería, porque siempre trataba de darles conversación cuando iban a comprar, aunque Camila se esforzase por fingir[4] que no lo entendía cuando hablaba. Por cortesía, Tina lo saludaba cuando se cruzaba con él por la calle. Pero nada más.

La niña que tenía ante sí, sin embargo, le estaba haciendo una pregunta importante. Si la dejaba sentarse a su lado, quizá tuvieran que compartir asiento[5] más veces. Tal vez durante el resto del curso.

Por otro lado, le había hablado en un perfecto castellano sin rastro de[6] acento. Tina pensó que probablemente sería como ella misma: hija de inmigrantes, nacida y criada[7] en España.

Quizá fue esto lo que la impulsó a responder:

–No, no está ocupado. Puedes sentarte si quieres.

La chica le dedicó otra de sus deslumbrantes sonrisas.

–Muchas gracias. Me llamo Salima –se presentó mientras tomaba asiento junto a ella.

–Yo soy Tina.

Laura Gallego (escritora española), *Cuando me veas*, 2017

1. *la salle de cours*
2. brillaban
3. *un foulard*
4. simular
5. *(ici) s'asseoir à côté*
6. *sans trace de*
7. *élevée*

Fonología

los sonidos [r], [r] y [x] EXO LEXIQUIZ

Para expresarte

- una beca: *une bourse*
- la carrera: *les études*

- desconfiado(a): *méfiant(e)*
- extrovertido(a) ≠ tímido(a)

- desconocer ≠ conocer
- dudar: *douter*
- huir de
- padecer = sufrir
- sentirse [ie, i] identificado(a)
- soñar [ue] con: *rêver de*

- ambos(as): *tous/toutes les deux*

Léxico

Los estudios EXO LEXIQUIZ

2. Proyecto Integra B1 Vidéo Fiche de compréhension

a. **Léxico** **Entresaca** expresiones del texto que precisan la actitud de Tina y de Salima. **Propón** dos adjetivos para calificarlas.

b. **Determina** de dónde le venían a Tina sus prejuicios sobre los musulmanes.

c. **Precisa** qué le preguntó Salima, qué decidió Tina al final y por qué.

d. **Ve** el vídeo y **di** qué tienen estos jóvenes en común.

e. MÉDIATION **Explica** a tus compañeros(as) en qué consiste el proyecto Integra.

3. En un barrio multicultural B1

Un grupo de estudiantes pakistaníes en una cancha de baloncesto en el Raval, Barcelona

La comunidad pakistaní se ha convertido en la más importante del Raval y en una de las más numerosas de Barcelona, solo por detrás de la italiana y la china. En la ciudad condal hay 19240 pakistaníes empadronados[1], según el ayuntamiento. Esta cifra, obviamente[2], no incluye a Misbah: ella, como muchos otros, forma parte de una generación que se ha criado en Barcelona pero que vive entre dos mundos.

La escuela de primaria de Misbah estaba en la plaza Castella, en pleno corazón del Raval. [...]

–Este cole [el CEIP Castella] es la base de todo lo que soy ahora, de muchos valores, de mucho respeto hacia otras culturas, porque este es un barrio multicultural, y en mi clase y en la de mis hermanos y mi hermana siempre hemos sido alumnos y alumnas y compañeros y compañeras de muchas partes del mundo. Filipinos, latinoamericanos, pakistaníes... Había de todo un poco, y la verdad es que las profesoras siempre nos han tratado de iguales. [...] Solemos venir a saludar a nuestras exprofesoras. [...] Es un orgullo tanto para ellas como para nosotros volver y explicar cómo nos va la vida.

Misbah alumna aventajada, Misbah ambiciosa, Misbah soñadora. La mayoría de los alumnos de la escuela no acabarían yendo a la universidad; en la comunidad de origen pakistaní, eran una minoría los que lo hacían. Pero Misbah lo tenía claro, sobre todo gracias a la insistencia del claustro[3], que veía en ella mucho potencial. Recuerda sobre todo a Leonor, la directora del centro [...]. Y a una profesora de religión, Núria, con la que conectó pese a que nunca la tuvo como alumna. El último día de clase de primaria, mientras Misbah bajaba las escaleras del colegio por última vez, Núria le dijo:

–¡Misbah! ¡Hasta la universidad!

Agus Morales, *5W* (revista española), 27/06/2019

1. *recensés* 2. evidentemente 3. *(ici)* todos los profesores

a. **Lee** el texto y **precisa** qué particularidad tiene la generación de Misbah.

b. **Di** en qué tipo de lugar vivía Misbah y qué le enseñó el colegio.

c. Léxico **Lista** los adjetivos que califican a Misbah y **justifícalos** con el texto.

Para expresarte

- el barrio: *le quartier*
- la igualdad

- listo(a) = inteligente
- luchador(a): *combatif(ive)*

- criarse: *grandir*
- llegar a ser: *devenir*
- hacer planes de futuro
- seguir [i] adelante: *(ici) s'en sortir*

PREPARA EL PROYECTO

Expresión escrita

Retrata a Misbah destacando su recorrido académico y sus ambiciones.

Apuntes de gramática

Exprimer le but et le point de vue

- La nota de corte **para** entrar en la carrera.
- Es un orgullo tanto **para** ellas como **para** nosotros.

→ Précis p. 264

Marquer l'opposition

- Eran todos iguales **pese a que** no venían del mismo país.
- Trataba de hablarles **aunque** Camila fingiese que no lo entendía.

→ Précis p. 267

Prepara el BAC — Diversidad e inclusión

España acoge a numerosos inmigrantes.

Doc. 1 ▸ Explica en qué medida la escuela es un lugar que favorece la integración.

Doc. 2 y 3 ▸ Muestra cómo logra integrar España a los inmigrantes.

Triunfando en los negocios

1. Cobo Calleja, el corazón del comercio chino B1

Fiche de compréhension

Vidéo

Letreros de comercios chinos en el polígono industrial de Cobo Calleja, en Fuenlabrada, Madrid

Para expresarte

- la acera: *le trottoir*
- la curiosidad
- la mayoría: *la plupart*
- el negocio = la empresa
- el polígono industrial = la zona industrial
- el/la peluquero(a): *le/la coiffeur(euse)*

- eficiente = eficaz
- mayor ≠ menor
- trabajador(a): *travailleur(euse)*

- contratar: *embaucher*
- desarrollarse = crecer

2. Ocho jóvenes chinas en Madrid B1

La peluquera Amalia nos describe el espectáculo callejero madrileño.

Estamos en un barrio del centro de Madrid. Su nombre no importa, porque podría ser cualquiera entre unos pocos barrios antiguos, con zonas venerables, otras más bien vetustas. [...]

Las chinas llegan de repente, sin hacer ruido.

–Amalia, se me va a pasar el tinte[1].

–Que no[2], mujer, que te quedan diez minutos...

Un buen día al abrir la peluquería[3], Amalia ve barullo[4] en el local de enfrente, la puerta abierta, una furgoneta aparcada en doble fila, ocho chicas monísimas[5], pequeñas y esbeltas, con el mismo pelo negro, liso, cortado a la altura de la nuca, descargando latas de pintura. Las ocho van vestidas igual, camiseta blanca, pantalones blancos. Las ocho calzan[6] idénticas, inmaculadas zapatillas de lona[7], también blancas, y se cubren la boca con una mascarilla. Las ocho se mueven con la gracia de las hadas[8] de los cuentos infantiles. *Mira qué bien,* piensa la peluquera entonces, *qué rápido han alquilado el local de los pollos asados*[9]*, qué suerte han tenido.*

–¿Pero qué haces ahí, mirándolas, todo el santo día?

–¿Y a ti qué te importa lo que hago o lo que dejo de hacer? Te quedan... –consulta el reloj– ocho minutos. Mira la revista y déjame tranquila. [...]

Desde el escaparate de su peluquería, Amalia las mira con la boca abierta de admiración. No tenía ni idea de que los chinos, mucho menos las chinas, se dedicaran también a pintar locales, pero se le ocurre que podría contratarlas para que le den un repaso[10] al suyo este verano, porque nunca ha visto a nadie pintar tan bien y tan deprisa al mismo tiempo.

Almudena Grandes (escritora española), *Los besos en el pan*, 2015

a. **Ve** el vídeo, **presenta** el lugar y **lista** sus características.

b. **Precisa** qué quiere el alcalde y por qué.

c. **Lee** el texto, **sitúa** la escena y **presenta** a las protagonistas.

d. Léxico **Lista** las expresiones utilizadas para describir a las jóvenes chinas. ¿Qué impresión transmiten?

e. **Explica** el sentimiento de la peluquera hacia las chinas.

1. *la couleur va tourner*
2. *(ici) Pas du tout !*
3. *le salon de coiffure*
4. *de l'agitation*
5. muy bellas
6. *chaussent*
7. *des baskets en toile*
8. *des fées*
9. *le magasin de poulets rotis*
10. *(ici) qu'elles repeignent*

3. Africanos emprendedores B1 Vídeo

No es un cliché, Mamadou llegó a España con la esperanza de convertirse en futbolista. "Era lo que soñábamos todos los niños. Vine con la intención de ganar dinero fácil y volver a mi país para ayudar a la gente, pero luego me di cuenta de que no era lo que esperaba". Mamadou Saliou llegó a Barcelona desde Senegal en 2008. Tenía 16 años y acababa de dejar todo, incluida la escuela, para buscar una vida que nunca encontró. Gracias al apoyo de varias ONG, volvió a estudiar y tres años después consiguió su primer empleo en una empresa de alquiler de bicicletas. Pero Mamadou no se quedó ahí, para nada.

En 2015 puso en marcha *Una Barcelona diferente sobre ruedas*. Se trata de una ruta turística en bicicleta por los rincones[1] menos conocidos de la ciudad condal, esos donde no hay edificios emblemáticos ni estrellas Michelin, simplemente personas ayudando a otras personas.

"Les llevo a visitar a las ONG que funcionan en Barcelona. Esas mismas que me ayudaron cuando yo llegué a España. Pienso que hay que sensibilizar a la gente sobre la importancia de su trabajo". Su original ruta turística fue premiada[2] el año pasado [...]. El proyecto funciona y además proporciona[3] recursos para la ONG Diandé África, una organización fundada por el propio Mamadou con el objetivo de ayudar a escolarizar a niños en Senegal.

[...] Mamadou nunca llegó a ser futbolista, ni falta que le hace[4].

María José Carmona, *Publico (diario español)*, 13/01/2017

1. *(ici)* lugares 2. recompensada 3. *fournit* 4. y no lo necesita

a. Gramática **Precisa** por qué vino Mamadou a España con una frase del texto. **Tradúcela**.

b. Léxico **Localiza** los verbos de acción y **recapitula** las etapas por las que pasó Mamadou.

c. MÉDIATION **Explica** a un(a) compañero(a) en qué consiste la ruta.

d. **Ve** el vídeo y **explica** en qué es educativa la ruta.

PREPARA EL PROYECTO

Expresión escrita

Escríbele un correo electrónico a Mamadou para decirle por qué te parece interesante su ONG.

Para expresarte

- un(a) emprendedor(a): *un(e) entrepreneur(euse)*
- desconocido(a): *méconnu(e)*
- compartir: *partager*
- concienciar = sensibilizar
- salir de = partir de
- soler [ue] + *inf.*: *avoir l'habitude*
- dar testimonio: *témoigner*

Apuntes de gramática

Placer les pronoms personnels compléments

- **Déjame** tranquila.
- Podría **contratarlas** para que le **den** un repaso al suyo.

→ Précis p. 259

Situer, définir et évaluer

- **Estamos** aquí y Cobo Calleja cada día **está** mejor y **estamos** contentos.
- Cobo Calleja **es** el mayor polígono de Europa.

→ Schéma p. 172, précis p. 269

Parler d'une évolution

- Llegó a España con la esperanza **de convertirse** en futbolista.
- Nunca **llegó a ser** futbolista.

→ Schéma p. 172, précis p. 270

Prepara el BAC — Diversidad e inclusión

Algunos inmigrantes se integran en España desarrollando sus propios negocios.

Doc. 1 y 2 ▸ Enumera las ventajas de crear negocios para la integración de los extranjeros.

Doc. 3 ▸ Muestra cómo puede cambiar el ejemplo de Mamadou la imagen de los inmigrantes en España.

El dilema de las segundas generaciones

1. Yo también soy española B1 Vidéo Fiche de compréhension

La ilustradora hispanochina Quan Zhou Wu en su casa de Madrid

Fonología

El acento tónico EXO LEXIQUIZ

Para expresarte

- la cultura
- el origen

- evolucionar
- llegar a ser: *devenir*

- meterse con alguien: *s'en prendre à quelqu'un*
- transformarse

- a pesar de: *malgré*

PARCOURS DIFFÉRENCIÉS

Recorrido A

a. **Entresaca** la expresión que utiliza Quan para describir su situación. **Explica** qué nos enseña de ella.
b. De niña, Quan rechazó sus orígenes. ¿Sí o no? **Justifica**.
c. **Presenta** a Yanice.
d. Para Yanice, España está transformándose. ¿Sí o no? **Justifica**.
e. **Indica** qué proyectos tiene para el futuro.

Recorrido B

a. **Anota** información sobre Quan y **preséntala**.
b. **Indica** qué le hubiera gustado a Quan cuando era niña y cómo se sentía?
c. **Presenta** a Yanice y **precisa** de qué nacionalidad se siente.
d. **Indica** qué proyectos tiene para el futuro.
e. Gramática **Compara** a Quan con Yanice.

2. Cuando te atiende otro banana B1+

Quan Zhou Wu (ilustradora española), *Gazpacho agridulce*

1. *te sert* **2.** *tu ne serais pas par hasard...* **3.** *que je sache* **4.** *(ici) on lâche*

a. **Indica** dónde tiene lugar la escena y **di** por qué.
b. **Presenta** a los protagonistas.
c. ¿Corresponden a la definición de "banana"? **Justifica**.
d. **Explica** la última frase: "Los bananas... "

PREPARA EL PROYECTO

Expresión escrita

Escribe una carta a un periódico para explicar la realidad de las segundas generaciones en España.

Para expresarte

- el/la dependiente: *le/la vendeur(euse)*
- el/la inmigrante
- la tienda: *le magasin*
- las raíces: *les racines*
- el rasgo: *le trait*

- vivir entre dos mundos
- sentirse [ie, i]

Apuntes de gramática

Définir

- **Soy** española y mis padres **son** de origen chino.

→ Schéma p. 172, précis p. 269

Décrire

- Empecé a darme cuenta de que **era** distinta.

→ Schéma p. 172, précis p. 269

Dire ce que l'on est en train de faire

- **Estoy estudiando** Bachillerato.

→ Schéma p. 172, précis p. 261

Prepara el BAC — Diversidad e inclusión

Existe una generación nacida en España de padres inmigrantes.

Doc. 1 ▸ Evidencia las dificultades que puede suponer ser español pero de padres extranjeros.

Doc. 1 y 2 ▸ Muestra cómo viven estas personas su doble cultura.

Taller de gramática

Exercices

Employer *ser* et *estar*

La gramática en vídeo

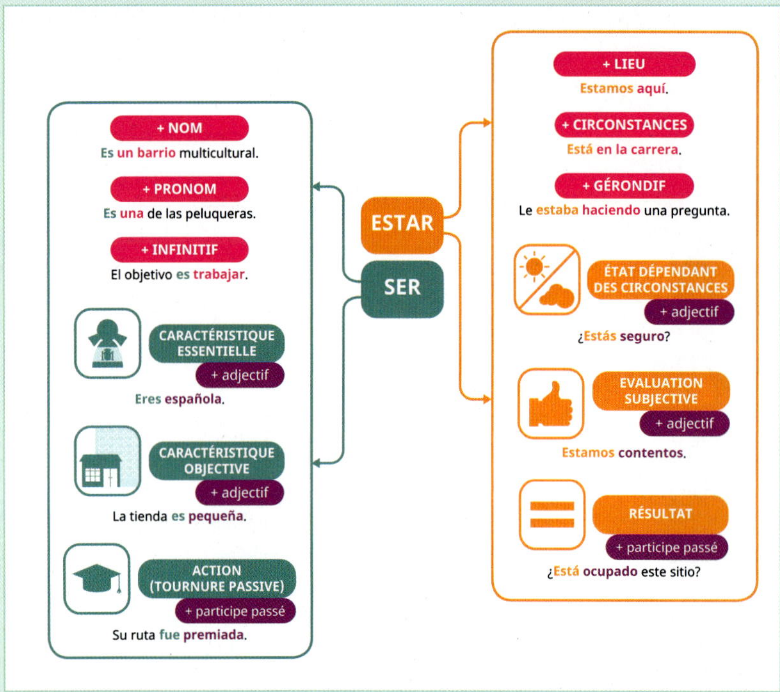

→ Précis p. 269

1 Complète les phrases en utilisant *ser* ou *estar* au temps qui convient.

a. Las ocho chicas ... limpiando y pintando el local.

b. Mamadou ... en España desde hace unos años y ... contento porque ha logrado crear una empresa.

c. El proyecto de Misbah ... matricularse en la universidad.

d. Tina vio llegar a una joven que ... sonriente y simpática.

e. Las estudiantes ... reunidas en una cancha de baloncesto y ... sentadas en el suelo.

f. Quan Zhou Wu ... de origen chino pero ahora ... instalada en Madrid.

g. La comunidad china ... numerosa en España.

Parler d'une évolution

La gramática en vídeo

		volontaire	progressif	durable, essentiel	USAGES PARTICULIERS
PONERSE	+ adj	✗	=	✗	MALADIE Se puso enfermo.
VOLVERSE	+ adj. ou nom	✗	=	✓	CARACTÈRE Se volvió loco.
HACERSE	+ adj. ou nom	✓ =	✓	=	MÉTIER Se hizo médico. GRANDIR Se hizo mayor.
LLEGAR A SER	+ adj. ou nom	= ✓	✓	✓	RÉUSSITE Llegó a ser el mejor.
CONVERTIRSE EN	+ nom	=	✓	✓	

✓ Condition remplie = Condition indifférente ✗ Usage impossible

→ Précis p. 270

2 Indique un changement en complétant avec le verbe qui convient.

a. Salima y Tina ... amigas.

b. La peluquera ... de mal genio cuando una cliente la llamó.

c. Misbah ... ser una alumna excelente.

d. La comunidad china en España ... cada vez más importante desde 1998.

e. Mamadou ... loco de alegría cuando recibió el primer premio.

f. Quan Zhou Wu ... en una de las más conocidas ilustradoras en Madrid.

g. Los profesores ... felices cuando supieron que Misbah iría a la universidad.

h. Mamadou ... ser un emprendedor reconocido.

Taller de léxico

EXO Lexiquiz

→ Mapa de léxico p. 286

Concurso de Léxico

Tenis de palabras.

1. Dividid la clase en dos grupos y en dos minutos apuntad en un papel el mayor número de palabras que recordáis de la unidad.
2. Decid una palabra alternativamente y comprobad la pronunciación y el acento tónico.
3. Gana el equipo que más palabras correctas ha dicho.

1 Relaciona cada palabra con su antónimo.

a. extranjero	1. rechazar
b. tolerancia	2. pasado
c. perder	3. nativo
d. diferencia	4. ganar
e. dividir	5. similitud
f. integrar	6. reunir
g. porvenir	7. intransigencia

2 Asocia los verbos que corresponden a los sustantivos siguientes y tradúcelos.

a. integrar	1. el respeto
b. aceptar	2. la aceptación
c. tolerar	3. la convivencia
d. respetar	4. el aislamiento
e. rechazar	5. la tolerancia
f. aislar	6. la integración
g. convivir	7. el rechazo

3 Describe y comenta la viñeta con palabras de los ejercicios anteriores.

FARO (ilustrador español)

1. *on ne nous aime pas*

PROYECTO FINAL

Haz el retrato de un(a) inmigrante

Para un periódico local, vas a escribir el retrato de un(a) inmigrante o de un(a) español(a) de origen extranjero.

1. Elige a la persona a la que quieres retratar y busca información sobre ella. Puede ser un(a) joven de esta unidad u otro(a) al(a la) que conoces.
2. Redacta el retrato **describiendo** su origen, su cultura, su estado de ánimo. Cuenta su historia: sus **logros a pesar de las dificultades**, **sus planes de futuro**.

¡Tú puedes!

Describir
- Es de...
- Está viviendo en...

Hablar de logros y dificultades
- A pesar de que... logró...
- Aunque fue difícil porque... ha conseguido...
- No fue fácil... sin embargo... ha sido capaz de...

Contar proyectos
- Llegó con la esperanza de convertise en...
- Quiere llegar a ser...
- Su proyecto es...

BAC Evaluación

Autoévaluation

1h30

ÉPREUVE ÉCRITE
LVA>B2
LVB>B1

PARTIE 1 Compréhension de l'oral

Documento 1 Tu silla, su refugio

Rendez compte en français du document.

Vidéo

Source : CEAR Durée : 1 min 07

Trucos

- Consacre 20 à 30 min à cette partie.
- Concentre-toi sur :
  - le thème principal du document ;
  - le concept de l'organisme évoqué ;
  - le contenu des différents témoignages ;
  - la portée que peut avoir le document.

PARTIE 2 Compréhension de l'écrit et de l'ensemble du dossier

Documento 2 La energía de São

São y su hijo han llegado a Madrid desde Cabo Verde hace poco. São trabaja en casa de la narradora, una mujer deprimida.

La aparición de São en mi vida fue arrolladora. [...] Un cuerpo humano latiendo[1] y lleno de vida en el espacio de mi agonía. Una mañana me levanté cuando ella llegó. Me sentía más animada y tenía ganas de hablar un poco, de interesarme por otra persona más allá de mí misma y de mi pena. Preparé café y le propuse que lo tomáramos juntas. Nos sentamos a la mesa de la cocina y charlamos durante un buen rato. Yo le conté una parte de mi historia, y ella a mí una parte de la suya. Supe que estaba sola con su hijo en Madrid. [...] Empecé a admirarla en aquel momento. Y mi admiración fue creciendo a medida que nos hacíamos amigas. Cada mañana nos sentábamos a tomar nuestro café y a charlar. Luego comenzamos a dar largos paseos juntas por el barrio. Un día le pedí que trajera al niño para conocerlo. Desde entonces, venía siempre con él. Yo lo llevaba al parque mientras ella limpiaba y me quedaba allí sentada mucho rato, observando con asombro su alegría. Después comíamos, y seguíamos hablando buena parte de la tarde, mientras André dormía la siesta en mi cama. Terminamos por contarnos nuestras vidas. Incluso cosas secretas de las que, yo al menos, nunca había hablado con nadie. Pero São parecía entenderlo todo, como si comprendiese cada una de las debilidades[2] humanas con una rara sabiduría que tal vez había heredado de las piedras y los pájaros. Y yo, al oírla describir lo que había pasado, al escuchar cómo se sobreponía[3] una y otra vez a situaciones que a mí me parecían insuperables, cómo recuperaba siempre el ánimo, sin permitirse dejar de ser una persona esperanzada y bondadosa, llegué a la conclusión de que formaba parte de una raza de gigantes, de un mundo de mujeres poderosas como altas cumbres del que me sentía lastimeramente excluida. La energía de São debió de contagiárseme. Desde que ella llegó a casa, yo fui encontrándome cada día un poco mejor, y al cabo de dos meses pude volver a trabajar.

Ángeles Caso (escritora española), *Contra el viento*, 2009

1. *qui battait*
2. *les fragilités*
3. *surmontait*

Documento 3 Compartiendo lecturas

La narradora habla de su amistad con Salima, una compañera de clase musulmana.

Era una apasionada de la lectura. Casi siempre llevaba algún libro al instituto, algunos suyos, otros de la biblioteca del centro o de la del barrio. Hablaba con entusiasmo de sus últimas lecturas y trataba de convencer a Tina de que leyera los libros también para poder comentarlos juntas. [...]

Se enteró de que muchos de los libros que Salima poseía no eran realmente suyos, sino de uno de sus hermanos mayores, Yassin, que los trataba como oro en paño[1]. Le sorprendió comprobar que casi todos esos libros eran de fantasía, terror o ciencia ficción.

–¿Qué esperabas, copias del Corán? –le preguntó Salima con desenfado[2] cuando ella se lo comentó.

Tina se puso muy colorada[3]. Lo cierto era que había dado por sentado[4] que los musulmanes solo leían cosas de musulmanes, pero jamás se le habría ocurrido planteárselo a su compañera de forma tan directa.

–Bueno, los cristianos leen más libros además de la Biblia –razonó Salima.

–Pues también es verdad –reconoció Tina, y las dos se echaron a reír.

Salima no consiguió contagiarle su pasión por la lectura, pero sí logró que Tina leyese de forma habitual y disfrutase con algunos de los libros que ella le prestaba.

Se llevaban bien, en definitiva, aunque Tina no estaba segura de si eso se debía a ella en particular o al hecho de que a Salima le caía bien casi todo el mundo. De todas formas, tampoco era un asunto que le preocupara realmente. Después de todo, gracias a Salima los comienzos en el instituto no estaban siendo tan duros como había temido en un principio. No solo por la compañía, la conversación, los libros y las risas compartidas, sino también porque su nueva amiga la ayudaba mucho en clase. Si había algo que no entendía, Salima se lo explicaba; viéndola trabajar, además, Tina sentía la imperiosa necesidad de imitarla. Así, sus primeras notas en el instituto fueron bastante mejores de lo que ella misma había esperado. Hasta su madre se sorprendió.

Laura Gallego (escritora española), *Cuando me veas*, 2017

1. *avec beaucoup de soin*
2. *mécontente*
3. *rouge (de honte, d'émotion...)*
4. *elle avait trouvé normal*

Compréhension de l'écrit

Precise el tema de los documentos y destaque lo esencial.

Trucos

- Présente les protagonistes.
- Explique les liens qui se tissent entre eux.
- Dans un texte dialogué, fais attention à bien expliciter les propos des personnages.

Compréhension de l'ensemble du dossier

▶ Tras consultar los documentos, explique en qué medida pueden enriquecerse tanto el extranjero como el nativo.

PARTIE 3 Expression écrite

Vous traiterez en espagnol l'un des deux sujets suivants. Répondez en 120 mots au moins.

Question A

▶ Comente la relación de estos textos con el eje temático *Diversité et inclusion.*

Question B

▶ ¿En qué medida pueden ser los extranjeros o las personas de origen extranjero una fuerza importante en la sociedad española?

Unidad 16

Identités et échanges • Diversité et inclusion

España, tan singular como plural

¿Cómo se ha manifestado social e históricamente la identidad plurinacional de España?

PROYECTO FINAL — **Interacción oral**
Participad en una tertulia sobre la pluralidad de España.

A La identidad española

España es como si fuera un gran puzle en el que cada pieza es indispensable. La identidad española es múltiple: gallegos, vascos, catalanes, castellanos, andaluces... Todos comparten el hecho de ser españoles, pero para ellos su singularidad territorial es muy importante.

"Curiosamente todos los españoles se sienten más identificados con Europa que con ninguna[1] provincia española que no sea la suya."

Carmen Rico Godoy (escritora española)

1. *(ici)* otra

B Un lugar de adopción ▷ Vidéo

Las migraciones internas han creado una España mezclada. Las personas que parten de sus regiones de origen son acogidas en los lugares a los que se mudan (*déménagent*). Es el caso de Iniesta, futbolista español de fama mundial nacido en un pueblo de Albacete pero que ha hecho su vida en Barcelona. En la fotografía, dos personas manifestando su doble pertenencia, catalana y española.

Para expresarte

- una baza: *un atout*
- la particularidad
- el testimonio: *le témoignage*
- la voluntad institucional
- orgulloso(a): *fier(ère)*
- formar parte de: *faire partie de*
- identificarse

C Tres lenguas cooficiales

VIDÉO

Además del castellano o español, España cuenta con otras tres lenguas cooficiales: el gallego, en Galicia; el catalán, en Cataluña y el euskera, en el País Vasco. En 2019, la princesa Leonor hizo su primer discurso en catalán. Es un testimonio de la voluntad de la Casa Real de que la heredera represente a todos los españoles.

¡Lánzate!

Doc. A ▶ **Precisa** cómo explican el dibujo y la cita la realidad de España.

Doc. B ▶ **Ve** el vídeo y **explica** qué siente Iniesta sobre sus lugares de origen y de adopción.

Doc. C ▶ Después de ver el dibujo y el vídeo, **aclara** la importancia de las lenguas.

Sentimientos de pertenencia

1. ¿Qué significa sentirse español? B1

Fiche de compréhension

Vidéo

Fotograma del vídeoclip *Ser español* del rapero el Rumañol.

a. **Observa** el fotograma y **precisa** a qué nacionalidades se hace referencia. ¿Cuáles serán los orígenes del rapero?

b. **Cita** 5 elementos por los que el Rumañol se siente español.

c. **Aclara** la expresión: "La nación es más que un solo idioma."

d. MÉDIATION **Explica** a tus compañeros(as) el mensaje del rapero.

2. Ser español B1

Texto escrito por una española en una red social y que se ha vuelto viral.

No cariño, tú no eres español. Ser español no es llevar la bandera[1], ni gritar [...] frases de odio que espero que no sientas [...]. El concepto de ser español es algo totalmente distinto [...].

Sentirse español es sufrir por no haber podido vivir la movida madrileña[2], enamorarte del mar al oír *Mediterráneo* de Serrat, [...] Para mí ser español es presumir de que en Andalucía tenemos playa, nieve y desierto; sentir casi mérito mío que un alicantino esté tan cerca de un Nobel, pedirle a un asturiano que me enseñe a escanciar la sidra y morirme de amor viendo las playas del País Vasco en *Juego de Tronos*.

También es española la cervecita de las 13:00, [...] la paella, la tarta de Santiago, las croquetas de tu abuela y la tortilla de patatas, [...] es hacerte amiga de un vasco y pedirle que te enseñe los números en euskera, por si pronto vuelves a por 2 o 3 pintxos; es enorgullecerte de ser el país ejemplo a nivel mundial en trasplantes, de formar parte de la tierra de las mil culturas y de ser los del buen humor.

No hay nada más español que se te pongan los vellos de punta[3] con una saeta o con una copla bien cantá[4], atardecer en las playas de Cádiz, descubrir casi sin querer calas paradisiacas en Mallorca, hacer el camino de Santiago.

Ser español [...] es sufrir la situación de paro de tu vecino o el desahucio[5] que has visto en la tele; ser español no es oprimir el SÍ o el NO de toda una comunidad autónoma [...]; ser un buen español es querer que en tu país no haya pobreza, ni incultura, ni enfermos atendidos en pasillos del hospital.

https://www.facebook.com/laura.morenodelara/posts/1290124907760671

Para expresarte

- las costumbres = las tradiciones
- el sufrimiento: *la souffrance*
- distinto(a) = diferente
- compartir: *partager*
- imponer: *imposer*
- sentirse orgulloso(a): *être fier(ère)*

1. *le drapeau*
2. movimiento cultural español
3. sentir mucha emoción
4. *(fam.)* cantada
5. *l'expulsion*

a. **Di** quién es la narradora, cuál es el tema y a quién se dirige.

b. Léxico **Enumera** elementos que se refieren a la cultura y a los lugares de España.

c. **Explica** qué sentimientos experimenta un español, según la autora.

3. La rica variedad de España B1 Texte lu

El autor cuenta sus recuerdos en el servicio militar.

Aun en la oscuridad ya reconocía uno todas las voces, y sabía perfectamente quién dormía en cada litera[1] y en virtud de qué acuerdos o afinidades tribales se reunían los grupos de soldados en las camaretas[2]. Había conciliábulos de vascos, de catalanes, de gallegos, de canarios, pero no de andaluces, porque los andaluces en ese tiempo aún no habían sido plenamente informados por el gobierno andaluz de que lo eran y se agrupaban por provincias, o no se agrupaban en absoluto [...].

Las autoridades militares habían decidido que nadie salvo los voluntarios, podían hacer la mili[3] en su región de origen, con la finalidad, según aseguraban ellos, de que todos llegáramos a conocer los lugares más lejanos de nuestro país, o lo que es lo mismo, que descubriéramos eso que en la prosa franquista se llamaba la rica variedad de los hombres y las tierras de España [...].

De pronto sin venir a cuento, un valenciano se embravecía[4] porque le habían llamado catalán, o un voluntario vasco censuraba cruelmente a otro por decir Bilbao en vez de Bilbo o San Sebastián y no Donostia [...].

Un catalán nunca llamaba catalán a un compatriota; un gallego, al dirigirse a otro, siempre le decía galego, y los canarios acentuaban la intimidad de su pertenencia doblando el vocativo[5]:

– Canario, me dijeron que trajiste gofio[6], canario.

Antonio Muñoz Molina (escritor español), *Ardor guerrero*, 1995

Un tradicional molino de gofio en las Islas Canarias

1. *lit superposé* 2. habitaciones 3. el servicio militar 4. se ponía furioso
5. repitiendo el adjetivo. 6. alimento a base de cereales de las Islas Canarias

Para expresarte

- descubrir
- llevarse bien/mal: *s'entendre bien/mal*

a. **Lee** el texto y **aclara** quién es el narrador, dónde está y por qué.

b. **Precisa** de qué origen son los soldados y **explica** qué relación tienen.

c. ¿Cuál es el objetivo de las autoridades de que los españoles no hagan el servicio militar en su región de origen?

PREPARA EL PROYECTO

Expresión escrita

Escribe un breve artículo en el que describes el sentimiento de pertenencia de Emma a su país.

Léxico

La identidad EXO LEXIQUIZ

Apuntes de gramática

Exprimer l'identité

- **Ser** español no **es** llevar la bandera.

→ Précis p. 269

Préciser la possession

- Sentir el mérito **mío**.
- Las croquetas de **tu** abuela.
- Los lugares más lejanos de **nuestro** país.

→ Schéma p. 184, précis p. 254

Utiliser des constructions impersonnelles

- Ya reconocía **uno** todas las voces.

→ Schéma p. 184, précis p. 268

Prepara el BAC

Identidades e intercambios

Las fronteras existen en el seno de una sociedad entre distintos grupos (generaciones, grupos sociales...).

Doc. 1 y 2 ▸ Precisa cómo se vinculan estos testimonios con el sentimiento de ser español.

Doc. 3 ▸ Di cómo se da cuenta uno de la existencia de fronteras en la sociedad española.

Identidades trasplantadas

1. Recuerdos de un charnego B1

En la Ciudad Satélite de Barcelona en los años 80, el narrador, un charnego,[1] *cuenta sus recuerdos.*

Eso sí, en aquel entonces el barrio marcaba la diferencia y existía, entre todos nosotros, inculcada por nuestros padres, una especie de conciencia de clase. Un orgullo obrero del que algunos renegaríamos[2] más tarde, ya en la juventud, cuando nuestros horizontes se ampliaron más allá de los márgenes de la Ciudad Satélite. [...] Todo el barrio era socialista o comunista, y simpatizaba con cualquier lucha que pusiera contra las cuerdas al régimen anterior[3]. Creo que por eso asumimos como propias las protestas de los catalanes de origen, que clamaban a gritos por su lengua, su cultura y sus instituciones. "España" nos había maltratado, nos había expulsado de nuestros lugares de origen, se había quedado demasiados años en manos de señoritos, curas[4] y guardias civiles. "Cataluña" en cambio, nos había acogido, quizá no con entusiasmo (tampoco exageremos), pero sí con más respeto, nos había dado un trabajo, un piso a plazos o de alquiler[5] y un mes de vacaciones pagadas. [...] Las reivindicaciones de nuestros mayores se unieron a las de la autonomía[6] con gran facilidad porque todas tenían el mismo oponente: un Estado que seguía atrapado en viejas costumbres.

Toni Hill (escritor español), *Tigres de cristal*, 2018

1. *(péj.)* inmigrante en Cataluña de otra región española de habla no catalana
2. *renierions* 3. la dictadura de Franco 4. *curés*
5. *un appartement à crédit ou en location* 6. Comunidad Autónoma

a. **Indica** la época, **di** dónde vivía el narrador y quién era.

b. **Aclara** qué particularidad tenía la Ciudad Satélite y **precisa** el origen de sus habitantes.

c. **Explica** el sentimiento del protagonista hacia la ciudad.

d. **Precisa** si las reivindicaciones de los charnegos y los catalanistas eran las mismas y por qué.

Para expresarte

- el acoso: *le harcèlement*
- la discriminación
- la humillación
- la lucha

- nativo(a)
- superior ≠ inferior

2. Vida de un maqueto B2

Chumy Chúmez recreó en Vida de maqueto[1] *sus años de juventud vasca.*

MADRID. A Chumy le nacieron en San Sebastián y allí vivió sus años de lactante[2], de niño flaco peludo, de adolescente raquítico y de pseudojoven melancólico y angustiado[3]. Vivió en "las casas viejas" de Atocha hasta que se hizo un medio hombre. [...]

En aquellos años de tinieblas había entre nosotros, los niños, graves problemas raciales. Los vascos siempre nos recordaban que sus padres eran más altos, más fuertes, más gordos que nuestros padres. Los padres vascos estaban mejor nutridos que los que venían del Sur. Y los cabritos[4] de los niños vascos siempre nos humillaban diciéndonos con desprecio: "Mi padre le puede[5] al tuyo". Y cosa singular, los niños maquetos contestaban siempre que sus padres podían a los padres vascos, si se atrevieran a luchar con navajas[6]. [...]

En su adolescencia, aunque se pusiese abarcas[7] y hablase el castellano con un acento teñido de euskera, Chumy no podía pasar por euskaldún[8]. "Se veía a simple vista que era un hijo malnutrido de maquetos[1] importados", reconoce. Chumy fue puesto a prueba en una excursión a las cuevas de Landarbaso, donde los fuertes y musculados nativos propusieron jugar a ser mayores. Los amigos de Chumy levantaron las piedras con facilidad. Él no lo consiguió.

Antonio Astorga (periodista español), *ABC Cultura*, 05/12/2003

1. *(péj.)* inmigrante en el País Vasco de otra región española de habla no vasca
2. *nourrisson* 3. *angoissé* 4. *(fam.) enfoirés* 5. *est plus fort* 6. cuchillos
7. sandalias 8. vascohablante

a. **Presenta** al protagonista. ¿Dónde creció?

b. Chumy sufrió racismo ¿Sí o no? **Justifica**.

c. **Precisa** en qué era diferente de los demás.

d. Léxico **Apunta** el léxico relacionado con los vascos y **explica** qué imagen se da de ellos.

e. **Deduce** cómo se sentía Chumy frente a sus amigos.

Léxico

La emigración

EXO LEXIQUIZ

3. Cataluña, la novena provincia andaluza

B1 Fiche de compréhension

Vidéo

Un grupo de artistas tocando y bailando flamenco en el parque Güell, Barcelona.

Las migraciones internas

Entre los años **1950** y **1960**, con el desarrollo industrial, muchos españoles dejaron su lugar de origen para buscar trabajo en **el País Vasco** o en **Cataluña**.

a. **Precisa** dónde se sitúa Cataluña y **aclara** el título del vídeo.
b. **Explica** quiénes son los charnegos y qué paradoja llama la atención.
c. **Explica** qué movimientos históricos tienen en común Cataluña y Andalucía.
d. **Enumera** influencias y aportaciones culturales de ambas autonomías.

Para expresarte

- la acogida: *l'accueil*
- el apego: *l'attachement*
- la integración
- el noviazgo: *les fiançailles*

PREPARA EL PROYECTO

Interacción escrita

Un(a) maqueto(a) y un(a) charnego(a) se escriben en un blog. Se cuentan su historia y las dificultades que tuvieron para integrarse. ¿Qué se escriben?

Fonología

Las grafías *b* y *v*

LEXIQUIZ

Apuntes de gramática

Préciser la possession

- **Mi** padre le puede al **tuyo**.

→ Schéma p. 184, précis p. 254

Utiliser des constructions impersonnelles

- **Se veía** que era maqueto.

→ Schéma p. 184, précis p. 268

Comparer

- Eran **más** altos **que** nuestros padres.
- Estaban **mejor** nutridos **que** los del Sur.

→ Précis p. 256

Prepara el BAC — Identidades e intercambios

La movilidad caracteriza al mundo actual e implica la aculturación y la integración.

Doc. 1 ▸ Explica cómo la movilidad en España crea integración, adaptación y/o inclusión.

Doc. 2 ▸ Di en qué medida algunos emigrantes sienten discriminación.

Doc. 3 ▸ Muestra cómo se integran emigrantes y nativos.

Una cuestión de lenguas

1. Mi patria son dos lenguas B1

En 1983, el Parlament[1] aprobó la Ley de Normalización Lingüística[2] [...].

Ha pasado el tiempo y la inmersión lingüística de nuestros hijos y nietos es absoluta. Todas las clases de la escuela pública o concertada[3], con excepción de las que enseñan “otras lenguas”, son en catalán. En castellano se dan dos horas a la semana durante la primaria y, teóricamente, una más en secundaria. Todos los nacidos después de los ochenta han sido “normalizados” en catalán.

Mi aprendizaje de esa lengua, en los sesenta, fue absolutamente informal, con la colección de la revista *Patufet* que guardaba mi abuelo y cantando, con mi abuela al piano, el *Cant de la Senyera* y el *Rossinyol que vas a França.*

Las lenguas maternas, las que se aprenden y se llenan de acentos, expresiones y vivencias en la infancia, no se extirpan de cuajo[4] de nuestro cerebro ni de nuestros sentimientos, por muchas leyes que se promulguen en dictadura o en democracia [...].

Decía Fernando Pessoa [...] que su patria era el portugués. Mi patria son dos lenguas, el castellano y el catalán, aprendidas de padres y abuelos en un parque de Albacete, en las playas de Casteldefels, en patios de colegios o en mesas navideñas donde las palabras siempre se mezclaron sin normas ni complejos. Seguiré hablando para que me entienda mi interlocutor, porque puedo y sé, sin convertir un idioma en arma arrojadiza o en asignación política. Y rechazaré el despido de un ciudadano o el cierre de su bar, de su vida, por dirigirse a un cliente en español o catalán. No podemos volver atrás y convertirnos en inquisidores lingüísticos.

Rosa Cullell (periodista española), *El País*, 1/07/2019

1. el Parlamento catalán 2. política lingüística para el uso generalizado de una lengua
3. *privée sous contrat* 4. *à la racine*

a. **Precisa** el tema del artículo.
b. **Di** lo que significa la inmersión lingüística.
c. **Di** qué son las lenguas maternas para la articulista.
d. **Comenta** la posición de Rosa Cullell y **explica** el título.

Para expresarte

- el arraigo: *l'enracinement*
- comprometido(a): *engagé(e)*
- monolingüe ≠ bilingüe
- proteger
- proponer que + *subj.*
- para que + *subj.*

2. Por una ley de lenguas B1 MP3

a. **Indica** a qué propuesta se refiere el vídeo y **aclara** su objetivo.
b. **Di** si la afirmación es verdadera o falsa: “No ha habido una regulación del castellano”. **Justifica** tu respuesta.
c. MÉDIATION **Explica** a la clase el artículo 3 de la Constitución.
d. Gramática **Expón** las propuestas de la ley : *Proponen que... para que...*

Fiche de compréhension

Léxico
El bilingüismo EXO LEXIQUIZ

TALLERES MULTIMEDIA

EXPRÉSATE CON UN VÍDEO

Objectif B1 Comprendre une scène de film.

¡Antes vasco que español!

Vídeo | Fiche de compréhension

Ocho apellidos catalanes, película de Emilio Martínez Lázaro (director español), 2015

Para expresarte

- la aversión
- un deje: *un accent*
- una minusvalía: *un handicap*
- un trasbordo: *un changement*
- un(a) zoquete(a): *un(e) abruti(e)*

- arreglárselas: *se débrouiller*
- chapurrear: *baragouiner*
- subirse a la espalda de alguien

a. **Presenta** a los dos protagonistas y **sitúa** la acción. ¿Por qué tienen que bajar del tren?
b. **Di** qué relación tiene Koldo con Madrid y **precisa** por qué.
d. **Explica** qué hace para no pisar el suelo.
e. **Di** qué opinan Rafa y Koldo de la lengua catalana.
f. Al final, ¿entienden el catalán? **Justifica** tu respuesta.
g. En tu opinión ¿cuál es la intención del director con esta película?

CREA CON LAS TIC

Objectif B1 Continuer la scène d'un film.

Una escena de película

Cread un vídeo continuando la escena anterior.
Al descubrir Cataluña los protagonistas tienen experiencias diferentes: uno se adapta, el otro tiene dificultades.

1 Elegid y organizad la información.

a. En parejas, **elegid** vuestro papel.
b. **Imaginad** las anécdotas de vuestro personaje y sus sentimientos.
c. **Escribid** el guion y **memorizad** la actuación.

2 Grabad el vídeo.

Taller DE gramática

Exercices

Préciser la possession

La gramática en vídeo

Adjectifs	Pronoms
mi padre *(mon père)*	**el mío** *(le mien)*
tu abuela *(ta grand-mère)*	**la tuya** *(la tienne)*
su cultura *(sa culture)*	**la suya** *(la sienne)*
nuestros horizontes *(nos horizons)*	**los nuestros** *(les nôtres)*
vuestro país *(votre pays)*	**el vuestro** *(le vôtre)*
sus instituciones *(leurs institutions)*	**las suyas** *(les leurs)*

→ Précis p. 254

1 Transforme les phrases suivantes en partant de l'amorce proposée.

a. Nos habían maltratado, nos habían expulsado de nuestros lugares de origen. → A vosotros ...

b. Para mí, el aprendizaje del catalán fue informal con las revistas de mi abuelo. → Para ti ...

c. Para ti, ser españoles es sufrir la situación de paro de tu vecino o el desahucio que has visto en la tele. → Para él, ...

d. Para nosotros, las reivindicaciones de nuestros mayores se unieron a las nuestras. → Para ellas, ...

e. A vosotros os recordaban que vuestros padres no eran vascos. → A mí, ...

2 Réécris le texte ci-dessous en le mettant à la 1e personne du pluriel, puis à la 2e personne du singulier.

En su adolescencia, aunque se pusiese abarcas y hablase el castellano con un acento teñido de euskera, no podía pasar por euskaldún. Fue puesto a prueba cuando le propusieron levantar piedras con su padre y sus primos.

Utiliser des constructions impersonnelles

La gramática en vídeo

ON

→ **Tout le monde**
- **Se + 3e pers. du singulier** *+ nom singulier / infinitif*
  Se veía a simple vista.
- **Se + 3e pers. du pluriel** *+ nom pluriel*
  Las lenguas maternas **se aprenden** en la infancia.

→ Des gens **sauf celui qui parle**
- **3e pers. du pluriel**
  Se enfurecía porque le **habían llamado** catalán.

→ Tout le monde **(y compris moi)**
- **1e pers. du pluriel**
  Tenemos playa, nieve y desierto.

→ Tout le monde **(mais surtout moi)**
- **Uno(a) + 3e pers. du singulier**
  Ya reconocía **uno** todas las voces.

→ Précis p. 268

3 Dis-le autrement en utilisant un équivalent.

a. Ya reconocía uno todas las voces.

b. No podemos volver atrás.

c. Se veía que era un niño maltratado.

d. Se cree que a los españoles nos encantan los toros.

e. En España, se sienten más identificados con Europa que con cualquier otra provincia.

f. Se sabe que España tiene 17 autonomías.

Taller DE léxico

EXO Lexiquiz

→ Mapa de léxico p. 280

1 **Busca los verbos correspondientes a los sustantivos siguientes.**

a. la acogida
b. la integración
c. la discriminación
d. el acoso
e. la identidad
f. la convivencia

2 **Encuentra el intruso.**

a. catalán • vasco • gallego • inglés • castellano
b. acoger • integrar • conciliar • ayudar • odiar
c. orgulloso • altivo • presuntuoso • arrogante • avergonzado

3 **Asocia cada palabra con su definición. Elige varias palabras del ejercicio para describir la foto y justifica tu elección.**

a. emigración interna b. nacionalidad c. identidad d. lengua

1. Conjunto de rasgos propios de un individuo o de una colectividad que los caracterizan frente a los demás.
2. Condición y carácter peculiar de los pueblos y habitantes de una nación.
3. Abandonar la residencia habitual en busca de mejores medios de vida dentro de su propio país.
4. Sistema de comunicación verbal propio de una comunidad humana.

PROYECTO FINAL

Participad en una tertulia sobre la pluralidad de España

Participáis en un debate tras ver el tráiler de la película *La piel quemada*. En él se trata de la cuestión de la pluralidad española.

TRAILER

1. Seleccionad quiénes son los/las participantes y el/la moderador(a).
2. Visionad el tráiler y tomad notas.
3. Tras el visionado, cada participante **da su opinión**.
4. Debatid entre los participantes. El moderador se encarga de **introducir** y **terminar** el debate y de **dar la palabra** a los/las participantes.

¡Tú puedes!

Presentar la tertulia y dar el turno de palabra
- El tema de hoy es...
- En la tertulia de hoy vamos a tratar de...
- Voy a dar paso al turno de...
- Ahora le toca a... presentar su análisis/ punto de vista...

Expresar opiniones, acuerdo y desacuerdo
- Para mí /En mi opinión...
- Bajo mi punto de vista...
- (No) estoy de acuerdo con...
- (No) comparto la misma opinión que... porque...
- (No) entiendo ese punto de vista...

Estructurar el turno de palabra
- Ante todo, el primer participante...
- A continuación...
- Después le tocará a...
- Para terminar/ finalizar la tertulia...

Terminar la tertulia
- En resumidas cuentas/Para concluir...
- Muchas gracias a los participantes por...

BAC Evaluación

Autoévaluation

1h30

ÉPREUVE ÉCRITE
LVA>B2
LVB>B1

PARTIE 1 Compréhension de l'oral

MP3

Documento 1 Migraciones en España

Rendez compte en français de ce que vous avez compris du document.

Viñeta de Castany (caricaturista catalán) publicada en el *Be Negre*, 1934

Trucos

- Concentre-toi sur :
  - le thème principal du document
  - l'événement et les situations évoquées ;
  - la fonction et la portée du document.

PARTIE 2 Compréhension de l'écrit et de l'ensemble du dossier

Documento 2 Platos nacionales

La protagonista habla con su amigo Jaume de la extraña desaparición del empresario[1] catalán Robert Solivellas que está investigando.

Conozco muy bien a Jaume y sé que suele ser mucho más gratificante y generoso después de comer, de manera que lo primero que hice fue ir a la cocina y preparar una bandeja con mis compras de Tívoli, incluida la ración de patrióticos canelones, que calenté en el microondas, mientras mi amigo ponía la mesa, de la que tuvo que retirar periódicos, libros, trastos diversos y mi bolso-cartera. No soy muy ordenada. [...] Como a Jaume le picaba la curiosidad más que el hambre, le dije que sacara el dosier de mi bolso-cartera y que mirara las fotos. [...]

Pues no me acuerdo. Lo que sí puedo decirte es que Solivellas parece ser un empleado de cierta categoría, según su mujer... Toma –y le pasé una botella de tinto reserva de Pesquera, que a pesar de que no es un vino catalán, sé que le gusta bastante, para que lo descorchara.

–Veo que tu generosidad es proporcional a tu interés... Muy bien, muy bien... A lo mejor su firma está registrada en las cuentas bancarias de la empresa y por eso peligra, vete tú a saber...

–Sí, claro, trataré de averiguarlo[2], pero para eso tengo que esperar al lunes. ¿Qué tal los canelones?

– ¡Riquísimos![3] ¿No quieres probarlos? –y me ofreció un trozo con su tenedor.

–Ya sabes que prefiero el lacón con grelos, pero no lo encuentro en el Tívoli. Una lástima...

–Es tu pasado gallego y bien está [...] Si vives aquí, tienes que acostumbrarte a nuestros platos de cada día, dánoslos hoy. Además, desgraciada, naciste en Hospitalet...

–No te confundas[4], por muy hospitalito que sea Hospitalet no es inclusa[5]... Tengo padre y madre, igual que tú, aunque no hayan nacido aquí, como los tuyos. Era manchego él y es gallega ella, ya lo sabes, y a mucha honra, y soy catalana. ¿Qué pasa si prefiero el lacón y las migas de pastor[6]? Gustos bastos. ¡Paciencia! Pero adoro los calçots, l'esqueixada y el pan con tomate[7]... Por cierto, ¿te apetece un poco de pan con tomate?

–No te molestes, aunque pensándolo mejor, podrías preparar un poco. El jabugo de Tívoli está estupendo y mejorará en unión de nuestro plato nacional –añadió para provocarme–.

Carme Riera (escritora española), *Vengaré tu muerte*, 2018

1. *chef d'entreprise* 2. *vérifier* 3. Buenísimos 4. *Détrompe-toi* 5. *orphelinat* 6. platos regionales españoles 7. platos regionales catalanes

Documento 3 Una catalana del mundo

Angélica se crió[1] en Cataluña

Angélica Portaña vive en Madrid, aunque se crió en Cataluña. Además de esas dos identidades, se siente española, catalana, aragonesa, napolitana, norteamericana, japonesa e india, por nombrar unas cuantas identidades de las que siente que la conforman. "Siempre siento que soy de estos lugares, pero también de otros que no pisaré físicamente en la vida[2]", afirma, sorteando[3] estoicamente la expresión "ciudadana del mundo". A pesar de haber crecido en Cataluña, es hija de aragonés y napolitana, ha viajado por todo el mundo y tiene amigos de todas partes.

"Ser española, para mí, es ser de un lugar, una nacionalidad, y a veces también un sentimiento", afirma. Entre las cosas que ama de su identidad española se encuentran, entre otras, la tortilla de patatas, la siesta, el bar de pueblo [...].

A pesar de pertenecer a una comunidad con identidad tan arraigada[4] como la catalana, Angélica no siente que pierde algo viviendo en Madrid, ni siente desarraigo. "Amo Cataluña con todo mi corazón, pero no siento nostalgia. Madrid es una ciudad que me fascina. Pero lo cierto es que te mentiría si te dijera que no echo de menos algunas cosas. Allí he crecido, hay un montón de[5] gente a la que quiero, allí están mis recuerdos de infancia...", explica.

Pero luego recapitula y añade: "Bueno, también mis recuerdos de infancia están en Aragón. Y en Italia. Y en las películas de Hollywood y en los libros de Roald Dahl".

Sabina Urraca (periodista española), *www.la sexta.com/tribus-ocultas*, 14/02/2018

1. creció 2. *(ici)* nunca 3. evitando 4. *enracinée* 5. *(fam.)* mucha

Compréhension de l'écrit

Explique de qué tratan los documentos y comente los puntos esenciales.

Trucos

- Pense à identifier le type de textes dont il s'agit et à en préciser le thème.
- Lorsque l'épreuve porte sur plusieurs documents, dégage le sens de chacun, puis mets-les en regard.

Compréhension de l'ensemble du dossier

▶ Tras leer y observar los documentos explique el fenómeno de la emigración interna y la situación de España desde los años 1960.

PARTIE 3 Expression écrite

Vous traiterez en espagnol l'un des deux sujets suivants. Répondez en 120 mots au moins.

Question A

▶ Explique cómo se relacionan los documentos con el eje temático *Identités et échanges.*

Question B

"No te confundas, por muy hospitalito que sea Hospitalet no es inclusa... Tengo padre y madre, igual que tú, aunque no hayan nacido aquí, como los tuyos. Era manchego él y es gallega ella, ya lo sabes, y a mucha honra, y soy catalana".

▶ Comente esta frase sacada del **documento 2** y precise los sentimientos de la protagonista relacionados con su origen y su identidad.

Lluvia de ideas

¿Cómo crean un mestizaje cultural las migraciones?

- → Los europeos contribuyeron a crear la identidad argentina cosmopolita.
- → Los chinocubanos dieron la identidad del Barrio Chino de la Habana.
- → La identidad trasplantada (los charnegos en Cataluña, los maquetos en el País Vasco).
- → La comunidad latina en Estados Unidos.

¿En qué medida constituye el patrimonio cultural una huella identitaria?

- → El patrimonio arquitectónico como huella de las conquistas (Medina Azahara en Córdoba, la Cueva de las Manos en Argentina o Altamira en España)
- → El patrimonio lingüístico como huella del mestizaje cultural (el español en Guinea ecuatoriana, tres lenguas cooficiales en España).
- → El sentimiento de ser español a través de su cultura (danza, gastronomía, costumbres).

IDENTIDADES E INTERCAMBIOS

¿Qué impacto tienen las fronteras en el mundo hispánico?

- → Las fronteras como puente (tratados comerciales entre México y Estados Unidos, migraciones internas en España, inmigración europea en Argentina).
- → La frontera como muro (política antiinmigrantes en Estados Unidos).

¿Por qué razones crea interés el área hispánica?

- → Por sitios arqueológicos (Chan Chan en Perú, la Cueva de las Manos en Argentina, Altamira en España).
- → Por sus flujos migratorios y éxodos que dan a conocer su historia.
- → Por su mestizaje (chinocubanos, España de las tres culturas)
- → Por la rica variedad de sus culturas (española y de América Latina)

Hablando de...

Identidades e intercambios

▶ En parejas, observad el mapa mental y debatid. Las preguntas os ayudarán a organizar vuestra reflexión sobre el tema. Las respuestas os permitirán completar vuestras ideas, manifestar oposición y apoyaros en ejemplos del área hispánica.

Para expresarte

Sustantivos

- la acogida: *l'accueil*
- la añoranza: *le regret*
- el apego: *l'attachement*
- una baza: *un atout*
- un desafío: *un défi*
- las exportaciones ≠ las importaciones
- el flujo migratorio: *le flux migratoire*
- las huellas: *les traces*
- la pertenencia: *l'appartenance*
- las raíces = los orígenes
- el testimonio: *le témoignage*

Adjetivos

- atractivo(a): *attrayant(e)*
- distinto(a) = diferente
- espectacular
- famoso(a): *celèbre*
- fronterizo(a): *frontalier(ère)*
- multicultural
- nativo(a)
- orgulloso(a): *fier(e)*
- poblado(a): *peuplé(e)*
- precioso(a) = muy bonito(a)
- próspero(a)
- tolerante: *abierto(a)*
- valioso(a)

Verbos

- afectar: *toucher*
- alcanzar: *atteindre*
- aprovecharse de: *profiter de*
- arrepentirse [ie,i] : *regretter*
- atraer: *attirer*
- alojarse: *se loger*
- compartir: *partager*
- convivir: *vivre avec*
- echar de menos: *regretter qqn*
- facilitar: *rendre possible*
- imponer: *imposer*
- incrementarse = aumentar
- lograr: *réussir*

PARTIE 4 Expression orale

5 min.

Sujet 1 Lea las dos citas. Elija una y explique su elección. Precise en qué corresponde a lo que ha comprendido del eje temático *Identidades e intercambios*. Dé ejemplos utilizando lo que ha estudiado y sus propios conocimientos.

"Un hispanoamericano no es única y exclusivamente un tipo Sofía Vergara con grandes proporciones y un acento quebrado. Venimos de todos tamaños y colores. Algunos somos más indígenas, otros somos más africanos y otros preservamos un españolismo casi intacto."

Gabrielle Van Welie, (periodista española)

"Allí en el Baix Llobergat hay mucho flamenco, mucha cultura flamenca, mucha cultura andaluza. Entonces mis amigos en la calle escuchaban este tipo de música [...] y lo descubrí y a partir de ahí no lo he dejado."

Rosalía (cantante española de origen catalán)

Trucos

Prends pour point de départ le message précis de la citation. Présente-le et élargis ta réflexion à la réalité du monde hispanique.

Sujet 2 Lea la cita y observe la imagen. Elija uno de los documentos y explique su elección. Precise en qué corresponde a lo que ha comprendido del eje temático *Identidades e intercambios*. Dé ejemplos utilizando lo que ha estudiado y sus propios conocimientos.

"El declararse hispano no excluye identificarse, al mismo tiempo parcialmente como miembro de otro grupo, como el caucásico o el afroamericano. Y por supuesto, también cabe la opción de declararse, simplemente, como americano".

María Rodríguez (politóloga)

Mural interactivo en la frontera de México y EE. UU. que narra historias de migrantes deportados, Lizbeth De La Cruz Santana (artista mexicana), 2019

Trucos

Après avoir fait ton choix entre la citation et le visuel, n'hésite pas à expliquer pourquoi tu as rejeté un document. Cela permettra d'étoffer ton argumentation.

BAC Oral

Lluvia de ideas

¿Son las culturas hispánicas expansivas y extrovertidas?

- ➜ El arte del buen vivir define a las sociedades hispánicas (el Malecón de La Habana, los mercados en Latinoamérica).
- ➜ La cercanía, la simpatía, pero también la intromisión en la vida privada pueden definir el carácter y la manera de vivir de los españoles (el chismorreo, las revistas y programas del corazón).
- ➜ Los lugares públicos se convierten en lugares de socialización (la peluquería, el portal del edificio, el ascensor...).

ESPACIO PRIVADO Y ESPACIO PÚBLICO

¿Cómo se afirman las mujeres en los espacios público y privado?

- ➜ Las mujeres luchan por sus derechos y por conseguir la igualdad de género (movimientos feministas, gobierno paritario de Pedro Sánchez...).
- ➜ Pioneras que han cuestionado los roles dentro y fuera de la pareja (la Malinche y Cortés, Frida Kahlo y Diego Rivera, Gala y Dalí).
- ➜ La presencia de las mujeres es cada vez más notable en esferas tradicionalmente masculinas (política, ejército, arte...).

¿Cómo respetan lo privado los periodistas?

- ➜ El periodismo basura no respeta la vida privada de los personajes públicos (entrevista de José Mota a Garbiñe Muguza, programas del corazón).
- ➜ Con la llegada de las nuevas tecnologías hay más riesgos de plagio (el periodista Google).
- ➜ Muchos periodistas responsables informan de los dramas sufridos por la población (periodismo de Whitney Godoy, activismo de Yoani Sánchez en Cuba).

Hablando de...

Espacio privado y espacio público

▶ Observad y leed el mapa mental en parejas. Elegid una pregunta y organizad vuestra reflexión. Podéis alimentar e ilustrar vuestra reflexión con elementos sacados de las unidades estudiadas o con vuestros conocimientos.

Para expresarte

Sustantivos
- un bulo = una información falsa
- un cotilleo = un chisme: *un commérage*
- las desigualdades: *les inégalités*
- la emancipación
- la intromisión: *l'intrusion, l'ingérence*
- la libertad de expresión
- un logro: *une réussite*
- la pareja: *le couple*
- la privacidad
- el respeto
- las tareas domésticas
- la vecindad: *le voisinage*

Adjetivos
- chismoso(a): *cancanier(nière)*
- cobarde: *lâche*
- concienzudo(a)
- controvertido(a)
- deshonesto(a): *malhonnête*
- entrometido(a): *intrusif(ive)*
- ético(a)
- famoso(a): *célèbre*
- íntegro(a)
- malintencionado(a)
- orgulloso(a): *fier(ère)*
- precursor(a)
- responsable ≠ irresponsable

Verbos
- acosar: *harceler*
- afrontar = enfrentarse a
- atentar contra algo: *porter atteinte à*
- atraer: *attirer*
- burlarse de: *se moquer de*
- difundir: *diffuser*
- entrometerse en: *s'immiscer dans*
- espiar: *espionner*
- involucrarse en: *s'impliquer dans*
- luchar: *se battre*
- sacar información: *soutirer des informations*

PARTIE 4 Expression orale 5 min.

Sujet 1 Lea la cita y observe la imagen. Elija uno de los dos documentos y explique su elección. Precise en qué corresponde a lo que ha comprendido del eje temático *Espacio privado y espacio público.* Dé ejemplos utilizando lo que ha estudiado y sus propios conocimientos.

"Quisiera que la Cuba del futuro tuviera faldas en el sentido del discurso político y la integración."

Yoani Sánchez (periodista cubana)

Trucos

Identifie l'aire géographique pour définir l'enjeu du document et le lien à l'axe.

Portada de la revsista Atenea (revista guatemalteca)

Sujet 2 Observe el dibujo y lea la cita. Elija uno de los documentos y explique su elección. Precise en qué corresponde a lo que ha comprendido del eje temático *Espacio privado y espacio público*. Dé ejemplos utilizando lo que ha estudiado y sus propios conocimientos.

"El periodismo toca temas serios y no es un entretenimiento ni entra en frivolidades como la vida íntima de personas o anécdotas intrascendentes."

Carlos Elías (catedrático de periodismo español)

Ilustración de Raquel Córcoles (ilustradora española)

Lluvia de ideas

ARTE Y PODER

¿Puede el poder manipular el arte?

- El arte, propaganda en tiempo de guerra (*El Guernica* de Picasso).
- El arte utilizado para mostrar poder y grandeza (Goya, pintor de corte: *La familia de Carlos IV*, la arquitectura de Gaudí).
- Políticos que subvencionan movimientos culturales para crearse una imagen moderna (la Movida en Madrid).

¿Cómo puede el arte contraponerse al poder?

- Los artistas comprometidos políticamente (Diego Rivera y el muralismo, Frida Kahlo, el arte urbano con Yescka o Escif).
- Los movimientos culturales que rompen con el poder (la Movida madrileña).
- El arte popular denuncia de manera humorística (los ninots de las Fallas, las chirigotas de Cádiz).
- La literatura y el arte que sirven para denunciar al poder establecido (el teatro de Valle-Inclán, las caricaturas políticas).

¿Pueden llegar el arte y el poder a ser aliados?

- El mecenazgo hace posible el arte (museo Thyssen).
- El micromecenazgo permite a los ciudadanos involucrarse (proyecto *Súmate al Prado*).
- El arte recibe dinero oficial de los gobiernos en forma de subvenciones.

¿Puede considerarse el arte como un poder?

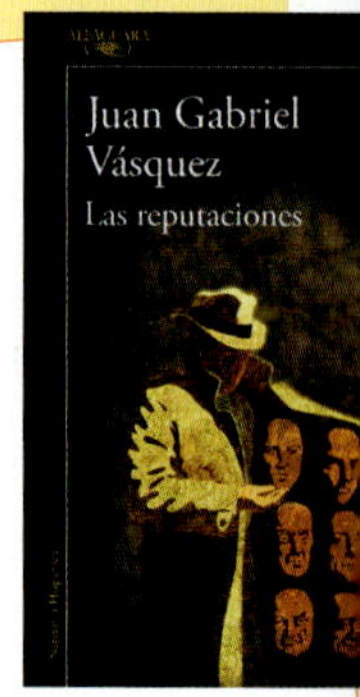

- El arte puede utilizarse para educar (el muralismo en México).
- El arte puede influir en la opinión pública y en la política nacional (*El Guernica* de Picasso, *Las reputaciones*).
- La provocación de algunos artistas como un poder alternativo (el cine de Pedro Almodóvar, los retratos de Ouka Leele).

Hablando de...

Arte y poder

▶ En parejas, observad el mapa mental y debatid. Las preguntas os ayudarán a organizar vuestra reflexión sobre la influencia entre arte y poder, completar vuestras ideas y apoyaros en ejemplos. Podréis utilizar otros ejemplos del área hispánica.

Para expresarte

Sustantivos
- el apoyo: *le soutien*
- la arquitectura
- la influencia
- un(a) mecenas
- el micromecenazgo
- una obra maestra
- la pared = el muro
- la pintada = el grafiti
- el prestigio
- la propaganda
- la provocación
- un retrato: *un portrait*
- la transgresión

Adjetivos
- accesible ≠ inaccesible
- aliado(a)
- atrevido(a) ≠ prudente
- diferente ≠ semejante
- famoso(a) = célebre
- fiel: *fidèle*
- manipulador(a)
- molesto(a): *dérangeant(e)*
- poderoso(a)
- rebelde = inconformista
- rupturista = de ruptura
- subvencionado(a)
- vanguardista ≠ tradicional

Verbos
- atreverse a: *oser*
- caricaturizar
- comprometerse: *s'engager*
- contribuir = colaborar
- dar a conocer = hacer visible
- dejar su huella: *laisser son empreinte*
- invertir [ie,i]
- luchar por
- patrocinar: *parrainer*
- regalar = ofrecer
- solicitar = pedir [i]
- tomar conciencia: *prendre conscience*
- tomar partido por = rebelarse contra

ÉPREUVE ORALE

LVA>B2
LVB>B1

PARTIE 4 Expression orale

5 min.

Sujet 1 Observe las dos imágenes. Elija una y explique su elección. Precise en qué corresponde a lo que ha comprendido del eje *Arte y poder*. Dé ejemplos utilizando lo que ha estudiado en clase y sus propios conocimientos.

SAM3 (grafitero español) *Guernica de Picasso pintado en un toro de Osborne*, España, 2017

Trucos

- Rapidement, identifie la nature des images, leur auteur, leur époque.
- Choisis l'image qui va le mieux te servir d'appui pour parler de l'axe.

Escif (grafitero español)
Libros contra porras

Sujet 2 Lea las dos citas. Elija una y explique su elección. Precise en qué corresponde a lo que ha comprendido del eje *Arte y poder*. Dé ejemplos utilizando lo que ha estudiado en clase y sus propios conocimientos.

"La más noble función de un escritor es dar testimonio, como acta notarial y como fiel cronista, del tiempo que le ha tocado vivir."

Camilo José Cela (escritor español)

"Podrán cortar todas las flores, pero no podrán detener la primavera."

Pablo Neruda (poeta chileno)

Trucos

Si on te propose une image et une citation, suis les conseils précédents. Fais ton choix sans te précipiter sur l'image mais en choisissant le document qui se rapproche le plus de ce que tu as vu en cours. N'oublie pas que tu peux t'appuyer sur les mots, contrairement à une image.

Lluvia de ideas

CIUDADANÍA Y MUNDO VIRTUAL

¿Cómo impactan las nuevas tecnologías la profesión de periodista?

- ➜ Transformando el periodismo actual (*Reina roja*, Juan Gómez-Jurado, 2018).
- ➜ Permitiendo luchar contra la censura y desarrollar el periodismo de investigación (Yoani Sánchez, Whitney Godoy).
- ➜ Transformando nuestra relación a la información (testimonio de la periodista Rosa Calaf).

¿En qué medida pueden transformar las redes sociales las relaciones en el espacio público?

- ➜ Como herramientas de reivindicación y de movilización ciudadana (reivindicaciones contra la AFP en Chile).
- ➜ Como herramienta para difundir informaciones contra los abusos y los rumores.
- ➜ Como herramienta de las instituciones para comunicarse con la sociedad (La RAE en Twitter; la Policía Nacional en Facebook y Twitter).

¿En qué medida se transforman las maneras de vivir en el mundo digital?

- ➜ Transformación de los hábitos de comunicación de los jóvenes españoles (*Lo increíble de nuestra generación*, Raquel Córcoles).
- ➜ Transformación de la sociedad cubana con las nuevas tecnologías (Yoani Sánchez, Leonardo Padura, *La transparencia del tiempo*, 2017).
- ➜ Nuevas posibilidades de comunicación y de conservación del patrimonio cultural y lingüístico de las comunidades indígenas de América Latina.

¿Qué progresos y qué riesgos aparecen con las nuevas tecnologías?

- ➜ Transformación de la educación con las nuevas tecnologías (Fundación Telefónica).
- ➜ Aparición de nuevos peligros en el mundo digital: acoso, respeto de la vida privada, adicción.
- ➜ Obligación de encontrar nuevas herramientas contra la desinformación (el sitio web *maldita.es*).

Hablando de...

Ciudadanía y mundo virtual

▶ En parejas, observad el mapa mental e intercambiad ideas. Las preguntas os ayudarán a organizar vuestra reflexión. Las respuestas os permitirán completar vuestras ideas. Podréis utilizar otros ejemplos del área hispánica.

Para expresarte

Sustantivos

- el acoso: *le harcèlement*
- la adicción: *la dépendance*
- una amenaza
- el bulo: *la rumeur*
- una búsqueda: *une quête*
- la estafa: *l'arnaque*
- la fuente: *la source*
- la innovación
- un(a) investigador(a): *un(e) enquêteur(trice)*
- una red: *un réseau*
- una ventaja ≠ una desventaja
- la veracidad: *la véracité*

Adjetivos

- accesible
- adicto(a): *accro*
- autosuficiente
- comprometido(a): *engagé(e)*
- desarrollado(a): *développé(e)*
- desconfiado(a): *méfiant(e)*
- digno(a) ≠ indigno(a)
- justo(a) ≠ injusto(a)
- innovador(a)
- íntegro(a): *intègre*
- motivado(a) = estimulado(a)
- respetuoso(a)
- veraz = verdadero(a)

Verbos

- acabar con: *en finir avec*
- averiguar = verificar
- colgar [ue] (mensajes): *poster (des messages)*
- comprobar [ue]: *vérifier*
- democratizar(se)
- desconfiar: *se méfier*
- difundir = propagar: *diffuser*
- engañar: *tromper*
- hacer contactos: *tisser des relations*
- interesarse por
- ser viral: *faire le buzz*

PARTIE 4 Expression orale 5 min.

ÉPREUVE ORALE
LVA > B2
LVB > B1

Sujet 1 Lea las dos citas. Elija una y explique su elección. Precise en qué corresponde a lo que ha comprendido del eje temático *Ciudadanía y mundo virtual*. Dé ejemplos utilizando lo que ha estudiado y sus propios conocimientos.

Cartel de un evento de la Universidad de Murcia

"Se puede hablar de adicción a las redes sociales cuando su utilización supone una pérdida de control, una absorción a nivel mental y una alteración grave en el funcionamiento diario de la persona afectada."

Enrique Echeburúa
(periodista español)

Trucos

- Tu as peu de temps pour comprendre les citations. Repère les mots-clés et veille à ne pas faire de contresens.
- L'auteur(e) est important pour comprendre le point de vue.

Sujet 2 Lea la cita y observe la imagen. Elija uno de los dos documentos y explique su elección. Precise en qué corresponde a lo que ha comprendido del eje temático *Ciudadanía y mundo virtual*. Dé ejemplos utilizando lo que ha estudiado y sus propios conocimientos.

"Nos corresponde, a cada uno desde nuestro lugar y a nuestra escala, pero juntos, encaminar el rumbo de las transformaciones tecnológicas hacia el progreso social y la reducción de la desigualdad."

Pablo García de Castro y Sofia Zerbino Rachetti
(expertos en medios digitales)

"Esta nueva realidad social, precipitada por la cultura de las redes sociales de Internet, ha proyectado fenómenos sociales, artísticos, políticos y comunicativos de alto impacto para nuestra sociedad."

Andrés Gillmore Evers
(activista chileno)

BAC Oral

Lluvia de ideas

FICCIONES Y REALIDADES

¿Cómo inspiran los actos delictivos creaciones de ficción?

- Las novelas se interesan por la figura de narcotraficantes. (*El ruido de las cosas al caer*, Juan Gabriel Vásquez)
- El cine y las series aprovechan una imagen glamurosa del crimen (las series *Pablo Escobar, el patrón del mal*, *Narcos* y *La casa de papel*).
- El arte representa escenas relacionadas con el crimen (*La muerte de Pablo Escobar*, Fernando Botero).

¿Cómo pueden las ficciones mostrar un problema social?

- Las series invitan a reflexionar sobre la desilusión de una sociedad (*La casa de papel*).
- Fenómenos como la narcocultura señalan el problema de identificarse con los valores de la delincuencia.
- La ficción hace descubrir y reflexionar sobre los grupos armados (las maras)

¿Cómo pueden recrear la historia las obras de ficción y el arte?

- El cine y las series cuentan hechos fieles a la historia. (*Oro*, Agustín Díaz Yanes, la serie *Hernán*).
- Los relatos, el arte, permiten restituir la historia falseada (los muralistas mexicanos, la serie *Hernán*).

¿Cómo y para qué se crean los mitos?

- Mitos que tienen intenciones políticas o comerciales (Che Guevara).
- Mitos que vertebran la visión de un país o un continente (*Cien años de soledad*, Gabriel García Márquez, los cronistas de Indias).
- Estereotipos que limitan la imagen de una cultura (los tópicos)

Hablando de...

Ficciones y realidades

▶ En parejas, observad el mapa mental y debatid. Las preguntas os ayudarán a organizar vuestra reflexión sobre la manera de representar hechos reales en las obras de ficción y sus intenciones. Podréis utilizar otros ejemplos del área hispánica.

Para expresarte

Sustantivos

- el acontecimiento: *l'événement*
- el acto
- la cara: *le visage, la facette*
- la creación
- los hechos: *les faits*
- la imagen
- la película: *le film*
- el relato: *le récit*
- el testimonio: *le témoignage*
- los valores
- la verdad

Adjetivos

- atractivo(a)
- creíble ≠ increíble
- distorsionado(a)
- emblemático(a)
- exacto(a) ≠ inexacto(a)
- famoso(a)
- ficticio(a) = de ficción
- fidedigno(a): *digne de foi*
- fiel: *fidèle*
- histórico(a)
- influyente
- irreal ≠ real
- objetivo(a) ≠ subjetivo(a)

Verbos

- afectar
- contrastar con
- dulcificar: *adoucir*
- embellecer: *embelir*
- engrandecer ≠ empequeñecer
- fascinar
- identificar
- inspirar
- recrear
- reflejar
- reflexionar
- restablecer la verdad
- retratar: *faire le portrait*

ÉPREUVE ORALE
LVA > B2
LVB > B1

PARTIE 4 Expression orale 5 min.

Sujet 1 Observe las dos imágenes. Elija una y explique su elección. Precise en qué corresponde a lo que ha comprendido del eje *Realidades y ficciones*. Dé ejemplos utilizando lo que ha estudiado en clase y sus propios conocimientos.

Trucos

- Rapidement, identifie la nature des images, leur auteur, leur contexte.
- Choisis l'image qui va le mieux te servir d'appui pour parler de l'axe.

Ilustración de Fernando Vicente (ilustrador español)

Cartel de la exposición *Miguel EN Cervantes*, Miguelanxo Prado y David Rubín

Sujet 2 Lea las dos citas. Elija una y explique su elección. Precise en qué corresponde a lo que ha comprendido del eje *Realidades y ficciones*. Dé ejemplos utilizando lo que ha estudiado en clase y sus propios conocimientos.

"El novelista puede inventar todo siempre que sea capaz de hacerlo creer. El gran reto de la novela es que se crea línea por línea. Pero lo que descubre uno es que la literatura, la ficción, la novela... es más fácil de hacer creer que la realidad."

Gabriel García Márquez (escritor colombiano)

"Cuando pasa el tiempo todo lo real adopta un aspecto de ficción."

Javier Marías (escritor español)

Trucos

Certains documents peuvent parfois associer des mots ou des phrases à des images. N'hésite pas à expliquer leur lien et à te servir de ces mots pour parler de l'axe.

BAC Oral

Lluvia de ideas

INNOVACIONES CIENTÍFICAS Y RESPONSABILIDAD

¿Qué avances tecnológicos pueden mejorar la producción de alimentos?

- ➜ La expansión de los invernaderos y de los cultivos en España.
- ➜ El trasvase Tajo-Segura para regar las hortalizas de Andalucía.
- ➜ El uso de agroquímicos y transgénicos para luchar contra el hambre.

¿En qué ayudan ciertas innovaciones a ahorrar recursos naturales?

- ➜ Proporcionando nuevas fuentes de energías (biogás de algas, energías solar y eólica).
- ➜ Permitiendo la desalinización del agua.
- ➜ Adaptando los cultivos intensivos en Andalucía (agricultura ecológica, ahorro de agua, aprovechamiento del sol).

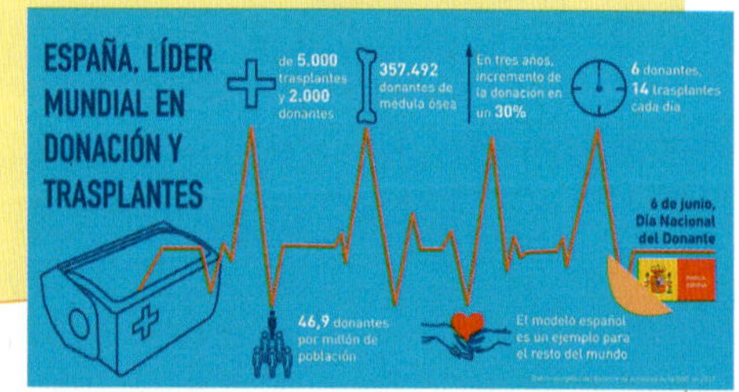

¿En qué medida pueden las técnicas tradicionales abrirnos un nuevo futuro?

- ➜ Fabricando dispositivos cardiacos gracias a técnicas de tejido tradicional aimara.
- ➜ Permitiendo una evolución de la permacultura y la agricultura con semillas autóctonas.
- ➜ Mejorando la producción de la miel y otros productos.

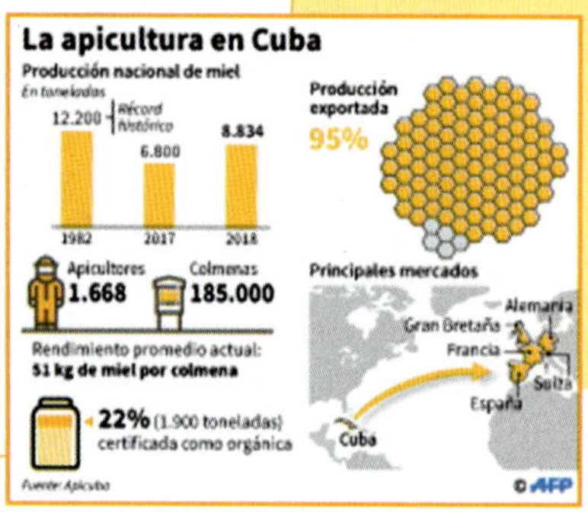

¿Qué respuestas da la ciencia hispánica a retos responsables?

- ➜ Apoyo al sistema de trasplantes y donaciones de órganos.
- ➜ Medidas contra la contaminación lumínica.
- ➜ Invención de carne sintética para respetar el medio ambiente y el bienestar animal.

Hablando de...

Innovaciones científicas y responsabilidad

▶ En parejas, observad el mapa mental y debatid. Las preguntas os ayudarán a organizar vuestra reflexión. Las respuestas os permitirán completar vuestras ideas, manifestar oposición y apoyaros en ejemplos del área hispánica.

Para expresarte

Sustantivos

- los adelantos
- la biodiversidad
- la clonación: *le clonage*
- la contaminación
- las energías renovables (solar, eólica)
- la Investigación y Desarrollo (I+D)
- la manipulación
- la maquinaria: *les machines*
- las nanotecnologías
- una plaga: *un fléau*
- los recursos energéticos
- la seguridad alimentaria

Adjetivos

- científico(a)
- dañino(a): *nocif(ive)*
- benéfico(a)
- biodegradable
- escaso(a) = carente
- genético(a)
- irreversible
- orgánico(a): *bio*
- peligroso(a)
- puntero(a): *de pointe*
- químico(a)
- técnico(a)
- tóxico(a)

Verbos

- acabar con = destruir
- agotar: *épuiser*
- concienciar = sensibilizar
- contemplar el futuro: *envisager le futur*
- derrochar: *gaspiller*
- investigar
- mejorar la calidad de vida
- peligrar = estar en peligro
- plantear dudas éticas: *poser des problèmes d'éthique*
- regular = reglamentar
- tomar medidas

ÉPREUVE ORALE
LVA>B2
LVB>B1

PARTIE 4 Expression orale

5 min.

Sujet 1 Lea la cita y observe la imagen. Elija uno de los dos documentos y explique su elección. Precise en qué corresponde a lo que ha comprendido del eje temático *Innovaciones científicas y responsabilidad*. Dé ejemplos utilizando lo que ha estudiado y sus propios conocimientos.

Jornada Nacional de alimentación, 2020

"En un laboratorio y sin sufrimiento animal: la Argentina ya produce su propia carne cultivada. Expertos aseguraron [...] que la 'agricultura celular' tendría una ventaja a nivel ambiental, ya que el cultivo de la carne no produce emisión de metano."

Valeria Chávez (periodista)

Trucos

Détermine la thématique des documents proposés (recherche scientifique, écologie, biodiversité,...) et choisis celui qui te permettra de mobiliser un lexique riche et varié dans ta prise de parole.

Sujet 2 Lea las dos citas. Elija una y explique su elección. Precise en qué corresponde a lo que ha comprendido del eje temático *Innovaciones científicas y responsabilidad*. Dé ejemplos utilizando lo que ha estudiado y sus propios conocimientos.

"La Administración permite el uso de pesticidas 'no autorizados' sin reclamar a la industria agrícola que presente evidencias de plagas y sin buscar alternativas que no sean nocivas para el medio ambiente."

Público (periódico español)

"El uso de energía limpia, contribuirá a posicionar a las Islas Canarias como destino referente para el turismo sostenible y respetuoso con el medio ambiente"

José Donoso (director general de la Unión Española Fotovoltaica)

Trucos

- Choisis la citation qui te permettra d'utiliser le plus d'exemples possible.
- Identifie le point de vue de l'auteur(e) et explique son intention en développant sa pensée avec tes propres mots. Conclus en justifiant ton avis.

BAC Oral

Lluvia de ideas

¿En que medida es España un país de integración?

- La convivencia de culturas (Lavapiés, barrio multicultural; el barrio chino de Madrid; el barrio pakistaní de Barcelona).
- La educación como factor de integración (Proyecto Integra).
- La integración de la diversidad funcional (la ONCE; Teresa Perales, campeona paralímpica)

Tener doble cultura ¿enriquecimiento o conflicto identitario?

- La doble cultura chinocubana (*La cola de la serpiente* de Leonardo Padura).
- Argentina obtiene su riqueza cultural de sus emigrantes (*Volveré a buscarte* de Pilar Cernuda; *Los emigrantes* de Antonio Berni).
- Los hijos de inmigrantes y su conflicto de identidad (*Gazpacho agridulce* de Quan Zhou Wu).

DIVERSIDAD E INCLUSIÓN

¿Cómo se vive la convivencia en el continente mestizo americano?

- La discriminación y la invisibilización (*La redención de Cam*, de Modesto Broncos y Gomez; el retrato de Juan José Gil Nieto; el rechazo del español en Estados Unidos).
- Los afrolatinos reivindican y recuerdan sus orígenes (Día internacional de la mujer afrolatina y afrocaribeña).
- Emerge una nueva clase política afrolatina (Epsy Campbell).

¿Cómo se vive la integración lingüística en el mundo hispánico?

- La recuperación de las lenguas indígenas gracias a las nuevas tecnologías.
- La cohabitación de diferentes idiomas (el spanglish; lenguas indígenas americanas).

Hablando de...

Diversidad e inclusión

- En parejas, observad el mapa mental y debatid. Las preguntas os ayudarán a organizar vuestra reflexión sobre las relaciones entre las palabras diversidad e inclusión y completar vuestras ideas y apoyaros en ejemplos. Podréis utilizar otros ejemplos del área hispánica.

Para expresarte

Sustantivos
- la asimilación
- la discrimación
- la emancipación
- la exclusión ≠ la inclusión
- los idiomas = las lenguas
- la igualdad ≠ la desigualdad
- la integración
- el mestizaje: *le métissage*
- las minorías étnicas
- el plurilingüismo
- el racismo
- la xenofobia

Adjetivos
- bilingüe ≠ monolingüe
- discriminatorio(a)
- igualitario(a)
- inclusivo(a)
- mestizo(a)
- multicultural
- solidario(a)
- respetuos(a)
- tolerante

Verbos
- defender [ie] sus derechos
- desarrollar
- discriminar a
- emanciparse
- enriquecerse: *s'enrichir*
- fomentar
- incluir a
- integrar a
- luchar por
- reivindicar

ÉPREUVE ORALE LVA>B2 LVB>B1

PARTIE 4 Expression orale 5 min.

Sujet 1 Observe las dos imágenes. Elija una y explique su elección. Precise en qué corresponde a lo que ha comprendido del eje *Diversidad e inclusión*. Dé ejemplos utilizando lo que ha estudiado en clase y sus propios conocimientos.

Cartel para el Día internacional contra la discriminación

Trucos

- Rapidement, identifie la nature des images, leur auteur, leur contexte.
- Choisis l'image qui va le mieux te servir d'appui pour parler de l'axe.
- N'hésite pas à te servir des mots qui apparaissent sur l'image, les cas échéant.

Infografía sobre las lenguas indígenas de América Latina

Sujet 2 Lea las dos citas. Elija una y explique su elección. Precise en qué corresponde a lo que ha comprendido del eje *Diversidad e inclusión*. Dé ejemplos utilizando lo que ha estudiado en clase y sus propios conocimientos.

> *"Lo importante es crear libertad intelectual y capacidad de pensar."*

Emilio Lledó, (filósofo español)

> *"Los ciudadanos educados e informados lograrán formar el futuro de nuestros países. La educación inclusiva debe ser la piedra angular de nuestro desarrollo."*

Luis Leonardo Amalgro Lemes, (secretario general de la Organización de los Estados Americanos)

Trucos

N'oublie pas que, pour une citation, tu peux t'appuyer sur les mots-clés, d'abord en les analysant, puis en les commentant.

BAC Oral

Lluvia de ideas

TERRITORIO Y MEMORIA

¿Cómo han evolucionado los vínculos entre España y América Latina?

→ Transformación de la conmemoración simbólica del 12 de Octubre (mural *La Conquista* de Saner).

→ Mezcla de culturas y un legado lingüístico común (la arquitectura criolla, las fiestas del Inti Raimi).

→ Cooperación contra crímenes de las dictaduras (la querella argentina).

¿Cómo recordar la Historia?

→ Escribir o dibujar la Guerra Civil (novelas, carteles de propaganda y cómics).

→ Construir mausoleos o museos para crear la memoria colectiva (el Valle de los Caídos, La DINA y Villa Grimaldi en Chile).

→ Pintar murales o carteles para rendir homenaje (Las Abuelas de Plaza de Mayo, P. Bernasconi, *La conquista* de Saner).

¿Cómo se influyen las historias de España y de Europa?

→ Extranjeros que participan en la Guerra Civil (las Brigadas Internacionales).

→ Españoles que luchan en las guerras europeas (la Nueve).

→ España como sucursal de exfiltración de los dignatarios nazis (la red Stauffer).

→ Los iconos olvidados de la resistencia antifranquista y antinazi (las hermanas Touza).

¿En qué medida conocer la propia historia es una responsabilidad individual y colectiva?

→ La problemática de la memoria histórica (la ley de Amnistía de 1977, la exhumación de Franco)

→ El reconocimiento de los crímenes durante las dictaduras (los desaparecidos, los vuelos de la muerte, las fosas comunes en España y Cono Sur)

→ El combate solidario de las Madres y Abuelas de la Plaza de Mayo.

Hablando de...

Territorio y memoria

▶ En parejas, observad el mapa mental e intercambiad ideas. Las preguntas os ayudarán a organizar vuestra reflexión. Las respuestas os permitirán completar y matizar vuestras ideas. Podréis utilizar otros ejemplos del área hispánica.

Para expresarte

Sustantivos

- el compromiso: *l'engagement*
- una cumbre: *un sommet*
- el ejército: *l'armée*
- un golpe de Estado
- el/la juez(a): *le/la juge*
- un juicio: *un procès*
- el legado: *l'héritage*
- el olvido: *l'oubli*
- un(a) preso(a): *un(e) prisonnier(ère)*
- un(a) testigo: *un(e) témoin*
- un verdugo: *le bourreau*
- el vínculo: *le lien*

Adjetivos

- asustado(a): *effrayé(e)*
- combativo(a)
- compartido(a): *partagé(e)*
- comprometido(a): *engagé(e*
- controversial: *controversé(e)*
- desgarrador(a): *déchirant(e)*
- enfrentado(a): *opposé(e)*
- horroroso(a) = horrible
- impune
- solidario(a)
- trágico(a)
- valiente: *courageux(euse)*
- vigilado(a): *surveillé(e)*

Verbos

- conmemorar
- cumplir la ley: *respecter la loi*
- dignificar: *rendre digne*
- entenderse [ie]: *se comprendre*
- formar parte de
- homenajear
- intercambiar: *échanger*
- juzgar: *juger*
- manifestarse [ie]
- matar: *tuer*
- procesar: *poursuivre*
- recordar [ue]
- rendir [i] homenaje

ÉPREUVE ORALE
LVA > B2
LVB > B1

PARTIE 4 Expression orale

5 min.

Sujet 1 Observe las dos imágenes. Elija una y explique su elección. Precise en qué corresponde a lo que ha comprendido del eje temático *Territorio y memoria*. Dé ejemplos utilizando lo que ha estudiado y sus propios conocimientos.

Trucos

- Rapidement, identifie la nature des images, leur auteur, leur époque.
- Choisis l'image qui va le mieux te servir d'appui pour parler de l'axe.
- Explique la démarche de l'auteur(e) et donne ton point de vue.
- Repère les mots-clés pour identifier le thème de la citation.

Cartel de un acto en recuerdo de las víctimas del franquismo

Cartel del documental de Almudena Carracedo y Robert Bahar, *El silencio de otros*, 2018

Sujet 2 Lea las dos citas. Elija una y explique su elección. Precise en qué corresponde a lo que ha comprendido del eje temático *Territorio y memoria*. Dé ejemplos utilizando lo que ha estudiado y sus propios conocimientos.

"Un pueblo sin memoria es un pueblo sin conciencia de su historia."

Alonso Aguilar Monteverde (escritor mexicano)

"Al fin y al cabo, somos lo que hacemos para cambiar lo que somos."

Eduardo Galeano (escritor urugayo)

Trucos

- Développe la citation en la reformulant avec tes mots pour mieux en comprendre le sens.
- Structure ton exposé et utilise des références étudiées en classe pour illustrer ta présentation.

Unidad AVANZADA 17

Nature et mythologies

Visiones del mar

¿Qué visiones del mar se han dado en la cultura hispánica?

El maravilloso mar Mediterráneo

1. Esto es un sueño

B2 Vidéo Fiche de compréhension

Joaquín Sorolla (pintor español), *Verano*, 1904

Joaquín Sorolla y Bastida (1863 -1923)

Sorolla fue un **pintor** costumbrista español. En sus obras representa a menudo tradiciones populares, escenas campestres y escenas de mar principalmente de la costa valenciana. Como pintor postimpresionista, Sorolla se interesa mucho por **captar la luz**.

a. **Mira** el cuadro y **presenta** la escena destacando su composición.

b. **Explica** cómo consigue el pintor crear la sensación de movimiento.

c. **Ve** el vídeo y **deduce** por qué clases sociales se solía interesar Sorolla.

d. **Indica** por qué se convirtió el mar en su tema preferido.

e. **Da** títulos de cuadros de tema marítimo y di qué representan.

Para expresarte

- la arena: *le sable*
- la clase trabajadora
- una pincelada: *un coup de pinceau*
- la ternura: *la tendresse*
- el traje de baño: *la tenue de bain*

- oblicuo(a)
- veraniego(a): *estival(e)*

- cogerse de la mano: *se prendre par la main*

2. Mediterráneo

B2 VIDÉO

Quizás porque mi niñez
sigue jugando en tu playa,
y escondido tras las cañas
duerme mi primer amor,
llevo tu luz y tu olor
por dondequiera que vaya [...].

A tus atardeceres rojos
se acostumbraron mis ojos
como el recodo[1] al camino.
Soy cantor, soy embustero[2].
Me gusta el juego y el vino.
Tengo alma de marinero.
Qué le voy a hacer, si yo
nací en el Mediterráneo,
nací en el Mediterráneo.

Y te acercas, y te vas
después de besar mi aldea[3].
Jugando con la marea
te vas, pensando en volver:
eres como una mujer
perfumadita de brea[4],
que se añora[5] y que se quiere,
que se conoce y se teme.

¡Ay!, si un día para mi mal
viene a buscarme la parca[6]
empujad al mar mi barca
con un levante[7] otoñal
y dejad que el temporal
desguace[8] sus alas blancas.
Y a mí enterradme sin duelo
entre la playa y el cielo,

en la ladera de un monte
más alto que el horizonte:
quiero tener buena vista. [...]
Cerca del mar, porque yo
nací en el Mediterráneo,
nací en el Mediterráneo...

Joan Manuel Serrat (cantautor español), *Mediterráneo*, 1971

Calella de Palafrugell, pueblo de la costa mediterránea catalana.

1. *le tournant* 2. mentiroso 3. mi pueblo 4. *isolant utilisé dans la fabrication des embarcations en bois* 5. *que l'on regrette* 6. la muerte 7. viento del este 8. destruya

a. **Di** a quién se dirige el autor en los versos 5-6 y **explícalos**.
b. **Evidencia** que el lugar en que nació Serrat influyó en su forma de ser.
c. **Encuentra** con qué se compara el mar y **muestra** cómo se comporta.
d. Gramática **Enumera** los últimos deseos expresados por el cantante. ¿Qué forma verbal utiliza?

Para expresarte

- el atractivo: *l'attrait*
- el/la cantautor(a): *l'auteur(e)-compositeur(trice)-interprète*
- un(a) amante
- el apego: *l'attachement*
- la sensualidad

- entrañable: *cher(ère), touchant(e)*
- inolvidable

- acompañar

Entraîne-toi à la traduction

Traduce la primera estrofa de la canción.

→ Procédés de traduction p. 245

Analiza con método

Le poème autobiographique

- Forme littéraire s'apparentant à l'autobiographie, mais rédigée en vers et non en prose, à travers laquelle l'auteur(e) se raconte et se représente.
  - Il/Elle dépeint sa vie, ses souvenirs, ses états d'âme, ses origines (fond).
  - Il/Elle mobilise des figures de style comme la personnification, la comparaison, la métaphore, et l'anaphore (forme).

Analyse

a. Cherche les éléments de la chanson qui prouvent que l'auteur est fier de ses origines.
b. Énumère les autres caractéristiques qui viennent compléter son portrait.
c. Trouve deux figures de style et détermine ce qu'elles expriment.

Peligro en el mar

1. Piratas del Caribe al estilo venezolano

B2 Vidéo Fiche de compréhension

a. **Precisa** en qué zona se centra el reportaje y qué tipos de tráficos hay allí.

b. **Enumera** las causas del aumento de los delitos en el lugar.

c. **Haz** el retrato de los piratas y **di** quiénes son sus víctimas.

2. Aguas de contrabando

B2 Vidéo Fiche de compréhension

a. **Identifica** a los protagonistas y **determina** qué mundos se enfrentan en la película.

b. **Enumera** los lugares de la acción y **describe** lo que pasa.

c. **Explica** lo que le da su título a la película.

d. **Caracteriza** el ritmo de las imágenes. ¿Qué sugiere?

Para expresarte

- la escasez: *le manque*
- una lancha = una barca
- un mote = un sobrenombre
- una moto de agua: *un jet-ski*
- un(a) policía
- un(a) traficante

- marroquí: *marocain(e)*
- potente: *puissant(e)*
- veloz

- correr un riesgo = ponerse en peligro
- burlar la ley: *transgresser la loi*
- cruzar = atravesar [ie]
- perseguir [i]: *poursuivre*

- de una orilla a otra: *d'une rive à l'autre*

Daniel Monzón (director español), *El niño*, 2014

3. No has visto lo peor

B2 Texte lu

El subteniente Bevilacqua está con el brigada Merlo a bordo de una lancha de la Guardia Civil española.

Volví al puente con el brigada y me quedé junto a él mientras regresábamos a puerto. A nuestra derecha, en el cielo bajo el que se perfilaba la costa africana, se insinuaba el fulgor del día que llegaría un poco más tarde. Era un espectáculo sobrecogedor[1], el de aquellas aguas en las que se debatían y se perdían tantas vidas humanas, aquella luz leve y dudosa de la madrugada que se consumía. Merlo, que no había descansado ni un minuto en toda la noche, seguía firme y silencioso al timón[2]. Algo, sin embargo, debían de haberle ablandado la coraza[3] las horas que llevábamos juntos, porque se avino a hacerme una confidencia.

–No has visto lo peor –me aseguró–. Lo peor no es nada de esto que hemos tenido esta noche, que en el fondo, y aunque a veces detengas a alguien y se pongan tan farrucos[4] cuando los coges, no pasa de ser una comedia. Por su parte y por la nuestra, y no te digo por parte de los gibraltareños[5], que ya se habrán ido a dormir después de pasearse con su lanchita[6] por el lado de la Roca en el que nunca pasa nada, mientras no paran de salir contrabandistas desde el otro lado.

Se tomó una pausa dramática, que no osé interrumpir.

–Lo peor –continuó– es cuando hay que sacar del agua hombres, o mujeres, o niños muertos. Rígidos, derrotados, perdidos. Una vez me pasó algo con una chica, marroquí. La recogimos una vez, cuando trataba de cruzar, y la devolvieron a Marruecos. Volvimos a recogerla un par de semanas después; se acordaba de mí y yo también de ella: era una chica guapa, poco más de veinte años, y estuve hablando con ella antes de que la devolvieran otra vez. A la tercera fue la vencida[7]. Esa vez no pude hablar con ella, porque la sacamos fría y quieta del agua. La reconocí apenas la vi. Ahí ya no la devolvieron: acabó en una fosa común del cementerio de Tarifa. No hay derecho a que una vida joven se pierda de esa manera. Todo lo demás son insignificancias.

Lorenzo Silva (escritor español), *Lejos del corazón*, 2018

1. *saisissant* 2. *le gouvernail* 3. (*fig.*) *avaient brisé sa carapace* 4. (*fam.*) insolentes
5. (*ici*) los policías de Gibraltar 6. diminutivo de lancha 7. (*fig.*) *La troisième fois a été celle de trop.*

Para expresarte

- el estrecho: *le détroit*
- un testimonio: *un témoignage*
- desengañado(a): *désabusé(e)*
- impotente: *impuissant(e)*
- ahogarse: *se noyer*
- dar rabia: *énerver*
- en primera persona
- una y otra vez: *encore et encore*

a. **Identifica** al narrador y **di** qué características tiene el relato.
b. **Describe** el marco espacio-temporal de la escena.
c. **Explica** qué es lo peor del trabajo que tiene que hacer el brigada Merlo y cómo se siente al hacerlo.

Entraîne-toi à la traduction

Traduce las dos primeras frases del texto 3.

→ Procédés de traduction p. 245

Analiza con método

Le reportage audiovisuel d'actualité

Le reportage d'actualité vise à rendre compte d'événements et s'intègre en général au journal télévisé. Il se caractérise par :

- une durée limitée (entre 1 et 3 minutes) ;
- plusieurs intervenant(e)s : un ou des présentateurs(trices), des journalistes envoyé(e)s sur place, des interviewé(e)s ;
- le récit du sujet traité répond aux questions : qui ? quoi ? quand ? où ? pourquoi ? comment ?
- une volonté d'informer mais aussi parfois de sensibiliser ;
- une objectivité relative, car elle dépend du parti pris de la rédaction.

Analyse

a. Dis comment se structure le doc. 1 et quel est le rôle de chaque intervenant.
b. Décris les images qui illustrent les propos d'Adriana Núñez Rabascall.
c. Explique si, selon toi, ce reportage est objectif.

El mar de los pescadores

1. Oda al mar B2 Texte lu

Aquí en la isla
el mar
y cuánto mar
se sale de sí mismo
a cada rato. [...]
No puede estarse quieto,
me llamo mar, repite
pegando[1] en una piedra
sin lograr[2] convencerla. [...]
Oh mar, así te llamas,
oh camarada océano,
no pierdas tiempo y agua,
no te sacudas[3] tanto,
ayúdanos,
somos los pequeñitos
pescadores,
los hombres de la orilla,
tenemos frío y hambre
eres nuestro enemigo,
no golpees tan fuerte,
no grites de ese modo,
abre tu caja verde
y déjanos a todos
en las manos
tu regalo de plata:
el pez de cada día.

Aquí en cada casa
lo queremos
y aunque sea de plata,
de cristal o de luna,
nació para las pobres
cocinas de la tierra.
No lo guardes,
avaro,
corriendo frío como
relámpago mojado[4]
debajo de tus olas.
Ven, ahora,
ábrete
y déjalo
cerca de nuestras manos,
ayúdanos, océano,
padre verde y profundo,
a terminar un día
la pobreza terrestre.

Pablo Neruda (escritor chileno), *Odas elementales*, 1954

1. *en frappant* 2. *sans réussir à*
3. no te agites 4. *un éclair mouillé*

Isla Negra

El poeta chileno **Pablo Neruda** (1904-1973), premio Nobel en 1971, bautizó como **Isla Negra** al lugar a orillas del Pacífico donde tuvo una casa, ahora convertida en museo.

a. Léxico **Indica** de qué campos léxicos y de qué figuras estilísticas
se vale el poeta para evocar el mar. ¿Cómo lo ve?

b. **Analiza** el retrato que hace de los pescadores y **evidencia** que se identifica con ellos.

c. **Encuentra** dos metáforas para referirse a los peces y **explícalas**.

d. Gramática **Aclara** en qué medida los versos 20 a 45 se parecen a una oración (*prière*).

Para expresarte

- el elogio
- la fragilidad
- la pequeñez: *la petitesse*
- la personalización

- cambiante: *changeant(e)*
- caprichoso (a): *capricieux(euse)*

- invocar
- rogar [ue] que + subj.: *prier de + inf.*
- temer: *craindre*

2. Después de la pesca B1

Henry SANTANA SOSA (pintor dominicano), *Pescadores en la playita*, 2012

a. Léxico **Describe** las actividades de los pescadores y **di** cuándo tiene lugar la escena.
b. **Fíjate** en su embarcación y en el mar. ¿Pueden pescar tranquilos?
c. **Enumera** los elementos que parecen indicar que hacen un trabajo penoso.

Para expresarte

- un cesto de mimbre: *un panier en osier*
- la cola: *la queue*
- las escamas: *les écailles*
- la red: *le filet*
- la vela: *la voile*

- arriesgado(o): *risqué(e)*

- agacharse: *se baisser*
- limpiar: *nettoyer*
- quitar: *enlever*
- soplar: *souffler*

- en cuclillas: *accroupi(e)*

Entraîne-toi à la traduction

Traduce los versos 15 a 26 del poema.
→ Procédés de traduction p. 245

Analiza con método

L'ode

- L'ode est une composition poétique en vers appartenant au genre lyrique. Voici ce qui la caractérise :
  - Elle permet de magnifier quelque chose ou quelqu'un.
  - La voix poétique s'exprime sur un ton exalté, souvent matérialisé par des exclamations, en multipliant les répétitions, les comparaisons, les métaphores.

Analyse

a. Note les éléments qui indiquent que la voix poétique voit la mer comme une divinité.
b. Montre comment le poème magnifie le quotidien.
c. Mets en évidence les aspects lyriques du poème.

BAC Écrit

spécialité LLCE espagnol

Lluvia de ideas

La sublimación de la belleza del mar
- → *Verano*, Joaquín Sorolla y Bastida, p. 204
- → *Mediterráneo*, Joan Manuel Serrat, p. 205
- → *Oda al mar*, Pablo Neruda, p. 208

La influencia del mar en la vida y en el modo de ser de la gente
- → *Verano*, Joaquín Sorolla y Bastida, p. 204
- → *Mediterráneo*, Joan Manuel Serrat, p. 205

¿Qué visiones del mar se han dado en la cultura hispánica?

El escenario de conflictos, peligros y labores penosas
- → *El niño*, Daniel Monzón, p. 206
- → *Lejos del corazón*, Lorenzo Silva, p. 207
- → *Oda al mar*, Pablo Neruda, p. 208

La evocación lírica de las actividades cotidianas
- → *Oda al mar*, Pablo Neruda, p. 208
- → *Pescadores en la playita*, Henry Santana Sosa, p. 209

Entraîne-toi à la synthèse

ÉPREUVE ÉCRITE

Concéntrate en los documentos 2 p. 205 y 1 p. 208 y escribe una síntesis (alrededor de 500 palabras) en la que mostrarás cómo los artistas evocan estéticamente la belleza del mar y la labor de los pescadores.

Trucos
- Dégage les idées sans recopier les textes.
- Note ces idées dans une carte mentale ou un tableau, avec une colonne par document.
  Tu pourras y surligner d'une même couleur les idées qui vont ensemble.

Elabora tu dosier

Poesía

***Marina*, Rubén Darío, 1905**

Mar armonioso,
mar maravilloso,
tu salada fragancia,
tus colores y músicas sonoras
me dan la sensación divina de mi infancia
en que suaves las horas
venían en un paso de danza reposada
a dejarme un ensueño o regalo de hada.

Mar armonioso,
mar maravilloso,
de arcadas de diamante que se rompen en vuelos
rítmicos que denuncian algún ímpetu oculto,
espejo de mis vagas ciudades de los cielos,
blanco y azul tumulto
de donde brota un canto
inextinguible,
mar paternal, mar santo,
mi alma siente la influencia de tu alma invisible.

- **Lee** el poema y **explica** qué sentimientos y sensaciones despierta el mar en el poeta y cómo los transmite.

Película

***La carta esférica*, Imanol Uribe,2007**

Adaptación cinematográfica de la novela de Arturo Pérez-Reverte del mismo título. En ella se narra la búsqueda en el Mediterráneo de un barco hundido con un tesoro del siglo XVIII.

- **Ve** la película y **encuentra** una escena que muestre que el mar aparece como un escenario de acción.

Canción

***Naturaleza muerta*, Mecano, 1998**

"Al amanecer
ya está Miguel
Sobre su barca.
Dame un beso amor,
y espera quieta
junto a la playa.
Y el mar murmura en su lenguaje:
¡Maldito pescador!
Despídete de ella.
No quiero compartir su corazón."

AUDIO

- **Escucha** la canción y **explica** qué papel juega el mar en la historia.

Reportaje novelado

***Relato de un naúfrago*, Gabriel García Márquez, 1955**

La novela cuenta la historia real de Luis Alejandro Velasco, único superviviente del naufragio del Mobile.
La versión oficial dijo que fue a causa de una tempestad pero en realidad el barco naufragó por ir demasiado cargado con mercancías de contrabando.

- **Lee** el libro y **determina** qué imagen se da del mar y de los marineros.

Pintura

http://livingmadrid.es/wp-content/uploads/my-pano/MuseoSorolla.html

- **Haz la visita virtual** al Museo Sorolla y **presenta** a tus compañeros los dos cuadros de temática marina que más te hayan gustado.

Entraîne-toi à présenter ton dossier à l'oral

ÉPREUVE ORALE

Etapa 1 Prepara el contenido del dosier

- **Elige** uno de los temas presentados en el mapa mental p. 210.
- **Escoge** un documento de la lista y **busca** otro por tus propios medios, que tenga que ver con el tema.
- **Prepara** tu argumentación poniendo de relieve la relación entre los documentos y el tema.

Etapa 2 Presenta tu dosier

- **Trabajad** en grupos de tres. Cada uno(a) **presenta** su dosier a lo(a)s otro(a)s dos.
- Tras cada presentación **haced preguntas** a vuestro(a) compañero(a) sobre:
  - una cuestión que necesite ser precisada,
  - el motivo de la elección del tema.

  Él/ella **responde** a las preguntas.

Unidad AVANZADA

18

Du type au stéréotype : construction et dépassement

Tiempos de pícaros

▶ *¿En qué medida se ha inspirado la picaresca en la sociedad hispánica?*

¡Vaya modelos!

1. La letra con sangre entra B2

Enrique Lorenzo Díaz (ilustrador español), *El Lazarillo de Tormes*, 2007

1. *Colle ton oreille*

En este tiempo vino a posar al mesón[1] un ciego[2], el cual, paresciéndole que yo sería para adestralle[3], me pidió a mi madre. [...].

–Hijo, ya sé que no te veré más. Procura[4] ser bueno y Dios te guíe. [...] Con buen amo[5] te he puesto; válete por ti. [...]

Salimos de Salamanca.

La vida de Lazarillo de Tormes (novela anónima), 1554

1. *à l'auberge* 2. *un aveugle* 3. guiarle 4. *essaie de* 5. *maître*

a. **Apunta** el lugar donde se inician las aventuras de Lazarillo y **sitúalo**.

b. Valiéndote del texto, **explica** por qué se va de casa de su madre.

c. **Comenta** la actitud de la madre.

d. **Cuenta** lo que le ocurre a Lazarillo al salir de Salamanca y **precisa** qué aprende.

e. ¿Te parece que le fue útil la lección que le dio su amo? **Justifica**.

Para expresarte

- la ayuda
- la maldad: *la méchanceté*

- astuto(a)
- doloroso(a)
- ingenuo(a): *naïf(ve)*

- engañar: *tromper*
- desconfiar: *se méfier*
- golpear(se): *(se) cogner*
- oír: *entendre*
- reír [i] a carcajadas: *rire aux éclats*

2. Pícaros de ayer y de hoy C1

El granuja[1], como personaje literario, aparece [...] en pleno Siglo de Oro[2] de nuestras artes. Corresponde con una sociedad en decadencia, con una hidalguía con honra[3], pero sin tierras, y con unas clases humildes cada vez más empobrecidas. [...] Nacido en lo que hoy llamaríamos familia desestructurada (en otras palabras, de padre desconocido), su vida es una sucesión de vicisitudes a cual más penosa y vulgar. Sobrevivir, escapar de la pobreza, es su objetivo. [...] Este personaje sucio, desharrapado[4] y piojoso[5] tendría muy poco interés si no fuera por [...] su entronque[6] con una sociedad decadente, de la que se erige como símbolo y estandarte. España ha sido –y es– un país de rufianes[1]. [...] Los golfos[1] de nuestro tiempo se han diversificado. [...] No necesitan huir del hambre [...], visten de Armani [...], se acompañan de mujeres caras y se ocultan tras colonias de marca, han perdido la pátina de la miseria. [...] Son maestros en el arte de la comisión millonaria, [...] en la colocación digital[7] de familiares y amigos, en el embuste, en la patraña[8]. Tampoco les importa la honra y no saben lo que es el honor. Lo del bien común les suena a rancio[9]. Como consumados sinvergüenzas que son, sólo les mueve el interés. A Guzmán de Alfarache le movía la escasez, la penuria; a los nuestros sólo la avaricia. Lázaro de Tormes era entrañable[10] éstos son despreciables[11].

Avelino Alonso, *La Nueva España*, 15/06/2012

Forges (ilustrador español)

1. *voyou(s)* 2. s. XVI-XVII 3. *une petite noblesse qui tient à sa réputation* 4. *vêtu de haillons* 5. *pouilleux* 6. *lien* 7. *(fig.) fait de trouver un emploi à quelqu'un* 8. la mentira 9. *(ici)* algo viejo 10. *touchant.* 11. *méprisables*

La novela picaresca

La primera novela de este género literario, ***El Lazarillo***, se publicó en el siglo XVI.

→ Analiza con método p. 217

a. **Explica** el diálogo de los personajes de la viñeta y su actitud.

b. Léxico **Apunta** los campos léxicos del artículo y **precisa** para qué se usan.

c. **Determina** si el autor tiene una mirada crítica sobre los pícaros. **Justifica**.

d. **Relaciona** el dibujo con el texto.

Para expresarte

- la falta : *la faute, le manque*
- el fraude
- la honradez: *l'honnêteté*

- abatido(a)
- lleno(a) de
- orgulloso(a)

- con los hombros caídos: *les épaules tombantes*
- depender
- por todas partes: *partout*

Entraîne-toi à la traduction

Traduce el documento 2 desde *El granuja* (l. 1) hasta *su objetivo* (l. 9).

→ Procédés de traduction p. 245

Analiza con método

L'article d'opinion

- L'article d'opinion est un type de texte journalistique qui propose un éclairage orienté (avec prise de position) sur un événement, un phénomène de société ou quelqu'un de connu.
- Il se caractérise par :
  - une partie introductive où le problème traité est exposé ;
  - une partie argumentative dans laquelle l'auteur(e) cherche à convaincre le lecteur du bien-fondé de sa prise de position et à le rallier à sa cause ;
  - une partie conclusive ayant souvent un ton sentencieux ;
  - un langage clair bien que le recours aux images, à l'ironie, à l'exagération soit courant.

Analyse

a. Dégage la composition de l'article.

b. Mets en exergue ce que pense le journaliste de la société espagnole actuelle.

c. Relève deux procédés stylistiques auxquels il a recours pour convaincre.

Más listo que el hambre

1. El jarrillo de vino B2

Usaba[1] poner cabe sí[2] un jarrillo de vino cuando comíamos y yo muy de presto le asía[3] y daba un par de besos callados y tornábale a su lugar[4]. Mas duróme poco, que en los tragos conocía la falta y, por preservar su vino a salvo, nunca después desamparaba[5] el jarro, antes[6] lo tenía por el asa asido.

La vida de Lazarillo de Tormes (novela anónima), 1554

1. Solía 2. cerca de él 3. *je le saisissais* 4. *je le remettais à sa place* 5. abandonaba 6. *(ici) au contraire*

Luis Menéndez Pidal (pintor español), *Lazarillo de Tormes*, 1900

a. Valiéndote del texto, **describe** la escena del cuadro y **precisa** qué imagen usa el narrador para evocar lo que hace el niño.

b. **Di** lo que expresa para ti la mirada del niño y su postura.

c. **Explica** qué tipo de relación tienen los personajes.

d. **Fíjate** en los colores así como en el tratamiento de la luz y **determina** lo que permiten.

2. El cofín de pasas C1 Texte lu

Un estudiante pobre llamado Pablos cuenta cómo pasaba el tiempo fuera de la Universidad, en Alcalá de Henares.

Yendo una noche a las nueve –que anda poca gente–, por la calle Mayor, vi una confitería, y en ella un cofín de pasas[1] [...]. Vine, agarréle[2] y di a correr. El confitero dio tras mí, y otros criados y vecinos. Yo, como iba cargado, vi que, aunque les llevaba ventaja, me habían de[3] alcanzar, y al volver una esquina[4], sentéme sobre él y envolví la capa a la pierna[5] de presto, y empecé a decir, con la pierna en la mano, fingiéndome[6] pobre:

–¡Ay! ¡Dios se lo perdone, que me ha pisado[7]! [...]

Ellos se venían desgañitando[8], y dijéronme:

–¿Va por aquí un hombre, hermano?

–Ahí adelante, que aquí me pisó. [...]

Fuéronse, quedé solo, llevéme el cofín a casa, conté la burla y no quisieron creer que había sucedido así, aunque lo celebraron mucho.

Francisco de Quevedo (escritor español), *Vida del Buscón llamado don Pablos*, 1626

1. *une corbeille de raisins secs* 2. *je la pris* 3. *ils allaient forcément* 4. *à un coin de rue* 5. *j'entourai ma jambe avec ma cape* 6. como si fuera 7. *il m'a marché dessus* 8. gritando

Para expresarte

- el claroscuro: *le clair obscur*
- la credulidad
- un cuarto: *une pièce*
- la desconfianza
- el hambre: *la faim*
- la maestría: *la virtuosité*
- la picardía: *la coquinerie*

- calculador (a)

- goloso(a): *gourmand(e)*
- hambriento(a): *affamé(e)*
- listo(a): *malin(gne)*
- oscuro(a) ≠ claro(a)
- traidor(a): *traître(esse)*

- aprovecharse de: *profiter de*
- codiciar: *convoiter*
- huir de: *fuir*
- planear: *planifier*

MÉDIATION

a. **Cuenta** con tus palabras, la aventura de Pablos precisando si te parece cómica.

b. **Explica** si el comportamiento de Pablos es típico de un pícaro y si para ti es o no un héroe. → Analiza con método p. 217

3. Un pícaro hambriento del siglo XX

B2 · Vidéo · Fiche de compréhension

Portada del tebeo *Super Carpanta* n°34 (1980), José Escobar (dibujante español)

Carpanta

El personaje **Carpanta** apareció por primera vez en el tebeo español ***Pulgarcito*** en **1947**.

a. **Ve** el vídeo y **apunta** las características de los héroes de los tebeos evocados.

b. **Di** cuál fue uno de los personajes más célebres y **explica** qué le ocurría.

c. **Precisa** qué puso en peligro al personaje y cómo reaccionó su creador.

d. **Explica** qué hicieron los lectores que pensaban que el personaje era real.

e. **Describe** la escena de la portada y **di** si Carpanta se parece a un pícaro.

Para expresarte

- un bocadillo = un globo: *une bulle*
- una chaqueta: *une veste*
- una pajarita: *un nœud papillon*

- obsesionado(a) con: *obsédé(e) par*
- transgresor(a)

- arremeter contra: *s'en prendre à*
- compadecerse de: *avoir pitié de*
- negarse [ie] a: *refuser de*
- salir de apuros: *se tirer d'affaire*
- sospechar: *soupçonner*

Entraîne-toi à la traduction

Traduce el texto del globo. → Procédés de traduction p. 245

Analiza con método

Le dessin humoristique

- Le dessin humoristique a pour vocation de :
  - présenter une situation sous un angle amusant ;
  - exprimer une opinion et/ou faire une critique politique, sociale.
- Pour ce faire, les dessinateurs ont recours :
  - aux stéréotypes ;
  - à l'ironie, aux jeux de mots ;
  - au décalage, à l'exagération et à la caricature ;

Analyse

a. Montre qu'Escobar a eu recours à tous les procédés évoqués ci-contre.

b. Explique pourquoi, dans certaines circonstances, il peut s'avérer dangereux de faire de l'humour dans une BD.

Lo que pueden las apariencias

1. No es oro todo lo que reluce C1

El estudiante y pícaro Pablos cuenta su encuentro con un hidalgo mientras va a Madrid.

Lo primero que debe saber –me dijo el hidalgo[1]– es que en la Corte hay siempre el más tonto y el más sabio, el más rico y el más pobre; allí están los extremos de todas las cosas. La Corte disimula a los malos y esconde a los buenos.

Nosotros los hidalgos [...] utilizamos la astucia para meternos en los banquetes sin ser convidados y para no pagar en las posadas[2]. [...] Tenemos la casa llena de huesos[3] pero si alguien viene le decimos que han comido aquí unos amigos y los criados[4] no han limpiado aún. [...]

Todas nuestras ropas antes han sido otra cosa que hemos aprovechado en vez de tirarla. [...] Además, ponemos por delante la parte que quitamos de atrás, y la capa oculta las faltas[5]. [...] ¿Qué diré de las mentiras? Jamás sale una verdad de nuestra boca. En las conversaciones hablamos de duques y condes, unos como amigos nuestros, otros como parientes. Antes nos enteramos[6] bien de si estos señores están muertos o viven muy lejos. Nunca nos enamoramos si no es para ganar algo. En fin, señor, un caballero[7] como nosotros, aunque tenga muchas faltas[5], vive en la Corte.

Tanto me gustó esta manera de vivir y tanto me divertí, que llegué andando hasta mi lugar de destino, donde pasamos la noche. Cenó conmigo el hidalgo y yo pagué la cena, porque él no tenía dinero. Se ofreció para meterme en la Corte con los demás compañeros. Acepté y quedamos como amigos.

Francisco de Quevedo (escritor español), *El Buscón* (versión adaptada), 2004

1. *le gentilhomme* 2. *les auberges* 3. *os* 4. *les domestiques* 5. *(ici) les défauts* 6. *on vérifie* 7. *(ici) un homme de bien*

a. **Léxico** **Indica** cómo se encuentran Pablos y el hidalgo y qué relación comienzan.

b. **Comenta** la imagen que da el hidalgo de la Corte.

c. **Determina** si el hidalgo es pobre o rico. **Justifica**.

d. **Explica** si Pablos ha encontrado a alguien que le sirva de modelo.

Para expresarte

- las falsas apariencias: *les faux-semblants*
- un(a) impostor(a)

- engañoso(a): *trompeur(euse)*
- listo(a) = astuto(a)
- oportunista

- enseñar: *apprendre*
- fingir = hacer como si

- buscarse la vida: *se débrouiller tout seul*
- todo lo malo: *tout ce qu'il y a de mal*

2. Lo importante son las apariencias C1

La noche del 23 de junio de 1956, verbena de San Juan, el llamado Pijoaparte surgió de las sombras de su barrio[1] vestido con un flamante traje de verano color canela; [...] saltó sobre la primera motocicleta que vio estacionada [...] y se lanzó a toda velocidad por las calles [...] hacia la barriada[1] de San Gervasio. Con el motor en ralentí, respirando la fragante noche de junio cargada de vagas promesas, recorrió calles desiertas, flanqueadas de verjas[2] y jardines, hasta que decidió abandonar la motocicleta y fumar un cigarrillo recostado en el guardabarros[3] de un formidable coche sport. [...] Enfrente, en un jardín particular adornado con farolillos y guirnaldas de papel, se celebraba una verbena. [...].

Cuando, finalmente, se decidió a empujar la verja del jardín, su mano, como la de ciertos alcohólicos al empuñar el segundo vaso, dejó de temblar, su cuerpo se irguió[4], sus ojos sonrieron. Avanzó por el sendero cubierto de grava [...]. Las manos en los bolsillos, aparentando una total indiferencia, se dirigió primero al buffet improvisado bajo un gran sauce[5] [...].

Por un momento llegó a sentirse ridículo y desconcertado al darse cuenta de que él era uno de los pocos que llevaban traje convencional y corbata. «Son más ricos de lo que pensaba», se dijo [...]. Los ojos del Pijoaparte, como dos estiletes, se detuvieron en una chica sentada al borde de la piscina. [...] Al tiempo que avanzaba hacia la piscina, vio a otra muchacha sentarse junto a la que él había escogido y hablar con ella afectuosamente, pasándole el brazo por los hombros. Observó a las dos con atención, calculando las posibilidades de éxito[6] que cada una podía ofrecer: había que decidirse antes de abordarlas.

Juan Marsé (escritor español), *Últimas tardes con Teresa*, 1965

a. **Léxico** **Indica** cuándo transcurre la escena y **encuentra** el léxico para explicar qué es una verbena.

b. **Explica** si el protagonista es un invitado más y cómo se comporta.

c. **Compara** este fragmento con una novela picaresca.

1. *quartier* 2. *grilles* 3. *le garde-boue* 4. *se redressa* 5. *un saule* 6. *succès*

3. Ascender a cualquier precio

B2 Vidéo Fiche de compréhension

Caricatura de Francisco Nicolás Gómez Iglesias realizada por el dibujante Vizcarra

Francisco Nicolás Gómez Iglesias (1994)

Conocido también como el pequeño Nicolás, inició muy joven su trayectoria de impostor. Fue acusado en 2014 de diversos delitos pero el juicio solo se ha iniciado en 2020.

1. si aprendéis
2. *(fam.)* imbéciles

a. **Compara** la parte izquierda del dibujo con la derecha y **explica** el texto del globo.

b. **Determina** cuál es el objetivo del dibujante y cómo lo consigue.
→ Analiza con método p. 215

c. **Presenta** al protagonista de la noticia.

MÉDIATION d. "Tiene todos los ingredientes de la picaresca". **Explica** a qué se refiere esta frase del reportaje.

e. **Apunta** lo que le pasó el 14 de octubre de 2014 y **di** qué significa.

Para expresarte

- un contenedor: *une benne à ordures*
- una corbata: *une cravate*
- el fracaso: *l'échec*
- un maletín: *un attaché-case*
- la suciedad: *la saleté*
- un traje: *un costume*

- despectivo(a): *méprisant(e)*
- harapiento(a): *vêtu(e) de haillons*
- presumido(a): *prétentieux(euse)*

- apestar = oler [hue] mal
- medrar = ascender [ie] socialmente
- tener [ie] éxito en la vida: *réussir sa vie*

Entraîne-toi à la traduction

Traduce el documento 2 desde *Avanzó* (l. 12) hasta *dijo* (l. 17).
→ Procédés de traduction p. 245

Analiza con método

Le roman picaresque

- Le roman picaresque fait son apparition avec *Lazarillo de Tormes* en 1554. Il a connu un large succès au cours du Siècle d'Or (XVI et XVII siècles).
- Ce genre se caractérise par :
  - une écriture à la 1ᵉ personne (ce qui était alors une nouveauté) ;
  - un dédoublement entre le narrateur adulte et le personnage (le narrateur juge ce qu'il a fait) ;
  - une tonalité souvent satirique (critique de la société de l'époque) ;
  - une volonté d'ascension sociale qui ne se réalise pas (déterminisme social et mauvaises rencontres).

Analyse

a. Compare les trois antihéros évoqués dans cette double page et montre en quoi ce sont des *pícaros*.

b. Relis les doc. 1. p. 212, 1 et 2 p. 214 et 1 p. 216 et analyse les caractéristiques du roman picaresque dans ces extraits.

spécialité LLCE espagnol

Lluvia de ideas

El pícaro, personaje de ficción y de la vida real

- *La vida de Lazarillo* de, Anónimo, p. 212, 214
- *Picaros de ayer y de hoy*, Avelino Alonso, p. 213

Los encuentros decisivos en la vida del pícaro

- *La vida de Lazarillo de Tormes*, Anónimo, p. 212, 214
- *Vida del Buscón*, Francisco de Quevedo, p. 216

¿En qué medida se ha inspirado la picaresca en la sociedad hispánica?

Las cualidades y habilidades necesarias para ser un pícaro

- *La vida de Lazarillo de Tormes*, Anónimo, p. 212, 214
- *Vida del Buscón*, Francisco de Quevedo, p. 214, 216
- *Carpanta*, Escobar, p. 215

La aspiración a tener una vida mejor

- *Vida del Buscón*, Francisco de Quevedo, p. 216
- *Últimas tardes con Teresa*, Juan Marsé, p. 216
- *Picaros de ayer y de hoy*, Avelino Alonso, p. 212

Entraîne-toi à la synthèse

ÉPREUVE ÉCRITE

Concéntrate en los documentos 1 y 2 p. 214; 2 p. 216 y escribe una síntesis (alrededor de 500 palabras) en la que mostrarás todo lo que puede ser un pícaro.

Trucos

- **Dégage** les idées sans recopier les textes.
- **Note** ces idées dans **une carte mentale** ou **un tableau**. Tu pourras y surligner d'une même couleur les idées qui vont ensemble.

Elabora tu dosier

Serie

***El Ministerio del tiempo*, TVE, 2015**

Es una serie de género fantástico (viajes por el tiempo) e histórico. En el episodio *Tiempos de pícaros*, los protagonistas en misión en el siglo XVI conocen a un joven que se presenta como Lázaro de Tormes. Se ofrece a llevarles a Salamanca y les cuenta su vida.

- **Ve** el capítulo 6 de la temporada 1 y **explica** qué momento de la vida de Lázaro de Tormes evidencia mejor sus habilidades como pícaro.

Novela

***Periquillo Sarniento* , J. J. Fernández. de Lizardi, 1816**

Novela del género picaresco de autor mexicano. El narrador nos cuenta su vida desde el inicio y nos va desvelando las dificultades que encontró. Con un tono moralizante, pretende darnos a conocer la sociedad mexicana de principios del siglo XIX.

- **Lee**, al principio del primer capítulo, el apartado titulado "Mi patria, padres...". **Di** dónde se crió el protagonista, qué reproches les hace a sus padres y cuál es el tono del relato.

Canción

VIDÉO

***Canción para un niño en la calle*, Calle 13 y Mercedes Sosa, 2012**

Todo lo tóxico de mi país a mí me entra por la nariz.
Lavo auto, limpio zapato [...]
Robo billeteras pero soy buena gente, soy una sonrisa sin dientes
Lluvia sin techo, uña con tierra, soy lo que sobró de la guerra
Un estómago vacío, soy un golpe en la rodilla que se cura con el frío
El mejor guía turístico del arrabal por tres pesos te paseo por la capital.

- **Escucha** la canción y **describe** la vida de los niños que viven hoy en la calle en América Latina. **Relaciónalos** con la figura del pícaro.

Cuento

***El guiso de piedra*, Anónimo**

Cuento de tradición europea que llegó a formar parte de los relatos populares de América Latina. Es a la vez una historia de engaño y de solidaridad.

- **Lee** el cuento, **precisa** cómo se encontraron los personajes y **explica** en qué medida este cuento escenifica el tema picaresco del engaño.

Pintura

Bartolomé Esteban Murillo (1617-1682) pintó muchos cuadros con escenas de género, mostrando así una verdadera preocupación por la pobreza que reinaba en España y en particular en Sevilla, ciudad en la que nació y vivió.

- **Mira** la obra de Murillo y **comenta** los dos cuadros que muestran mejor lo que era la vida de los niños pobres en aquella época.

Entraîne-toi à présenter ton dossier à l'oral

ÉPREUVE ORALE

Etapa 1 Prepara el contenido del dosier

- **Elige** uno de los temas presentados en el mapa mental p. 218.
- **Escoge** un documento de la lista y **busca** otro por tus propios medios, que tenga que ver con el tema.
- **Prepara** tu argumentación poniendo de relieve la relación entre los documentos y el tema.

Etapa 2 Presenta tu dosier

- **Trabajad** en grupos de tres. Cada uno(a) **presenta** su dosier a lo(a)s otro(a)s dos.
- Tras cada presentación, **haced preguntas** a un(a) compañero(a) sobre:
  - una cuestión que necesite ser precisada,
  - el motivo de la elección del tema.
- Él/ella **responde** a las preguntas.

Unidad AVANZADA 19

Révolutions et ruptures

América Latina insumisa

¿Cómo se ven las revoluciones en América Latina?

Visiones bolivarianas

1. Una visión idealizada B2

Fiche de compréhension | Vidéo

Pintada callejera en Venezuela que representa a Hugo Chávez

Hugo Chávez (1953-2013)

Hugo Chávez fue presidente de **Venezuela** desde 1999 hasta su muerte en 2013. Chávez centró su política en una serie de reformas sociales conocidas como "La Revolución Bolivariana", un tipo de revolución socialista en honor al Libertador, **Simón Bolívar**.

a. **Detalla** los elementos simbólicos que componen la pintada y **di** qué visión quiere dar de Hugo Chávez.

b. **Apoyándote** en el vídeo **presenta** cuál fue el objetivo de la Revolución bolivariana.

c. **Lista** los elementos políticos del discurso y de la canción.

MÉDIATION

d. "Tomó como enseña la sed del Libertador continuando su labor hacia el futuro." **Explica** a un(a) compañero(a) esta frase, quién es el Libertador y por qué lo nombra.

2. Nadie los controlaba B2

Motorizados de la Patria recorriendo Caracas

En un taxi por las calles de Caracas la narradora se encuentra con los motorizados.

Eran veinte o treinta, todas aparcadas en medio de la vía, cortando el paso a ambos sentidos. Sus conductores vestían las camisetas rojas que la administración pública había repartido en los primeros años del Gobierno. Era el uniforme de los Motorizados de la Patria, una infantería con la que la Revolución barría cualquier protesta contra el Comandante Presidente[1] –así llamaron al líder de los revolucionarios, tras la cuarta victoria electoral– y que con el tiempo desbordó sus territorios, competencias y objetivos. Cualquiera que cayese en sus manos se convertía en víctima... ¿De qué? Eso dependía del día y de la patrulla.

Cuando se acabó el dinero para financiar a los Motorizados, el Estado decidió comprarlos con una propina[2]. No cobrarían el salario revolucionario completo, pero tendrían patente[3] para saquear y arrasar[4] sin control. Nadie los tocaba. Nadie los controlaba. Cualquiera con ganas de matar y morir podía apuntarse[5] a sus listas, aunque muchos actuaban en su nombre sin tener siquiera[6] conexión con la estructura original. Llegaron a formar pequeñas cooperativas con las que cobraban peajes en algunas zonas de la ciudad. Levantaban una tienda de campaña con tres sillas y ahí echaban el día[7], recostados sobre aquellas motos desde las que avistaban[8] a su presa y sobre las que montaban para darle caza a punta de pistola.

Karina Sainz Borgo (escritora venezolana), *La hija de la española*, 2019

1. Hugo Chávez
2. *(ici)* una pequeña recompensa
3. *(ici) le droit*
4. *piller et détruire*
5. *(ici) s'engager*
6. *sans même avoir*
7. *passaient la journée*
8. distinguían

a. **Explica** el papel de los Motorizados de la Patria en el momento de su creación.
b. **Apunta** las palabras que evocan el poder que ejercen estas patrullas.
c. **Muestra** que la actividad actual de los Motorizados es muy distinta de su misión original.
d. Léxico **Identifica** el campo semántico utilizado para referirse a las víctimas de los motorizados y **deduce** el sentimiento que estos despiertan.

Para expresarte

- un(a) delincuente: *un(e) délinquant(e)*
- el miedo: *la peur*
- una milicia: *une milice*
- los opositores: *les opposants*

- ilegítimo(a): *illégitime*

- reprimir: *réprimer*
- robar: *voler*

Entraîne-toi à la traduction

Traduce el texto 2 desde *Eran* (l. 1) hasta *objetivos* (l. 10).
→ Procédés de traduction p. 245

Analiza con método

Le discours politique

- La plupart des discours politiques sont des textes argumentatifs dont l'objectif est la recherche d'adhésion des destinataires.
- Pour analyser un discours politique, il faudra étudier :
  - l'objectif du discours (« dire » pour agir sur les destinataires) ;
  - le contexte d'énonciation ;
  - la représentation du réel produite par ce discours politique ;
  - les arguments présentés et la forme utilisée.

Analyse

a. Cherche dans les docs 1 et 2 ce qui permet de dire qu'il s'agit d'éléments de communication politique.
b. Analyse les éléments de langage utilisés par Hugo Chávez dans la vidéo. Quel est l'objectif recherché ?

Luchas mexicanas

1. Emiliano Zapata, el caudillo del sur

C1 · Fiche de compréhension

Vidéo

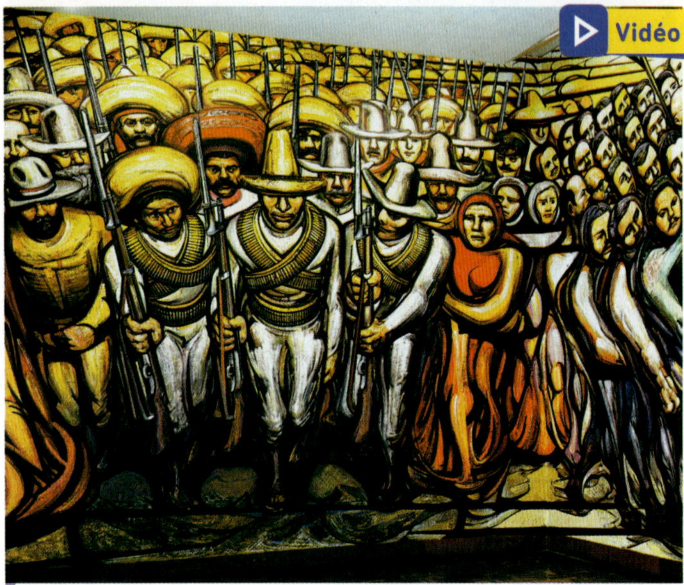

Detalle del mural *La marcha de la humanidad* de David Alfaro Siqueiros (pintor mexicano), 1965-1969

La Revolución mexicana (VIDÉO)

La **Revolución mexicana** (1910-1917) puso fin a 35 años de un Gobierno dictatorial (1876-1911) presidido por **Porfirio Díaz**.

a. **Comenta** la actitud de los campesinos del mural.

b. **Ve** el vídeo y **describe** a los que pertenecen al ejército de Zapata. ¿Qué te llama la atención?

c. **Analiza** cómo se comportan Zapata y Madero a lo largo de la escena.

d. **Muestra** cómo esta película hace de Zapata un hombre a la vez admirado y temible.

Para expresarte

- el bigote: *la moustache*
- una cartuchera
- un caudillo: *un chef militaire*
- la escopeta = el fusil

- elogioso(a)
- respetuoso(a)
- temible: *qui inspire la crainte*

- halagar: *flatter*
- sentirse [ie, i] a gusto: *se sentir à l'aise*

2. Eso es la revolución

C1 · Texte lu

Los protagonistas, Artemio Cruz y su compañero, son revolucionarios, pero los quieren ejecutar los hombres de Pancho Villa.

–Qué, ¿tú no estás con Obregón y Carranza?

–[Artemio Cruz] Como podía estar con Zapata o Villa. No creo en ninguno.

–¿Y entonces?

–Ése es el drama. No hay más que ellos. No sé si te acuerdas del principio. Fue hace tan poco, pero parece tan lejano... cuando no importaban los jefes.

–[...] Si eso es la revolución, no más: lealtad[1] a los jefes.

–[...] No, antes era otra cosa. Antes de que esto degenerara en facciones. Pueblo por donde pasaba la revolución era pueblo donde se acababan las deudas[2] del campesino, se expropiaba a los agiotistas[3], se liberaba a los presos políticos y se destruía a los viejos caciques[4]. Pero ve nada más cómo se han ido quedando atrás los que creían que la revolución no era para inflar jefes sino para liberar al pueblo.

–Ya habrá tiempo.

–No, no lo habrá. Una revolución empieza a hacerse desde los campos de batalla, pero una vez que se corrompe, aunque siga ganando batallas militares, ya está perdida. Todos hemos sido responsables. Nos hemos dejado dividir y dirigir por los concupiscentes, los ambiciosos, los mediocres. Los que quieren una revolución de verdad, radical, intransigente, son por desgracia hombres ignorantes y sangrientos. Y los letrados sólo quieren una revolución a medias, compatible con lo único que les interesa: medrar[5], vivir bien, sustituir a la élite de don Porfirio. Ahí está el drama de México. Mírame a mí. [...] Tengo que afiliarme con Carranza porque es el que parece gente decente, el que no me asusta. [...] Les tengo miedo a los pelados, a Villa y a Zapata.

Carlos Fuentes (escritor mexicano), *La muerte de Artemio Cruz*, 1962

a. **Léxico** **Enumera** los logros de la revolución en sus comienzos.

b. **Di** si Artemio Cruz ve la revolución con entusiasmo o no y **explica** por qué.

c. **Identifica** a los responsables de la mala evolución de la revolución.

1. *loyauté*
2. *dettes*
3. *(ici) usuriers*
4. *chefs politiques*
5. ascender socialmente

3. Continúa la lucha revolucionaria C1 Fiche de compréhension

Vidéo

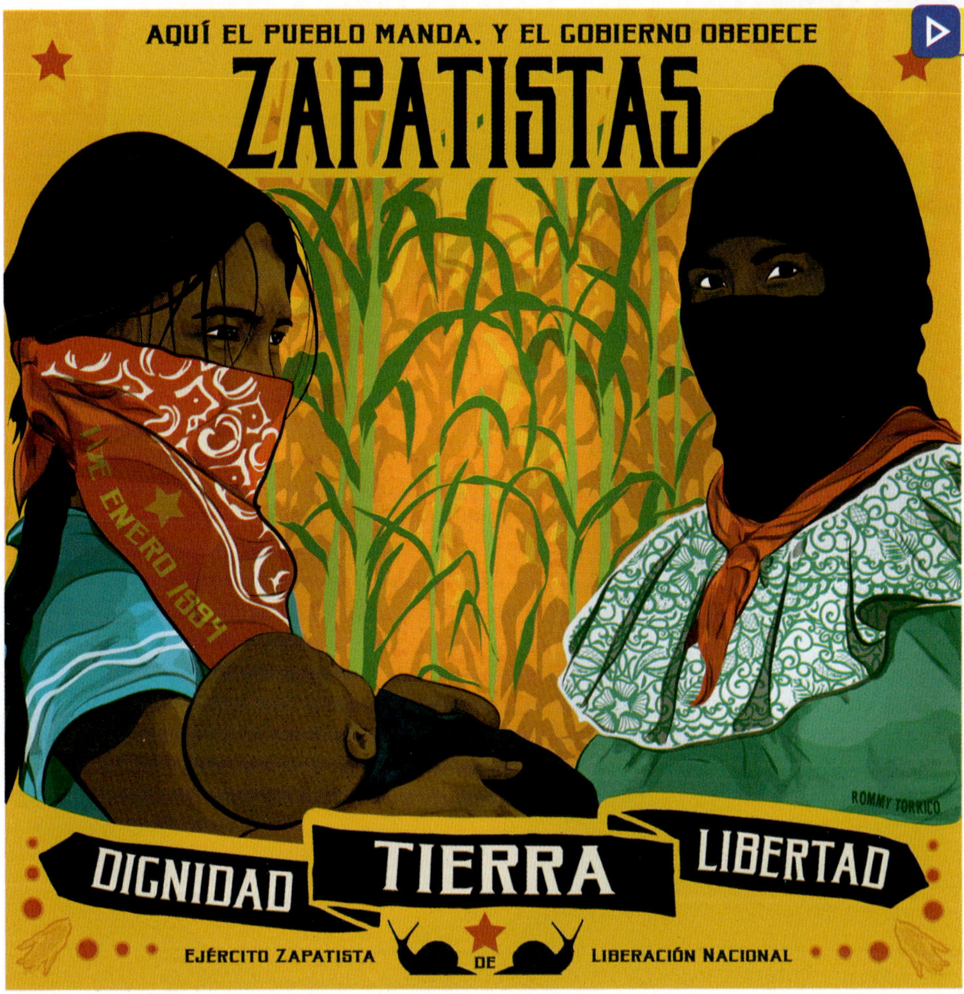

Para expresarte

- la gorra: *la casquette*
- el pañuelo: *le foulard*
- el pasamontañas: *la cagoule*
- conflictivo(a): *conflictuel(le)*
- tenso(a): *tendu(e)*
- arremeter contra: *s'en prendre à*
- reprochar que + subj. : *reprocher de*

MÉDIATION
a. **Explica** a tus compañeros(as) qué es el EZLN, por qué lucha y qué aniversario celebró el 1 de enero de 2019.
b. Léxico **Describe** los elementos característicos de la vestimenta de los miembros del EZLN.
c. **Evidencia** qué relaciones suelen tener con el Gobierno mexicano.

Entraîne-toi à la traduction

Traduce el texto 2 desde *Una revolución* (l. 13) hasta *sangrientos* (l. 18).

→ Procédés de traduction p. 245

Analiza con método

Les dialogues dans un roman

Ce sont des échanges entre plusieurs personnages, au discours directe, avec intervention du narrateur ou non. Leur rôle est :
- de créer une tension dramatique par la confrontation de points de vue ;
- d'apporter de la vraisemblance ;
- de mettre en exergue le caractère, les émotions et les opinions des personnages ;
- de décrire une situation ou encore de confirmer un fait.

Analyse

a. Repère dans le texte sur quoi porte la confrontation de points de vue et ce qui est exposé par Artemio Cruz.
b. Quels traits de caractère de chacun des personnages sont-ils mis en avant ?
c. Que favorise l'absence de verbes introducteurs ?

Los claroscuros de la Revolución cubana

1. Tengo B2

VIDÉO

Cuando me veo y toco,
yo, Juan sin Nada no más ayer,
y hoy Juan con Todo,
y hoy con todo,
vuelvo los ojos, miro,
me veo y toco
y me pregunto cómo ha podido ser.

Tengo, vamos a ver,
tengo el gusto de andar por mi país,
dueño[1] de cuanto hay en él,
mirando bien de cerca lo que antes
no tuve ni podía tener.
Zafra[2] puedo decir,
monte puedo decir,
ciudad puedo decir,
ejército[3] decir,
ya míos para siempre y tuyos, nuestros,
y un ancho resplandor
de rayo, estrella, flor.

Tengo, vamos a ver,
tengo el gusto de ir
yo, campesino, obrero, gente simple,
tengo el gusto de ir
(es un ejemplo)
a un banco y hablar con el administrador,
no en inglés,
no en señor,
sino decirle compañero como se dice en español.

Tengo, vamos a ver,
que siendo un negro
nadie me puede detener
a la puerta de un *dancing* o de un bar.
O bien en la carpeta[4] de un hotel
gritarme que no hay pieza,
una mínima pieza y no una pieza colosal,
una pequeña pieza donde yo pueda descansar.

Tengo, vamos a ver,
que ya aprendí a leer,
a contar,
tengo que ya aprendí a escribir
y a pensar
y a reír.

Nicolás Guillén (poeta cubano), *Tengo*, 1964

1. *le propriétaire* 2. *(Amér.) récolte de la canne à sucre* 3. *l'armée* 4. *(Cuba)* la recepción

a. **Léxico** **Lee** el poema y **apunta** los elementos que permiten conocer mejor al poeta. ¿De quién será el portavoz?

b. **Explica** qué habrá pasado para que todo cambie.

c. **Detalla** todo lo que le aportó la Revolución al poeta.

MÉDIATION

d. **Explica** a un(a) compañero(a) en qué medida se trata de un poema comprometido.

Para expresarte

- una alabanza = un elogio
- un compromiso: *un engagement*
- la discriminación
- la euforia

- abogar por: *plaider en faveur de*
- oponerse a: *s'opposer à*
- plantear un problema: *poser un problème*

Analiza con método

La musicalité dans un poème

- Dans un poème, l'auteur a recours aux effets sonores et rythmiques.
- Pour **les effets sonores**, il peut utiliser, par exemple, l'allitération, l'assonance, les échos sonores, les rimes.
- Pour **les effets rythmiques**, il peut se servir des répétitions, des énumérations, des parallélismes.

Analyse

a. Dans le poème de Nicolás Guillén, cherche trois répétitions qui créent un effet musical.

b. Trouve deux allitérations qui expriment la brutalité.

c. Étudie le rôle de la ponctuation dans le poème.

2. Las dos caras de Cuba

C1 Fiche de compréhension

Vídeo

Grupo de alumnos de la escuela Lenin, Cuba

Para empezar, en los años ochenta los niños y adolescentes eran bombardeados con [...] centenares de películas socialistas donde campesinos y obreros rebosantes de felicidad trabajaban por un futuro idílico.[...] La música de los países capitalistas estaba prohibida y el dólar era el dolor de no poseer ni uno, a no ser que se tuviesen parientes en Miami. Entrar en los hoteles, al igual que a las tiendas «en divisa»[1], estaba prohibido para los cubanos y, si te pillaban[2] con algún dólar que te había regalado tu tía de Miami, ibas de cabeza a la cárcel. Fabulosas fiestas de una Habana oculta. ¿Podemos imaginarnos entonces el *shock* de Anabela a medida que iba explorando el parque temático de la vida de los burguesones de La Habana? La Lenin estaba llena de los hijos de los dirigentes. Parecía un vivero[3]. Y cuando Bonifacio, el chofer del padre de Manuel, los llevaba de casa en casa y de fiesta en fiesta, Anabela contemplaba tras la ventanilla del lado los ómnibus con racimos[4] de gente colgando de las puertas y los paraderos atestados[5] donde toda su vida había hecho colas para ser parte del racimo que colgaba de las puertas. Miraba su casa, a su padre carpintero y a su madre secretaria, y toda la ropita fea que le hacía su abuela materna como si fuesen un estigma. Podría pensarse que, chapoteando en el flato[6] de la vida fastuosa de La Habana oculta, Anabela comenzó a cuestionar sus principios románticos de pionera revolucionaria. Nones[7]. [...] Anabela doblepensaba[8]: por un lado estaba la vida dura de casi toda Cuba, que se sacrificaba para construir el paraíso socialista bajo las narices del imperialismo yanqui, y por otro estaba ese mundo metido dentro de la misma Cuba, que pertenecía de punta a cabo al estilo de vida capitalista burgués. Dentro de Anabela, una cosa no entraba en contradicción con la otra. Seguía siendo la misma pionera revolucionaria de siempre, pero estaba fascinada con el mundo de [...] toda la banda de hijitos de papá.

Ronaldo Menéndez (escritor cubano), *La casa y la isla*, 2016

1. *(fig.)* en dólares 2. te descubrían 3. *une pépinière* 4. *grappes* 5. *bondés* 6. *(fig.) pataugeant dans la médiocrité* 7. *Du tout* 8. *(fig.) avait une double pensée*

a. **Apunta** elementos para hacer un retrato de Anabela.

b. **Demuestra** que coexisten dos Cubas. ¿Cuál será la oculta?

c. **Explica** la contradicción de Anabela.

d. **Ve** el vídeo, **explica** qué ocurre y **comenta** qué imagen de Cuba se muestra.

Para expresarte

- un complejo de inferioridad: *un complexe d'infériorité*
- un conflicto interior
- un espejismo: *un mirage*
- la traición: *la trahison*
- aprovecharse de: *profiter de*
- cuestionar: *remettre en question*

Entraîne-toi à la traduction

Traduce el fragmento siguiente desde *¿Podemos* (l. 8) hasta *puertas* (l. 14).

→ Procédés de traduction p. 245

Lluvia de ideas

¿Cómo se ven las revoluciones en América Latina?

La visión idealizada o comprometida de las revoluciones

- ➜ *Tengo*, Nicolás Guillén, p. 224
- ➜ *La marcha de la humanidad*, David Alfaro Siqueiros, p. 222

Visiones testimoniales o históricas de las revoluciones

- ➜ *La muerte de Artemio Cruz*, Carlos Fuentes, p. 222
- ➜ El levantamiento zapatista (ELN), p. 223

La mirada de los artistas que difundieron el mensaje revolucionario

- ➜ Pintada callejera de Hugo Chávez, p. 220
- ➜ *La marcha de la humanidad,* David Alfaro Siqueiros, p. 222
- ➜ *Tengo*, Nicolás Guillén, p. 224

Visiones críticas de procesos revolucionarios y de sus evoluciones

- ➜ *La hija de la española*, Karina Sainz Borgo, p. 221
- ➜ *La casa y la isla*, Ronaldo Menéndez, p. 225

Entraîne-toi à la synthèse

ÉPREUVE ÉCRITE

A partir de los documentos 2 p. 221 y 2 p. 225 escribe una síntesis (alrededor de 500 palabras) en la que muestres qué críticas se han hecho de los procesos revolucionarios.

Trucos

- Dégage tes idées sans recopier les textes.
- Note ces idées dans une carte mentale ou un tableau. Tu pourras y surligner d'une même couleur les idées qui vont ensemble.

Elabora tu dosier

Pintura

***Mural de las revoluciones*,**
Salvador Almaraz, 1969

WEB

• **Observa** el mural, **estudia** su historia y **analiza** sus composición para explicar cómo se representa la idea de revolución.

Fotografía

Juan Rulfo

Además de novelista de obras como *Pédro Páramo* (1955), Juan Rulfo (1917-1986) fue escritor de guiones de cine y fotógrafo.

• **Infórmate** y **muestra** la visión de Rulfo sobre la Revolución mexicana.

Fotografía del rodaje *(tournage)* de la película *La escondida* de Roberto Gavaldón (1956) con actores caracterizados como revolucionarios.

Novela

***Huasipungo*, Jorge Icaza, 1934**

Novela del género indigenista, la acción transcurre en Cuchitambo en las tierras del hacendado Don Alfonso Pereira y cuenta la historia de Andrés Chiliquinga, que lidera un movimiento de rebelión de los indios por las injusticias hechas contra su pueblo.

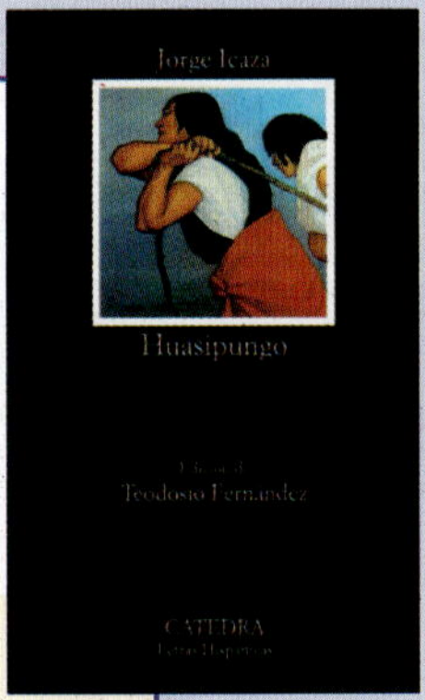

• **Lee** la novela y **explica** qué visión nos da de las injusticias contra los indígenas y de su lucha por combatirlas.

Canción

***Hasta siempre, Comandante*,**
Carlos Puebla, 1965

AUDIO

Aprendimos a quererte
Desde la histórica altura
Donde el sol de tu bravura
Le puso un cerco a la muerte
Aquí se queda la clara
La entrañable transparencia
De tu querida presencia
Comandante Che Guevara [...]
Como revolucionario
Que conducía nueva empresa
Donde espera la firmeza
De tu brazo libertario
Aquí se queda la clara
La entrañable transparencia
De tu querida presencia
Comandante Che Guevara...

• **Escucha** la canción **di** qué imagen nos da del revolucionario argentino.

Película

***Libertador*, Alberto Arvelo, 2013**

Libertador cuenta la infancia de Simón Bolívar, así como el paso durante su juventud por una Europa en decadencia, antes de que tomara conciencia de su compromiso revolucionario, para regresar a las Américas, donde impulsó el proceso de Independencia.

• **Ve** la película y **cuenta** qué imagen nos presenta de Simón Bolívar.

Entraîne-toi à présenter ton dossier à l'oral

ÉPREUVE ORALE

Etapa 1 Prepara el contenido del dosier

- **Elige** una problemática presentada en el mapa mental, p. 226.
- **Busca** otro documento personal para ilustrar este punto.
- **Prepara** tu presentación: demuestra cómo se relacionan los documentos con la problemática y el eje temático.

Etapa 2 Entrénate en grupo

- **Formad** grupos de tres. Cada uno **presenta** su dosier a los otros.
- Después de escuchar cada presentación, **haced preguntas** sobre:
  – elementos que necesiten más explicación;
  – la pertinencia de los documentos elegidos.

Unidad AVANZADA

20

Les représentations du réel

Más allá de lo real

¿Cómo se ha abordado lo irracional y lo fantástico en la cultura hispánica?

Lo maravilloso

1. La luz en la memoria B1

Luisa Rivera (ilustradora chilena) ilustración para *Cien años de soledad*, 2017

a. **Lee** el texto de la p. 229 y **observa** el dibujo. **Identifica** y **sitúa** a los personajes.
b. **Di** qué momento de la historia ilustra el dibujo.
c. **Fíjate** en el título del dibujo y **relaciónalo** con lo que ves.

Para expresarte

- un barreño: *une bassine*
- una gallina: *une poule*
- los huevos: *les œufs*
- la silla: *la chaise*
- el umbral: *le seuil*

- el momento en que: *le moment où*

2. La peste del olvido en Macondo C1

En Macondo la peste del insomnio hace que sus habitantes pierdan la memoria.

[Aureliano Buendía] descubrió que tenía dificultades para recordar casi todas las cosas del laboratorio. Entonces las marcó con el nombre respectivo, de modo que le bastaba con leer la inscripción para identificarlas. Cuando su padre le comunicó su alarma por haber olvidado hasta los hechos más impresionantes de su niñez, Aureliano le explicó su método, y José Arcadio Buendía lo puso en práctica en toda la casa y más tarde lo impuso a todo el pueblo. Con un hisopo entintado[1] marcó cada cosa con su nombre: *mesa, silla, reloj, puerta, pared, cama, cacerola*. Fue al corral y marcó los animales y las plantas: *vaca, chivo, puerco, gallina, yuca, malanga, guineo*. Poco a poco, estudiando las infinitas posibilidades del olvido, se dio cuenta de que podía llegar un día en que se reconocieran las cosas por sus inscripciones, pero no se recordara su utilidad. Entonces fue más explícito. El letrero[2] que colgó en la cerviz[3] de la vaca era una muestra ejemplar de la forma en que los habitantes de Macondo estaban dispuestos a luchar contra el olvido: *Ésta es la vaca, hay que ordeñarla todas las mañanas para que produzca leche y a la leche hay que hervirla para mezclarla con el café y hacer café con leche.* [...]

José Arcadio Buendía decidió entonces construir la máquina de la memoria. El artefacto se fundaba en la posibilidad de repasar todas las mañanas, y desde el principio hasta el fin, la totalidad de los conocimientos adquiridos en la vida. Lo imaginaba como un diccionario giratorio que un individuo situado en el eje pudiera operar mediante una manivela, de modo que en pocas horas pasaran frente a sus ojos las nociones más necesarias para vivir. Había logrado escribir cerca de catorce mil fichas, cuando apareció por el camino de la ciénaga un anciano [...] cargando una maleta ventruda amarrada con cuerdas y un carrito cubierto de trapos[4] negros. [...]

José Arcadio Buendía lo encontró sentado en la sala, abanicándose[5] con un remendado[6] sombrero negro, mientras leía con atención compasiva los letreros pegados en las paredes. Lo saludó con amplias muestras de afecto, temiendo haberlo conocido en otro tiempo y ahora no recordarlo. Pero el visitante advirtió su falsedad. Se sintió olvidado, no con el olvido remediable del corazón, sino con otro olvido más cruel e irrevocable que él conocía muy bien, porque era el olvido de la muerte. Entonces comprendió. Abrió la maleta atiborrada[7] de objetos indescifrables, y de entre ellos sacó un maletín con muchos frascos. Le dio a beber a José Arcadio Buendía una sustancia de color apacible, y la luz se hizo en su memoria. Los ojos se le humedecieron de llanto [...] antes de avergonzarse de las solemnes tonterías escritas en las paredes, y aun antes de reconocer al recién llegado en un deslumbrante resplandor de alegría. Era Melquíades.

Gabriel García Márquez (escritor colombiano), *Cien años de soledad*, 1967

a. **Identifica** a los protagonistas y explica su problema.

b. **Di** qué solución encontraron y **apunta** la frase que muestra que su eficacia era limitada.

c. ¿Qué decidió construir José Arcadio y cómo funcionaba?

d. **Indica** quién y cómo resolvió el problema.

1. *(Amér.) un pinceau trempé dans l'encre*
2. *l'écriteau*
3. *le cou*
4. *chiffons*
5. *en train de s'éventer*
6. *rapiécé*
7. llena

Para expresarte

- un(a) brujo(a): *un(e) sorcier(ère)*
- una enfermedad: *une maladie*
- la magia
- misterioso(a)

- conseguir [i]: *réussir à*
- padecer: *souffrir (d'une maladie)*

- cada vez más/menos: *de plus en plus/ de moins en moins*

Entraîne-toi à la traduction

Traduce el texto 2 de las líneas 9 a 15. → Procédés de traduction p. 245

Analiza con método

Le réalisme magique

- Dans ce type de récit, les frontières s'effacent entre le possible et l'impossible :
  - Le surnaturel surgit comme une chose normale alors que les éléments réalistes paraissent anormaux.
  - Les situations évoluent de façon hyperbolique jusqu'à devenir incontrôlables.

Analyse

a. Le phénomène évoqué dans le texte relève-t-il du réel ou de l'étrange ?

b. En quoi l'énumération d'objets et d'animaux révèle-t-elle l'ampleur du problème ?

c. Quelle figure de style permet de voir que la situation est sur le point d'échapper à tout contrôle ?

Lo terrible

1. Una terrible obsesión B2 Texte lu

El narrador es dueño de un negocio en Laboulaye (Estado de Córdoba, Argentina). Tiene dos empleados, el vendedor Tomás Aquino y el contador llamado Figueroa.

El 14 de enero, al hojear de noche los libros[1], y con toda la sorpresa que imaginarán, vi que la última página del Mayor[1] estaba cruzada en todos sentidos de rayas. Apenas llegó Figueroa a la mañana siguiente, le pregunté qué demonio eran esas rayas. Me miró sorprendido, miró su obra, y se disculpó murmurando.

No fue sólo esto. Al otro día Aquino entregó el Diario[1], y en vez de las anotaciones de orden no había más que rayas: toda la página llena de rayas en todas direcciones. [...]

Desde entonces comenzaron a enflaquecer[2] visiblemente. [...] Hasta que una tarde hallé a Figueroa doblado sobre la mesa, rayando el libro de Caja[1]. Ya había rayado todo el Mayor[1], hoja por hoja; todas las páginas llenas de rayas, rayas en el cartón, en el cuero, en el metal, todo con rayas.

Lo despedimos[3] en seguida; que continuara sus estupideces en otra parte. Llamé a Aquino y también lo despedí. Al recorrer la barraca no vi más que rayas en todas partes: tablas rayadas, planchuelas rayadas, barricas rayadas. Hasta una mancha de alquitrán[4] en el suelo, rayada...

No había duda; estaban completamente locos, una terrible obsesión de rayas que con esa precipitación productiva quién sabe a dónde los iba a llevar.

Efectivamente, dos días después vino a verme el dueño de la Fonda[5] Italiana donde aquellos comían. Muy preocupado, me preguntó si no sabía qué se habían hecho Figueroa y Aquino; ya no iban a su casa.

–Estarán en casa de ellos –le dije.

–La puerta está cerrada y no responden –me contestó mirándome.

–¡Se habrán ido! –argüí sin embargo.

–No –replicó en voz baja–. Anoche, durante la tormenta, se han oído gritos que salían de adentro.

Esta vez me cosquilleó la espalda[6] y nos miramos un momento.

Salimos apresuradamente y llevamos la denuncia[7]. En el trayecto al caserón la fila se engrosó, y al llegar a aquél, éramos más de quince. Ya empezaba a oscurecer. Como nadie respondía, echamos la puerta abajo y entramos. Recorrimos la casa en vano; no había nadie. Pero el piso, las puertas, las paredes, los muebles, el techo mismo, todo estaba rayado: una irradiación delirante de rayas en todo sentido.

Ya no era posible más; habían llegado a un terrible frenesí de rayar, rayar a toda costa, como si las más íntimas células de sus vidas estuvieran sacudidas por esa obsesión de rayar. Aun en el patio mojado las rayas se cruzaban vertiginosamente, apretándose de tal modo al fin, que parecía ya haber hecho explosión la locura.

Terminaban en el albañal[8]. Y doblándonos, vimos en el agua fangosa dos rayas negras que se revolvían pesadamente[9].

Horacio Quiroga (escritor uruguayo), *Anaconda y otros cuentos*, 1921

1. *(ici) livres de comptes : Grand Livre, Livre Journalier, Livre de Caisse* 2. *maigrir* 3. *nous l'avons renvoyé* 4. *tache de goudron* 5. *l'auberge* 6. *mon dos frissonna* 7. informamos a la gente 8. *les égouts* 9. *se tortillaient lourdement*

a. **Di** qué problema tuvieron Aquino y Figueroa y qué decisión tomó el dueño.

b. **Precisa** quién estaba preocupado por Aquino y Figueroa. **Explica** sus motivos.

c. Cuando llegaron a su casa todo parecía normal. ¿Sí o no? **Justifica**.

d. **Léxico** De esta lista de calificativos **di** cuáles convienen y por qué: normal – inquietante – horrible – esperanzador – espantoso – tranquilizador.

Para expresarte

- un hechizo: *un sortilège*
- una raya: *un trait*

- inverosímil : *invraisemblable*
- poseso(a): *possédé(e)*

- asustar: *faire peur*
- desaparecer
- dominar
- volverse [ue] loco(a): *devenir fou/folle*

- no poder [ue] evitar: *ne pas pouvoir s'empêcher de*

Unidad AVANZADA

2. El festival de cine fantástico de Sitges

C1 · Fiche de compréhension · Vidéo

Cartel del Festival Internacional de Cine Fantástico de Cataluña, Sitges 2020

a. **Observa** el cartel. ¿En qué se ve que es un festival de cine fantástico?

b. Léxico De esta lista siguiente **di** qué adjetivos corresponden al público de este festival y justifica con lo que oyes: exigente – educado – fiel – numeroso – experto – ignorante.

c. Léxico **Apunta** expresiones que se refieren a este festival. ¿Qué concluyes en cuanto a su importancia?

Para expresarte

- un lagarto: *un lézard*
- un rabo: *une queue*
- abarrotado(a): *bondé(e)*
- a cuatro patas
- mitad... mitad...: *moitié... moitié...*

Entraîne-toi à la traduction

Traduce el texto 1 de *Pero* (l. 51) a *sentido* (l. 54).

→ Procédés de traduction p. 245

Analiza con método

L'horreur dans le récit fantastique

- Le récit fantastique se caractérise par l'introduction d'un élément perturbateur de l'ordre normal des choses.
  - L'élément perturbateur fait basculer le récit dans l'irrationnel et l'horreur.
  - Le lecteur est mis dans une position inconfortable, face à une énigme impossible à résoudre

Analyse

a. Dans le texte 1 quels sont les éléments qui renvoient à la réalité banale d'une activité commerciale ?

b. Relève les différents moments qui rendent compte de l'évolution du mal dont souffrent les employés.

c. En quoi la chute de cette histoire met-elle le lecteur dans une position d'inconfort ?

Entre sueño y realidad: universos paralelos

1. Un sueño de mentira infinita

C1 — Fiche de compréhension

El protagonista circula en moto por la ciudad.

Cuando vio que la mujer parada en la esquina se lanzaba a la calzada[1] a pesar de las luces verdes, ya era tarde para las soluciones fáciles. Frenó con el pie y con la mano, desviándose a la izquierda; oyó el grito de la mujer, y junto con el choque perdió la visión. Fue como dormirse de golpe.

[...] La ambulancia policial llegó a los cinco minutos, y lo subieron a una camilla[2] blanda donde pudo tenderse a gusto. Con toda lucidez, pero sabiendo que estaba bajo los efectos de un shock terrible, dio sus señas al policía que lo acompañaba. El brazo casi no le dolía [...]. Se sentía bien, era un accidente, mala suerte; unas semanas quieto y nada más. [...]

Lo llevaron a la sala de radio, y veinte minutos después, con la placa todavía húmeda puesta sobre el pecho como una lápida negra, pasó a la sala de operaciones. Alguien de blanco, alto y delgado, se le acercó y se puso a mirar la radiografía. Manos de mujer le acomodaban la cabeza, sintió que lo pasaban de una camilla a otra. El hombre de blanco se le acercó otra vez, sonriendo, con algo que le brillaba en la mano derecha. Le palmeó la mejilla e hizo una seña a alguien parado atrás.

Como sueño era curioso porque estaba lleno de olores y él nunca soñaba olores. [...] Y todo era tan natural, tenía que huir de los aztecas que andaban a caza de hombre, y su única probabilidad era la de esconderse en lo más denso de la selva, cuidando de no apartarse de la estrecha calzada que sólo ellos, los motecas[3], conocían. [...]

–Se va a caer de la cama –dijo el enfermo de la cama de al lado–. No brinque[4] tanto, amigazo. [...]

Le costaba mantener los ojos abiertos, la modorra[5] era más fuerte que él. Hizo un último esfuerzo, con la mano sana esbozó un gesto hacia la botella de agua; no llegó a tomarla, sus dedos se cerraron en un vacío otra vez negro, y el pasadizo[6] seguía interminable, roca tras roca [...], y él boca arriba gimió apagadamente porque el techo iba a acabarse, subía, abriéndose como una boca de sombra [...]. Con una última esperanza apretó los párpados[7], gimiendo por despertar. Durante un segundo creyó que lo lograría, porque estaba otra vez inmóvil en la cama, a salvo del balanceo cabeza abajo. Pero olía a muerte y cuando abrió los ojos vio la figura ensangrentada del sacrificador que venía hacia él con el cuchillo de piedra en la mano. Alcanzó a cerrar otra vez los párpados, aunque ahora sabía que no iba a despertarse, que estaba despierto, que el sueño maravilloso había sido el otro, absurdo como todos los sueños; un sueño en el que había andado por extrañas avenidas de una ciudad asombrosa, con luces verdes y rojas que ardían sin llama ni humo, con un enorme insecto de metal que zumbaba bajo sus piernas. En la mentira infinita de ese sueño también lo habían alzado del suelo, también alguien se le había acercado con un cuchillo en la mano, a él tendido boca arriba, a él boca arriba con los ojos cerrados entre las hogueras[8].

Julio Cortázar (escritor argentino), *La noche boca arriba*, 1956

1. *la chaussée* 2. *un brancard* 3. Nombre de etnia indígena inventada por el autor 4. no se agite 5. *l'assoupissement* 6. *le passage, le couloir* 7. *les paupières* 8. *les bûchers*

Las guerras floridas

Este cuento se inspira en un tipo de **guerras rituales de los pueblos aztecas** llamadas *Xōchiyaoyōtl*, en lengua náhuatl (guerras floridas). En estas guerras periódicas se capturan prisioneros, y luego se sacrifican en ceremonias religiosas.

VIDÉO

Cartel del cortometraje *La noche boca arriba*, Hugo Covarrubias (director chileno), 2012

Para expresarte

- el/la anestesista
- el bisturí
- el desasosiego = la angustia
- el espanto: *l'épouvante*
- una pesadilla: *un cauchemar*
- el quirófano: *le bloc opératoire*

- atropellar: *renverser, écraser*
- invertir [ie, i]: *inverser*

a. **Precisa** las circunstancias del accidente. Según el vídeo ¿qué fue lo que distrajo al protagonista?

b. **Fíjate** en las líneas 11 a 16. **Sitúa** la escena y deduce lo que está pasando.

c. **Léxico** (l. 24 al final) **Anota** expresiones que indican que el protagonista pasa del sueño a la realidad.

d. **Di** qué comprende el protagonista al final del texto.

e. **Fíjate** en el idioma usado al final del vídeo. **Di** en qué completa lo que dice el texto.

2. Abejas como tigres C1

Salvador Dalí, *Sueño causado por el vuelo de una abeja alrededor de una granada un segundo antes del despertar*, 1944

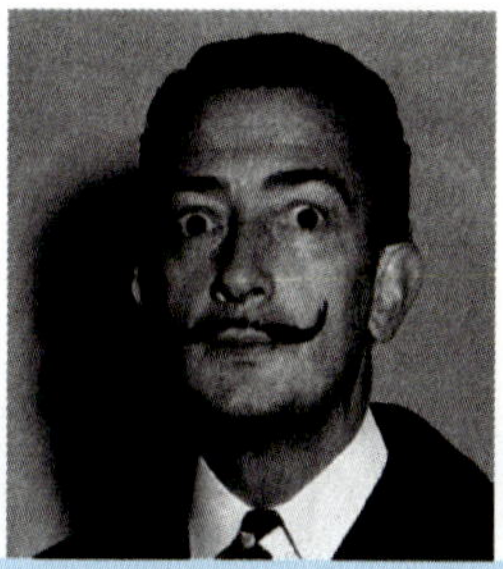

Salvador Dalí (1904 – 1989)
Dalí, pintor surrealista español, creaba sus obras mediante un sistema que él llamó "**método paranoico crítico**" basado en la interpretación delirante de la realidad. Pretendía así representar lo irracional de forma hiperreal.

a. **Describe** la composición del cuadro y sus elementos.
b. **Precisa** el ambiente (luz, paisaje, estación probable...).
c. **Di** qué elementos del título aparecen en el cuadro y cuáles son diferentes.
d. ¿En qué medida se puede hablar aquí de universos paralelos?

Para expresarte

- una abeja: *une abeille*
- el aguijón: *le dard*
- las fauces: *la gueule*
- el fusil
- un pez: *un poisson*
- la picadura: *la piqûre*
- las semejanzas ≠ las diferencias

- desnudo(a): *nu(e)*

- transponer: *transposer*

Entraîne-toi à la traduction

Traduce un parrafo del texto 1 (l. 17-21). → Procédés de traduction p. 245

Analiza con método

Les rêves comme source d'inspiration

- La littérature fantastique tire largement parti des caractéristiques des rêves :
  - effacement des frontières entre rêve et réalité ;
  - construction d'une autre réalité basée sur le réel ;
  - sentiment de fascination et de peur face à un univers qui échappe à tout contrôle.

Analyse

a. Relève dans le texte les éléments qui donnent à chacun des « rêves » une impression de réalité.
b. Lequel des deux « rêves » semble le plus réel pour le lecteur d'aujourd'hui ? Explique pourquoi.
c. Dans quelle mesure ce conte peut-il perturber la perception de notre propre existence ?

spécialité LLCE espagnol

Lluvia de ideas

Mundos con sus propias leyes

Un fenómeno extraño que les parece normal a los protagonistas

➜ *La peste del olvido*, Luisa Rivera, p. 228

➜ *Cien años de soledad*, Gabriel García Márquez, p. 229

El horror en lo fantástico

Elementos perturbadores que escapan a todo control

➜ *Anaconda y otros cuentos*, Horacio Quiroga, p. 230

➜ Festival de Sitges 2020, p. 231

➜ *La noche boca arriba*, Julio Cortázar, p. 232

¿Cómo se ha abordado lo irracional y lo fantástico en las artes hispánicas?

La realidad y los sueños, ¿son lo que son?

Interferencias y confusiones entre el mundo de los sueños y la realidad

➜ *Sueño causado por el vuelo de una abeja alrededor de una granada un segundo antes del despertar*, Salvador Dalí, p. 233

➜ *La noche boca arriba*, Julio Cortázar, p. 232

Entraîne-toi à la synthèse

ÉPREUVE ÉCRITE

Apoyándote en los documentos 1 p. 230 y 1 p. 232 escribe una síntesis (alrededor de 500 palabras) en la que muestres cómo los relatos fantásticos crean desasosiego en la mente de los lectores.

Trucos

- Dégage les idées essentielles sans recopier les textes.
- Note ces idées dans une carte mentale ou un tableau, avec une colonne par document.
- Tu pourras y surligner d'une même couleur les idées qui vont ensemble.

Elabora tu dosier

Cuento

***Chac Mool*, Carlos Fuentes, 1945**

Cuento fantástico y de terror en el que el protagonista lee el diario de un amigo que acaba de morir y en el que cuenta las cosas extrañas que le han pasado después de comprar una estatua de Chac Mool, dios maya de la lluvia.

- **Lee** el cuento y **muestra** en qué corresponde al género fantástico y de terror.

Cuento

***El libro de arena*,**
Jorge Luis Borges, 1975

En este cuento el protagonista compra un extraño libro que, como la arena, "no tiene principio ni fin": cuando el lector ha leído una página le es imposible volver a encontrarla. El protagonista se obsesiona con el libro hasta que finalmente decide abandonarlo en la Biblioteca Nacional de Argentina.

- **Lee** el cuento y **muestra** en qué corresponde al género fantástico y de terror.

Cuento

***Las calles de arena*,**
Paco Roca, 2016

El título de esta novela gráfica alude al cuento de Borges, *El libro de arena*. En esta obra el protagonista se pierde en un barrio desconocido y se queda atrapado en un laberinto sin salida.

- **Lee** la novela gráfica, **elige** un episodio representativo de lo fantástico y **explica** tu elección.

Grabado

***El sueño de la razón produce monstruos*,**
Francisco de Goya,1799

Una mención manuscrita del propio autor precisa el significado de este famoso grabado: *La fantasía abandonada de la razón produce monstruos imposibles: unida con ella es madre de las artes y origen de las maravillas.*

- **Observa** el grabado y **analiza** los elementos que lo componen. **Di** en qué puede relacionarse con lo fantástico.

Cortometraje

***La cabina*, Antonio Mercero, 1972**

Este cortometraje comienza con una situación banal: un hombre entra en una cabina telefónica para hacer una llamada. Pero cuando intenta salir la puerta está bloqueada. Este cortometraje obtuvo el premio Emmy Internacional en 1973.

- **Ve** el cortometraje y **muestra** cómo la acción progresa hacia lo fantástico y el terror.

Entraîne-toi à présenter ton dossier à l'oral

ÉPREUVE ORALE

Etapa 1 Prepara el contenido del dosier

- **Elige** uno de los temas de la p. 234.
- **Escoge** uno de los documentos asociados y **busca** otro que esté relacionado con el tema elegido.
- **Prepara** tu exposición centrándote en la relación entre los documentos y el tema.

Etapa 2 Entrénate en grupo

- **Formad** grupos de tres o cuatro compañero(a)s. Cada uno(a) **presenta** su dosier a los(as) otros(as) compañeros(as) del grupo.
- Los(as) compañeros(as) **toman** apuntes y luego **hacen preguntas** sobre:
  - puntos que necesiten precisiones;
  - los motivos de elección del tema y de los documentos.

L'ÉPREUVE ÉCRITE

SYNTHÈSE D'UN DOSSIER DOCUMENTAIRE ET TRADUCTION

- Note sur 20 points (16 pour la synthèse et 4 pour la traduction)
- Niveau attendu : B2 > C1

Mars de l'année de Term

3 h 30

L'épreuve écrite de terminale est constituée de deux parties :

- **La synthèse d'un dossier documentaire** composé de trois à quatre documents, dont au moins un texte littéraire et un seul document iconographique, liés à l'une des thématiques du programme de cycle terminal (Diversité du monde hispanophone ; Circulation des hommes et des idées ; Nature et mythologies ; Du type au stéréotype : construction et dépassement ; Révolutions et ruptures ; Les représentations du réel).
- Ta synthèse sera guidée par deux ou trois consignes et devra faire environ 500 mots.
- **La traduction** en français d'un passage de l'un des textes du dossier.
- Tu auras le droit d'utiliser un dictionnaire d'espagnol non encyclopédique.

Critères d'évaluation de la synthèse

- Qualité du contenu (prise en compte des différents documents ; capacité à les analyser, à les interpréter et à les rattacher à la thématique et à l'axe d'étude du programme ; apport de connaissances (inter)culturelles)
- Cohérence de la construction du discours (clarté et structuration de la production ; recours à une approche comparative des documents)
- Correction de la langue écrite (maîtrise grammaticale et orthographique)
- Richesse de la langue (variété et niveau de précision du lexique et des structures employés)

Critères d'évaluation de la traduction

- Qualité de la traduction (clarté, transmission correcte des éléments du texte d'origine)
- Respect du style de l'auteur
- Correction de la langue écrite (maîtrise grammaticale et orthographique)

LES ÉPREUVES ORALES

L'ÉPREUVE ORALE D'ESPAGNOL

PRÉSENTATION DU DOSSIER PERSONNEL

Pour cette épreuve, tu devras avoir préparé un **dossier personnel**. Composé de 6 à 8 documents textuels et/ou iconographiques, il devra se rattacher à une ou plusieurs thématiques du programme du cycle terminal (Diversité du monde hispanophone ; Circulation des hommes et des idées ; Nature et mythologies ; Du type au stéréotype : construction et dépassement ; Révolutions et ruptures ; Les représentations du réel).

Mars de l'année de T[erm]

20 min sans préparation

Tu remettras ce dossier à l'examinateur et tu auras alors **10 minutes** pour en justifier les choix et en exprimer la logique interne, c'est-à-dire comment il répond à la problématique que tu auras posée au départ.

L'examinateur te posera ensuite des questions pendant environ **10 minutes**.

- Jury : un enseignant d'espagnol
- Note sur 20 points
- Niveau attendu : B2 > C1

Critères d'évaluation

- Expression orale (organisation, pertinence et fluidité du discours)
- Interaction orale (capacité à argumenter et à relancer une discussion)
- Correction de la langue orale (correction de la prononciation et de l'accentuation)
- Richesse de la langue (variété et niveau de précision du lexique et des structures employés)

L'ÉPREUVE ORALE TERMINALE

LE GRAND ORAL

Pour cette épreuve, tu devras avoir préparé une question liée au programme de cycle terminal de chacune de tes spécialités (prises isolément ou de manière transversale).

Juin de l'année de Terminale

Le jour de l'épreuve, tu présenteras au jury tes deux questions sur une feuille signée par tes professeurs. Le jury en choisira une et tu disposeras alors de **20 minutes** pour préparer ton oral, pendant lesquelles tu pourras réaliser, si tu le souhaites, un support que tu remettras ensuite au jury (support non évalué).

40 min dont 20 min de préparation

Tu auras ensuite **5 minutes** pour présenter ta question au jury en espagnol ou en français. Cette présentation se fera sans note et debout.

Suite à ta présentation, le jury aura **10 minutes** pour te poser des questions pour t'amener à approfondir ou à préciser ta pensée. Cet échange peut aussi porter sur d'autres éléments du programme de spécialité. Tu pourras rester debout ou t'asseoir.

Pour conclure, tu auras **5 minutes** pour expliquer au jury en quoi la question traitée éclaire ton projet de poursuite d'études, voire ton projet professionnel.

- Jury : 2 enseignants
- Note sur 20 points

Critères d'évaluation

- Qualité orale (débit, fluidité, variations et nuances du discours)
- Qualité de la prise de parole en continu (clarté, pertinence, efficacité de la prise de parole)
- Qualité des connaissances (maîtrise des connaissances, capacité à les mobiliser à bon escient)
- Qualité de l'interaction (capacité à répondre aux questions et prendre l'initiative dans l'échange)
- Qualité et construction de l'argumentation (maîtrise des enjeux du sujet, capacité à argumenter de manière construire et raisonnée).

BAC Evaluación

3h30

ÉPREUVE ÉCRITE

B2>C1

→ Déroulé des épreuves p. 236-237

Sujet type bac

Le sujet porte sur la thématique « Représentations culturelles : entre imaginaires et réalités ».

Durée : 3 heures 30

Matériel autorisé : l'usage du dictionnaire unilingue non encyclopédique est autorisé.

Niveau attendu : B2/C1

▶ **Prenez connaissance des documents 1, 2 et 3 et traitez le sujet suivant en espagnol :**

Redacte un corto comentario (unas 500 palabras) en relación con los documentos 1, 2 y 3 valiéndose de las siguientes indicaciones:

1. Explique con qué momentos y actividades se asocia el mar en cada uno de los documentos.
2. Analice los elementos textuales y visuales que recrean los movimientos y los sonidos del mar.
3. Compare los ambientes que se desprenden de las descripciones y representaciones del mar.
4. Muestre que el mar puede ser un amigo o un enemigo del ser humano.

▶ **Traduisez en français le passage du document 3 allant de *Teresa* (l. 45) à *nosotros* (l. 48).**

Documento 1 Las olas

El mar sólo es un conjunto de olas sucesivas, igual que la vida se compone de días y horas, que fluyen una detrás de otra. [...] Si en medio de un gran temporal[1] el navegante piensa que el mar encrespado[2] forma un todo absoluto, el ánimo sobrecogido[3] por la grandeza de la adversidad entregará muy pronto sus fuerzas al abismo; en cambio, si olvida que el mar es un monstruo insondable y concentra su pensamiento en la ola concreta que se acerca y dedica todo el esfuerzo a esquivar su zarpazo[4] y realiza sobre él una victoria singular, llegará el momento en que el mar se calme y el barco volverá a navegar de modo placentero. Como las olas del mar, los días y las horas baten nuestro espíritu llevando en su seno un dolor o un placer determinado que siempre acaba por pasar de largo. Cuando éramos niños desnudos en la playa no teníamos conciencia del mar abstracto sino del oleaje que invadía la arena y contra él se establecía el desafío. Cada ola era un combate. Había olas muy tendidas[5] que apenas mojaban nuestros pies y otras más alzadas[6] que hacían flotar nuestro cuerpo; algunas llegaban a inundarnos por completo con cierto amor apacible, pero, de pronto, a media distancia de nuestro pequeño horizonte marino aparecía una gran ola muy cóncava adornada con una furiosa cresta de espuma que era recibida con gritos sumamente excitados. Los niños nos preparábamos para afrontarla: los más audaces preferían atravesarla clavándose[7] en ella de cabeza, otros conseguían coronarla acomodando el ritmo corporal a su embestida[8] y quienes no veían en ella una lucha concreta, sino un peligro insalvable, quedaban abatidos y arrollados[9].

Manuel Vicent, *El País*, 28/03/2004

1. *tempête* 2. agitado 3. *bouleversé* 4. *(fig.) coup de griffe* 5. *(ici)* pequeñas 6. *(ici)* grandes 7. *(fig.) en plongeant* 8. *(fig.)* su ataque 9. *renversés*

Documento 2 Pescadoras valencianas

Joaquín Sorolla y Bastida, *Pescadoras valencianas*, 1903

Documento 3 Una sublime tempestad

La escena tiene lugar en Galicia, en una parte de la costa conocida como la Costa da Morte.

–¡Ea!, ¡valor!, –repetían haciendo inauditos esfuerzos por atraer la red ya próxima a la orilla–. La tarde es buena, la pesca parece abundante y una buena cena nos espera [...].

La mar se agitaba sordamente revolviéndose en su profundo lecho[1], las olas empezaban a estrellarse[2] contra las rocas y salpicaban[3] las camisetas azules de los marineros, a través de las cuales se descubrían aquellas pronunciadas y nerviosas musculaturas capaces de resistir la intemperie y crudeza de las estaciones, que en aquel desolado rincón del mundo, más que en parte alguna, suelen ser crueles y rigurosas.

Las pescadoras iban en tanto apareciendo por los tortuosos caminos que conducían a la playa, y, posando sus cestos de mimbre[4] en la arena, se sentaban sobre ellos y charlaban juntas [...].

Cubríase el cielo poco a poco de nubes plomizas[5] y los relámpagos[6], reflejándose en las olas que empezaban a rugir sordamente, prestaban un aspecto asolador a aquel vasto océano que parecía extenderse hasta la inmensidad.

Pasaron desapercibidos al principio aquellos tristes augurios de una próxima tempestad, no cesando[7], por tanto, ni las risas ni el tumulto de aquella loca alegría, pero tan pronto como el ruido del trueno pasó rodando sobre las olas y, llenando la playa, hirió el oído de aquellas pobres mujeres, que creen reconocer en él la ira de Dios que de este modo se muestra visiblemente a los pecadores, se acercaron temblando las unas a las otras [...] y entonando cada vez y en voz baja sus oraciones se arrodillaban y guarecían sus cabezas[8] de la lluvia con los cestos todavía vacíos.

Los marineros, sin embargo, no tomaban parte en aquellas oraciones, cuidaban, sí, de terminar su trabajo con la mayor presteza[9].

Las olas cada vez más gruesas llegaban irritadas hasta sus rodillas y, estrellándose contra las peñas, formaban una armonía lúgubre, mezclándose al rugido de la tempestad y al rezo de aquellas temerosas mujeres.

Parecía una sinfonía infernal con sordos rumores y silbos[10] agudos, con murmullos tenebrosos y maldiciones y agitados suspiros.

El cielo oscurecido, las rocas peladas, la mar hirviente y amenazadora, iluminada al vivo lampo y deslumbrador del rayo[11] que aparece y desaparece a nuestros ojos, como una mirada de fuego que brilla y se oculta rápidamente deslumbrándonos más y más con su movilidad incesante; todo esto presentaba un aspecto de luz y de tinieblas, de desorden, si así puede decirse, y de grandiosidad, difícil de comprender si causaba espanto o admiración.

Hay cuadros sublimes en la naturaleza que conmueven de una manera extraña e indefinible [...].

Un poeta, un artista, que de repente se hallara[12] transportado a aquellas riberas salvajes, enmudecería de admiración al ver un tan grandioso desorden, al escuchar aquellos acentos gemidores de la naturaleza que no sabemos si se irrita, o si reza o llora, implorando al ser que la gobierna; y, sin embargo, todos los que se hallaban allí, mudos testigos de tan conmovedor espectáculo, no veían más que truenos y relámpagos que les causaban miedo y una mar irritada que amenazaba romper la red en que tenían todo su tesoro.

Teresa era la única que con una extraña mezcla de miedo y de curiosidad seguía ansiosa con su mirada aquellas ráfagas[13] brillantes que, iluminando cuanto la rodeaba, mostraban la grandeza del océano con sus abismos profundos y con su cólera que recuerda la de otro ser más poderoso que nosotros.

Por fin un grito de alegría se escuchó en medio de aquel tumulto y las pescadoras, levantándose presurosas, se acercaron a la orilla para recoger en sus cestos la pesca plateada y brillante que la red acababa de traerles.

Los esfuerzos de los marineros habían conseguido vencer a la tormenta.

Rosalía De Castro, *La hija del mar*, 1859

1. *lit*
2. *s'écraser*
3. *éclaboussaient*
4. *leurs paniers en osier*
5. *(fig.)* grises
6. *les éclairs*
7. sin parar
8. *s'accroupissaient et protégeaient leurs têtes*
9. rapidez
10. *des sifflements*
11. *l'éblouissante lueur de l'éclair*
12. se encontrara
13. *des rafales*

3h30

ÉPREUVE ÉCRITE B2>C1

→ Déroulé des épreuves p. 236-237

Sujet type bac

Le sujet porte sur la thématique « Dominations et insoumissions ».

Durée : 3 heures 30

Matériel autorisé : l'usage du dictionnaire unilingue non encyclopédique est autorisé.

Niveau attendu : B2/C1

▶ **Prenez connaissance des documents 1, 2 et 3 et traitez le sujet suivant en espagnol :**

Redacte un corto comentario (unas 500 palabras) en relación con los documentos 1, 2 y 3 valiéndose de las siguientes indicaciones:

1. Identifique las situaciones expuestas en los diferentes documentos y destaque las paradojas que aparecen.
2. Explique por qué es tan difícil enterarse con exactitud de lo que está pasando en América Latina.
3. Explique qué consecuencias pueden producir las situaciones descritas.
4. Comente en qué medida puede ilustrar el dibujo algun aspecto de los documentos 1 y 3.

▶ **Traduisez en français le passage du document 1 allant de *Nos dan* (l. 15) à *bolivariana* (l. 18).**

Documento 1 Discernir entre verdad y propaganda

No recuerdo haber visto, o leído, o escuchado en ninguna parte un relato[1] objetivo, fiable y veraz sobre las razones de la situación que padece Venezuela.

Sobre mí se han derramado[2], eso sí, toneladas de información. Todos los días leo, veo, escucho alguna. Supermercados saqueados[3], farmacias desoladas, enfermos que se sienten abandonados a su suerte, parturientas[4] que cruzan la frontera para parir[5] en Cúcuta [Colombia], niños pequeños que cruzan un río a diario para estudiar en colegios colombianos, venezolanos sumidos en la desesperación, columnas de emigrantes con las maletas a cuestas, manifestaciones de un signo, manifestaciones de otro, acusaciones cruzadas, que culpan al Gobierno, que culpan a Donald Trump, que culpan a Nicolás Maduro[6], que culpan a las multinacionales. Pero, e insisto en que a lo peor es culpa mía, todos los días veo a muchos reporteros entrevistando a toda clase de gente en las calles y no recuerdo a un solo analista que se haya propuesto desentrañar los verdaderos motivos de lo que ocurre.[...]

Ahora sólo tenemos acceso a las versiones partidistas[7] de la población de Venezuela. Nos dan a elegir entre creer a un médico que dice que no tiene ni mercromina[8] para curar a sus pacientes, o creer a un estudiante que dice que él jamás habría podido acceder a la Universidad si no se hubiera producido la revolución bolivariana. En apariencia es un enfoque equitativo, pero no resuelve nada, porque lo más probable es que ambos, el médico y el estudiante –las mujeres venezolanas sólo interesan a las cámaras cuando hacen cola para comprar pan, pero esa es otra historia–, digan la verdad. [...] quiénes son los responsables de lo que está pasando y por qué ha llegado a pasar, es lo que no sabemos con certeza.

No aspiro a una historia de buenos y malos. Tampoco a exculpar o incriminar a un Gobierno que ha hecho muchas cosas mal. Seguramente tantas como las fuerzas de la oposición, porque a una situación como ésta difícilmente se llega por los errores de uno solo. Pero entre quienes le echan la culpa exclusivamente al Gobierno por la hiperdevaluación de la moneda, y quienes advierten que el desabastecimiento[9] se debe a que los venezolanos pobres ahora son más ricos y consumen más, me resulta imposible discernir entre la verdad y la propaganda.

Almudena Grandes (escritora española), *El País Semanal*, 31/03/2019

1. *un récit*
2. *ont été déversées*
3. *saccagés*
4. *femmes enceintes*
5. *accoucher*
6. sucesor de Chávez en la presidencia de Venezuela
7. *partisanes*
8. *mercurochrome*
9. *la pénurie*

Documento 2 La manifestación

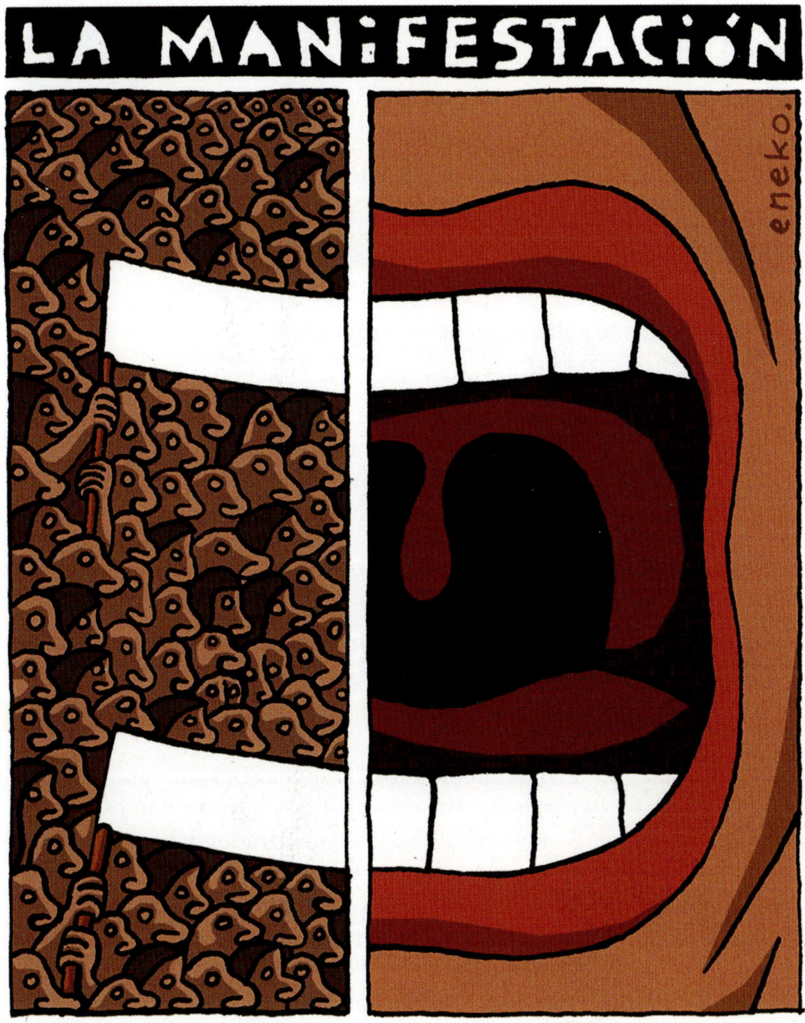

ilustración de Eneko (ilustrador venezolano), *La manifestación*, 2020

Documento 3 ¿Quién se atrevería a dialogar?

Esta mezcla tan volátil dificulta la posibilidad de un diálogo nacional en el que las diferentes facciones de un país puedan encontrarse en búsqueda de soluciones. ¿Quién se atrevería[1] a dialogar con un manifestante enmascarado y armado con una bomba molotov? Un policía con uniforme anti-motines tampoco invita a un acercamiento[2].

Si bien es cierto que las protestas masivas han producido resultados democráticos y cambios en gobiernos en el pasado, también es cierto que la región corre el riesgo de caer en un círculo vicioso en el que las preocupaciones legitimadas de una sociedad sean convertidas en razones para la discordia por aquellos interesados en desestabilizar a un país y crear un ambiente en el que se vuelve prácticamente imposible resolver problemas.

Independientemente de si las protestas se agravaron por injerencia extranjera o facciones políticas empecinadas[3] en desestabilizar a un país, hay que reconocer que hay muchos retos[4] legítimos que han sido expresados a gritos y en forma inequívoca. Ignorar esos reclamos[5] puede ser costoso para cualquier país, no solo en términos de la destrucción causada por el vandalismo durante las protestas, como mencioné antes; sino (y más importante aún) en términos de la estabilidad y crecimiento a largo plazo.

Rafael Romero (periodista latinoamericano) *cnnespanol.cnn.com*, 04/12/2019

1. *Qui oserait*
2. a acercarse
3. obstinadas
4. *défis*
5. *(Amér.) demandes*

3h30 ÉPREUVE ÉCRITE B2>C1

→ Déroulé des épreuves p. 236-237

Sujet type bac

Le sujet porte sur la thématique « Représentations culturelles : entre imaginaires et réalités ».

Durée : 3 heures 30

Matériel autorisé : l'usage du dictionnaire unilingue non encyclopédique est autorisé.

Niveau attendu : B2/C1

▶ **Prenez connaissance des documents 1, 2 et 3 et traitez le sujet suivant en espagnol :**

Redacte un corto comentario (unas 500 palabras) en relación con los documentos 1, 2 y 3 valiéndose de las siguientes indicaciones.

1. Identifique cada tipo de documento y resuma su contenido.
2. Determine a qué sentimientos humanos se refieren los tres documentos. Justifique.
3. Explique en qué el contenido de los documentos 1 y 3 pertenecen al género fantástico.
4. Muestre en qué medida puede la foto ilustrar algún aspecto de los documentos 1 y 3.

▶ **Traduisez en français le passage du document 1 allant de *El joven* (l. 29) à *sepulcro* (l. 39).**

Documento 1 El beso

Toledo, Guerra de independencia contra Napoleón (1808-1814). En una iglesia un capitán francés celebra un festín con sus hombres. Hay una tumba con dos estatuas de la pareja de difuntos. Habla el capitán.

–Tengo el placer de presentaros a la dama de mis pensamientos. Creo que convendréis conmigo en que no he exagerado su belleza. [...]

–En verdad que es un ángel –exclamó uno de ellos. [...]

–¿Y no sabéis quién es ella? –preguntaron algunos de los que contemplaban la estatua al capitán.

–He conseguido a duras penas, descifrar la inscripción de la tumba –contestó el interpelado–; y, a lo que he podido colegir[1], pertenece a un título[2] de Castilla; famoso guerrero que hizo la campaña con el Gran Capitán[3]. Su nombre lo he olvidado; mas su esposa, que es la que veis, se llama Doña Elvira de Castañeda, y por mi fe que, si la copia se parece al original, debió ser la mujer más notable de su siglo.

Después de estas breves explicaciones, los convidados procedieron a destapar algunas de las botellas y empezó a andar el vino a la ronda. [...]

El capitán bebía en silencio como un desesperado y sin apartar los ojos de la estatua de doña Elvira. [...]

Los oficiales le sacaron del éxtasis en que se encontraba sumergido y, presentándole una copa, exclamaron en coro:

–¡Vamos, brindad vos[4], que sois[4] el único que no lo ha hecho en toda la noche!

El joven tomó la copa y, poniéndose de pie y alzándola en alto, dijo encarándose[5] con la estatua del guerrero arrodillado junto a doña Elvira:

–¡Brindo[6] por el emperador, y brindo por la fortuna de sus armas, merced a las cuales hemos podido venir hasta el fondo de Castilla a cortejarle su mujer en su misma tumba a un vencedor de Ceriñola[7]!

Los militares acogieron el brindis con una salva de aplausos, y el capitán, balanceándose, dio algunos pasos hacia el sepulcro.

–No... –prosiguió dirigiéndose siempre a la estatua del guerrero, y con esa sonrisa estúpida propia de la embriaguez[8]–, no creas que te tengo rencor alguno porque veo en ti un rival...; al contrario. Tú serías bebedor a fuer de soldado[9]..., no se ha de decir que te he dejado morir de sed, viéndonos vaciar veinte botellas...: ¡toma!

Y esto diciendo llevóse[10] la copa a los labios, y después de humedecérselos con el licor que contenía, le arrojó el resto a la cara prorrumpiendo en una carcajada estrepitosa[11] al ver cómo caía el vino sobre la tumba goteando de las barbas de piedra del inmóvil guerrero.

–¡Capitán! –exclamó en aquel punto uno de sus camaradas en tono de zumba[12]– cuidado con lo que hacéis... Mirad que esas bromas con la gente de piedra suelen costar caras... [...]

El oficial prosiguió con una exaltación creciente:

–¡Miradla!... ¡miradla!... ¿No veis esos cambiantes rojos de sus carnes mórbidas y transparentes?... ¿Queréis más vida?... ¿Queréis más realidad?...

–¡Oh!, sí, seguramente –dijo uno de los que le escuchaban–; quisiéramos que fuese de carne y hueso.

–¡Carne y hueso!... [...] Como esa mujer de piedra que parece incitarme con su fantástica hermosura, que parece que oscila al compás de la llama, y me provoca entreabriendo sus labios y ofreciéndome un tesoro de amor... ¡Oh!... sí... un beso... sólo un beso tuyo podrá calmar el ardor que me consume.

–¡Capitán! –exclamaron algunos de los oficiales [...] ¿qué locura vais a hacer? ¡Basta de broma y dejad en paz a los muertos!

El joven ni oyó siquiera las palabras de sus amigos y tambaleando[13] y como pudo llegó a la tumba y aproximóse[10] a la estatua; pero al tenderle los brazos resonó un grito de horror en el templo. Arrojando sangre por ojos, boca y nariz, había caído desplomado y con la cara deshecha al pie del sepulcro.

Los oficiales, mudos y espantados, ni se atrevían a dar un paso para prestarle socorro.

En el momento en que su camarada intentó acercar sus labios ardientes a los de doña Elvira, habían visto al inmóvil guerrero levantar la mano y derribarle con una espantosa bofetada[14] de su guantelete de piedra.

Gustavo Adolfo Bécquer (escritor español), *Leyendas*, 1864

1. por lo que he entendido 2. un noble 3. Gonzalo Fernández de Córdoba (1453-1515). Militar español que combatió para los Reyes Católicos 4. *formes anciennes de vouvoiement* 5. *faisant face* 6. *Je lève mon verre* 7. batalla ganada por España en 1503 8. *l'ivresse* 9. como soldado 10. se llevó, se aproximó 11. *un bruyant éclat de rire* 12. ironía 13. *titubant* 14. *une terrible gifle*

Documento 2 El beso de la muerte

El beso de la muerte. Escultura atribuida a Jaume Barba (1930). Cementerio de Poble Nou, Barcelona

Documento 3 Ya tu vida toca a su fin

La hora del castigo divino ha llegado para don Juan que hace frente a la estatua del comendador y a unos espectros.

DON JUAN: ¿Qué esperan de mí?
(A la estatua de don Gonzalo)
ESTATUA: Que mueras
para llevarse tu alma.
Y adiós, don Juan; ya tu vida
toca a su fin, y pues vano
todo fue, dame la mano
en señal de despedida[1].
DON JUAN: ¿Muéstrasme[2] ahora amistad?
ESTATUA: Sí; que injusto fui contigo,
y Dios me manda tu amigo
volver a la eternidad[3].
DON JUAN: Toma, pues.
ESTATUA: Ahora, don Juan,
conmigo al infierno ven.
DON JUAN: ¡Aparta, piedra fingida[4]!
Suelta, suéltame esa mano. [...]
¡Señor, ten piedad de mí!
ESTATUA: Ya es tarde.
(DON JUAN *se hinca de rodillas, tendiendo al cielo la mano que le deja libre la* ESTATUA. *Las sombras, esqueletos, etc., van a abalanzarse sobre él, en cuyo momento se abre la tumba de* DOÑA INÉS *y aparece ésta.* DOÑA INÉS *toma la mano que* DON JUAN *tiende al cielo.)*
DOÑA INÉS: No; heme ya aquí[5],
don Juan; mi mano asegura
esta mano que a la altura
tendió tu contrito afán[6],
y Dios perdona a don Juan
al pie de mi sepultura.

José Zorrilla (dramaturgo español), *Don Juan Tenorio. Drama religioso-fantástico en dos partes*, 1844

1. de adiós 2. Me muestras 3. reconciliarme contigo para siempre 4. falsa estatua 5. Estoy aquí 6. *que tu as tendue vers le ciel en signe de contrition*

Con método AVANZADO

Élaborer une synthèse

La synthèse de documents est la mise en lien d'au moins trois documents sous forme d'une expression écrite structurée contenant les idées directrices de ces documents organisées de manière logique.

Paso 1

ANALYSER LE SUJET

Lis bien **la consigne** et identifie la **problématique** qui sous-tend cette synthèse. Puis **note les mots-clés** qui te viennent à l'esprit à la lumière de cette problématique et en lien avec la thématique du programme. **Fais des hypothèses** sur les réponses à y apporter.
Cela t'aidera ensuite à **construire ton plan.**

Thématique : Dominations et insoumissions • Axe : Révolution et ruptures

A partir de los documentos, escribe una síntesis (alrededor de 500 palabras) en la que muestres qué críticas se han hecho de los procesos revolucionarios.

Mots clés : cárcel, censura, contradicción, protesta, víctima

Problématique : ¿Cómo se ven las revoluciones en América Latina?

Paso 2

IDENTIFIER LES DOCUMENTS À SYNTHÉTISER

Fais un premier tour rapide des documents afin :
- **d'identifier la nature** de chaque document ;
- de repérer **les sources** (auteur, date, contexte géographique...) ;
- **d'évaluer son lien avec la problématique** et les hypothèses que tu as émises à partir du sujet ;
- **de choisir dans quel ordre tu vas les étudier** en fonction de leur nature et de leur importance.

Trucos
- **Tour rapide** = lecture des titres et sous-titres, chapeaux ou autres paragraphes mis en exergue, sources...
- **Nature d'un texte** = article, éditorial, extrait littéraire...
- **Nature d'un document iconographique** = photographie, œuvre d'art, publicité, caricature...

Paso 3

ÉTUDIER LES DOCUMENTS

Étudie chacun des documents en gardant toujours en tête la problématique donnée dans le sujet :
- identifie **la situation d'énonciation** : qui parle ? à qui ? de quoi ? ;
- dégage **l'organisation logique** de chaque document : structure, mise en lien des informations ;
- repère **les points de vue et la manière dont ils sont véhiculés** (ex. : l'ironie dans un pamphlet, les couleurs dans une affiche, les lignes dans un tableau, les métaphores dans un poème...)
- **Mets en regard les documents** pour **faire émerger les arguments** qui vont dans le même sens ou qui se contredisent.
- **Mobilise tes connaissances (inter)culturelles** pour enrichir ton analyse (connaissances de la thématique et de l'axe d'étude).

Trucos
- Le repérage simple ne suffit pas : il faut dégager les effets et leur visée.
- Prends bien en compte tous les documents du dossier et la spécificité de chacun.

Paso 4

FAIRE UN PLAN ET RÉDIGER

À partir de tes notes, tu vas pouvoir **dégager la structure de ta synthèse** : il s'agit de **traiter les thèmes fédérateurs communs** aux documents en **mettant en exergue les convergences et les divergences.** Prends appui sur **la consigne qui te donnera parfois des axes pour ton plan.**
Ta synthèse doit être organisée et comporter les trois parties suivantes :
- une **introduction** dans laquelle tu identifies les documents et annonces leur lien avec la problématique et les thèmes communs traités dans les documents ;
- un **développement** organisé en paragraphes traitant chacun d'un thème fédérateur (généralement 2 ou 3 paragraphes), dans lesquels tu peux enrichir les éléments issus des documents avec tes connaissances ;
- une **conclusion** qui doit faire un bilan personnel.

Trucos
- Utilise un **lexique précis et varié** et **relis-toi** pour traquer les fautes : la richesse et la correction de la langue font partie des critères d'évaluation.
- Utilise **des connecteurs logiques** pertinents pour articuler ta synthèse.

Les procédés de traduction

Pour bien traduire, il faut combiner les différents procédés ci-dessous en fonction du texte. Tu peux commencer par essayer la traduction littérale, puis si ça ne fonctionne pas, la modulation, et enfin la transposition.

TEXTE À TRADUIRE

LA TRADUCTION LITTÉRALE

Traduction **mot à mot**, possible lorsque l'image de départ reste la même en français :
Tener la última palabra. → Avoir le dernier mot.

L'emprunt est une forme de traduction littérale dans laquelle le mot étranger est utilisé tel quel afin de garder la couleur locale.
• Certains noms d'institutions et de réalités sans équivalent dans la langue française :
la *Guardia Civil* • la *Real Academia Española.*
• Certains noms de lieux : la *Plaza Mayor.*

LA MODULATION

Changement de point de vue, soit à cause d'une différence culturelle ou bien en passant de la voix active à la forme passive.
La modulation est souvent nécessaire pour des raisons syntaxiques :
***Se te va a echar** de menos.* → **Tu vas nous manquer.**

• L'équivalence consiste en la recherche d'une expression équivalente au message entier (procédé notamment utilisé pour les expressions idiomatiques) :
Miel sobre hojuelas. → Cerise sur le gâteau. • *¡Es lo que hay!* → Il n'y a pas le choix ! • *Dárselas de listo.* → Faire son intéressant. • *Dale recuerdos de mi parte.* → Tu lui passeras mon bonjour.
• On peut aussi avoir recours à des équivalences culturelles (lorsqu'un emprunt ne serait pas compris par un lecteur français) : *Aprobó el examen de **selectividad**.* → Il a eu son **bac**.

Il est parfois nécessaire de rajouter des mots (sans changer le sens) pour que la phrase soit correcte ou garde le même sens : cela s'appelle l'étoffement.
Quieras que no... → Que tu le veuilles ou pas...

LA TRANSPOSITION GRAMMATICALE

Changement de catégorie grammaticale lorsqu'on passe dans une autre langue :
¡Es escalofriante! → Ça donne des frissons !

Le **chassé croisé** est utilisé notamment pour traduire des locutions adverbiales ; on traduit la locution adverbiale par un verbe et le verbe par une locution adverbiale.
***Corrió** montaña abajo.* → Il descendit la montagne **en courant**. •
***Huyó** desierto a través.* → Il traversa le désert **en fuyant**.

Le **contraire négativé** consiste à reproduire le sens d'une expression ou d'une phrase en utilisant son contraire (quand il est impossible de garder la syntaxe de départ).
Antes que nada... → Avant tout... •
¡Y nada más! → C'est tout !

Con método AVANZADO

Construire ton dossier personnel

Paso 1

DÉFINIR LES CONTOURS DU DOSSIER

• Le dossier (*el dosier*) que tu vas présenter doit être **construit en lien avec une ou plusieurs des thématiques des programmes de Première et de Terminale.** Il ne s'agit pas simplement de présenter les documents les uns après les autres : il faut **les relier par une problématique** (*una problemática, una cuestión*).
• Pour définir cette problématique, appuie-toi sur ce que tu as étudié en cours : une séquence que tu as particulièrement appréciée ou un angle abordé dans l'une des œuvres intégrales que tu as lues :

Thématique "Les représentations du réel" → *¿Cómo se ha abordado lo irracional y lo fantástico en la cultura hispánica?*

Trucos

- Une bonne problématique :
  - correspond à **un questionnement sur l'ensemble du dossier** qui te semble important ;
  - est **une question ouverte** qui peut mettre en jeu des **arguments contradictoires** ;
  - doit être ancrée dans une réalité culturelle du monde hispanophone.
- Ta problématique évoluera peut-être en fonction de tes choix de documents et de tes découvertes sur la question.

Paso 2

BIEN SÉLECTIONNER TES DOCUMENTS

• Ton dossier doit comprendre **6 à 8 documents** que tu as soit étudiés en classe, soit découverts par toi-même (à l'occasion par exemple d'une exposition, une sortie au théâtre, un article que tu as lu ou un reportage que tu as vu). Dans ces 6 à 8 documents, il faut que tu intègres :
- **au moins l'une des œuvres intégrales** que tu auras étudiées en Première ou Terminale : tu peux la matérialiser par un extrait ou par une illustration (la couverture du roman par exemple ou une illustration suffisamment riche), mais il faudra montrer en quoi l'œuvre dans son intégralité répond à ta problématique ;
- **deux textes littéraires au moins** (roman, nouvelle, poésie, pièce de théâtre, etc.) ;
- **un texte non littéraire au moins** (article de presse, extrait de discours, etc.) ;
- **au plus deux œuvres d'art visuel** (peinture, sculpture, caricature, dessin, extrait de film, etc.).

• Fais attention à ce que tes documents ne se répètent pas : ils doivent **dialoguer**, c'est-à-dire **se compléter, proposer des points de vue différents voire s'opposer**.
• Pour chaque document choisi, prends des notes pour **expliciter en quoi il répond à la problématique**. Elles te serviront pour mettre en forme ton dossier et également pour préparer ta présentation orale.
• Pour articuler les documents dans ton dossier, tu peux choisir **une approche chronologique (qui suit l'évolution des faits) ou thématique**.

Trucos

- Commence à sélectionner des documents **le plus tôt possible** : mieux vaut en avoir trop que pas assez pour pouvoir ensuite choisir les plus pertinents.
- En découvrant d'autres documents ou d'autres approches, tu pourras **amender ou compléter tes notes.**
- **Fais-toi un classeur ou un carnet à part** pour les documents que tu choisis et pour tes notes avec tes impressions, les éléments qu'il te semble important de donner, les exemples percutants. N'attends pas et fais-le au fur et à mesure de tes découvertes.

Paso 3

METTRE EN FORME TON DOSSIER

• Sur la première page (page de titre), indique clairement la ou les thématiques du programme et la problématique de ton dossier.
• Sur les pages suivantes, présente tes documents en utilisant une typographie bien lisible pour les textes. N'oublie pas d'indiquer les sources précises (auteur, titre, date...).

Présenter ton dossier à l'oral

Le jour de l'épreuve, tu auras 10 mn pour présenter ton dossier et justifier tes choix à la lumière de ta problématique. Ensuite, tu disposeras de 10 mn maximum pour interagir avec le jury.

Paso 1 PRÉPARER DES FICHES DE SYNTHÈSE

Fiche 1

Introduction de ta présentation (annonce de ta problématique et de la ou des thématiques du programme qu'elle concerne)
• Plan succinct de ton intervention, en indiquant à quel moment tu évoqueras chacun de tes documents, des mots-clés et des exemples pour soutenir ton argumentation.
• Conclusion dans laquelle tu pourras davantage t'engager personnellement.

Fiche 2

Liste le vocabulaire que tu seras amené(e) à mobiliser dans ta présentation. Note des noms, des adjectifs et aussi des verbes.

Trucos

- Le jour de l'épreuve, tu n'auras **pas de temps de préparation** et tu n'auras **pas de notes** sur lesquelles t'appuyer : il faut donc **bien te préparer et t'entraîner en amont**.
- Un même document peut intervenir à différentes étapes de ton développement. Il ne s'agit pas de présenter les documents les uns après les autres mais bien de **montrer comment ils dialoguent**.

Paso 2 T'ENTRAÎNER SEUL(E)

• Appuie-toi sur tes fiches pour t'entraîner à présenter à l'oral : **tu peux t'enregistrer afin de pouvoir te réécouter** et modifier ce qui ne convient pas.
• Pendant ta présentation, fais attention à bien **naviguer entre tes documents** et à **parler avec naturel** : n'apprends pas par cœur pour ne pas donner l'impression de réciter mais bien d'expliquer, de justifier.
• **Autoévalue ensuite ta prestation** à l'aide de la fiche téléchargeable, puis entraîne-toi à nouveau en modifiant les critères sur lesquels tu n'as pas encore atteint le niveau C1. Fiche d'auto-évaluation

Trucos

- **10 minutes de présentation = 1 600 mots environ**. Entraîne-toi avec une montre pour vérifier que tu gères bien le temps !

Paso 3 T'ENTRAÎNER AVEC QUELQU'UN

• Quand tu maîtrises suffisamment le contenu, **entraîne-toi à nouveau avec un(e) camarade**, cette fois-ci **sans tes fiches** et en t'appuyant uniquement sur le dossier.
• Au terme de ta présentation, ton camarade te posera des questions, soit pour te faire préciser quelque chose qui n'était pas clair ou erroné, soit pour approfondir ou élargir.

Trucos

- Lors de l'interaction, écoute bien la question et **prends le temps de réfléchir à ta réponse** pour ne pas te limiter à un oui ou un non.
- Pour anticiper les questions du jury, prépare une fiche qui présente d'autres œuvres et d'autres auteurs pour pouvoir donner des exemples supplémentaires pertinents.

Trucos

- Le jour de l'épreuve, n'oublie pas :
  — ton dossier personnel en deux exemplaires ;
  — ta montre.
- Pense à bien respirer, à te tenir droit(e) et à ne pas parler trop vite. Tu t'es entraîné(e), tu seras convaincant(e) !
- Rappelle-toi qu'on a le droit d'hésiter (*Ehh... Pues...*) ou de revenir sur ce qu'on a dit dans un entretien, ce n'est pas un problème !
- N'hésite pas à faire répéter une question (*¿Podría repetir, por favor?*) ou à demander des précisions (*No estoy seguro(a) de haber entendido bien...¿Quiere decir que...? ¿A qué se refiere cuando dice...? ¿Me podría precisar...?*).

Paso 4 LE JOUR DE L'ÉPREUVE

• Traite ton sujet de manière fluide et convaincante en étayant ta présentation par des éléments culturels pertinents.
• Développe ton propos sans oublier d'illustrer tes arguments à l'aide des documents de ton dossier.
• Utilise un vocabulaire nuancé pour montrer ta maîtrise de la langue
• Exprime-toi de manière intelligible, en prenant garde à la prononciation.
• Au terme de ta présentation, reste concentré(e) pour aborder la seconde partie de l'épreuve : l'échange avec le jury est aussi important que la présentation. Il s'agira d'une part de montrer ta capacité à écouter et répondre de manière pertinente et argumentée ; et d'autre part de nourrir l'échange en proposant d'autres perspectives.

BAC

RÉUSSIR LE GRAND ORAL : SE PRÉPARER

En fin d'année, tu vas passer la nouvelle épreuve du Grand oral.
Cette épreuve ne doit pas te stresser : ta préparation te mettra en confiance.

- **C'est toi qui choisis des questions qui t'intéressent.**
- **Tu as l'appui de tes professeurs, des autres élèves, du CDI…**
- **Tu peux compter sur la bienveillance du jury qui est là pour écouter, t'encourager et échanger avec toi.**

ÉTAPE 1 CHOISIR ET FORMULER TES QUESTIONS

Les deux questions doivent t'intéresser : c'est la clé de ta réussite !

- Ces questions doivent « mettre en lumière un des grands enjeux du programme » et « sont adossées à tout ou partie du programme de Première et Terminale ».
- Il est fondamental de choisir une question qui t'intéresse. Elle doit t'inspirer des idées, des arguments, des exemples, des sources… qui rendront ta présentation attractive et convaincante.
- Établis des liens entre les questions et ton projet d'orientation.
- Demande-toi s'il est réaliste d'y répondre en 5 minutes.
- Ne choisis pas un sujet trop vaste, ni trop pointu. Plus tes questions seront personnelles, plus tu seras à l'aise.

Conseil

Quelques types de questions : *Comment ? Pourquoi ? Depuis quand ? Peut-on ? Doit-on ? Dans quelle mesure ? Et si ? Est-il souhaitable ? Est-il vrai que ? Faut-il ? Pour quelles raisons ? Quelles sont ? Quelles seraient les conséquences ? …*

ÉTAPE 2 PRÉPARER TON EXPOSÉ

Tu n'es pas seul(e) pour préparer ton oral. Interroge tes professeurs, ils sont là pour t'aider !

SE DOCUMENTER

- Élargis et varie tes sources d'information : ouvrages documentaires (manuels scolaires, revues, essais, etc.), personnes (ton professeur de spécialité, le ou la professeur(e) documentaliste, tes camarades…), ressources numériques (Internet, ressources numériques du manuel…).
- Sélectionne tes sources en fonction de leur fiabilité et de leur pertinence par rapport à ton sujet.
- Conserve et classe tes sources (par type, par date…) afin de les citer lors du Grand oral.

Conseil

Pense à l'actualité : crée un dossier dans lequel tu regrouperas toutes les actualités qui se rapportent à ton sujet.

ORGANISER TA RÉPONSE

En introduction :

- Explique pourquoi tu as choisi cette question.
- Éveille la curiosité du jury par une accroche bien choisie.

Tu es libre du choix de ton plan.

- Dégage 2 ou 3 idées qui éclairent ta question. Chaque idée est soutenue par plusieurs arguments qui sont illustrés par un exemple ou un fait.
- Recherche des exemples, des liens qui te concernent personnellement ou avec l'actualité…

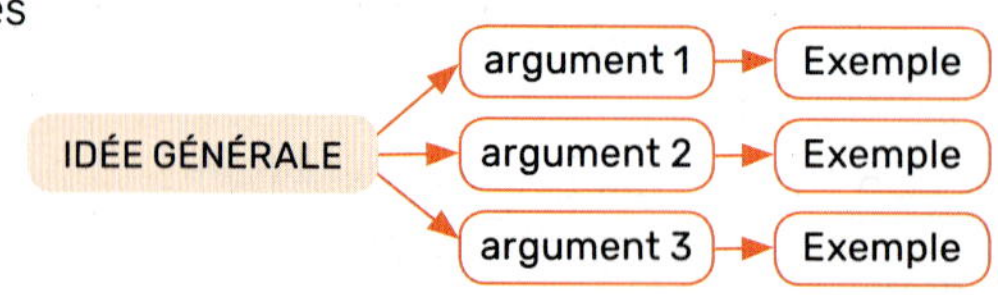

En conclusion :

- Suggère des pistes, fais le lien avec l'actualité, ton orientation, avec un autre point de programme d'une de tes spécialités…
- Montre que la question posée reste ouverte.

Conseil

Tu peux choisir entre plusieurs types de plan : thématique, analytique, chronologique, dialectique…

Les différents types de plan

Conseil

Tu peux profiter de la conclusion pour « tendre une perche au jury », en posant une autre question par exemple. Réfléchis à ce que tu pourrais répondre.

BAC

ÉTAPE 3 PRÉPARER UN SUPPORT À REMETTRE AU JURY

Même s'il n'est ni obligatoire ni évalué, prends le temps de remettre un support au jury. Il prouvera la qualité de ta préparation.

▶ Tu dois préparer ce support manuscrit à l'avance et le reproduire durant la préparation. Cela clarifiera tes idées avant la présentation.
▶ Fais apparaître ton plan, les mots-clés, tes arguments, tes exemples, tes sources les plus originales, tes choix d'orientation, etc.
▶ Écris, dessine, souligne proprement, relis et évite les fautes d'orthographe.

Conseil

Toutes les formes sont possibles : plan détaillé, fiche mémo, carte mentale, organigramme, tableau, schéma...

Des exemples de support

ÉTAPE 4 PRÉPARER TA PRISE DE PAROLE

Le jour J, tu devras parler debout, sans note, pendant 5 minutes. Ce n'est pas un exercice facile, mais avec un peu d'entraînement, tu vas rapidement progresser.

ÉTAPE 5 PRÉPARER LA DISCUSSION AVEC LE JURY

Contrairement à ce que tu pourrais croire, il est possible d'anticiper une partie des questions du jury et de s'y préparer. Ici encore, tout est une question d'entraînement ! Multipliez les séances de travail à plusieurs et alternez les rôles : candidat, jury...

▶ Lors de tes entraînements en public : note les questions, contre-arguments, objections, discussions, demandes de précisions qui reviennent le plus souvent... et prépare-toi à y répondre !
▶ Apprends les définitions de toutes les notions que tu utilises.
▶ Tout au long de l'année, surveille l'actualité liée à ta question.
▶ Si tu ne connais pas une réponse : ne reste pas muet, essaie de faire le lien avec ce que tu sais.

Conseil

N'oublie pas de réviser le programme de tes deux spécialités !

Grille d'évaluation pour l'entretien

Liste de questions à anticiper

ÉTAPE 6 ÉCHANGER SUR TON PROJET D'ORIENTATION

Tu sais que le jury te demandera : « En quoi la question que vous avez choisie éclaire vos choix d'orientation, voire votre projet professionnel ». Sois prêt(e) à répondre à cette question.

▶ Au moment du Grand oral, en juin, tu connaîtras tes choix d'orientation. Entraîne-toi à les exprimer précisément : intitulé exact et lieu de la formation, mode d'accès (non sélectif, sélectif, concours...).
▶ Le jury ne te demandera pas nécessairement de savoir quel métier tu veux faire, mais quelle voie tu emprunteras après le bac.
▶ Rappelle comment tu t'es informé(e) (infos fournies par Parcoursup, ONISEP, salons, rencontres, Portes ouvertes, sites...), fais le lien entre la spécialité et les attendus de la formation.
▶ Enfin, utilise tes activités associatives, sportives, artistiques, engagements, jobs, stages... pour mettre en avant certaines de tes qualités en phase avec tes choix d'orientation voire avec ton projet professionnel.

Conseil

Exprime ta motivation en t'appuyant sur ton Projet de formation motivé.

Conseil

Tu dois connaître le contenu des formations visées : consultez les plaquettes, sites internet, allez aux Journées Portes ouvertes...

Rendez-vous sur le site Nathan.fr/grand-oral

Grille d'évaluation du Grand oral

Index grammatical

→ Les renvois de cet index correspondent aux numéros des fiches du précis grammatical.

Précis grammatical

1 L'accentuation

A L'accent tonique

Tous les mots espagnols portent un accent tonique.

- Lorsqu'ils se terminent par **une voyelle**, un **n** ou un **s**, ils sont accentués sur **l'avant-dernière syllabe**.
→el a**mi**go / los a**mi**gos →**can**tan
- Lorsqu'ils se terminent par **une consonne sauf n** ou **s**, ils sont accentués sur **la dernière syllabe**.
→escri**bir** →la ciu**dad**

B L'accent écrit

Les mots qui ne se conforment pas à cette règle portent un accent écrit.
→**fá**cil →la situa**ción** →el pe**rió**dico

⚠ Le passage du singulier au pluriel peut entraîner l'apparition ou la disparition de l'accent écrit pour que l'accentuation du mot ne soit pas modifiée.

→el **jo**ven / los **jó**venes →el fran**cés** / los fran**ce**ses

Accent grammatical

On utilise un accent écrit dit « grammatical » pour distinguer deux mots de même forme, mais de sens et/ou de nature différente.

	≠	
de (préposition) →Es la bici **de** Clara. *(C'est le vélo de Clara.)*	≠	**dé** (verbe **dar**) →¿Quieres que se lo **dé**? *(Tu veux que je le lui donne ?)*
el (article) →Es **el** director. *(C'est le directeur.)*	≠	**él** (pronom personnel) →**Él** me lo ha dicho. *(Il me l'a dit.)*
mi (adjectif possessif) →Es **mi** libro. *(C'est mon livre.)*	≠	**mí** (pronom personnel) →Es para **mí**. *(C'est pour moi.)*
se (pronom personnel) →**Se** nota. *(Cela se voit.)*	≠	**sé** (verbe **saber**) →Ya lo **sé**. *(Je le sais.)*
si (conjonction / note de musique) →Saldré **si** no llueve. *(Je sortirai s'il ne pleut pas.)*	≠	**sí** (adverbe / pronom personnel) →Dime que **sí**. *(Dis-moi oui.)*
te (pronom personnel) →**Te** acompaño. *(Je t'accompagne.)*	≠	**té** (nom) →Me encanta el **té**. *(J'adore le thé.)*

⚠ Tous les mots introduisant une exclamation ou une interrogation (directe ou indirecte) portent également un accent écrit. →12, 13

→¿**Dónde** está? *(Où est-il ?)* →Me pregunto **dónde** está. *(Je me demande où il est.)*

2 Le genre et le nombre des noms et adjectifs

A Le genre

Le **-o** est la marque du masculin, le **-a** la marque du féminin.

- Les noms terminés par **-o** ou **-e** et les adjectifs terminés par **-o** → féminin terminé par **-a**.
→un chico listo / un**a** chic**a** list**a** →el jefe / la jef**a**
→el presidente / la president**a**

⚠ Les adjectifs terminés par **-e** sont presque toujours invariables au féminin.

→la faun**a** salvaje →la comid**a** caliente

- Les noms ou adjectifs terminés par une consonne → on ajoute un **-a**.
→el director / la director**a** →el profesor / la profesor**a**

B Le nombre

Le **-s** est la marque du pluriel.

- Les mots terminés par une voyelle → on rajoute un **-s**.
→el año / los año**s**
- Les mots terminés par une consonne → on rajoute **-es**.
→el mes / los mes**es**

⚠ Modification orthographique : les mots terminés par **-z** font leur pluriel en **-ces**.

→la lu**z** / las lu**ces**

⚠ Modification d'accent : pour les mots terminés par **-n** ou **-s** qui sont accentués sur la dernière syllabe, l'accent écrit disparaît au pluriel. →1

→el ba**lón** / los ba**lones** →el auto**bús** / los auto**buses**

3 La suffixation

A Les diminutifs

Pour former les diminutifs, les suffixes les plus courants sont : **-ito**/**-ita**, **-illo**/**-illa**, **-uelo**/**-uela**.
→ la cas**ita** *(la maisonnette)*
→ el gitan**illo** *(le petit gitan)*
→ el riach**uelo** *(le ruisseau)*

Les formes diminutives ont souvent une valeur affective :
→ mam**ita** *(ma petite maman chérie)*
Elles peuvent aussi avoir une valeur d'intensification :
→ un poqu**ito** = muy poco

⚠ L'ajout d'un suffixe entraîne parfois des modifications orthographiques.
→ un bar**c**o (*un bateau*) / un bar**qu**ito (*un petit bateau*)
→ un po**c**o (*un peu*) / un po**qu**ito (*un petit peu*)
→ lar**g**o(a) (*long, longue*) / lar**gu**ísimo(a) (*très long, très longue*)
→ la lu**z** (*la lumière*) / la lu**c**ecilla (*la petite lumière*)

B Les augmentatifs

Pour former les augmentatifs, les suffixes les plus courants sont **-ón**/**-ona**, **-ote**/**-ota**.
→ el caser**ón** *(la grande maison)*
→ una palabr**ota** *(un gros mot)*

C Autres suffixes

- À partir du radical d'un verbe, les suffixes **-ador(a)**, **-edor(a)**, **-idor(a)** indiquent l'agent, que ce soit une personne ou une machine.
→ el nad**ador** *(le nageur)* → la batid**ora** *(le mixer)*
- Les suffixes **-or(a)**, **-ero(a)**, **-ista** renvoient à la personne qui exerce un métier et le suffixe **-ería** au lieu concerné.
→ el pastel *(le gâteau)*
→ el/la pastel**ero**(**a**) *(le/la pâtissier[ère])*
→ la pastel**ería** *(la pâtisserie)*

4 Les articles

A Les articles définis

1. Les formes

	Masculin	Féminin	Neutre
Singulier	el	la	lo
Pluriel	los	las	Ø

- Il existe des formes contractées dont l'emploi est obligatoire : **a + el** → **al** / **de + el** → **del**.
→ ¿Vas **al** parque **del** centro?
(Tu vas au parc du centre ?)

⚠ L'article **la** est remplacé par **el** devant un nom qui commence par **a-** ou **ha-** accentué.
→ **el** agua fría, **las** aguas frías

2. Les emplois

- **L'heure :** → Son **las** seis y veinte.
(Il est six heures vingt.)
→ Viene a **las** seis y media.
(Il vient à six heures et demie.)
- **Le jour :** → **el** sábado próximo
(samedi prochain)
→ **Los** domingos no trabaja.
(Il ne travaille pas le dimanche.)
- **L'âge :** → a **los** treinta años *(à trente ans)*

3. La substantivation

- L'article **el** permet de substantiver en particulier un infinitif.
→ **el** ir y venir *(les allées et venues)*
- L'article neutre **lo** permet de substantiver un adjectif qualificatif ou un participe passé.
→ **lo** interesante *(ce qui est intéressant)*
→ **lo** ocurrido *(ce qui est arrivé)*
- **lo que** = ce qui, ce que
→ **Lo que** yo pretendía era vincular su mundo al mío.
(Ce que je voulais c'était relier leur monde au mien.)

4. Le partitif

L'espagnol n'utilise pas d'article partitif.
→ Andaban buscando Ø oro, Ø frijoles...
(Ils cherchaient de l'or, des haricots...)

B Les articles indéfinis

1. Les formes

	Masculin	Féminin
Singulier	un	una
Pluriel	Ø / unos	Ø / unas

→ **un** cuadro *(un tableau)* → Ø cuadros *(des tableaux)*

L'article indéfini pluriel est beaucoup moins employé qu'en français. Il indique un nombre restreint, et il équivaut à l'indéfini **algunos(as)**. →8
→Desde hace **unos** años somos muchas las mujeres en el mundo de la judicatura.
(Depuis quelques années, nous sommes de nombreuses femmes dans le milieu de la magistrature.)

2. Les emplois

Les formes du pluriel, **unos/unas**, peuvent signifier « quelques ».
→**unos** vecinos *(quelques voisins)*

⚠ On emploie **unos/unas** pour désigner deux objets qui forment une paire ou certaines parties du corps.
→**unas** zapatillas de deporte
(une paire de chaussures de sport)
→**unos** ojos azules *(des yeux bleus)*

3. Omission de l'article indéfini

On n'emploie pas d'article indéfini devant les adjectifs **otro**, **medio**, **tal**, **tanto**.
→Dame Ø otro ejemplo. *(Donne-moi un autre exemple.)*
→Ha dormido Ø media hora. *(Il/Elle a dormi une demi-heure.)*
→Nunca he visto Ø tal cosa. *(Je n'ai jamais vu une telle chose.)*

5 Les nombres

A Cardinaux

Les nombres cardinaux permettent de chiffrer une quantité.

0 cero – 1 uno – 2 dos – 3 tres – 4 cuatro – 5 cinco – 6 seis – 7 siete – 8 ocho – 9 nueve – 10 diez – 11 once – 12 doce – 13 trece – 14 catorce – 15 quince – 16 dieciséis – 17 diecisiete…
20 veinte – 21 veintiuno(a) – 22 veintidós…
30 treinta – 31 treinta y uno(a)…
40 cuarenta – 50 cincuenta – 60 sesenta – 70 setenta – 80 ochenta – 90 noventa
100 ciento (cien) – 200 doscientos(as)…
1 000 mil – 2 000 dos mil…
⚠ **500 quinientos(as) 700 setecientos(as) 900 novecientos(as)**

→En 2017 se realizaron **5 261** (cinco mil doscientas sesenta y una) intervenciones.
(En 2017 ont été réalisées 5 261 interventions.)

⚠ On met un article (défini ou indéfini) devant les pourcentages.
→**Un** 6,4 % (**un seis coma cuatro por ciento**) de la población habla inglés en casa.
(6,4 % de la population parle anglais à la maison.)

B Ordinaux

Les nombres ordinaux indiquent le rang à l'intérieur d'une série.

1° primero (primer)(a), primeros(as) – 2° segundo(a), segundos(as) – 3° tercero (tercer)(a), terceros(as) – 4° cuarto(a), cuartos(as) – 5° quinto(a), quintos(as) – 6° sexto(a), sextos(as) – 7° séptimo(a), séptimos(as) – 8° octavo(a), octavos(as) – 9° noveno(a), novenos(as) – 10° décimo(a), décimos(as)

Ils s'emploient couramment jusqu'à **décimo**. Ensuite, on a plutôt recours aux cardinaux correspondants.
→Vive en el **quinto** piso. *(Il vit au cinquième étage.)*
→Trabaja en la planta **veintiséis**. *(Il travaille au vingt-sixième étage.)*

⚠ →Felipe VI (**sexto**) de España *(Philippe VI (six) d'Espagne)*

6 Les possessifs

A Les adjectifs possessifs

Ils s'accordent en genre et en nombre avec le nom auquel ils se rapportent.

La forme accentuée est toujours placée après le nom, précédé ou non de l'article défini ou indéfini. Elle insiste sur l'idée de possession.

	Formes inaccentuées				Formes accentuées			
	Masculin		Féminin		Masculin		Féminin	
	Singulier	Pluriel	Singulier	Pluriel	Singulier	Pluriel	Singulier	Pluriel
1e p. sg.	mi	mis	mi	mis	mío	míos	mía	mías
2e p. sg.	tu	tus	tu	tus	tuyo	tuyos	tuya	tuyas
3e p. sg.	su	sus	su	sus	suyo	suyos	suya	suyas
1e p. pl.	nuestro	nuestros	nuestra	nuestras	nuestro	nuestros	nuestra	nuestras
2e p. pl.	vuestro	vuestros	vuestra	vuestras	vuestro	vuestros	vuestra	vuestras
3e p. pl.	su	sus	su	sus	suyo	suyos	suya	suyas

→ Es **mi** hija Natalia. *(C'est ma fille Nathalie.)*

→ ¡Hija **mía**! *(Ma fille !)*

⚠ En espagnol, les adjectifs possessifs sont moins utilisés qu'en français. L'idée de possession est souvent exprimée par :

- L'article défini quand le contexte est clair :
→ **Me** pondré **la** chamarra negra.
Je mettrai ma veste noire.

- Un pronom personnel :
→ Se **les** caían de **las** botas [...] las palabras.
(Les mots tombaient de leurs bottes.) →7

B Les pronoms possessifs

Les pronoms possessifs ont **la même forme que les adjectifs accentués**. Ils sont **précédés de l'article défini**.

→ Mi hijo ya está en «Wekids». ¿Y **el tuyo**?
(Mon fils est déjà sur « Wekids ». Et le tien ?)

7 Les démonstratifs

Les démonstratifs (adjectifs et pronoms) servent à désigner, à montrer une personne ou un objet. Les adjectifs s'accordent en genre et en nombre avec le nom auquel ils se rapportent. Les pronoms remplacent un nom.

A Les formes

Singulier		Pluriel		Neutre	Lieu	Personne
este	esta	estos	estas	esto	**aquí** *(ici)*	**yo** *(moi)*
ese	esa	esos	esas	eso	**ahí** *(là)*	**tú** *(toi)*
aquel	aquella	aquellos	aquellas	aquello	**allí** *(là-bas)*	**el otro** *(l'autre)*

B Les emplois

- **La valeur personnelle :**
→ **este** barrio *(ce quartier* = mon quartier*)*
→ **ese** libro *(ce livre* ≈ le tien*)*

- **La valeur spatiale :**
→ **esta** mesa *(cette table-ci)*
→ **esa** mesa *(cette table-là)*
→ **aquella** mesa *(cette table là-bas)*

- **La valeur temporelle :**
→ **estos** días *(ces jours-ci* ≈ maintenant*)*
→ en **aquellos** tiempos
(en ce temps-là ≈ il y a longtemps*)*

- **La valeur subjective :**
→ **esa** película tan aburrida
(ce film si ennuyeux = valeur péjorative*)*
→ **aquellos** paisajes impresionantes de los Andes *(ces paysages impressionnants des Andes* = valeur laudative*)*

Grammaire

8 Les indéfinis

Les indéfinis servent à donner des informations sur l'identité ou la quantité du nom auquel ils font référence mais d'une manière vague, imprécise.
La plupart des formes variables sont soit pronoms, soit adjectifs. Quand il s'agit de pronoms, ils s'accordent avec le nom qu'ils remplacent. Quand il s'agit d'adjectifs, ils s'accordent avec le nom auquel ils se rapportent.

1. Formes invariables

Identité	**alguien** *(quelqu'un)* **nadie** *(personne)* **cualquier(a)** *(n'importe quel[le], n'importe lequel/laquelle)*	→¿Hay **alguien**? *(Il y a quelqu'un?)* →No hay **nadie**. *(Il n'y a personne.)* →cualquier **cosa** *(n'importe quoi)*
Quantité	**algo** *(quelque chose)* **nada** *(rien)* **cada** *(chaque)*	→¿Sabes **algo**? *(Tu sais quelque chose ?)* →No sé **nada**. *(Je ne sais rien.)* →**cada** día *(chaque jour)*

2. Formes variables

Identité	**cierto(a)**, **ciertos(as)** *(certain[e], certain[e]s)* **mismo(a)**, **mismos(as)** *(même[s])* **otro(a)**, **otros(as)** *(autre[s])*	→durante **cierto** tiempo *(pendant un certain temps)* →Es la **misma** idea. *(C'est la même idée.)* →Iré **otro** día. *(J'irai un autre jour.)*
Quantité	**algún(o)(a)**, **algunos(as)** *(quelque[s])* **ningún(o)(a)** *(aucun[e], aucun[e])* **poco(a)**, **pocos(as)** *(peu de)* **bastante(s)** *(assez de)* **varios(as)** *(plusieurs)* **mucho(a)**, **muchos(as)** *(beaucoup de)* **demasiado(a)**, **demasiados)(as)** *(trop de)* **todo(a)**, **todos(as)** *(tout[e], tous, toutes)* **tanto(a)**, **tantos(as)** *(autant de)*	→Hace **algún** tiempo. *(Il y a quelque temps.)* →**ninguna** idea *(aucune idée)* →**poca** gente *(peu de monde)* →**bastante** dinero *(assez d'argent)* →**varias** veces *(plusieurs fois)* →¡**Muchas** gracias! *(Merci beaucoup !)* →**demasiado** ruido *(trop de bruit)* →**todas** las noches *(toutes les nuits)* →No tomes **tanto** café. *(Ne bois pas autant de café.)*

Contrairement à tous les autres indéfinis, qui peuvent être adjectifs ou pronoms, **alguien**, **nadie**, **algo**, **nada** ont uniquement une fonction de pronoms.
Les formes **cualquiera**, **alguno** et **ninguno** s'apocope devant un nom. →9

⚠ Pour l'emploi des formes négatives →16

9 L'apocope

L'apocope est la perte de la voyelle finale ou de la dernière syllabe d'un mot.

A Devant un nom masculin singulier

- bueno → **buen**
→un **buen** libro (*mais* un libro bueno) *(un bon livre)*
- malo → **mal**
→un **mal** consejo *(un mauvais conseil)*
- primero → **primer**
→el **primer** piso *(le premier étage)*
- tercero → **tercer**
→el **tercer** grupo *(le troisième groupe)*
- alguno → **algún**
→**algún** día *(un jour)*
- ninguno → **ningún**
→**ningún** problema *(aucun problème)*

B Devant un nom masculin ou féminin singulier

- grande → **gran**
→una **gran** casa (*mais* una casa grande) *(une grande maison)*
→un **gran** hombre *(un grand homme)*
- cualquiera → **cualquier**
→**cualquier** cosa *(n'importe quoi)*
→**cualquier** instrumento *(n'importe quel instrument)*

C Devant un nom masculin ou féminin pluriel

- ciento → **cien**

→ **cien** euros *(cent euros)*

⚠ Il s'apocope également devant **mil** et **millones**.

→ **cien millones** de habitantes *(cent millions d'habitants)*

Mais :

→ **ciento** veinte millones *(cent vingt millions)*

D Devant un adjectif ou un adverbe

- tanto → **tan**

→ **tan** interesante *(si [tellement] intéressant)*

→ **tan** rápidamente *(si rapidement)*

10 Le comparatif

A Le comparatif de supériorité

más +	adjectif adverbe nom	+ **que**

→ Hoy Gaudí es **más** conocido **que** sus mecenas.
(De nos jours, Gaudí est plus connu que ses mécènes.)

B Le comparatif d'infériorité

menos +	adjectif adverbe nom	+ **que**

→ La casa Milà es **menos** bonita **que** la casa Batlló.
(La maison Milà est moins jolie que la maison Batlló.)

C Le comparatif d'égalité

Le premier terme du comparatif d'égalité est introduit, suivant le cas, par **tan** ou par **tanto**, alors que le second est toujours amené par **como**.

tan + { adjectif / adverbe } + **como**	**tanto(a)/tantos(as)** + nom + **como**	verbe + **tanto como**

→ Esas sirenas no son **tan** bellas **como** las de Horacio. *(Ces sirènes ne sont pas aussi belles que celles d'Horace.)*
→ Funcionan **tanto** de día **como** de noche. *(Ils fonctionnent de jour comme de nuit.)*
→ Las mujeres trabajan **tanto como** los hombres. (*Les femmes travaillent autant que les hommes*).

D Les comparatifs irréguliers

Certains adjectifs ont, en plus de la forme normale moins utilisée, une forme irrégulière plus couramment employée.

- bueno → **mejor** *(meilleur[e])*
- malo → **peor** *(pire)*
- grande → **mayor** *(majeur[e])*
- pequeño → **menor** *(mineur[e])*

11 Le superlatif

A Le superlatif relatif

Supériorité	**el**/**la**, **los**/**las**, **lo** + **más** + adjectif	**el**/**la**, **los**/**las** + nom + **más** + adjectif
Infériorité	**el**/**la**, **los**/**las**, **lo** + **menos** + adjectif	**el**/**la**, **los**/**las** + nom + **menos** + adjectif

⚠ En espagnol, contrairement au français, l'article défini n'est pas répété devant **más** ou **menos**.

→ Es **la** obra Ø **más** emblemática del autor. *(C'est l'œuvre la plus emblématique de l'auteur.)*

B Le superlatif absolu

- **muy + adjectif ou adverbe**
→ Éramos **muy** pocas. *(Nous étions très peu nombreuses.)*
- **adjectif + suffixe -ísimo/a/os/as**
→ calles estrech**ísimas** *(des rues très étroites)*

La forme diminutive en **-ito** peut avoir la valeur superlative :
→ despac**ito** *(tout doucement)*

12 L'interrogation

Il existe des adverbes, des pronoms et des adjectifs interrogatifs.

A Les adverbes interrogatifs

- **¿cómo?** *(comment ?)*
- **¿cuándo?** *(quand ?)*
- **¿dónde?** *(où ?)*
- **¿adónde?** *(où ? –* mouvement*)*

→ **¿Cómo** vas a ir vestido? *(Comment seras-tu habillé ?)*

B Les pronoms interrogatifs

- **¿quién?/¿quiénes?** *(qui ?)*
- **¿cuál?/¿cuáles?** *(quel[s] ? / quelle[s] ?)*
- **¿qué?** *(quoi ? qu'est-ce que ?)*
- **¿por qué?** *(pourquoi ? pour quelle raison ?)*
- **¿para qué?** *(pourquoi ? dans quel but ?)*

→ ¿**Quién** es el autor del cuadro?
(Qui est l'auteur du tableau ?)
→ ¿**Cuáles** son tus razones?
(Quelles sont tes raisons ?)

C Les adjectifs interrogatifs

- **¿qué?** *(quel[s] ?/ quelle[s] ?)*
- **¿cuánto(a)?/¿cuántos(as) ?** *(combien ?)*

→ ¿**Cuántas mujeres** erais entonces?
(Combien de femmes étiez-vous à cette époque ?)

⚠ L'interrogation est encadrée par des points d'interrogation, le premier, à l'envers et le second, à l'endroit.

⚠ Tous les mots interrogatifs portent un accent écrit, qu'ils introduisent une interrogation directe ou une interrogation indirecte :

→ ¿**De qué** quieres que hablemos?
(De quoi veux-tu que nous parlions ?)
→ No sé **cómo** decirte eso.
(Je ne sais pas comment te dire ça.)

13 L'exclamation

Il existe des adverbes, des pronoms et des adjectifs exclamatifs.

A Les adverbes exclamatifs

- **¡cómo!** *(comment !)*
→ ¡**Cómo** corren! *(Comme ils courent !)*
- **¡cuánto!** + verbe *(comme... !)*
→ ¡**Cuánto** has crecido! *(Comme tu as grandi !)*
- **¡qué!** +adjectif (+ verbe) *(comme... !)*
→ ¡**Qué** graciosos! *(Comme ils sont drôles !)*

B Les adjectifs exclamatifs

- **¡qué!** *(quel[s]/ quelle[s] !)*
→ ¡**Qué** vergüenza! *(Quelle honte !)*
- **¡cuánto(a)!/¡cuántos(as)!** *(que de... !)*
→ ¡Cuánt**os** tópic**os** sobre España!
(Que de clichés sur l'Espagne !)

14 Les conjonctions de coordination

A La conjonction *y*

⚠ Elle se transforme en **e** devant un mot commençant par **-i** ou **-hi** :

→ Hay negativos de mano derecha **e** izquierda.
(Il y a des négatifs de main droite et gauche.)

B La conjonction *o*

⚠ Elle se transforme en **u** devant un mot commençant par **-o** ou **-ho** :

→ Buscaban plata **u** oro.
(Ils cherchaient de l'argent ou de l'or.)

C Autres conjonctions

ni = **y no**
→ No habla español ni inglés.
(Il ne parle pas espagnol, ni anglais.)

pero *(mais)*
→ No habla español **pero** lo entiende.
(Il ne parle pas espagnol mais il le comprend.)

sino oppose deux termes qui s'excluent et dont le premier est négatif.
→ **No** es español **sino** colombiano. *(Il n'est pas Espagnol mais Colombien.)*

Pour d'autres conjonctions de subordination :
→ 26, 27, 29, 30, 32

15 Les relatifs

Les relatifs permettent de relier deux propositions d'une même phrase. Quand le relatif est complément, il peut être précédé d'une préposition.

que *(qui, que)* : peut représenter soit une personne, soit une chose. C'est le plus employé.
→ Son las pinturas **que** podemos observar.
(Ce sont les peintures que nous pouvons observer.)

quien(es) *(qui, celui [celle] qui, ceux [celles] qui)* : ne peut représenter que des personnes.
→ Es el famoso arquitecto con **quien** hablé.
(C'est le célèbre architecte avec lequel j'ai parlé.)

el/la que, los/las que, lo que *(celui [celle] qui, ceux [celles] qui, ce qui/ce que)* : peuvent représenter soit une personne, soit une chose.
→ Estamos con G. Muguruza, **la que** acaba de triunfar en Wimbledon. *(Nous sommes avec G. Muguruza, qui vient de gagner à Wimbledon.)*

el/la cual, los/las cuales, lo cual *(celui [celle] qui, ceux [celles] qui, ce qui/ce que)* : peuvent représenter soit une personne, soit une chose.
→ Están en orden cronológico, **lo cual** invita a leerlos como crónicas reales. *Ils sont en ordre chronologique, ce qui invite à les lire comme de vraies chroniques.*

cuyo(s)/ cuya(s) *(dont le, dont la, dont les)* : indique l'appartenance et s'accorde avec le mot qui suit.
→ Había un cacique **cuya** vestiment**a** era de oro.
(Il y avait un chef dont les habits étaient en or.)

donde *(où)* : fait référence au lieu dont on a parlé.
→ Era la aldea china **donde** sus padres sobrevivían.
C'était le village chinois où ses parents survivaient

16 La négation

Pour exprimer la négation, on fait précéder le verbe d'un mot négatif : **no** *(non)*, **nadie** *(personne)*, **nunca**, **jamás** *(jamais)*.
→ **No** dormimos la siesta a diario.
(Nous ne faisons pas la sieste tous les jours.)
→ **Nadie** desea tópicos para su región.
(Personne ne souhaite de clichés pour sa région.)

⚠ Dans une phrase négative, quand on oppose deux éléments qui s'excluent l'un l'autre, on utilise la conjonction **sino** à la place de **pero** pour traduire « mais ».
→ Macondo **no** es un lugar **sino** un estado de ánimo.
(Macondo n'est pas un lieu mais un état d'esprit.)

Pour exprimer l'idée de **restriction** (*ne... que*), l'espagnol utilise l'adverbe **solo** placé devant le verbe.
→ **Solo** piensan en no ser discriminados.
(Ils ne pensent qu'à ne pas être discriminés.)

La double négation

Dans le cas de la **double négation**, **no** est placé devant le verbe et l'autre mot négatif est placé après.
→ **No** he engañado a **nadie.** *(Je n'ai trompé personne.)*

C'est le cas aussi pour **nada** :
→ **No** han encontrado **nada**. *(Ils n'ont rien trouvé.)*

L'adverbe **tampoco** (*non plus*) se construit de deux façons :
→ **No** es argentino, **tampoco** es peruano. = **No** es argentino, **no** es peruano **tampoco**.
(Il n'est pas Argentin, il n'est pas non plus Péruvien.)

17 Les pronoms personnels

A Les formes

	Sujet	COD	COI	Réfléchi	Avec préposition
1e p. sg.	yo	me	me	me	mí
2e p. sg.	tú	te	te	te	ti
3e p. sg.	él ella usted	lo/le la lo/la/le	le	se	él ella usted sí
1e p. pl.	nosotros nosotras	nos	nos	nos	nosotros nosotras
2e p. pl.	vosotros vosotras	os	os	os	vosotros vosotras
3e p. pl.	ellos ellas ustedes	los/les las los/las/les	les	se	ellos ellas ustedes sí

⚠ La préposition **con** se combine de façon particulière avec les pronoms **mí**, **ti**, **sí** : **conmigo**, **contigo**, **consigo**.

→ Compartimos **contigo** una realidad impensable no hace tanto. *(Nous partageons avec toi une réalité impensable il y a peu.)*

B Les emplois

1. Les pronoms sujets

Ils ne sont pas habituellement utilisés car la terminaison du verbe suffit pour indiquer la personne. Ils sont employés :

- Pour marquer une insistance et peuvent être placés soit devant, soit après le verbe.
→ **Yo** hablo. = Hablo **yo.** *(C'est moi qui parle.)*
- Pour différencier la 1e et la 3e personne du singulier à certains temps comme l'imparfait de l'indicatif ou le présent du subjonctif.
→ **Estaba yo** en la Nueve y él en la división Leclerc al final de la guerra. *(À la fin de la guerre, j'étais dans la "Nueve" et lui dans la division Leclerc.)*

2. Les pronoms compléments

- Lorsque deux pronoms compléments se rapportent au même verbe, le premier est le COI et le second est le COD
→ **Te lo** digo. *(Je te le dis.)*
- Si les deux pronoms (COI et COD) sont de la 3e personne, les formes **le** ou **les** (COI) sont remplacées par **se**.
→ **Se lo** digo (a Pedro) *(Je le lui dis [à Pierre].)*

C L'enclise

Elle consiste à souder, à la fin de la forme verbale, un ou deux pronoms personnels, compléments directs ou indirects.

- Elle est **obligatoire**, lorsque le verbe est à l'infinitif, à l'impératif ou au gérondif.
→ sentar**se** *(s'asseoir)*
→ lánza**te** *(lance-toi)*
→ levantándo**nos** *(en nous levant)*
- Lorsque deux pronoms compléments sont rattachés à la forme verbale, on commence par le COI suivi du COD.
→ para dár**melos** *(pour me les donner)*
→ dá**melos** *(donne-les-moi)*
→ dándo**melos** *(en me les donnant)*

⚠ Qu'il y ait enclise ou non, la forme verbale doit rester accentuée de la même façon. S'il le faut, on utilise un accent écrit.

D La traduction de « vous »

Le « vous » français correspond à trois situations différentes pour lesquelles l'espagnol utilise trois formulations différentes :

- Vous = tu + tu → **vosotros(as)** + 2e pers. pl.
→ ¿De qué la conoc**éis**? ¿Es amiga **vuestra**? *(D'où la connaissez-vous ? C'est une amie à vous ?)*
- Vous = singulier + politesse → **usted** + 3e pers. sg.
→ ¿**Le** gusta a **usted** Picasso, señor Almirante? *(Vous aimez Picasso, monsieur l'Amiral ?)*

- Vous = pluriel + politesse → **ustedes** + 3e pers. pl.

→ **Ustedes** tien**en** un patrimonio extraordinario.
(Vous avez là un patrimoine magnifique.)

⚠ Lorsqu'on utilise **usted**/**ustedes**, les pronoms personnels et les adjectifs ou pronoms possessifs sont ceux de la 3e personne du singulier ou du pluriel.
→ ¿Cuál es **su** opinión, señora?
(Quel est votre avis, madame ?)

En Argentine, on utilise la forme **vos** (et pas **vosotros**) à la place du tutoiement, et la forme verbale est modifiée :
→ **Vos** pod**é**s. *(Tu peux.)*
Dans de nombreux pays d'Amérique latine, on utilise **ustedes** pour s'adresser à plusieurs personnes qu'on tutoie individuellement.

18 Exprimer un fait réel

A Au présent

Le présent de l'indicatif

En espagnol, le présent de l'indicatif a les mêmes valeurs qu'en français. Il peut exprimer l'habitude, une vérité générale.
→ **Llueve** mucho en otoño.
(Il pleut beaucoup en automne.)

⚠ Cependant quand il s'agit d'une action en train de se dérouler, l'espagnol préfère utiliser la forme progressive. → 18.D
→ Ahora **está lloviendo**. *(Maintenant, il pleut.)*

B Au passé

1. Le passé composé

Il sert à exprimer une action passée encore en relation avec le présent et/ou dont les conséquences se font encore sentir dans le présent. Il s'utilise également pour parler d'un fait qui s'est produit à un moment indéterminé du passé.
→ En los últimos años **han surgido** en Cuba muchos medios independientes. *(De nombreux medias indépendants sont apparus à Cuba ces dernières années.)*
→ Nunca **he ido** a América.
(Je ne suis jamais allé en Amérique.)

2. L'imparfait

Il a les mêmes valeurs qu'en français. Il exprime la durée ou l'habitude dans un passé proche ou lointain.
→ En el siglo XIX Argentina **necesitaba** mano de obra para desarrollarse. *(Au XIXe siècle, l'Argentine avait besoin de main d'œuvre pour se développer.)*

3. Le passé simple

Il est beaucoup plus utilisé qu'en français qui lui préfère, de loin, le passé composé. Il exprime des actions ponctuelles terminées dans une période révolue. Il s'oppose alors à l'imparfait dans un contexte passé.
→ **Escribí** mi primer « post » en 2007.
(J'ai écrit mon premier "post" en 2007.)

C L'antériorité

Les temps composés

Chaque temps composé marque l'antériorité par rapport à l'action exprimée par le temps simple correspondant :

Temps simples	Temps composés
Présent	Passé composé
Imparfait	Plus-que-parfait
Passé simple	Passé antérieur

→ Piensa Fonsi que la mezcla de culturas **se ha convertido** en su misión.
(Fonsi pense que le mélange des cultures est devenu sa mission.)

⚠ Tous les temps composés sont formés à l'aide de l'auxiliaire **haber** suivi du participe passé qui reste invariable et qui ne doit pas en être séparé.
→ La prensa siempre **ha sido** un sector muy controlado.
(La presse a toujours été un secteur très contrôlé.)

⚠ Le plus-que-parfait, dans un contexte au passé, peut indiquer l'antériorité par rapport à un fait exprimé à l'imparfait ou au passé simple.
→ El hotel Rotonda **se había construido** para acoger a los extranjeros que **llegaban** a miles.
(L'hôtel Rotonda avait été construit pour accueillir les étrangers qui arrivaient par milliers.)

D Les aspects de l'action

Contrairement au temps du verbe qui indique **quand** se déroule l'action, l'aspect indique **comment** se déroule cette action.

1. Action à venir

- **ir a + infinitif**

→ ¿Cuándo nos **vamos a conocer**?
(Quand allons-nous faire connaissance ?)

2. Début d'une action

- **empezar a** / **ponerse a** + **infinitif**
→ La mujer de Marcelino **se puso a llorar**.
(La femme de Marcelino se mit à pleurer.)

- **empezar por** + **infinitif** / **empezar** + **gérondif** : première étape d'une suite d'actions.
→ Paula **empezó defendiendo** mujeres en casos de divorcio. *(Paula débuta en défendant des femmes dans des procédures de divorce.)*

3. Déroulement d'une action

- **estar** + **gérondif** : exprime une action en cours de réalisation.
→ ¡Te **estoy hablando** en serio! *(Je te parle sérieusement !)*

- **ir** + **gérondif** : exprime une action en cours de réalisation en insistant sur la progression.
→ Con cada viaje la leyenda **se iba enriqueciendo**.
(La légende s'enrichissait à chaque voyage.)

- **seguir** + **gérondif** : indique qu'une action continue à se dérouler ou exprime une étape intermédiaire dans une série d'actions.
→ No podemos **seguir aceptando** tales discriminaciones. *(Nous ne pouvons pas continuer à accepter de telles discriminations.)*

- **llevar** /**pasarse** + **indication d'une durée** + **gérondif** : précise la durée de l'action.
→ **Se había pasado la tarde estudiando**.
(Elle avait passé son après-midi à étudier.)

4. La répétition

- **volver a** + **infinitif**
→ **Volvemos a tener** una influencia fuerte en China.
(Nous avons à nouveau une forte influence en Chine.)

5. L'habitude

- **soler** + **infinitif**
→ Era el apodo que **solían dar** a los españoles.
(C'est le surnom qu'ils avaient l'habitude de donner aux Espagnols.)

6. Le passé immédiat

- **acabar de** + **infinitif** : l'action vient de se produire.
→ ¡**Acaba de estallar** la guerra!
(La guerre vient d'éclater !)

7. Aboutissement d'une action

- **acabar por** + **infinitif** / **acabar** + **gérondif** : dernière étape d'une suite d'actions.
→ Paula **acabó siendo** una abogada conocida.
(Paula finit par devenir une avocate connue.)

8. Interruption d'une action

- **dejar de** + **infinitif** : indique qu'on arrête une action.

→ Lamentaron mucho **dejar de verlas**.
(Ils regrettèrent beaucoup de ne plus les voir.)

19 Exprimer un fait non réalisé

A Au présent

1. Le présent du subjonctif

Le subjonctif étant le mode de l'irréel, le présent indique qu'une action, même réalisable, n'est pas concrétisée au moment où l'on parle.
→ Prefiero que me lo **expliques**.
(Je préfère que tu me l'expliques.)

Il s'utilise en particulier :

- Quand un fait est mis en doute par avance.
→ **No pienso** que **puedas** hacerte rico en Argentina.
(Je ne pense pas que tu puisses t'enrichir en Argentine.)

- Dans la subordonnée introduite par **que** après des verbes exprimant la volonté (**querer**), l'ordre (**mandar**, **pedir**, **ordenar**), le conseil (**aconsejar**), le souhait (**esperar**, **desear**), la prière (**rogar**), l'interdiction (**impedir**, **prohibir**).
→ ¿De qué **quieres** que **hablemos**?
(De quoi veux-tu que nous parlions ?)
→ **Pedimos** que **dejen** de discriminar a las mujeres.
(Nous demandons que l'on cesse de discriminer les femmes.)

- Pour exprimer le **but** dans une subordonnée introduite par **para que** :
→ **Para que** el público se **entere**, Medina Azahara es el Nueva York de la época. *(Pour que le public le sache, Medina Azahara est le New York de l'époque.)*

- Pour exprimer l'**opposition** dans une subordonnée introduite par **aunque** :
→ **Aunque** las sirenas **cambien** de forma, su leyenda permanece. *(Même si les sirènes changent de forme, leur légende demeure.)*

2. Le présent du conditionnel

Le conditionnel est utilisé dans la principale pour :

- Formuler un désir de façon atténuée
→ Le **gustaría** conocer Macondo.
(Il aimerait connaître Macondo.)

- Formuler un conseil, une suggestion, une hypothèse
→ ¿**Comerías** esta carne?
(Tu mangerais de cette viande ?)
- Formuler poliment une demande
→ ¿**Te importaría** ayudarme en la escalerita con el sillón? *(Ça t'ennuierait de m'aider avec mon fauteuil dans les escaliers ?)*

Le conditionnel du verbe **querer** (**querría**) est presque toujours remplacé par la forme de l'imparfait du subjonctif imparfait **quisiera**.
→ **Quisiera** saber si a ti te gusta cocinar.
(Je voudrais savoir si tu aimes cuisiner.)

B Au passé

L'imparfait du subjonctif

Il a la même valeur et les mêmes emplois dans un contexte au passé que le présent du subjonctif dans un contexte au présent.
→ No pensaba que una mujer **pudiera** entrar en la Guardia Civil.
*(Il ne pensait pas qu'une femme **puisse** entrer dans la Garde Civile.)*

20 Exprimer un fait à venir

A Exprimer un fait certain

1. Le futur de l'indicatif

Contrairement aux autres temps de l'indicatif, le futur exprime un fait non encore réalisé mais déjà considéré comme certain, dans la principale comme dans la subordonnée.
→ Si llegan los Internacionales no se **tomará** Madrid.
(Si les Brigades Internationales arrivent, Madrid ne tombera pas.)

2. Le futur proche (= *ir* + *a* + infinitif)

→ ¡**Van a tomar** el poder por la fuerza!
(Ils vont prendre le pouvoir par la force !)

B Exprimer un fait incertain

Le présent du subjonctif

Dans de nombreux cas, pour exprimer un fait à venir dans une subordonnée, l'espagnol utilise le subjonctif présent.
→ Cuanto antes **empieces**, más oportunidades **tendrá** tu hijo. *(Plus tu commenceras tôt, plus ton fils aura de chances de réussir.)*

21 Exprimer un ordre ou une défense

A L'ordre

L'impératif

En espagnol, il comporte cinq personnes, la 3e personne du singulier correspondant a **usted** et la 3e personne du pluriel à **ustedes**.
→ ¡**Observe** usted! *(Observez, Monsieur !)*

Il n'existe que deux formes spécifiques d'impératif :

(tú) : ¡**Habla**! *(Parle !)*

(vosotros) : ¡**Hablad**! *(Parlez !)*

Les formes des autres personnes (**usted**, **nosotros**, **ustedes**) sont empruntées au subjonctif.

⚠ Les pronoms compléments se mettent en enclise. → 17.C
→ ¡Siénten**se** ustedes! *(Asseyez-vous !)*
→ ¡Déjame**lo**! *(Prête-le moi !)*

On peut également exprimer un ordre à toutes les personnes avec **a** + **infinitif**.
→ **¡A trabajar!** *(Au travail !)*

B La défense (l'interdiction)

Pour exprimer une interdiction, on utilise, à toutes les personnes, les formes du **subjonctif présent** précédées de **no**. On ne fait pas l'enclise.
→ ¡**No te rindas** nunca! *(N'abandonne jamais !)*

On peut également exprimer une interdiction en utilisant à l'impératif **dejar de** + **infinitif**.
→ ¡**Deja de preguntar** estupideces!
(Arrête de poser des questions stupides !)

22 La concordance des temps

Lorsque le subjonctif est nécessaire dans une subordonnée, le temps auquel le verbe doit être employé dépend du temps du verbe de la proposition principale. C'est ce qu'on appelle **la concordance des temps**, qui n'est plus appliquée en français dans la langue courante.

Principale	Subordonnée au subjonctif
Temps du présent	
Présent de l'indicatif Passé composé Futur simple Impératif	Présent du subjonctif Passé composé du subjonctif
Temps du passé	
Imparfait de l'indicatif Plus-que-parfait Passé simple Conditionnel	Imparfait du subjonctif Plus-que-parfait du subjonctif

→ **Luchamos** para que no **ocurra**. *(Nous luttons pour que cela n'arrive pas.)*
→ **Luchábamos** para que no **ocurriera**. *(Nous luttions pour que cela n'arrive pas.)*
→ Me **alegro** mucho de que **hayas venido** a vernos. *(Je suis très content que tu sois venu(e) nous voir.)*
→ Te **llamaré** para que **podamos** vernos. *(Je t'appellerai pour que nous puissions nous voir.)*
→ Me **habría** apenado que **hubieras fracasado**. *(J'aurais été peiné que tu échoues.)*
→ **Preferiría** que aquello no **hubiera ocurrido** nunca. *(Je préférerais que cela ne soit jamais arrivé.)*

23 Exprimer une hypothèse

Il existe plusieurs façons d'exprimer une hypothèse, soit à l'indicatif, soit au subjonctif (le subjonctif renforce le caractère hypothétique du fait envisagé) :

- **acaso**, **a lo mejor**, **quizás**, **tal vez** + indicatif
- **futur de l'indicatif** (= futur d'hypothèse)
- **quizás**, **tal vez** + **subjonctif**
- **puede que**, **es posible que** + **subjonctif présent**
- **deber de** + **infinitif**

→ **A lo mejor** antes no **tenían** tanto interés.
(Peut-être qu'avant ça ne les intéressait pas autant.)
→ ¿De dónde **habrá** salido? *(D'où peut-elle bien sortir ?)*
→ **Quizás no seas** la persona que esperan.
(Peut-être n'es-tu pas la personne qu'ils attendent.)

24 Exprimer l'obligation

A L'obligation personnelle

L'obligation personnelle s'adresse à une ou à plusieurs personnes en particulier. Elle s'exprime à l'aide de :

- **tener que** + **infinitif**
- **deber** + **infinitif**
- **ser necesario que** + **subjonctif**
- **hacer falta que** + **subjonctif**

→ **Tenemos que seguir** juntos.
(Nous devons continuer ensemble.)
→ Siempre **debemos** favorecer la inclusión.
(Nous devons toujours favoriser l'inclusion.)

B L'obligation impersonnelle

L'obligation impersonnelle ne s'adresse à personne en particulier donc à tous de manière générale. Elle s'exprime à l'aide de :

- **hay que** + **infinitif**
- **hacer falta** + **infinitif**
- **ser necesario** + **infinitif**

→ **Había que entrar** en la capital.
(Il fallait entrer dans la capitale.)

25 Les prépositions

A Les formes

a (à)	desde (depuis)	para (pour)
ante (devant)	durante (pendant)	por (par)
bajo (sous)	en (dans, en)	según (selon)
con (avec)	entre (entre, parmi)	sin (sans)
contra (contre)	hacia (vers)	sobre (sur)
de (de)	hasta (jusqu'à)	tras (après)

B Les emplois

1. La préposition *A*

- Précède un COD de personne ou animal familier.
→ Me imagino **a** un señor con toga.
(J'imagine un monsieur en toge.)
- Indique le lieu où l'on va.
→ Juan Chion emigró **a** Argentina.
(Juan Chion émigra en Argentine.)
- Introduit le complément d'attribution.
→ Quiero premios **a** las mejores artistas.
(Je veux des prix pour les meilleures artistes.)

2. La préposition *CON*

- Permet de caractériser.
→ Hay un caserío **con** ese nombre.
(Il y a un hameau de ce nom.)
- Indique le moyen.
→ Macondo se hizo famoso **con** aquella novela.
(Macondo devint célèbre grâce à ce roman.)
- Indique la manière.
→ Los miraban **con** gesto de sorpresa.
(Elles les regardaient d'un air surpris.)
- Indique l'accompagnement.
→ Pigafetta viajó **con** Magallanes en su primer viaje alrededor del mundo.
(Pigafetta accompagna Magellan dans son premier voyage autour du monde.)

3. La préposition *DE*

- Indique l'origine ou le lieu d'où l'on vient.
→ G. García Márquez es **de** Aracataca.
(G. García Márquez est d'Aracataca.)
- Indique la matière
→ Se encontraban piedrecitas **de** oro.
(On trouvait de petites pierres en or.)
- Indique une qualité essentielle.
→ Esas sirenas eran criaturas **de** piel gris.
(Ces sirènes étaient des créatures à la peau grise.)
- Elle apparaît dans l'expression de la date.
→ Recuerdo aquel abril **de** 2007.
(Je me rappelle ce mois d'avril 2007.)

4. La préposition *EN*

- Indique le lieu où l'on est.
→ "Juego de tronos" se rodó **en** España.
(« Game of Thrones » a été tourné en Espagne.)
- Indique le temps
→ El mito se hizo realidad **en** 1545.
(Le mythe devint réalité en 1545.)
- Indique la manière
→ Arantxa se desplaza **en** sillón de ruedas.
(Arantxa se déplace en fauteuil roulant.)

5. La préposition *PARA*

- Exprime le but.
→ Inventaron el mito **para** alejar a los intrusos.
(Ils inventèrent le mythe pour éloigner les intrus.)
- Exprime un point de vue.
→ **Para** A. Grandes, hay que apoyar la huelga.
(Pour A. Grandes, il faut soutenir la grève.)
- Indique le temps.
→ ¿**Para** cuándo piensas tener hijos?
(Les enfants, c'est pour quand ?)
- Exprime l'attribution.
→ Las *apps* SAI han sido ideadas **para** las comunidades indígenas.
(Les « apps » SAI ont été conçues pour les communautés indigènes.)

6. La préposition *POR*

- Indique un déplacement à l'intérieur d'un même lieu.
→ Lo persiguieron **por** las selvas del Amazonas.
(Ils le cherchèrent dans les forêts amazoniennes.)
- Indique le lieu par où on passe.
→ La Ruta de Sur pasa **por** Sevilla.
(Le Parcours du Sud passe par Séville.)
- Indique le temps.
→ Era allá **por** los años 70.
(C'était dans les années 70.)
- Introduit le complément d'agent dans une tournure passive.
→ Fueron vencidos **por** el hambre.
(Ils furent vaincus par la faim.)
- Indique la cause, le motif.
→ Sufría *bullying* **por** mi acento.
(J'étais harcelé à cause de mon accent.)
- Indique l'échange.
→ Lo hacían **por** un salario ínfimo.
(Elles le faisaient pour un salaire de misère.)

7. Les prépositions *DESDE, HASTA*

Ces prépositions ont un sens spatial et/ou temporel.
→ La guerra duró **desde** 1936 **hasta** 1939
(La guerre a eu lieu de 1936 à 1939.)
→ **Desde** Madrid **hasta** Alicante fui en tren.
(Depuis Madrid jusqu'à Alicante j'ai pris le train.)

C La construction directe

Contrairement au français, certains verbes sont directement suivis de l'infinitif comme **permitir**, **aconsejar**, **decidir**, **intentar**, **lograr**, **pedir**, **prohibir**, **proponer**.
→ Les **permite Ø aprender** a la vez que se divierten.
(Cela leur permet d'apprendre en s'amusant.)
→ Te **propongo Ø ir** al cine el viernes.
(Je te propose d'aller au cinéma vendredi.)

26 L'expression de la cause

La cause peut être indiquée par des mots de nature différente :

Interrogatifs	**¿por qué?** *(pourquoi [pour quelle raison])*
Prépositions	**por** *(pour)*, **de**
Conjonctions de subordination	**porque** *(parce que)* **ya que**, **puesto que** *(puisque, étant donné que)* **como**, lorsque la subordonnée de cause précède la principale

→ **Como** no oye ni ve, Daniel se comunica con el mundo mediante un código.
(Comme il ne voit ni n'entend, Daniel communique avec le monde au moyen d'un code.)

Dans la langue parlée, **que** remplace souvent **porque**.
→ ¡Date prisa, **que** solo tenemos conexión por una hora! *(Dépêche-toi, nous n'avons qu'une heure de connexion.)*

27 L'expression du but

Le but peut être indiqué par des mots de nature différente :

Interrogatifs	**¿para qué?** *(pourquoi ? dans quel but ?)*
Prépositions	**para + nom** ou **infinitif** **a + infinitif** *(pour)*
Conjonctions de subordination	**para que + subjonctif** *(pour que)*

→ Se fueron a América **a** buscar oro.
(Ils partirent pour l'Amérique pour chercher de l'or.)

⚠ Si le sujet du verbe de la subordonnée est différent de celui de la principale, on emploie **para que** + subjonctif.
→ Luchamos **para defender** la República.
(Nous luttons pour défendre la République.)
→ Luch**amos para que** eso no **ocurra**.
(Nous luttons pour que cela n'arrive pas.)

28 L'expression de la conséquence

La conséquence peut être indiquée par les locutions suivantes :

A Les formes

Locutions conjonctives	**así que** *(si bien que)*, **de modo que** *(de telle sorte que)* **tan... que** *(si, tellement... que)*, **tanto(a)/tantos(as) que** *(tant de, tellement de... que)*, **tal(es) que** *(tel/telle/tels/telles que)*

B Les emplois

→ Medina Azahara era **tan** moderna y tan rica **que** atraía a los máximos científicos de la época.
(Medina Azahara était si moderne et si riche qu'elle attirait les meilleurs scientifiques de l'époque.)
→ Cantabria está llena de cuevas, **así que** muchísimos espeleólogos vienen a visitarla.
(La Cantabrie est pleine de grottes, si bien que de très nombreux spéléologues viennent la visiter.)

29 L'expression de la manière

La manière peut être indiquée par des mots de nature différente :

Interrogatifs	**¿cómo?** *(comment ?)*, **¿de qué manera?** *(de quelle manière ?)*
Adverbes	**así** *(ainsi)*, **deprisa** *(vite)*, **bien** *(mal)*, **mal** *(mal)*, **más bien** *(plutôt)*, **solo** *(seulement)* **Adverbes** en **-mente**
Prépositions	**en** *(en)*, **de** *(de)*, **con** *(avec)*, **sin** *(sans)*
Conjonctions de subordination	**como** *(comme)*
Autres	**Le gérondif** **con solo + infinitif** *(rien qu'en)*

→ Dio cuatro vueltas **royéndose** las uñas. *(Elle fit trois tours en se rongeant les ongles.)*
→ **Con solo pulsar** esta tecla, me llamas y te respondo. *(Rien qu'en appuyant sur cette touche, tu m'appelles et je te réponds.)*

- Les adverbes de manière se forment avec le **féminin** de l'adjectif auquel on ajoute le suffixe **-mente**.
→ tranquil**o** → tranquil**a** → tranquila**mente** *(tranquillement)*
→ amabl**e** → amabl**e** → amable**mente** *(aimablement)*

⚠ Si deux ou plusieurs adverbes en **-mente** se suivent, seul le dernier prend la terminaison **-mente**.
→ Paseaba lenta y tranquila**mente**. *(Elle se promenait lentement et tranquillement.)*

30 Indiquer le temps

Le temps peut être indiqué par des mots de nature différente :

Interrogatifs	**¿cuándo?** *(quand ?)*, **¿desde cuándo?** *(depuis quand ?)*, **¿hasta cuándo?** *(jusqu'à quand ?)* **¿cuánto tiempo?** *(combien de temps ?)* **¿a qué hora?** *(À quelle heure ?)*
Adverbes	**ayer** *(hier)*, **hoy** *(aujourd'hui)*, **mañana** *(demain)*, **ahora** *(maintenant)* **anoche** *(hier soir)*, **anteayer** *(avant-hier)*, **pasado mañana** *(après-demain)* **antes** *(avant)*, **después** *(après)*, **luego** *(ensuite)*, **entonces** *(alors)*, **aún** *(encore)* **por fin** *(enfin)*, **nunca/jamás** *(jamais)*, **siempre** *(toujours)*, **a menudo** *(souvent)* **tarde** *(tard)*, **temprano** *(tôt)*, **pronto** *(vite, tôt)*, **en seguida** *(tout de suite)* **de nuevo / otra vez** *(de nouveau)*, **todavía** *(encore)*, **a veces** *(quelquefois)* **ya** *(déjà)*, **ya no** *(ne... plus)*, **mucho tiempo** *(longtemps)*
Prépositions	**a** *(à)*, **en** *(en)*, **de** *(de)*, **desde** *(depuis)*, **entre** *(entre)*, **hacia** *(vers)*, **hasta** *(jusqu'à)*, **antes de** *(avant)*, **después de** *(après)*, **durante** *(pendant)*, **a lo largo de** *(tout au long de)*, **al cabo de** *(au bout de)*, **a punto de** *(sur le point de)*
Conjonctions de subordination	**cuando** *(quand, lorsque)*, **mientras** *(pendant que)*

→ Se conocieron **durante** una fiesta, un día **después de** la Liberación de París. *(Ils se sont connus pendant une fête, un jour après la Libération de Paris.)*

Emplois particuliers

- **al + infinitif :** indique, comme **mientras**, la simultanéité de deux actions.
→ **Al entrar**, un mensaje le llamó la atención. *(Quand elle entra, un message attira son attention.)*
→ **Mientras** ella estaba leyendo, escuchó la señal. *(Pendant qu'elle lisait, elle entendit le signal.)*

- **de + adjectif = cuando + imparfait**
→ **De pequeño**, Fonsi se mudó a Florida. *(Quand il était petit, Fonsi déménagea en Floride.)*

⚠ Pour exprimer la durée, l'espagnol n'utilise pas **siempre** *(« toujours »)* mais **todavía** ou **aún** *(« encore »)*.
→ **Todavía** vive en Madrid. *(Il vit toujours à Madrid.)*

31 Indiquer le lieu

Le lieu peut être indiqué par des mots de nature différente, des interrogatifs, des adverbes, des prépositions, des relatifs.

Interrogatifs	**¿dónde?**, **¿adónde?** *(où ?)*, **¿de dónde?** *(d'où ?)*, **¿desde dónde?** *(depuis où ?)* **¿por dónde?** *(par où ?)*, **¿hacia dónde?** *(vers où ?)*, **¿hasta dónde?** *(jusqu'où ?)* **¿delante de qué?** *(devant quoi, devant quel(s)quelle(s) ?)...*
Adverbes	**aquí/acá** *(ici)*, **ahí** *(là)*, **allí/allá** *(là-bas)*, **adelante** *(en avant)*, **atrás** *(en arrière)* **abajo** *(en bas)*, **delante** *(devant)*, **detrás** *(derrière)*, **enfrente** *(en face)* **arriba** *(en haut)*, **encima** *(au-dessus)*, **debajo** *(en-dessous)*, **cerca** *(près)*, **lejos** *(loin)* **dentro** *(dedans)*, **fuera** *(dehors)* **a la izquierda** *(à gauche)*, **a la derecha** *(à droite)*, **en medio** *(au milieu)* **alrededor** *(autour)*, **al lado** *(à côté)*
Prépositions	**a** *(à, en)*, **en** *(en, à)*, **de** *(de)*, **desde** *(depuis)*, **por** *(par)*, **sobre** *(sur)*, **entre** *(entre)* **hacia** *(vers)*, **hasta** *(jusqu'à)*
Locutions prépositives	Elles se forment à partir de la plupart des adverbes auxquels on rajoute la préposition **de** : **debajo de** *(sous)*, **a la izquierda de** *(à gauche de)...*
Relatifs	**donde**, **en que**, **en el(la) cual/que**, **en los(las) cuales/que** *(où)* **adonde** *(où)*, **por donde** *(par où)*, **hasta donde** *(jusqu'où)*, **hacia donde** *(vers où)* Avec les autres prépositions ou locutions, on forme le relatif à partir de **el(la) cual/que, los(las) cuales/que** : **sobre el que** *(sur lequel)...*

→ Es a este lado **donde** quiero estar. *(C'est de ce côté que je veux être.)*
→ Se paseó **desde** el Arco de Triunfo **hasta** la tumba del Soldado desconocido. *(Il se promena depuis l'Arc de Triomphe jusqu'à la tombe du Soldat Inconnu.)*
→ Lo miraba **de arriba abajo**. *(Il le regardait de haut en bas.)*
→ ¡**Aquí** estoy! *(Je suis ici ! / Me voici !)*
→ ¡Ven **acá**! *(Viens par ici !)*

⚠ L'espagnol fait la différence entre le lieu où l'on est (sans déplacement), le lieu d'où l'on vient, le lieu où l'on va et le lieu par où l'on passe (avec déplacement).

→ Matías estaba **en** París y no quiso volver **a** España. *(Matías était à Paris et ne voulut pas rentrer en Espagne.)*

32 L'expression de l'opposition et de la concession

L'opposition peut être indiquée par des mots de nature différente :

Adverbes et locutions adverbiales	**sin embargo** *(pourtant)*, **en cambio** *(par contre)* **aun** *(même)*, **no... sino** *(non seulement... mais)*
Conjonctions	**pero** *(mais)*, **aunque** *(bien que, même si)*
Locutions conjonctives	**a pesar de + nom ou infinitif** *(malgré)*, **a pesar de que + verbe** *(bien que)*

Ces mots introduisent une opposition par rapport à l'idée exprimée dans la principale.
→ Está lloviendo mucho, **sin embargo**, tengo que salir. *(Il pleut beaucoup, pourtant je dois sortir).*

- Si l'opposition marquée dans la subordonnée porte sur un fait réel, **aunque est suivi de l'indicatif** et correspond au français « bien que ».
→ **Aunque** me **llaman** "la bloguera", en realidad **dirijo** un periódico digital. *(Bien qu'on m'appelle « la blogueuse », en réalité je dirige un journal en ligne.)*

- Si l'opposition marquée dans la subordonnée porte sur un fait hypothétique, **aunque est suivi du subjonctif** et correspond au français « même si ».
→ **Aunque tenga** dinero para eso, Conde nunca se **comprará** un móvil. *(Même un jour il a l'argent pour cela, Conde ne s'achètera jamais un portable.)*

⚠ La concordance des temps s'applique.
→ **Aunque tuviera** dinero para eso, Conde nunca se **compraría** un móvil. *(Même s'il avait l'argent pour cela, Conde ne s'achèterait jamais un portable.)*

33 L'expression de la condition

A La condition est réalisable

Il s'agit d'une condition réalisable au moment où l'on parle.

Subordonnée	Principale
si + présent de l'indicatif	présent/futur/impératif

→Si **llegan** a Madrid las Brigadas, el plan de Franco **fracasará**.
(Si les Brigades arrivent à Madrid, le plan de Franco échouera.)

B La condition n'est pas réalisée

- Si la condition n'est pas réalisée au moment où l'on parle (irréel du présent) :

Subordonnée	Principale
si + imparfait du subjonctif	conditionnel

→Si **conociera** su origen, te lo **diría**.
(Si je savais d'où elle vient, je te le dirais.)

- S'il s'agit d'une condition non réalisée dans le passé :

Subordonnée	Principale
si + plus-que-parfait du subjonctif	Conditionnel passé

→**Si** me **hubierais preguntado**, os lo **habría dicho**.
(Si vous me l'aviez demandé, je vous l'aurais dit.)

Dans la principale, le conditionnel passé est presque toujours remplacé par le plus-que-parfait du subjonctif.

⚠ **Como si** est toujours suivi de l'imparfait ou du plus-que-parfait du subjonctif.

→Es **como si estuviéramos** en la Prehistoria. *(C'est comme si nous étions à la Préhistoire.)*

Il est possible de remplacer la subordonnée conditionnelle par **de + infinitif**.
→**De habér**melo preguntado, os lo **habría** dicho.
(Si vous me l'aviez demandé, je vous l'aurais dit.)

34 Les équivalents de « on »

Le pronom indéfini « on » a plusieurs équivalents en espagnol, en fonction de la / des personne(s) qu'il représente.

- **se + 3^e^ personne singulier ou du pluriel** est la tournure la plus souvent utilisée.

« On » = « tout le monde en général »

→En este barrio chino de La Habana, **se juega** al mahjong. *(Dans ce quartier chinois de La Havane, on joue au mahjong.)*
→En Hialeah **se** oy**en** mucha**s** conversacion**es** en español. *(A Hialeah, on entend beaucoup de conversations en espagnol.)*

- **Verbe à la 3e personne** du **pluriel** utilisé sans sujet exprimé quand on ne sait pas qui fait l'action, et/ou qu'il s'agit d'un fait accidentel.

« On » = « quelqu'un, des gens » (sauf celui qui parle)

→¿Qué habl**an** en Guinea Ecuatorial?
(Quelle langue parle-t-on en Guinée équatoriale ?)

- **uno** ou **una** + **3e personne du singulier** est utilisé quand le verbe est pronominal et/ou quand le locuteur s'implique personnellement.

« On » = « je »

→Cuando **uno** camin**a** en Chan Chan, **uno se** sient**e** pequeñito.
(Quand on marche à Chan Chan, on se sent tout petit.)

- **nosotros(as)** + **1e personne du pluriel** indique que le locuteur s'inclut.

« On » = « nous »

En français, « on » signifie très souvent « nous » (surtout dans la langue parlée). Dans ce cas, l'espagnol utilise toujours la 1re personne du pluriel.
→En los bares ¡sí que grit**amos**!
(Dans les bars, oui, on crie !)

Dans la langue parlée, la 2e personne du singulier a souvent la même valeur que l'indéfini « on » ; c'est une façon de généraliser une expérience personnelle, et non un tutoiement.
→Si uno encuentra el oro, ¿qué hac**es** con eso?
(Si on trouve l'or, qu'est-ce qu'on en fait ?)

35 Les équivalents du verbe « être »

Le verbe « être » a deux équivalents en espagnol, **ser** et **estar**.

A SER

On utilise toujours le verbe **ser** quand l'attribut est :

- **un nom :** → **Soy** cantante. *(Je suis chanteuse.)*
- **un pronom :** → Conde, ¿**eres tú**? *(C'est toi, Conde ?)*
- **un infinitif :** → Lo importante **es** trabajar. *(Ce qui est important, c'est de travailler.)*
- **un nombre :** → **Son** cien euros. *(Ça fait cent euros.)*

On utilise toujours le verbe **ser** pour exprimer :

- **l'origine :** → Mi padre **es** árabe. *(Mon père est Arabe.)*
- **la matière :** → Su vestimenta **es** de oro. *(Son vêtement est en or.)*
- **l'appartenance :** → El celular **es** de Yoyi. *(Le portable est à Yoyi.)*
- **l'insistance :** → **Es** a este lado **donde** quiero estar. *(C'est de ce côté-ci que je veux être.)*
- **l'heure :** → **Es** la una, **son** las dos… *(Il est une heure, il est deux heures…)*

B ESTAR

On utilise toujours le verbe **estar** pour situer :

- **dans l'espace :** → **Estamos** en La Habana. *(Nous sommes à La Havane.)*
- **dans le temps :** → **Estamos** en el siglo XXI. *(Nous sommes au XXIe siècle.)*

- On utilise le verbe **estar** suivi du gérondif pour exprimer une action en train de se dérouler. → 18.D
- On utilise toujours le verbe **estar** dans certaines expressions courantes.
  → **estar de vacaciones** *(être en vacances)*
  → **estar bien**, **estar mal** *(être bien, être mal…)*

C SER ou ESTAR ?

1. Employés avec un adjectif

ser indique :

- **une caractéristique essentielle**
  → Fonsi **era** morenito y tímido. *(Fonsi était un petit brun timide.)*
  → Esta carne **es** buena porque reduce el impacto ambiental. *(Cette viande est bonne car elle limite l'impact sur l'environnement.)*

estar indique :

- **un état** passager ou non, lié aux circonstances
  → **Estoy** contenta de verte. *(Je suis contente de te voir.)*
  → La clienta del Taco Bell **estaba** furiosa. *(La cliente du Taco Bell était furieuse.)*
- **une valeur subjective**
  → Esta carne **está** buena. *(Cette viande est bonne (je l'ai goûtée).)*

L'emploi de **ser** ou de **estar** change le sens de certains adjectifs :

Avec *SER*	Adjectifs	Avec *ESTAR*
attentionné(e)	**atento(a)**	*attentif(ive)*
fou, folle (malade)	**loco(a)**	*fou, folle (extravagant[e])*
beau, belle	**guapo(a)**	*bien mis(e), bien habillé(e)*
méchant(e)	**malo(a)**	*malade*
malin(e)	**listo(a)**	*prêt(e)*
brun(e)	**moreno(a)**	*bronzé(e)*
bon(nne), gentil(le)	**bueno(a)**	*en bonne santé*
vert(e)	**verde**	*pas mûr(e)*

2. Employés avec un participe passé

- **ser forme la voie passive.** Le sujet subit l'action effectuée par le complément d'agent qui est introduit par la préposition **por**. Ce dernier peut ne pas être exprimé.
  → La empleada **fue despedida**. *(L'employée fut renvoyée.)*
- **estar indique le résultat d'une action.**
  → Riveiro **estaba asombrado**. *(Riveiro était étonné.)*

36 Exprimer ses goûts, ses sentiments, ses sensations

- Pour exprimer des goûts, on emploie en espagnol les verbes **gustar**, **encantar**. Ils se conjuguent à la 3e personne du singulier ou à la 3e personne du pluriel selon que leur sujet (qui est généralement placé après le verbe) est singulier ou pluriel.

→A Helia **le** gust**an** lo**s** ciel**os** estrellad**os**. *(Helia aime les ciels étoilés. = Les ciels étoilés plaisent à Hélia.)*

→**Les gustó** mucho el Alcázar de Sevilla.
(Ils ont beaucoup aimé l'Alcazar de Séville.)

- Les verbes **d<u>o</u>ler**, **apetecer**, **c<u>o</u>star** se construisent comme **gustar**.

→Me **duelen** los ojos. *(J'ai mal aux yeux.)*

→¿Os **apetece** probar esta carne artificial?
(Vous avez envie de goûter cette viande artificielle ?)

→Al Comandante le **cuesta** creer que Silvia Gil sea teniente de la Guardia Civil.
(Le Commandant a du mal à croire que Silvia Gil soit lieutenant de la Garde Civile.)

37 Les équivalents de « devenir »

Il existe en espagnol plusieurs équivalents du verbe français « devenir ».

- **hacerse + adjectif ou nom**

C'est le verbe le plus neutre, utilisable dans la plupart des cas. Il exprime un changement volontaire qui s'inscrit dans une certaine durée.

→Tenía una sola idea: **hacerse** rico.
(Il n'avait qu'une idée : devenir riche.)

- **volverse + adjectif**

Ce verbe indique un changement plus radical et souvent définitif.

→El vídeo **se volvió** viral.
(La vidéo est devenue virale.)

- **convertirse en + nom**

Ce verbe indique un changement important.

→Argentina pretendía **convertirse en** una nación importante.
(L'Argentine voulait devenir une nation importante.)

- **ponerse + adjectif**

Ce verbe exprime un changement passager et subi par le sujet.

→La duquesa **se puso** pálida al ver el cuadro de Goya.
(La duchesse devint pâle en voyant le tableau de Goya.)

- **llegar a ser + adjectif ou nom**

Cette expression indique un changement progressif dont le résultat est définitif.

→Los chinos **llegaron a ser** parte de la sociedad cubana.
(Les Chinois sont devenus des Cubains à part entière.)

38 Tournure d'insistance

1. Accord du verbe

Pour insister, le français emploie la formule **c'est... qui /que**, ou **ce sont... qui/que**. En espagnol, le verbe **ser** s'accorde avec le sujet (**soy yo, eres tú**...) et avec le temps du verbe de la principale.

→**Fueron** los republicanos **los que** perdieron la Guerra Civil.
(<u>Ce sont</u> les républicains <u>qui</u> ont perdu la Guerre Civile.)

2. Choix du relatif

- Pour insister sur une/des choses ou des personnes : **quien**/**quienes** (pour des personnes), **el**/**la**/**los**/**las que** (personnes ou choses).

→**Son** ellas mismas **las que** han dado las clases.
(Ce sont elles qui ont donné les cours.)

→**Son** estas clases **las que** les han permitido conocer mejor su lengua. *(Ce sont ces cours qui leur ont permis de mieux connaître leur langue.)*

- Pour insister sur le complément de lieu : **donde**

→**Fue** en Macondo **donde** nació G. García Márquez.
(C'est à Macondo que G. García Márquez est né.)

- Pour insister sur le complément de temps : **cuando**

→**Fue** en abril de 2007 **cuando** escribí mi primer "post".
(C'est en avril 2007 que j'ai écrit mon premier « post ».)

- Pour insister sur le complément de manière : **como**

→**Fue** tocando música **como** Fonsi logró salir de su timidez.
(C'est en jouant de la musique que Fonsi réussit à sortir de sa timidité.)

Cette tournure d'insistance, moins simple à utiliser qu'en français, est aussi moins employée. En espagnol, il suffit parfois de mettre en tête l'élément sur lequel on insiste, ou d'exprimer le pronom sujet (qui est habituellement omis). →17.B

→**Limitando** la contaminación lumínica podremos seguir observando el cielo.
*(**C'est** en limitant la pollution lumineuse **que** nous pourrons continuer à observer le ciel.)*

→**Yo** lo he dicho. / Lo he dicho **yo**.
*(**C'est** moi **qui** l'ai dit.)*

39 Les équivalents de « il y a »

« il y a » = hay

Cette forme invariable de **haber** est la plus fréquemment utilisée pour traduire « il y a ».
→ ¿**Hay** ascensor? ¿**Hay** aseos? *(Il y a un ascenseur ? Il y a des toilettes ?)*
→ No **había** nadie que hablara inglés. *(Il n'y avait personne qui parle anglais.)*

« il y a » = hace

L'utilisation de **hacer** à la 3e personne du singulier est obligatoire lorsqu'il y a une indication de durée.
→ La novela "Cien años de soledad" se publicó **hace** unos cincuenta años.
(Le roman « Cent ans de solitude » a été publié il y a une cinquantaine d'années.)

40 Style direct / style indirect

Le style indirect permet de rapporter des propos entendus dans un dialogue ou une conversation. Ces propos sont rapportés dans une **subordonnée**, au moyen d'un **verbe introducteur** :

- **decir**, **explicar**, **afirmar**, **declarar** + **que**, pour une phrase déclarative.
- **preguntar** + **si** ou **qué**, **quién**, **dónde**, **cuándo**, **cómo**, pour une phrase interrogative.
- **decir**, **pedir**, **mandar**, **ordenar** + **que**, pour une phrase à l'impératif.

Le passage au style indirect entraîne des changements de personne, de temps et de mode.

1. Changement de personne

Le verbe, le pronom, les adjectifs possessifs sont à la 3e personne.
→ En **mi** perfil del foro no lo **pongo**. → Adela dice que en **su** perfil del foro no lo pon**e**.
*(Sur **mon** profil du forum, **je** ne le me**ts** pas. → Adela dit que sur **son** profil, **elle** ne le **met** pas.)*

2. Changement de temps

Si le verbe introducteur est au présent, pas de changement ; s'il est au **passé**, on respecte la cohérence des temps dans la subordonnée.

Style direct	Style indirect (subordonnée)
Présent	**Imparfait ou passé simple**
→ ¿Os apete**ce** jugar? → La profesora les pregunt**ó** a los alumnos si les apetec**ía** jugar. *(Vous **avez** envie de jouer ? → La professeure demand**a** aux élèves s'ils av**aien**t envie de jouer.)*	
Passé simple ou passé composé	**Passé simple ou plus que parfait**
→ ¿Qué se te **ha perdido** allí? → Le pregunt**aban** qué se le **había perdido** allí. *(Qu'**es-tu** allé faire là-bas ? → On lui demand**ait** ce qu'il **était allé** faire là-bas.)*	
Futur	**Conditionnel**
→ **Nos veremos** en el Parque del Centro. → Le **dijo** que **se verían** en el Parque del Centro. *(On se retrouve**ra** au Parc du Centre. → Il lui **dit** qu'ils se retrouve**raien**t au Parc du Centre.)*	

3. Changement de mode

Style direct	Style indirect
impératif	**subjonctif**
→ ¡**Llamad** al Almirante y **decidle** que son sirenas! → Les pide que llam**en** al Almirante y le **digan** que son sirenas. *(**Appelez** l'Amiral et **dites-lui** que ce sont des sirènes ! → Il leur demande d'appeler l'Amiral et de lui dire que ce sont des sirènes.)*	

⚠ Si le verbe introducteur est au passé, il faut appliquer la concordance des temps.
→ Les **pidió** que llam**aran** al Almirante y le **dijeran** que eran sirenas.
(Il leur demanda d'appeler l'Amiral et de lui dire que c'étaient des sirènes.)

Conjugaison

FORMATION DES VERBES RÉGULIERS

Présent de l'indicatif	Présent du subjonctif
AR radical + **-o, -as, -a, -amos, áis, -an** ER radical + **-o, -es, -e, -emos, -éis, -en** IR radical + **-o, -es, -e, -imos, -ís, -en**	AR radical + **-e, -es, -e, -emos, éis, -en** ER radical + **-a, -as, -a, -amos, áis, -an** IR radical + **-a, -as, -a, -amos, áis, -an**

Impératif

AR / ER / IR →
- la 2ᵉ p. sg. de l'indicatif sans **-s**
- la 2ᵉ p. pl. = infinitif moins le **-r**, plus le **-d**
- la 3ᵉ p. sg., 1ʳᵉ p. pl. et 3ᵉ p. pl. = les personnes correspondantes du présent du subjonctif

Imparfait	Participe passé	Gérondif
AR radical + **-aba, -abas, -aba, -ábamos, -ábais, -aban** ER radical + **-ía, -ías, -ía, -íamos, -íais, -ían** IR radical + **-ía, -ías, -ía, -íamos, -íais, -ían**	AR radical + **-ado** ER radical + **-ido** IR radical + **-ido**	AR radical + **-ando** ER radical + **-iendo** IR radical + **-iendo**

Futur	Conditionnel
AR / ER / IR infinitif + **-é, -ás, -á, -emos, -éis, -án**	AR / ER / IR infinitif + **-ía, -ías, -ía, -íamos, -íais, -ían**

Passé simple	Imparfait du subjonctif
AR radical + **-é, -aste, -ó, -amos, -asteis, -aron** ER radical + **-í, -iste, -ió, -imos, -isteis, -ieron** IR radical + **-í, -iste, -ió, -imos, -isteis, -ieron**	AR radical + **-ara, -aras, -ara, -áramos, -arais, -aran** ER radical + **-iera, -ieras, -iera, -iéramos, -ierais, -ieran** IR radical + **-iera, -ieras, -iera, -iéramos, -ierais, -ieran**

Verbes à diphtongue

e → **ie**
o → **ue** →
u → **ue**
- aux 3 personnes du sg. et à la 3ᵉ p. pl. du présent de l'indicatif
- aux 3 personnes du sg. et à la 3ᵉ p. pl. du présent du subjonctif
- aux 2ᵉ et 3ᵉ personnes du sg. et à la 3ᵉ p. pl. de l'impératif

Verbes à affaiblissement

e → **i** →
- aux 3 personnes du sg. et à la 3ᵉ p. pl. du présent de l'indicatif
- à toutes les personnes du présent du subjonctif
- à toutes les personnes de l'imparfait du subjonctif
- aux 2ᵉ et 3ᵉ personnes du sg. et à la 1ᵉʳ et 3ᵉ p. pl. de l'impératif
- au gérondif
- à la 3ᵉ personne du sg. et du pl. du passé simple

Verbes à alternance

e → **ie**
o → **ue** →
- aux 3 personnes du sg. et à la 3ᵉ p. pl. du présent de l'indicatif
- aux 3 personnes du sg. et à la 3ᵉ p. pl. du présent du subjonctif
- aux 2ᵉ et 3ᵉ personnes du sg. et à la 3ᵉ p. pl. de l'impératif

e → **i**
o → **u** →
- à la 1ʳᵉ p. pl. de l'impératif
- à la 3ᵉ p. sg. et à la 3ᵉ p. pl. du passé simple
- aux 1ʳᵉ et 2ᵉ p. pl. du présent du subjonctif
- à toutes les personnes de l'imparfait du subjonctif
- au gérondif

FORMATION DES VERBES IRRÉGULIERS

	Présent indicatif	Présent du subjonctif
Verbes en -GO		
Caer	caigo	→ caig-a, -as, -a...
Decir	digo	→ dig-a, -as, -a...
Hacer	hago	→ hag-a, -as, -a...
Oir	oigo	→ oig-a, -as, -a...
Poner	pongo	→ pong-a, -as, -a...
Salir	salgo	→ salg-a, -as, -a...
Tener	tengo	→ teng-a, -as, -a...
Traer	traigo	→ traig-a, -as, -a...
Valer	valgo	→ valg-a, -as, -a...
Venir	vengo	→ veng-a, -as, -a...
Verbes en -ACER, -ECER, -OCER, -DUCIR, -UIR		
Nacer	nazco	→ nazc-a, -as, -a...
Parecer	parezco	→ parezc-a, -as, -a...
Conocer	conozco	→ conozc-a, -as, -a...
Conducir	conduzco	→ conduzc-a, -as, -a...
Concluir	concluyo	→ concluy-a, -as, -a...
Autres verbes		
Dar	doy	→ d-é, -és, -é...
Estar	estoy	→ est-é, -és, -é...
Haber	he	→ hay-a, -as, -a...
Ir	voy	→ vay-a, -as, -a...
Saber	sé	→ sep-a, -as, -a...
Ser	soy	→ se-a, -as, -a...
Ver	veo	→ ve-a, -as, -a...

Imparfait de l'indicatif

Ir → iba, ibas, iba...
Ser → era, eras, era...
Ver → veía, veías, veía...

	Futur	Conditionnel
Decir	diré	→ diría
Haber	habré	→ habría
Hacer	haré	→ haría
Poder	podré	→ podría
Poner	pondré	→ pondría
Querer	querré	→ querría
Saber	sabré	→ sabría
Salir	saldré	→ saldría
Tener	tendré	→ tendría
Valer	valdré	→ valdría
Venir	vendré	→ vendría

	Passé Simple	Imparfait du subj.
Andar	anduve	→ anduviera
Dar	di	→ diera
Decir	dije	→ dijera
Estar	estuve	→ estuviera
Haber	hube	→ hubiera
Hacer	hice (hizo)	→ hiciera
Poder	pude	→ pudiera
Poner	puse	→ pusiera
Querer	quise	→ quisiera
Saber	supe	→ supiera
Ser /Ir	fui	→ fuera
Tener	tuve	→ tuviera
Traer	traje	→ trajera
Venir	vine	→ viniera
-ducir	-duje	→ -dujera

Impératif (2e sg)

Decir → di	**Ir** → ve (vamos)
Hacer → haz	**Salir** → sal
Poner → pon	**Ser** → sé
Tener → ten	**Venir** → ven

Participe passé

Abrir → abierto	**Morir** → muerto
Cubrir → cubierto	**Poner** → puesto
Decir → dicho	**Romper** → roto
Escribir → escrito	**Ver** → visto
Hacer → hecho	**Volver** → vuelto

MODIFICATIONS ORTHOGRAPHIQUES : le changement de la voyelle de terminaison entraîne des modifications orthographiques pour conserver **la même prononciation.**

- **c** + o/a → **qu** + e — **Buscar** : busco, busque, busqué (= explicar, sacar, colocar...)
- **g** + o/a → **gu** + e — **Llegar** : llegamos, lleguemos... (= negar, pegar, apagar...)
- **z** + o/a → **c** + e — **Empezar** : empiezas, empiece... (= lanzar, avanzar, analizar...)
- **g**+ e/i → **j** + o/a — **Coger** : cojo, coges, coja... (= proteger, surgir...)
- **i** entre deux voyelles → **y** — **Leer** : leyó, leyeron, leyera... (= tous les verbes dont le radical est terminé par une voyelle).

Conjugaison

A Les verbes réguliers

		Prés. de l'ind.	Prés. du subj.	Impératif	Futur	Conditionnel
1	**Hablar** Gérondif : habl-ando Participe passé : habl-ado	habl-o habl-a-s habl-a habl-a-mos habl-á-is habl-a-n	habl-e habl-e-s habl-e habl-e-mos habl-é-is habl-e-n	... habl-a habl-e habl-e-mos habl-a-d habl-e-n	hablar-é hablar-á-s hablar-á hablar-e-mos hablar-é-is hablar-á-n	hablar-ía hablar-ía-s hablar-ía hablar-ía-mos hablar-ía-is hablar-ía-n
2	**Comer** Gérondif : com-iendo Participe passé : com-ido	com-o com-e-s com-e com-e-mos com-é-is com-e-n	com-a com-a-s com-a com-a-mos com-á-is com-a-n	... com-e com-a com-a-mos com-e-d com-a-n	comer-é comer-á-s comer-á comer-e-mos comer-é-is comer-á-n	comer-ía comer-ía-s comer-ía comer-ía-mos comer-ía-is comer-ía-n
3	**Vivir** Gérondif : viv-iendo Participe passé : viv-ido	viv-o viv-e-s viv-e viv-i-mos viv-í-s viv-e-n	viv-a viv-a-s viv-a viv-a-mos viv-á-is viv-a-n	... viv-e viv-a viv-a-mos viv-i-d viv-a-n	vivir-é vivir-á-s vivir-á vivir-e-mos vivir-é-is vivir-á-n	vivir-ía vivir-ía-s vivir-ía vivir-ía-mos vivir-ía-is vivir-ía-n

B Les verbes à diphtongue

4	**Querer** Gérondif : quer-iendo Participe passé : quer-ido	quier-o quier-e-s quier-e quer-e-mos quer-é-is quier-e-n	quier-a quier-a-s quier-a quer-a-mos quer-á-is quier-a-n	... quier-e quier-a quer-a-mos quer-e-d quier-a-n	querr-é querr-á-s querr-á querr-e-mos querr-é-is querr-á-n	querr-ía querr-ía-s querr-ía querr-ía-mos querr-ía-is querr-ía-n
5	**Volver** Gérondif : volv-iendo Participe passé : vuelto	vuelv-o vuelv-e-s vuelv-e volv-e-mos volv-é-is vuelv-e-n	vuelv-a vuelv-a-s vuelv-a volv-a-mos volv-á-is vuelv-a-n	... vuelv-e vuelv-a volv-a-mos volv-e-d vuelv-a-n	volver-é volver-á-s volver-á volver-e-mos volver-é-is volver-á-n	volver-ía volver-ía-s volver-ía volver-ía-mos volver-ía-is volver-ía-n

C Les verbes à affaiblissement

6	**Vestir** Gérondif : vist-iendo Participe passé : vest-ido	vist-o vist-e-s vist-e vest-i-mos vest-í-s vist-e-n	vist-a vist-a-s vist-a vist-a-mos vist-á-is vist-a-n	... vist-e vist-a vist-a-mos vest-i-d vist-a-n	vestir-é vestir-á-s vestir-á vestir-e-mos vestir-é-is vestir-á-n	vestir-ía vestir-ía-s vestir-ía vestir-ía-mos vestir-ía-is vestir-ía-n

D Les verbes à alternance

7	**Dormir** Gérondif : durm-iendo Participe passé : dorm-ido	duerm-o duerm-e-s duerm-e dorm-i-mos dorm-í-s duerm-e-n	duerm-a duerm-a-s duerm-a durm-a-mos durm-á-is duerm-a-n	... duerm-e duerm-a durm-a-mos dorm-i-d duerm-a-n	dormir-é dormir-á-s dormir-á dormir-e-mos dormir-é-is dormir-á-n	dormir-ía dormir-ía-s dormir-ía dormir-ía-mos dormir-ía-is dormir-ía-n
8	**Sentir** Gérondif : sint-iendo Participe passé : sent-ido	sient-o sient-e-s sient-e sent-i-mos sent-í-s sient-e-n	sient-a sient-a-s sient-a sint-a-mos sint-á-is sient-a-n	... sient-e sient-a sint-a-mos sent-i-d sient-a-n	sentir-é sentir-á-s sentir-á sentir-e-mos sentir-é-is sentir-á-n	sentir-ía sentir-ía-s sentir-ía sentir-ía-mos sentir-ía-is sentir-ía-n

Imparf. de l'ind.	Passé composé	Plus-que-parfait	Passé simple	Imparf. du subj.
habl-aba habl-aba-s habl-aba habl-ába-mos habl-aba-is habl-aba-n	he habl-ado has habl-ado ha habl-ado hemos habl-ado habéis habl-ado han habl-ado	había habl-ado habías habl-ado había habl-ado habíamos habl-ado habíais habl-ado habían habl-ado	habl-é habl-aste habl-ó habl-a-mos habl-aste-is habl-aro-n	habl-ara habl-ara-s habl-ara habl-ára-mos habl-ara-is habl-ara-n
com-ía com-ía-s com-ía com-ía-mos com-ía-is com-ía-n	he com-ido has com-ido ha com-ido hemos com-ido habéis com-ido han com-ido	había com-ido habías com-ido había com-ido habíamos com-ido habíais com-ido habían com-ido	com-í com-iste com-ió com-i-mos com-iste-is com-iero-n	com-iera com-iera-s com-iera com-iéra-mos com-iera-is com-iera-n
viv-ía viv-ía-s viv-ía viv-ía-mos viv-ía-is viv-ía-n	he viv-ido has viv-ido ha viv-ido hemos viv-ido habéis viv-ido han viv-ido	había viv-ido habías viv-ido había viv-ido habíamos viv-ido habíais viv-ido habían viv-ido	viv-í viv-iste viv-ió viv-i-mos viv-iste-is viv-iero-n	viv-iera viv-iera-s viv-iera viv-iéra-mos viv-iera-is viv-iera-n

Imparf. de l'ind.	Passé composé	Plus-que-parfait	Passé simple	Imparf. du subj.
quer-ía quer-ía-s quer-ía quer-ía-mos quer-ía-is quer-ía-n	he quer-ido has quer-ido ha quer-ido hemos quer-ido habéis quer-ido han quer-ido	había quer-ido habías quer-ido había quer-ido habíamos quer-ido habíais quer-ido habían quer-ido	quis-e quis-iste quis-o quis-i-mos quis-iste-is quis-iero-n	quis-iera quis-iera-s quis-iera quis-iéra-mos quis-iera-is quis-iera-n
volv-ía volv-ía-s volv-ía volv-ía-mos volv-ía-is volv-ía-n	he vuelto has vuelto ha vuelto hemos vuelto habéis vuelto han vuelto	había vuelto habías vuelto había vuelto habíamos vuelto habíais vuelto habían vuelto	volv-í volv-iste volv-ió volv-i-mos volv-iste-is volv-iero-n	volv-iera volv-iera-s volv-iera volv-iéra-mos volv-iera-is volv-iera-n

Imparf. de l'ind.	Passé composé	Plus-que-parfait	Passé simple	Imparf. du subj.
vest-ía vest-ía-s vest-ía vest-ía-mos vest-ía-is vest-ía-n	he vest-ido has vest-ido ha vest-ido hemos vest-ido habéis vest-ido han vest-ido	había vest-ido habías vest-ido había vest-ido habíamos vest-ido habíais vest-ido habían vest-ido	vest-í vest-iste vist-ió vest-i-mos vest-iste-is vist-iero-n	vist-iera vist-iera-s vist-iera vist- iéra-mos vist- iera-is vist- iera-n

Imparf. de l'ind.	Passé composé	Plus-que-parfait	Passé simple	Imparf. du subj.
dorm-ía dorm-ía-s dorm-ía dorm-ía-mos dorm-ía-is dorm-ía-n	he dorm-ido has dorm-ido ha dorm-ido hemos dorm-ido habéis dorm-ido han dorm-ido	había dorm-ido habías dorm-ido había dorm-ido habíamos dorm-ido habíais dorm-ido habían dorm-ido	dorm-í dorm-iste durm-ió dorm-i-mos dorm-iste-is durm-iero-n	durm-iera durm-iera-s durm-iera durm-iéra-mos durm-iera-is durm-iera-n
sent-ía sent-ía-s sent-ía sent-ía-mos sent-ía-is sent-ía-n	he sent-ido has sent-ido ha sent-ido hemos sent-ido habéis sent-ido han sent-ido	había sent-ido habías sent-ido había sent-ido habíamos sent-ido habíais sent-ido habían sent-ido	sent-í sent-iste sint-ió sent-i-mos sent-iste-is sint-iero-n	sint-iera sint-iera-s sint-iera sint-iéra-mos sint-iera-is sint-iera-n

Conjugaison

E Les verbes irréguliers

		Prés. de l'ind.	Prés. du subj.	Impératif	Futur	Conditionnel
1	**Caer** Gérondif : ca-yendo Participe passé : ca-ído	caig-o ca-e-s ca-e ca-e-mos ca-é-is ca-e-n	caig-a caig-a-s caig-a caig-a-mos caig-á-is caig-a-n	… ca-e caig-a caig-a-mos ca-e-d caig-a-n	caer-é caer-á-s caer-á caer-e-mos caer-é-is caer-á-n	caer-ía caer-ía-s caer-ía caer-ía-mos caer-ía-is caer-ía-n
2	**Conocer** Gérondif : conoc-iendo Participe passé : conoc-ido	conozc-o conoc-e-s conoc-e conoc-e-mos conoc-é-is conoc-e-n	conozc-a conozc-a-s conozc-a conozc-a-mos conozc-á-is conozc-a-n	… conoc-e conozc-a conozc-a-mos conoc-e-d conozc-a-n	conocer-é conocer-á-s conocer-á conocer-e-mos conocer-é-is conocer-á-n	conocer-ía conocer-ía-s conocer-ía conocer-ía-mos conocer-ía-is conocer-ía-n
3	**Dar** Gérondif : d-ando Participe passé : d-ado	doy d-a-s d-a d-a-mos d-a-is d-a-n	d-é d-e-s d-é d-e-mos d-e-is d-e-n	… d-a d-é d-e-mos d-a-d d-e-n	dar-é dar-á-s dar-á dar-e-mos dar-é-is dar-á-n	dar-ía dar-ía-s dar-ía dar-ía-mos dar-ía-is dar-ía-n
4	**Decir** Gérondif : dic-iendo Participe passé : dicho	dig-o dic-e-s dic-e dec-i-mos dec-í-s dic-e-n	dig-a dig-a-s dig-a dig-a-mos dig-á-is dig-a-n	… di dig-a dig-a-mos dec-i-d dig-a-n	dir-é dir-á-s dir-á dir-e-mos dir-é-is dir-á-n	dir -ía dir -ía-s dir -ía dir -ía-mos dir -ía-is dir -ía-n
5	**Estar** Gérondif : est-ando Participe passé : est-ado	est-oy est-á-s est-á est-a-mos est-á-is est-á-n	est-é est-é-s est-é est-e-mos est-é-is est-é-n	… est-á est-é est-e-mos est-a-d est-é-n	estar-é estar-á-s estar-á estar-e-mos estar-é-is estar-á-n	estar-ía estar-ía-s estar-ía estar-ía-mos estar-ía-is estar-ía-n
6	**Haber** Gérondif : hab-iendo Participe passé : hab-ido	h-e h-a-s h-a h-e-mos hab-é-is h-a-n	hay-a hay-a-s hay-a hay-a-mos hay-á-is hay-a-n		habr-é habr-á-s habr-á habr-e-mos habr-é-is habr-á-n	habr-ía habr-ía-s habr-ía habr-ía-mos habr-ía-is habr-ía-n
7	**Hacer** Gérondif : hac-iendo Participe passé : hecho	hag-o hac-e-s hac-e hac-e-mos hac-é-is hac-e-n	hag-a hag-a-s hag-a hag-a-mos hag-á-is hag-a-n	… haz hag-a hag-a-mos hac-e-d hag-a-n	har-é har-á-s har-á har-e-mos har-é-is har-á-n	har-ía har-ía-s har-ía har-ía-mos har-ía-is har-ía-n
8	**Ir** Gérondif : yendo Participe passé : ido	v-oy v-a-s v-a v-a-mos v-a-is v-a-n	v-ay-a v-ay-a-s v-ay-a v-ay-a-mos v-ay-á-is v-ay-a-n	… v-e v-aya v-aya-mos (v-a-mos) i-d v-aya-n	ir-é ir-á-s ir-á ir-e-mos ir-é-is ir-á-n	ir-ía ir-ía-s ir-ía ir-ía-mos ir-ía-is ir-ía-n
9	**Oír** Gérondif : o-yendo Participe passé : o-ído	oig-o oy-e-s oy-e o-í-mos o-ís oy-e-n	oig-a oig-a-s oig-a oig-a-mos oig-á-is oig-a-n	… oy-e oig-a oig-a-mos o-í-d oig-a-n	oir-é oir-á-s oir-á oir-e-mos oir-é-is oir-á-n	oir-ía oir-ía-s oir-ía oir-ía-mos oir-ía-is oir-ía-n

Imparf. de l'ind.	Passé composé	Plus-que-parfait	Passé simple	Imparf. du subj.
ca-ía	he ca-ído	había ca-ído	ca-í	ca-yera
ca-ía-s	has ca-ído	habías ca-ído	ca-iste	ca-yera-s
ca-ía	ha ca-ído	había ca-ído	ca-yó	ca-yera
ca-ía-mos	hemos ca-ído	habíamos ca-ído	ca-i-mos	ca-yéra-mos
ca-ía-is	habéis ca-ído	habíais ca-ído	ca-iste-is	ca-yera-is
ca-ía-n	han ca-ído	habían ca-ído	ca-yero-n	ca-yera-n
conoc-ía	he conoc-ido	había conoc-ido	conoc-í	conoc-iera
conoc-ía-s	has conoc-ido	habías conoc-ido	conoc-iste	conoc-iera-s
conoc-ía	ha conoc-ido	había conoc-ido	conoc-ió	conoc-iera
conoc-ía-mos	hemos conoc-ido	habíamos conoc-ido	conoc-i-mos	conoc-iéra-mos
conoc-ía-is	habéis conoc-ido	habíais conoc-ido	conoc-iste-is	conoc-iera-is
conoc-ía-n	han conoc-ido	habían conoc-ido	conoc-iero-n	conoc-iera-n
d-aba	he d-ado	había d-ado	d-i	d-iera
d-aba-s	has d-ado	habías d-ado	d-iste	d-iera-s
d-aba	ha d-ado	había d-ado	d-io	d-iera
d-ába-mos	hemos d-ado	habíamos d-ado	d-i-mos	d-iéra-mos
d-aba-is	habéis d-ado	habíais d-ado	d-iste-is	d-iera-is
d-aba-n	han d-ado	habían d-ado	d-iero-n	d-iera-n
dec-ía	he dicho	había dicho	dij-e	dij-era
dec-ía-s	has dicho	habías dicho	dij-iste	dij-era-s
dec-ía	ha dicho	había dicho	dij-o	dij-era
dec-ía-mos	hemos dicho	habíamos dicho	dij-i-mos	dij-éra-mos
dec-ía-is	habéis dicho	habíais dicho	dij-iste-is	dij-era-is
dec-ía-n	han dicho	habían dicho	dij-ero-n	dij-era-n
est-aba	he est-ado	había est-ado	estuv-e	estuv-iera
est-aba-s	has est-ado	habías est-ado	estuv-iste	estuv-iera-s
est-aba	ha est-ado	había est-ado	estuv-o	estuv-iera
est-ába-mos	hemos est-ado	habíamos est-ado	estuv-i-mos	estuv-iéra-mos
est-aba-is	habéis est-ado	habíais est-ado	estuv-iste-is	estuv-iera-is
est-aba-n	han est-ado	habían est-ado	estuv-iero-n	estuv-iera-n
hab-ía			hub-e	hub-iera
hab-ía-s			hub-iste	hub-iera-s
hab-ía			hub-o	hub-iera
hab-ía-mos			hub-i-mos	hub-iéra-mos
hab-ía-is			hub-iste-is	hub-iera-is
hab-ía-n			hub-iero-n	hub-iera-n
hac-ía	he hecho	había hecho	hic-e	hic-iera
hac-ía-s	has hecho	habías hecho	hic-iste	hic-iera-s
hac-ía	ha hecho	había hecho	hiz-o	hic-iera
hac-ía-mos	hemos hecho	habíamos hecho	hic-i-mos	hic-iéra-mos
hac-ía-is	habéis hecho	habíais hecho	hic-iste-is	hic-iera-is
hac-ía-n	han hecho	habían hecho	hic-iero-n	hic-iera-n
i-ba	he ido	había ido	fu-i	fu-era
i-ba-s	has ido	habías ido	fu-iste	fu-era-s
i-ba	ha ido	había ido	fu-e	fu-era
í-ba-mos	hemos ido	habíamos ido	fu-i-mos	fu-éra-mos
i-ba-is	habéis ido	habíais ido	fu-iste-is	fu-era-is
i-ba-n	han ido	habían ido	fu-ero-n	fu-era-n
o-ía	he o-ído	había o-ído	o-í	o-yera
o-ía-s	has o-ído	habías o-ído	o-íste	o-yera-s
o-ía	ha o-ído	había o-ído	o-yó	o-yera
o-ía-mos	hemos o-ído	habíamos o-ído	o-í-mos	o-yéra-mos
o-ía-is	habéis o-ído	habíais o-ído	o-íste-is	o-yera-is
o-ía-n	han o-ído	habían o-ído	o-yero-n	o-yera-n

Conjugaison

		Prés. de l'ind.	Prés. du subj.	Impératif	Futur	Conditionnel
1	Poder Gérondif : pud-iendo Participe passé : pod-ido	pued-o pued-e-s pued-e pod-e-mos pod-é-is pued-e-n	pued-a pued-a-s pued-a pod-a-mos pod-á-is pued-a-n	... pued-e pued-a pod-a-mos pod-e-d pued-a-n	podr-é podr-á-s podr-á podr-e-mos podr-é-is podr-á-n	podr-ía podr-ía-s podr-ía podr-ía-mos podr-ía-is podr-ía-n
2	Poner Gérondif : pon-iendo Participe passé : puesto	pong-o pon-e-s pon-e pon-e-mos pon-é-is pon-e-n	pong-a pong-a-s pong-a pong-a-mos pong-á-is pong-a-n	... pon pong-a pong-a-mos pon-e-d pong-a-n	pondr-é pondr-á-s pondr-á pondr-e-mos pondr-é-is pondr-á-n	pondr-ía pondr-ía-s pondr-ía pondr-ía-mos pondr-ía-is pondr-ía-n
3	Saber Gérondif : sab-iendo Participe passé : sab-ido	sé sab-e-s sab-e sab-e-mos sab-é-is sab-e-n	sep-a sep-a-s sep-a sep-a-mos sep-á-is sep-a-n	... sab-e sep-a sep-a-mos sab-e-d sep-a-n	sabr-é sabr-á-s sabr-á sabr-e-mos sabr-é-is sabr-á-n	sabr-ía sabr-ía-s sabr-ía sabr-ía-mos sabr-ía-is sabr-ía-n
4	Salir Gérondif : sal-iendo Participe passé : sal-ido	salg-o sal-e-s sal-e sal-i-mos sal-í-s sal-e-n	salg-a salg-a-s salg-a salg-a-mos salg-á-is salg-a-n	... sal salg-a salg-a-mos sal-i-d salg-a-n	saldr-é saldr-á-s saldr-á saldr-e-mos saldr-é-is saldr-á-n	saldr-ía saldr-ía-s saldr-ía saldr-ía-mos saldr-ía-is saldr-ía-n
5	Ser Gérondif : s-iendo Participe passé : s-ido	soy eres es somos sois son	se-a se-a-s se-a se-a-mos se-á-is se-a-n	... sé se-a se-a-mos s-e-d se-a-n	ser-é ser-á-s ser-á ser-e-mos ser-é-is ser-á-n	ser-ía ser-ía-s ser-ía ser-ía-mos ser-ía-is ser-ía-n
6	Tener Gérondif : ten-iendo Participe passé : ten-ido	teng-o tien-e-s tien-e ten-e-mos ten-é-is tien-e-n	teng-a teng-a-s teng-a teng-a-mos teng-á-is teng-a-n	... ten teng-a teng-a-mos ten-e-d teng-a-n	tendr-é tendr-á-s tendr-á tendr-e-mos tendr-é-is tendr-á-n	tendr-ía tendr-ía-s tendr-ía tendr-ía-mos tendr-ía-is tendr-ía-n
7	Traer Gérondif : tra-yendo Participe passé : tra-ído	traig-o tra-e-s tra-e tra-e-mos tra-é-is tra-e-n	traig-a traig-a-s traig-a traig-a-mos traig-á-is traig-a-n	... tra-e traig-a traig-a-mos tra-e-d traig-a-n	traer-é traer-á-s traer-á traer-e-mos traer-é-is traer-á-n	traer-ía traer-ía-s traer-ía traer-ía-mos traer-ía-is traer-ía-n
8	Venir Gérondif : vin-iendo Participe passé : ven-ido	veng-o vien-e-s vien-e ven-i-mos ven-í-s vien-e-n	veng-a veng-a-s veng-a veng-a-mos veng-á-is veng-a-n	... ven veng-a veng-a-mos ven-i-d veng-a-n	vendr-é vendr-á-s vendr-á vendr-e-mos vendr-é-is vendr-á-n	vendr-ía vendr-ía-s vendr-ía vendr-ía-mos vendr-ía-is vendr-ía-n
9	Ver Gérondif : v-iendo Participe passé : visto	ve-o v-e-s v-e v-e-mos v-e-is v-e-n	ve-a ve-a-s ve-a ve-a-mos ve-á-is ve-a-n	... v-e ve-a ve-a-mos v-e-d ve-a-n	ver-é ver-á-s ver-á ver-e-mos ver-é-is ver-á-n	ver-ía ver-ía-s ver-ía ver-ía-mos ver-ía-is ver-ía-n

Imparf. de l'ind.	Passé composé	Plus-que-parfait	Passé simple	Imparf. du subj.
pod-ía pod-ía-s pod-ía pod-ía-mos pod-ía-is pod-ía-n	he pod-ido has pod-ido ha pod-ido hemos pod-ido habéis pod-ido han pod-ido	había pod-ido habías pod-ido había pod-ido habíamos pod-ido habíais pod-ido habían pod-ido	pud-e pud-iste pud-o pud-i-mos pud-iste-is pud-iero-n	pud-iera pud-iera-s pud-iera pud-iéra-mos pud-iera-is pud-iera-n
pon-ía pon-ía-s pon-ía pon-ía-mos pon-ía-is pon-ía-n	he puesto has puesto ha puesto hemos puesto habéis puesto han puesto	había puesto habías puesto había puesto habíamos puesto habíais puesto habían puesto	pus-e pus-iste pus-o pus-i-mos pus-iste-is pus-iero-n	pus-iera pus-iera-s pus-iera pus-iéra-mos pus-iera-is pus-iera-n
sab-ía sab-ía-s sab-ía sab-ía-mos sab-ía-is sab-ía-n	he sab-ido has sab-ido ha sab-ido hemos sab-ido habéis sab-ido han sab-ido	había sab-ido habías sab-ido había sab-ido habíamos sab-ido habíais sab-ido habían sab-ido	sup-e sup-iste sup-o sup-i-mos sup-iste-is sup-iero-n	sup-iera sup-iera-s sup-iera sup-iéra-mos sup-iera-is sup-iera-n
sal-ía sal-ía-s sal-ía sal-ía-mos sal-ía-is sal-ía-n	he sal-ido has sal-ido ha sal-ido hemos sal-ido habéis sal-ido han sal-ido	había sal-ido habías sal-ido había sal-ido habíamos sal-ido habíais sal-ido habían sal-ido	sal-í sal-iste sal-ió sal-i-mos sal-iste-is sal-iero-n	sal-iera sal-iera-s sal-iera sal-iéra-mos sal-iera-is sal-iera-n
era era-s era éra-mos era-is era-n	he s-ido has s-ido ha s-ido hemos s-ido habéis s-ido han s-ido	había s-ido habías s-ido había s-ido habíamos s-ido habíais s-ido habían s-ido	fu-i fu-iste fu-e fu-i-mos fu-iste-is fu-ero-n	fu-era fu-era-s fu-era fu-éra-mos fu-era-is fu-era-n
ten-ía ten-ía-s ten-ía ten-ía-mos ten-ía-is ten-ía-n	he ten-ido has ten-ido ha ten-ido hemos ten-ido habéis ten-ido han ten-ido	había ten-ido habías ten-ido había ten-ido habíamos ten-ido habíais ten-ido habían ten-ido	tuv-e tuv-iste tuv-o tuv-i-mos tuv-iste-is tuv-iero-n	tuv-iera tuv-iera-s tuv-iera tuv-iéra-mos tuv-iera-is tuv-iera-n
tra-ía tra-ía-s tra-ía tra-ía-mos tra-ía-is tra-ía-n	he tra-ído has tra-ído ha tra-ído hemos tra-ído habéis tra-ído han tra-ído	había tra-ído habías tra-ído había tra-ído habíamos tra-ído habíais tra-ído habían tra-ído	traj-e traj-iste traj-o traj-i-mos traj-iste-is traj-ero-n	traj-era traj-era-s traj-era traj-éra-mos traj-era-is traj-era-n
ven-ía ven-ía-s ven-ía ven-ía-mos ven-ía-is ven-ía-n	he ven-ido has ven-ido ha ven-ido hemos ven-ido habéis ven-ido han ven-ido	había ven-ido habías ven-ido había ven-ido habíamos ven-ido habíais ven-ido habían ven-ido	vin-e vin-iste vin-o vin-i-mos vin-iste-is vin-iero-n	vin-iera vin-iera-s vin-iera vin-iéra-mos vin-iera-is vin-iera-n
ve-ía ve-ía-s ve-ía ve-ía-mos ve-ía-is ve-ía-n	he visto has visto ha visto hemos visto habéis visto han visto	había visto habías visto había visto habíamos visto habíais visto habían visto	v-i v-iste v-io v-i-mos v-iste-is v-iero-n	v-iera v-iera-s v-iera v-iéra-mos v-iera-is v-iera-n

Mapas de léxico

→ *Unidad 14*, p. 152 • *Unidad 16*, p. 176

Identités et échanges

Las migraciones

- los desplazados = los refugiados
- la documentación: *les papiers (d'identité)*
- el flujo: *le flux*
- la frontera: *la frontière*
- el/la migrante/emigrante/inmigrante
- el muro: *le mur*
- la patrulla fronteriza: *la patrouille frontalière*
- los trámites: *les démarches (administratives)*

- desarraigado(a): *déraciné(e)*
- desesperado(a)
- masivo(a)
- migratorio(a): *migratoire*
- nativo(a)

- acoger: *accueillir*
- cruzar: *traverser*
- exponerse a: *courir le risque de*
- expulsar = echar
- incrementarse = aumentar
- vigilar: *surveiller*

- en busca de: *à la recherche de*

La identidad española

- el apego: *l'attachement*
- el arraigo: *l'enracinement*
- el habla = la lengua
- las lenguas cooficiales: *les langues officielles*
- la particularidad
- la pertenencia: *l'appartenance*
- el territorio: *le territoire*
- la voluntad institucional: *la volonté institutionnelle*
- la variedad

- autonómico(a): *des autonomies (régions)*
- castellano(a): *castillan(e)*
- catalán(ana): *catalan(e)*
- distinto(a) = diferente
- gallego(a): *galicien(ne)*
- orgulloso(a): *fier/fière*

- compartir: *partager*
- identificarse: *s'identifier*

- formar parte de = pertenecer a

Los intercambios comerciales

- el acuerdo: *l'accord*
- una baza: *un atout*
- el crecimiento: *la croissance*
- la empresa: *l'entreprise*
- la escasez: *la pénurie*
- las exportaciones ≠ las importaciones
- la inversión: *l'investissement*
- el libre comercio
- el mercado: *le marché*
- las mercancías: *les marchandises*
- el producto
- un(a) socio(a): *un(e) partenaire*
- el tratado: *le traité*

- equitativo(a): *équitable*
- industrial

- aprovecharse de: *profiter de*
- facilitar: *rendre possible*
- fomentar: *encourager*
- intercambiar: *échanger*
- mandar = enviar

- firmar un contrato: *signer un contrat*

Los regionalismos

- el arraigo: *enracinement*
- la bandera: *le drapeau*
- el bilingüismo: *le bilinguisme*
- el/la compatriota: *le/la compatriote*
- el nacionalismo: *le nationalisme*
- la patria: *la patrie*
- la separación
- la singularidad

- dividido(a): *divisé(e)*

- defender [ie]: *défendre*
- imponer: *imposer*
- pertenecer: *appartenir*
- reivindicar: *revendiquer*

- llevarse bien/mal: *s'entendre bien/mal*

→ Unidad 1, p. 20 • Unidad 5, p. 56

Espace privé et espace public

En la pareja

- la complementariedad: *la complémentarité*
- el concubinato: *le concubinage*
- las convenciones sociales: *les conventions sociales*
- el enlace = la unión
- el espejo: *le miroir*
- un matrimonio de conveniencia: *un mariage de convenance*
- una obra conjunta: *une œuvre collective*
- la pareja: *le couple*
- el vínculo: *le lien*

- cómplice

- agasajar con regalos: *offrir des cadeaux*
- casarse: *se marier*
- elegir [i]: *choisir*
- regalar: *offrir*
- romper: *briser*
- tejer: *tisser*

- al mismo tiempo: *en même temps*
- juntos: *ensemble*

En la comunidad

- un(a) chismosa = un(a) cotilla: *un(e) commère*
- un cotilleo = un chisme: *un commérage*
- el escarnio: *la raillerie*
- el/la portero(a): *le/la concierge*
- el rellano: *le palier*
- el/la vecino(a): *le/la voisin(e)*

- serio(a)
- sonriente: *souriant(e)*

- despellejar = (fam.) criticar con crueldad
- encantar ≠ odiar
- entrometerse en: *s'immiscer dans*
- juzgar a: *juger quelqu'un*
- respetar a: *respecter quelqu'un*

- de segunda mano: *d'occasion*
- por enchufe: *par piston*

En el arte

- el éxito: *le succès*
- el legado: *l'héritage*
- el lienzo: *la toile*
- el proceso creador: *le processus créatif*
- el reconocimiento: *la reconnaissance*
- el reflejo
- el retrato: *le portrait*
- la vanguardia: *l'avant-garde*

- controversial = (Am.) controvertido(a): *contesté(e)*
- precursor(a): *précurseur*

- crear
- lograr = conseguir [i]: *réussir*
- pintar

- abrirse camino: *percer*
- poner en escena: *mettre en scène*
- poner en peligro: *mettre en danger*
- a contracorriente: *à contre-courant*
- fuera de lo común: *hors du commun*

En los medios

- el acoso: *le harcèlement*
- la fama = la celebridad
- la privacidad: *la vie privée*
- la revista del corazón: *le magazine people*
- los telespectadores: *les téléspectateurs*

- desconocido(a): *inconnu(e)*
- famoso(a): *célèbre*
- mediatizado(a): *médiatisé(e)*

- identificarse con: *s'identifier à*
- lamentar: *regretter*
- meterse en: *s'immiscer*

- sacar información: *soutirer des informations*
- salir en la tele: *passer à la télé*
- ser perseguido(a) por: *être poursuivi(e) par*

Mapas de léxico

→ *Unidad 8*, p. 86 • *Unidad 12*, p. 128

Art et pouvoir

Movimientos contestatarios

- el afán de libertad: *le désir de liberté*
- un cambio: *un changement*
- la corriente: *le courant*
- el desfase: *le décalage*
- le efervescencia: *l'effervescence*
- el estallido = la explosión
- la juventud: *la jeunesse*
- la protesta: *la contestation*

- bullicioso(a): *animé(e)*
- chillón(ona): *criard(e)*
- inadecuado(a): *inadapté(e)*
- llamativo(a): *frappant(e)*
- polifacético: *éclectique*
- reprimido(a) ≠ liberado(a)
- subversivo(a): *subversif(ive)*

- explotar: *exploser*
- molestar: *déranger*
- romper con: *rompre avec*
- sentirse [ie,i] libre: *se sentir libre*
- venirse [ie] abajo = caer: *tomber*

La sátira

- la caricatura
- el clero: *le clergé*
- el defecto: *le défaut*
- una estampa = una imagen
- la inquina: *l'aversion*
- un insulto: *l'insulte*
- el odio: *la haine*
- la risa: *le rire*
- el rostro = la cara

- burlón(ona): *moqueur(euse)*
- descabellado(a): *farfelu(e)*
- estrafalario(a) = extravagante
- irreverente = irrespetuoso(a)
- ofendido(a): *vexé(e)*
- provocador(a)

- adular = halagar: *flatter*
- amplificar: *amplifier*
- burlarse de: *se moquer de*
- caricaturizar: *caricaturer*
- despreciar: *mépriser*
- desvelar: *révéler*
- escandalizarse: *s'indigner*
- odiar: *détester*
- reñir [i]: *se disputer*
- reprochar: *faire des reproches*
- retratar: *faire le portrait de*

- a ciegas: *à l'aveuglette*

Cultura y política

- la crítica: *la critique*
- las esferas del poder: *les hautes sphères*
- la libertad de expresión: *la liberté d'expression*

- corrompido(a) = corrupto(a): *corrompu(e)*
- inane: *sans valeur, sans importance*
- politizado(a): *politisé(e)*
- subvencionar: *financer*
- valioso: *précieux*

- beneficiarse de: *profiter de*
- experimentar: *faire l'expérience*
- generar: *engendrer, produire*
- inspirarse en
- resultar +adj.: *paraître*
- volcarse [ue] en: *se plonger dans*

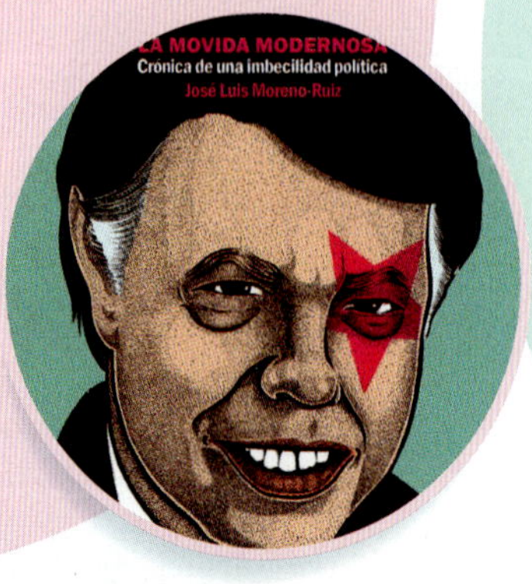

El compromiso

- el ademán: *le geste*
- una carga: *une charge*
- un estamento = una clase social
- el/la gobernante = el/la dirigente
- los impuestos: *les impôts*
- la nobleza: *la noblesse*
- los privilegiados: *les privilégiés*
- el pueblo llano: *le bas peuple*

- comprometido(a): *engagé (e)*
- doblegado(a): *ployant sous le poids, mis(e) à genoux*
- semejante = parecido(a)

- atreverse = osar
- acarrear: *entraîner*
- afectar: *toucher, concerner*
- apropiarse de = robar
- beneficiarse de: *tirer profit de*
- dedicarse a: *se consacrer à*
- valorar: *évaluer, apprécier*

- a pesar de: *malgré*

➜ Unidad 2, p. 26 • Unidad 11, p. 122

Citoyenneté et mondes virtuels

La información

- un cartel = una pancarta
- la censura: *la censure*
- el consejo: *le conseil*
- la fuente: *la source*
- el periodismo de investigación: *le journalisme d'investigation*
- el/la periodista: *le/la journaliste*
- la portada: *la une*
- un(a) reportero(a): *un(e) reporter*
- una rueda de prensa: *une conférence de presse*
- el titular: *le titre*
- la veracidad: *la véracité*

- apasionado(a): *passionné(e)*
- ético(a): *éthique*
- íntegro(a): *intègre*
- relevante = importante

- averiguar: *découvrir*
- buscar: *chercher*
- comprobar [ue]: *vérifier*
- confiar en: *faire confiance à*
- ensayar: *tester*
- explotar: *exploiter*
- investigar: *enquêter*
- resistir ≠ ceder
- respetar: *respecter*
- verificar: *vérifier*

- seguir [i] el día a día: *suivre le quotidien*
- tener [ie] en cuenta: *tenir compte de*

Las nuevas tecnologías

- una amenaza
- una búsqueda: *une quête*
- los conocimientos: *les connaissances*
- el entorno: *l'environnement*
- la herramienta: *l'outil*
- el lazo: *le lien*
- el sitio web = la página web
- la utilidad: *l'utilité*

- accesible ≠ inaccesible
- digno(a) ≠ indigno(a)
- justo(a) ≠ injusto(a)

- acabar con: *en finir avec*

- al alcance de la mano: *à portée de main*
- antes ≠ ahora: *avant ≠ maintenant*
- hoy (en) día: *de nos jours*

La desinformación

- el bulo: *la fausse nouvelle, la rumeur*
- la falsedad: *ce qui est faux*
- el plagio: *le plagiat*

- deshonesto(a): *malhonnête*
- precario(a): *précaire*
- subjetivo(a) ≠ objetivo(a)

- aguantar = soportar
- alterar: *altérer*
- denunciar: *dénoncer*
- desconfiar: *se méfier*
- desestabilizar: *déstabiliser*
- difundir: *diffuser*
- engañar: *tromper*
- faltar = manquer
- impedir [i]: *empêcher*
- influir: *influencer*
- manipular: *manipuler*
- permitir: *permettre*
- picar: *tomber dans le piège*
- silenciar: *faire taire*

- colártela (fam.) = engañarte: *te tromper*
- una falta de: *un manque de*
- hacer falta = avoir besoin

Las redes sociales

- el acoso: *le harcèlement*
- un repunte = un aumento

- divertido(a): *amusant(e)*

- abstenerse: *s'abstenir*
- alcanzar: *atteindre*
- atraer: *attirer*
- burlarse: *se moquer*
- colgar [ue] (mensajes): *poster (des messages)*
- divertirse [ie, i]: *s'amuser*
- vigilar: *surveiller*

- correr peligro: *être en danger*
- ejercer la prevención: *faire de la prévention*
- ponerse al día: *se mettre à jour*
- rechazar: *rejeter*
- ser víctima: *être victime*
- ser viral: *faire le buzz*

Mapas de léxico

→ *Unidad 6*, p. 68 • *Unidad 9*, p. 98

Fictions et réalités

La historia

- la asesoría: *le conseil*
- las fuentes: *les sources*
- los hechos: *les faits*
- el/la historiador(a): *l'historien(ne)*
- las investigaciones: *les recherches*
- el testimonio: *le témoignage*

- antiguo(a) ≠ moderno(a)
- desaparecido(a): *disparu(e)*
- fiel: *fidèle*

- contrastar con: *contraster*
- rec**o**rdar [ue]: *rappeler*

- al contrario: *au contraire*
- restablecer la verdad: *rétablir la vérité*

La violencia

- la agresividad: *l'agressivité*
- la amenaza: *la menace*
- las balas: *les balles*
- la corrupción: *la corruption*
- la crueldad: *la cruauté*
- el/la delincuente
- la maldad: *la méchanceté*
- el narcotráfico: *le trafic de drogue*
- el/la pandillero/a: *le membre d'un gang*
- los riesgos: *les risques*
- el/la traficante: *le/la trafiquant(e)*

- abatido(a): *abattu(e)*
- corrupto(a): *corrompu(e)*
- herido(a): *blessé(e)*
- temido(a): *craint(e)*
- traumatizado(a): *traumatisé(e)*

- arriesgar: *risquer*
- atemorizar: *effrayer*
- delinquir: *commettre un délit*
- esconderse: *se cacher*
- estallar: *éclater*
- huir: *fuir*
- infringir la ley: *enfreindre la loi*
- matar: *tuer*
- pudrir: *pourrir*
- temer: *craindre*
- vacilar: *hésiter*

- sacar provecho: *tirer profit*
- tomar medidas: *prendre des mesures*

La lucha en la ficción

- el amor ≠ el odio
- la careta = la máscara
- la desilusión: *la déception*
- el hartazgo: *le ras-le-bol*
- la ley: *la loi*
- la lucha: *la lutte*
- la sensibilización: *la prise de conscience*
- el símbolo: *le symbole*

- implicado(a): *impliqué(e)*
- indignado(a): *indigné(e), scandalisé(e)*
- rebelde: *rebelle*

- actuar: *agir, jouer un rôle*
- basarse en hechos reales
- concienciar: *prendre conscience*
- dedicarse a: *se consacrer*
- fomentar: *encourager*
- inspirarse en: *s'isnpirer de*
- movilizarse = manifestar [ie]
- oponerse a = estar en contra de: *s'opposer*
- rebelarse: *se rebeller*
- reflejar: *refléter*
- resistir: *résister*
- salvar: *sauver*

- cada vez más: *de plus en plus*
- dar ganas de: *donner envie de*
- estar harto(a) de: *en avoir assez de*

El mito

- el mito: *le myhe*
- el relato: *le récit*
- el retrato: *le portrait*

- carismático(a): *charismatique*
- comprometido(a): *engagé(e)*
- emocionante: *passionnant(e)*
- ficticio(a) ≠ real
- increíble: *incroyable*
- propagandístico(a): *de propagande*

- adoctrinar: *endoctriner*
- borrar: *effacer*
- dulcificar: *adoucir*
- engañar: *tromper*
- engrandecer: *magnifier*
- fascinar = impresionar

→ *Unidad 4*, p. 44 • *Unidad 7*, p. 74

Innovations scientifiques et responsabilité

Agricultura ecológica

- el/la agricultor(a)
- el/la campesino(a): *le/la paysan(ne)*
- la colmena: *la ruche*
- el cultivo: *la culture*
- las hortalizas: *les légumes du potager*
- la naturaleza: *la nature*
- la polinización
- la seguridad alimentaria: *la sécurité alimentaire*
- las semillas: *les graines*
- las verduras: *les légumes*

- beneficioso(a): *bénéfique*
- concienciado(a): *sensibilisé(e)*
- creciente: *croissant(e)*
- orgánico(a) = ecológico(a)
- respetuoso(a)
- saludable = sano(a)
- sostenible = duradero(a)
- subsidiado(a) = subvencionado(a)

- ahorrar ≠ gastar: *économiser ≠ dépenser*
- florecer: *fleurir*
- prescindir de: *se passer de*
- sembrar [ie]: *semer*

Energías responsables

- un ámbito: *un domaine*
- el biogás: *le biogaz*
- el desarrollo sostenible: *le développement durable*
- la energía eólica
- la energía geotérmica
- la energía hidroeléctrica
- la energía marina
- la energía solar
- la energía verde
- un experimento: *une expérience*
- la materia prima: *la matière première*
- el medio ambiente: *l'environnement*
- la patente: *le brevet*
- el progreso: *le progrès*
- los recursos: *les ressources*
- una red: *un réseau*

- autosuficiente
- innovador(a)

- comprometerse por: *s'engager*
- desarrollar: *développer*
- financiar: *financer*
- impedir [i]: *empêcher*
- implantar = instalar
- investigar: *faire des recherches*
- necesitar: *avoir besoin*
- proporcionar = suministrar: *fournir*

- dar a conocer: *faire connaître*

Agricultura intensiva

- el abono: *l'engrais*
- los agroquímicos = los productos químicos agrícolas
- la comercialización
- el control biológico
- una extensión: *une étendue*
- los insecticidas: *les insecticides*
- el invernadero: *la serre*
- el latifundio = la gran extensión agrícola
- la maquinaria = las máquinas
- los pesticidas: *les pesticides*
- una plaga: *une épidémie*
- el/la productor(a): *le/la producteur(trice)*
- los productos fitosanitarios
- la sequía: *la sècheresse*
- el/la terrateniente = el/la propietario(a) agrícola
- una tonelada: *une tonne*

- barato(a) ≠ caro(a)
- competitivo(a)
- transgénico(a): *génétiquement modifié(e)*

- fumigar: *fumiger*
- producir: *produire*

- modificar genéticamente
- estar prohibido(a) ≠ estar permitido(a)

La contaminación

- la contaminación: *la pollution*
- el contaminante: *le polluant*
- los desperdicios: *les déchets*
- la enfermedad: *la maladie*
- la escasez: *la pénurie*
- la prohibición: *l'interdiction*
- una ventaja ≠ una desventaja

- árido(a)
- medioambiental: *environnemental(e)*
- rentable

- alertar: *donner l'alarme*
- carecer de: *manquer de*
- constar de = componerse de
- contaminar: *polluer*
- generar = producir

- a costa de: *aux dépends de*
- sacar provecho de: *tirer profit de*

Mapas de léxico

→ *Unidad 3*, p. 38 • *Unidad 15*, p. 164

Diversité et inclusion

Discriminación y segregación

- el aislamiento: *l'isolement*
- una brecha: *une brèche*
- las desigualdades
- la esclavitud: *l'esclavage*
- el estereotipo
- la maldición: *la malédiction*
- la marginación: *la marginalisation*
- la pobreza: *la pauvreté*
- un prejuicio: *un préjugé*
- el rechazo: *le rejet*

- desconfiado(a): *méfiant(e)*
- mulato(a) = mestizo blanco y negro

- avergonzarse [üe]: *avoir honte*
- bregar: *se démener*
- discriminar
- esconder: *cacher*
- estigmatizar
- molestar = meterse con alguien
- padecer = sufrir
- rechazar: *rejeter*

De aquí y de allá

- la acogida: *l'accueil*
- la diferencia ≠ la similitud
- el/la inmigrante
- la mayoría ≠ la minoría

- desconocido(a): *méconnu(e)*
- extranjero(a) ≠ nativo(a)

- desconocer ≠ conocer
- huir de: *fuir*
- partir = dividir ≠ reunir
- soñar [ue] con: *rêver de*

- dar a conocer: *faire connaître*
- dar testimonio: *témoigner*
- vivir entre dos aguas
- por sí mismo(a): *par soi, tout(e) seul(e)*

La integración

- la aceptación
- la convivencia: *le vivre ensemble*
- el esfuerzo: *les efforts*
- el/la militante
- el respeto: *le respect*
- un reto: *un défi*
- la solidaridad
- la tolerancia ≠ la intransigencia

- luchador(a): *combatif(ve)*
- seguro(a): *sûr(e)*

- aceptar: *accepter*
- agradecer = dar las gracias: *remercier*
- animar: *encourager*
- brindar = ofrecer
- compartir: *partager*
- comprometerse: *s'engager*
- convivir: *vivre ensemble*
- erradicar = suprimir
- fomentar: *encourager*
- incluir: *inclure*
- integrar ≠ rechazar:
- respetar: *respecter*
- salvar: *sauver*
- tolerar: *tolérer*

Las nuevas generaciones

- el avance = el progreso
- un(a) ciudadano(a): *le/la citoyen(ne)*
- la herencia: *l'héritage*
- la igualdad: *l'égalité*
- el/la nieto(a)
- el orgullo: *la fierté*
- el origen
- la paridad: *la parité*
- el porvenir ≠ el pasado
- las raíces: *les racines*
- proyectarse = hacer planes de futuro
- reivindicar
- transformarse

- cultural

- criarse: *grandir, être élévé(e)*
- desarrollarse = crecer: *grandir*
- evolucionar: *évoluer*
- formar parte de: *faire partie de*
- llegar a ser: *devenir*
- seguir [i] adelante: *continuer*
- sentirse [ie, i] identificado(a)

→ *Unidad 10*, p. 110 • *Unidad 13*, p. 140

Territoire et mémoire

La memoria

- el ataúd: *le cercueil*
- el combate
- la culpabilidad
- el deber de memoria
- la falta: *la faute*
- los lugares
- el luto: *le deuil*
- el manifiesto: *le manifeste*
- una marcha: *une marche*
- un(a) testigo(a): *un témoin*
- el testimonio: *le témoignage*
- una vela: *une bougie*
- la verdad

- amontonado(a): *entassé(e)*
- pendiente ≠ resuelto(a): *résolu(e)*

- enfrentar(se) (a): *affronter*
- conmemorar
- cumplir con: *s'acquitter*
- detener [ie]: *arrêter*
- encender [ie]: *allumer*
- homenajear: *rendre hommage*
- implicarse: *s'impliquer*
- juzgar: *juger*
- procesar: *intenter un procès*
- reparar: *offrir une réparation morale*
- trasladar: *transférer*
- visibilizar: *rendre visible*

La represión

- el cinismo
- la clandestinidad
- el desencuentro = el desacuerdo
- el/la espía: *l' espion(ne)*
- las ejecuciones sumarias
- el ejército: *l'armée*
- un escondite: *une cachette*
- la necesidad: *le besoin*
- el refugio: *le refuge*
- las represalias: *les représailles*
- la sospecha: *le soupçon*
- el temor: *la crainte*
- un(a) sinvergüenza = sin escrúpulos

- delatar: *dénoncer*
- entregarse: *se rendre*
- esconderse = ocultarse
- luchar = combatir
- vigilar: *surveiller*

El olvido

- una afrenta: *une offense*
- las atrocidades
- una barrera
- los crímenes
- un(a) desaparecido(a): *un(e) disparu(e)*
- la desmemoria = el olvido: *l'oubli*
- la fosa
- la impunidad
- el odio: *la haine*
- el terrorismo de Estado

- fallecido(a) = muerto(a)

- borrar: *effacer*
- desaparecer: *disparaître*
- desconocer ≠ conocer
- matar = asesinar
- negar [ie]: *refuser, nier*
- olvidar ≠ recordar [ue]
- silenciar: *passer sous silence*

- pasar página: *tourner la page*

Los espías

- el/la agente: *l'agent*
- la cacería: *la traque*
- la complicidad
- el espía: *l'espion*
- el éxito ≠ el fracaso: *le succès ≠ l'échec*
- la (in)discreción
- el paradero: *la localisation*
- el peligro: *le danger*
- las pesquisas = las investigaciones
- una red: *un réseau*
- el riesgo: *le risque*
- una trampilla: *une trappe*

- astuto(a): *astucieux(euse)*

- arriesgar: *risquer*
- averiguar = descubrir
- ayudar ≠ traicionar
- descifrar: *déchiffrer*
- encriptar: *crypter*
- escapar(se): *(s')échapper*
- jugarse [ue] la vida: *risquer sa vie*
- rastrear: *suivre la trace*
- transcribir
- transitar: *passer par*

- ingeniárselas: *se débrouiller*

Crédits photographiques

Couverture ht Agephotostock/Charles Bowman **bas** Lombardi/ ARCHIVOLATINO-REA
20 © Moderna de Pueblo / DR ; **21** John Birdsall/Alamy Stock Photo/Hemis ; **22** TF1 Studio / DR ; **23** Sergio Barrenechea/Efe/ Sipa ; **25** © Moderna de Pueblo / DR ; **26** Sean Hawkey**27h** © Forges ; **27b** Eneko ; **28** Vodafone / DR ; **29** © Mel Prats ; **30** Citurna TV / DR ; **33** Clara Jiménez Cruz / DR ; **35** © Boligán / DR ; **38** AfroUp, plataforma etnoeducativa colombiana sobre cultura, historia y arte de África y su diáspora. Web | afroup.com ; **39** Modesto Broncos, La redención de Cam, 1895 ; **40** HO/Colombian Presidency/Afp ; **41** Lenin Nolly/Efe/Sipa ; **42** AfroUp ; **44** Lourens Smak/Alamy Stock Photo/Hemis ; **45hd** © Ecosur ; **45bg** © Soberanía Alimentaria ; **46** Hortiespaña ; **47** Biocultura ; **48** AFP ; **51a** Alba Movimientos / DR ; **51b** Alianza Biodiversidad / DR ; **53** Anna Elías/Alamy Stock Photo; **54** RTVE ; **55** Sompong Sriphet/ EyeEm/Getty image ; **56** Ian Mursell/Mexicolore/Bridgeman Images ; **57hd** Album/Akg-images/Salvadore Dali, Fundacio Gala-Salvadore Dali/ Adagp, Paris 2020 ; **57mg** Bridgeman Images ; **58** © Paco Calderon ; **59hg** Prisma/Album/Akg-images ; **59hd** Bridgeman Images ; **60** Image Rights of Gala and Salvador Dalí reserved. Fundació Gala-Salvador Dalí, Figueres, Adagp, Paris 2020 ; **61** Album/Akg-images ; **62** UCLA Film & Television Archive ; **63** Bridgeman Images/Banco de México Diego Rivera Frida Kahlo Museums Trust, Mexico, D.F/Adagp, Paris 2020 ; **65** Collection Dagli Orti/Aurimages/Salvadore Dali, Fundacio Gala-Salvadore Dali/Adagp, Paris 2020 ; **66** SECC / DR ; **67bg** Oronoz/Album/ Akg-images ; **67bd** Sfgp/Album/Akg-images/Salvadore Dali, Fundacio Gala-Salvadore Dali/Adagp, Paris 2020 ; **68** Granger/ Bridgeman images/Banco de México Diego Rivera Frida Kahlo Museums Trust, Mexico, D.F./Adagp, Paris 2020 ; **69** Shutterstock / Belikova Oksana ; **70hd** Bibliothèque Nationale de France ; **70b** © Javier Melero / DR ; **71** Academia Play ; **74** Fernando Alvarado/ Efe/Sipa ; **75h** Alberto Martín/Agefotostock ; **75bg** Gobierno Quintana Roo / DR ; **75bd** KIKWANG /DR ; **76** © Fundacion telefónica ; **77** © www.clubesdeciencia.es / DR ; **78** la Plataforma Oceánica de Canarias (PLOCAN), la Fundación Española para la Ciencia y la Tecnología (FECYT) y BlaBla Comunicación ; **80** All Gas ; **81** Universidad de Sevilla ; **83** www.offshorewind.biz ; **84** Premios Rei Jaume I / DR ; **86** Ceesepe ; **87h** Las Costus ; **87b** Mario Riviere ; **88** Rafael Sanchez y Miguel Talha ; **89** Vibora / DR ; **90** Ouka Leele / Agence VU ; **91** David Serrano/Fundación ICO ; **92h** EFE/ Orlando Barría ; **92b** EFE/Nicolás Rodríguez ; **93** DR ; **95** Ouka Leele / Agence VU ; **96** Gobierno del Estado de Jalisco ; **98** Parts and Labor / DR ; **99h** Kai Pfaffenbach/Reuters ; **99b** © Seergef Bufi ed. Norma / DR ; **100** Collection Christophel © Caracol Television / El Colectivo ; **101** Lucas Vallecillos/Agefotostock ; **102** Vancouver Media / Netflix / BBQ_DFY / Aurimages ; **104** Giles Campbell/ZUMA Wire ; **105h** CEAR ; **105b** CEAR ; **107** Shaul Schwarz/Reportage by Getty Images ; **108** Luis Acosta/Afp ; **109**Fernando Botero, Museo de Antioquia, Medellín ; **110** Juan Carlos Hidalgo/Pool/Getty Images/Afp ; **110b** Akg-images ; **111hm** Akg-images ; **111hd** © Pablo Bernasconi ; **111b** https:// ellibrointerminable.cl/ / DR ; **112** RTVE ; **113** © Eneko ; **114** Date Cuenta / DR ; **115** Juan Ignacio Roncoroni/Efe/Sipa ; **116** Esteban Garay/Efe/Sipa ; **117** La Cordillera de los sueños, Patricio Guzmán/ Pyramide Films ; **119** Andrés Bravo, AFI Santiago ; **120** Londres 38 / DR ; **122** Villa Cariño / DR ; **123** Fundacion Terram/Greenpeace ; **124** Policía Nacional Española / DR ; **125** Código Magenta / DR ; **128** © Pedro Molina ; **129hd** © El Jueves / DR ; **129b** Oronoz/ Album/Akg-images ; **130** © Ricardo Rendón, 1931 ; **131g** Federico Roos/Efe/Sipa ; **131d** © Vladdo, 1989 / DR ; **132** Román Ríos/ Efe/Sipa ; **133** © Sento Llobell / DR ; **134** Oronoz/Album/Akg-images ; **135** Akg-images ; **137** Heritage Images/Fine Art Images/ Akg-images ; **138** teleSUR / DR ; **140** Xabier Berzosa/Manny Films ; **141h** Jacobo Hernández/Agefotostock ; **141b** Interfoto/ Akg-images ; **143** © Java Films ; **144** © Alfredo Caceres, 2020 ; **145** Atresmedia ; **147** © Esfera de los Libros / DR ; **149** © National Geographic / DR ; **150** DR ; **152** Guillermo Arias/Afp ; **153h** Ernesto Arias/Efe/Sipa ; **153b** Omar Torres/Afp ; **154** Andres Martinez Casares/Reuters ; **155** © Qucho Munero ; **156** © Rachel Levit, 2020 ; **157** Daniel Tapia/Reuters ; **158b** Univision / DR ; **159h** Fundación Hermes Music / DR ; **159b** Luis Torres/Efe/Sipa ; **161** David Maung/Efe/Sipa ; **162** Telemundo ; **163** Jose Luis Gonzalez/ Reuters ; **164** entreculturas / DR ; **165h** Lora Grigorova/Alamy Stock Photo/Hemis ; **165bd** © Gazpacho Agridulce, Astiberri ; **166** Universidad Camilo José Cela / DR ; **167** © Revista 5W ; **168** Dominique Faget/Afp ; **169** Mamadou Saliou Diallo /DR ; **170** Kike Para/El Pais ; **171** © Gazpacho Agridulce, Astiberri ; **173** © Faro ; **174** CEAR ; **176** © Alejandro Basteiro, 2020 ; **177h** Lucas Vallecillos/ Alamy Stock Photo/Hemis ; **177b** @luchadisidiente / DR ; **178** Aventuras en Britishlandia / DR ; **179** JUAN CARLOS MUNOZ / Alamy Stock Photo ; **181** Paul Park/Getty Images ; **182** Deusto / DR ; **183** Ocho apellidos catalanes, Emilio Martinez-Lazaro, Mediaset, 2015 ; **185h** Xavier Bonilla/NurPhoto/Afp ; **185b** La piel quemada, Josep Maria Forn, 1967/DR ; **186** © Castany As, Be Negre, 1934/DR ; **188hg** Lucas Vallecillos/Alamy Stock Photo/ Hemis ; **188hd** PHOTO12.COM/ALAMY ; **188bg** Andres Martinez Casares/Reuters ; **188bd** PHOTO12.COM/ALAMY; **189** Lizbeth de la Cruz Santana /DR ; **190hd** Album/Akg-images/Salvadore Dali, Fundacio Gala-Salvadore Dali/ Adagp, Paris 2020 ; **190mg** © Moderna de Pueblo / DR ; **190bd** Sean Hawkey ; **191h** Revista Atenea / DR ; **191b** © Moderna de Pueblo / DR ; **192g** Dukas/ UIG/ Getty images ; **192 hd** El Jueves /DR ; **192bd** Publicado con autorización de Penguin Random House Grupo Editorial, S.A.U. ; **193h** © Sam3/DR ; **193b** © Escif /DR ; **194 g** © Moderna de Pueblo, 2016, **194 hd** Policia Nacional Española / DR ; **194bd** Clara Jiménez Cruz / DR ; **195** Universidad de Murcia / DR ; **196hg** Lucas Vallecillos/Agefotostock ; **196hd** CEAR ; **196bg** Granger/ Bridgeman images/Banco de México Diego Rivera Frida Kahlo Museums Trust, Mexico, D.F./Adagp, Paris 2020 ; **196bd** © Javier Melero / DR ; **197h** Fernando Vicente, Realidad y Ficcion Portada Revista Cultural Babelia 2014 ; **197b** Miguelanxo Prado y David Rubín / DR ; **198hd** Hortiespaña ; **198hg** Sindicato de regantes Tajo-Segura/DR; **198d** Marca España/DR ; **198b** AFP ; **199** Redfarma. org / DR ; **200hg** Lora Grigorova/Alamy Stock Photo/Hemis ; **200hd** © Gazpacho Agridulce, Astiberri **200mg** AfroUp, plataforma etnoeducativa colombiana sobre cultura, historia y arte de África y su diáspora. Web | afroup.com ; **200bd** www.rising.globalvoices. org/DR ; **201hg** motril.es / DR ; **201bd** https://lascorrectoras. com/por-que-peligran-las-lenguas-indigenas-de-america-latina/ Autora de la imagen: Micaela Siskin ; **202hg** Date Cuenta / DR ; **202hd** Esteban Garay/Efe/Sipa ; **202bg** © Paco Roca ; **202bd** Juan Carlos Hidalgo/Pool/Getty Images/Afp ; **203g** memoriahistorica. org / DR ; **203d** "LE SILENCE DES AUTRES" - N°RCA : 149.416 Un film de Almudena Carracedo et Robert Bahar © 2018 Semilla Verde Productions Distribution France : Dulac Distribution ; **204** Art Collection 4/Alamy Stock Photo/Hemis ; **205** Mark Ralston/ Afp ; **206** Telecinco Cinema ; **208** De Agostini/Getty Images ; **209** Henry Santana Sosa, © Arte Lista / DR ; **210h** Art Collection 4/ Alamy Stock Photo/Hemis **210bg** Telecinco Cinema ; **210md** © Planeta / DR ; **211h ©** Enrique Cerezo Producciones Cinematográficas S.A. / DR ; **211bg** Publicado con autorización de Penguin Random House Grupo Editorial, S.A.U. ; **212** © Enrique Lorenzo Díaz, 2007 / DR ; **213** © Forges ; **214** David Gato/Alamy Stock Photo/Hemis ; **215** www.escobarlicense.com ; **217** © Vizcarra / DR ; **218hg** David Gato/Alamy Stock Photo/Hemis **218hd** © Enrique Lorenzo Díaz, 2007 / DR ; **218bg** www.escobarlicense.com **218bd** © Vizcarra / DR ; **219hg** El ministerio del tiempo, RTVE/DR ; **219hd** Aspasia / DR ; **219b** Akg-images ; **220** Yuri Cortez/Afp ; **221** DR ; **222** Leemage/Bridgeman Images ; **223** © Rommy Torrico ; **225** Escuela Lenin Cuba ; **226hg** Yuri Cortez/Afp ; **226hd** © Rommy Torrico ; **226md** Escuela Lenin Cuba ; **227 hg** Karla Aguilera/ El sol de Iraputo/DR ; **227hd** Fundación Rulfo + UNAM ; **227m** catedra / DR ; **227b** Affiche vidéo ; **228** © Luisa Rivera, por la ilustración Licencia editorial otorgada por Penguin Random House Grupo Editorial, S.A.U. ; **230** Ángel Domínguez / DR ; **231** © Sitges film festival / DR ; **232** Hugo Covarrubias / DR ; **233d** Album/Akg-images ; **233g** Bridgeman Images/Salvadore Dali, Fundacio Gala-Salvadore Dali/Adagp, Paris 2020 ; **234hg** © Luisa Rivera, por la ilustración Licencia editorial otorgada por Penguin Random House Grupo Editorial, S.A.U. ; **234hd** © Sitges film festival / DR ; **234bd** Bridgeman Images/Salvadore Dali, Fundacio Gala-Salvadore Dali/Adagp, Paris 2020 ; **235hd** Alianza Emecé / DR ; **235mg** © Astiberri / DR ; **235md** Akg-images ; **235bg** © Jorge Lawerta

Crédits des textes

21 © Roca editorial, 2012 / DR ; **22** © Chiado editorial, 2016 / DR ; **23** © Iñigo Dominguez, El País, 2017 ; **28** © 2018, Juan Gómez-Jurado ; **30** www.elsaltodiario.com, 2019 ; **31** © Yoani Sánchez, 14ymedio, 2019 / DR ; **32** © Javier Lesaca, El País, 2017 / DR ; **37** © Roca editorial, 2012 / DR ; **39** © Laura Esquivel, 1989 ; **40** www.infobae.com / DR ; **46** www.elsaltodiario.com, 2019 ; **49** Cuba Prisma, 2019 / DR ; **50** © Yanet Acosta, 2017 ; **54** © Julio Llamazares, 2018 ; **55** www.revistamercados.com ; **59** Claudia Peiro, www.infobae.com ; **61** © Estrella de Diego, 2018 ; **62** www. culturacolectiva.com / DR ; **62** © Leonardo Padura, Tusquets editorial, 2009 ; **66** El Imparcial, 2013 / DR ; **67** © Ian Gibson, 2016 ; **69** © William Ospina, Penguin Random House, 2008 / DR ; **70** Ivan Garcia, www.radiotelevisionmarti.com ; **73** Diario de Navarra, 2019 / DR ; **76** Playground Comunicación S.L., www.idescubre. fundaciondescubre.es ; **79** © Eugenio Fuentes, 2015. Por cortesía de Tusquets Editores, España ; **81** Playground Comunicación S.L. ; **84** © Eugenio Fuentes, 2015. Por cortesía de Tusquets Editores, España ; **85** www.residuosprofesional.com ; **87** © Sergio C. Fanjul, El País, 2016 / DR ; **89** © Seix Barral, 2017 ; **91** © Luis Antonio de Villena, 1999 ; **92** El Diario, 2019 / DR ; **96** © Alex Vicente, 2019 ; **97** Rafael Cervera, Alaska y otras historias de la Movida © 2003, Rafael Cervera, Licencia editorial otorgada por Penguin Random House Grupo Editorial, S.A.U. ; **100** Juan José Revenga, 2018 © Grupo Planeta ; **103** Natalia Marcos © El Pais, 2018 ; **104** Isabel Allende, fragmento de Más alla del invierno © 2017, Isabel Allende ; **109** © Juan Gabriel Vásquez, 2011 ; **112** © Grupo Planeta, 2017 ; **114** © Elsa Osorio, 2017. Por cortesía de Tusquets Editores, España ; **116** © Ian Gibson, 2017 ; **120** Nona Fernández, 2017 © Penguin Random House / DR ; **121** levante-emv.com / DR ; **123** www.elnaveghable.cl, 2018 / DR ; **125** www.abc.es, 2019 / DR ; **126** elcomercio.com, 2018 / DR ; **127** elpais.com.uy, 2019 / DR ; **130** © Juan Gabriel Vásquez, Penguin Random House, 2014 / DR ; **132** www.diariopopular.com, 2018 / DR ; **133** © El País, 2018 / DR ; **134** © Grupo Planeta, 1995 / DR ; **138** © Juan Gabriel Vásquez, Penguin Random House, 2014 / DR ; **139** © Tiempo argentino, 2019 / DR ; **142** © Jordi Sierra i Fabra, 2018 / DR ; **142** © Anagrama, 2004 / DR ; **144** La Vanguardia, 2017 / DR ; **146** © 2016, Carla Montero Manglano, Licencia editorial de Penguin Random House Grupo Editorial, S.A.U. ; **146** Almudena Grandes © Grupo Planeta, 2017 ; **150** Javier Moro © Grupo Planeta, 2017 ; **151** © El Diario, 2019 / DR ; **154** © CNN español, 2019 / DR ; **156** www.esglobal.org, 2019 / DR ; **157** www.infobae.com, 2019 ; **158** Isabel Allende, fragmento de Más alla del invierno © 2017, Isabel Allende ; **162** © Anagrama, 2018 / DR ; **166** © Laura Gallego, 2017 ; **167** Revista 5W © Agus Morales, 2019 ; **168** Almudena Grandes © Grupo Planeta, 2015 ; **169** © Publico, 2017 / DR ; **174** Ángeles Caso © Grupo Planeta, 2009 / DR ; **175** © Laura Gallego, 2017 ; **178** © Laura Moreno de Lara / DR ; **179** Antonio Muñoz Molina © Grupo Planeta, 1995 ; **180** Toni Hill © Grupo Planeta, 2018 ; **180** www.abc.es, 2003 / DR ; **182** © El País, 2019 / DR ; **186** Carme Riera, fragmento de Vengaré tu muerte © Carme Riera, 2018 ; **187** www.lasexta.com / DR ; **205** © Juan Manuel Serrat, 1971 / DR ; **207** Lorenzo Silva © Grupo Planeta, 2018 ; **208** Pablo Neruda, Fragmentos de Oda elementales, © Pablo Neruda y Fundacion Pablo Neruda, 1954, 2014 / DR ; **211** Rubén Darío, 1905 ; **213** © La Nueva España, 2012 / DR ; **216** © Anaya, 2004 / DR ; **216** © Juan Marsé, 1965 / DR ; **221** Karina Sainz Borgo, La hija de la española © 2019, Karina Sainz Borgo, Licencia editorial otorgada por Penguin Random House Grupo Editorial, S.A.U. / DR ; **222** Carlos Fuentes, La muerte de Antonio Cruz © 1962, Carlos Fuentes, Licencia editorial otorgada por Penguin Random House Grupo Editorial, S.A.U. / DR ; **224** © Ediciones Catedra, 1964 / DR ; **225** © Alianza Editorial, 2016 / DR ; **229** © Gabriel García Márquez, 1967 / DR ; **232** © Julio Cortázar, 1956
Nous avons cherché en vain les éditeurs ou les ayant-droits de certains documents. Leurs droits sont réservés aux Éditions Nathan.

Conception de la maquette : Frédéric Jély, Élodie Breda
Conception de la couverture : Frédéric Jély
Cartographie : AFDEC
Infographies : Marlène Dorgny, Renaud Scapin (frise p. 110-111)
Iconographie : Katia Davidoff
Mise en pages : Élodie Breda, Patrick Droit, Caroline Rimbault et Pascale Comte
Édition : Noé Nuñez assisté de Virginie Disez et Lucyle Espieussas

ISBN 978-209-178159-4

N° d'éditeur : 10277548
Dépôt légal : Avril 2020
Imprimé en Août 2021
par Rotolito S.p.A. Italie

Contenus éditoriaux fournis par l'ONISEP :
Coordination : Emmanuel Percq ;
Edition : Isabelle Dussouet.
Pages Grand oral : Olivier Jaoui/Directeur de Mission-Admission/Spécialiste de la préparation des étudiants à l'oral et aux entretiens